MYŚL JAK SHERLOCK HOLMES

Tłumaczenie: Manana Chyb

Korekta: Teresa Kruszona

Redakcja: Robert Siewiorek

Fotoedytor: Maciej Murański

Projekt graficzny okładki: Ben Wiseman

Opracowanie graficzne i skład: Elżbieta Wastkowska

Fotografie: USA.gov - s. 67; Wikimedia Commons - s. 301, 305, 310

AGORA SA
UL. CZERSKA 8/10, 00-732 WARSZAWA

Wydawnictwo książkowe:
Dyrektor wydawniczy: Małgorzata Skowrońska
Redaktor naczelny: Paweł Goźliński
Koordynacja projektu: Magdalena Kosińska

WARSZAWA 2015
ISBN 978-83-268-2216-2

DRUK: Drukarnia Perfekt

MARIA KONNIKOVA

MYŚL JAK SHERLOCK HOLMES

Dla Geoffa

Wybór tego, czemu poświęcamy uwagę i czemu jej odmawiamy, jest dla życia wewnętrznego tym, czym wybór działania w świecie zewnętrznym. W obu przypadkach człowiek jest odpowiedzialny za swój wybór i bierze na siebie jego konsekwencje. Jak powiedział Ortega y Gasset: „Powiedz mi, na co zwracasz uwagę, a powiem ci, kim jesteś".

W.H. Auden

Spis treści

Prolog

Kiedy byłam mała, tata czytał nam przed snem opowieści o Sherlocku Holmesie. Mój brat często zasypiał wtedy w swoim rogu kanapy, ale pozostali z nas słuchali z wielką uwagą. Pamiętam olbrzymi skórzany fotel, w którym siedział tata, trzymając książkę w ręce przed sobą, i odbijające się w szkłach jego czarno oprawionych okularów płomienie tańczące w kominku.

Pamiętam jego wznoszący się i opadający głos, kiedy napięcie rosło, aż poza granice wytrzymałości, i w końcu, wreszcie, długo oczekiwane rozwiązanie, gdy wszystko stawało się jasne.

Potrząsałam wtedy głową jak dr Watson i myślałam: *No oczywiście! To takie proste, kiedy on wszystko wyjaśnia.* Pamiętam zapach dymu z fajki, którą czasami palił tata – mieszankę woni owoców i ziemi, która mościła się w zagłębieniach fotela, oraz kontury nocy wyłaniające się zza zasłon wiszących na przeszklonych drzwiach do ogrodu. Fajka taty, rzecz jasna, przypominała nieco swoim zakrzywieniem fajkę Holmesa. Pamiętam też odgłos zatrzaskiwania książki na koniec i grube stronice układające się ciasno obok siebie między szkarłatnymi okładkami, kiedy ogłaszał: „To wszystko na dzisiaj".

I nie było rady – choćbyśmy nie wiem jak prosili, błagali, robili smutne miny – marsz na górę i do łóżka.

I jest jeszcze coś, co zostało w mojej głowie tak głęboko, że nachodzi mnie do tej pory, prześladując przez lata, choć reszta opowieści wyblakła w pamięci i przygody Holmesa oraz jego wiernego wyznawcy zostały prawie całkowicie zapomniane: schody.

Stopnie do domu przy 221B Baker Street. Ile ich było? To pytanie zadał Holmes Watsonowi w „Skandalu w Bohemii" i na zawsze pozostało ono w mojej głowie. Oto siedzą obaj w swoich fotelach i detektyw tłumaczy doktorowi, jaka jest różnica między patrzeniem a obserwowaniem. Watson jest skonsternowany. I nagle wszystko staje się jasne jak słońce.

„– Kiedy tłumaczysz mi swoje rozumowanie, zawsze wydaje mi się ono tak śmiesznie proste, że mógłbym bez trudu przeprowadzić je sam. Ale za każdym razem jestem w kropce, dopóki wszystkiego nie wyjaśnisz, choć przecież wzrok mam nie gorszy od twojego.

– Istotnie – odpowiedział Holmes, zapalając papierosa i opadając na fotel. – Różnica polega na tym, że patrzysz, ale nie widzisz. Oto przykład. Czy często patrzyłeś na schody, które prowadzą z korytarza do tego pokoju?

– Owszem.

– Ile razy?

– Setki.

– No to ile mają stopni?

– Nie mam pojęcia, nie zwróciłem uwagi.

– Otóż to! Patrzyłeś na nie, ale ich nie widziałeś. O tym właśnie mówię. A ja wiem, że tych stopni jest siedemnaście, bo nie tylko na nie patrzyłem, ale też je widziałem".

Gdy usłyszałam to po raz pierwszy podczas jednego z zasnutych dymem z fajki wieczorów przy kominku, doznałam szoku. Gorączkowo usiłowałam sobie przypomnieć, ile stopni miały schody w naszym domu (nie miałam bladego pojęcia), ile ich prowadziło na ganek (dziura w głowie), a ile do piwnicy (dziesięć?, dwadzieścia?; nie podałabym nawet w przybliżeniu).

I jeszcze długo potem próbowałam, kiedy tylko mogłam, liczyć stopnie i schody, upychając w pamięci odpowiednie liczby na wypadek, gdyby ktoś mnie kiedyś poprosił o dostarczenie odpowiedniej informacji. Holmes byłby ze mnie dumny.

Oczywiście, wszystkie liczby, które tak pracowicie próbowałam zapamiętać, natychmiast wylatywały mi z głowy i dopiero jakiś czas później zdałam sobie sprawę, że przez to uważne skupienie na uczeniu się na pamięć zupełnie gubiłam ideę. Moje wysiłki z góry skazane były na porażkę.

Wtedy jeszcze nie potrafiłam zrozumieć, jak wielką przewagę miał nade mną Holmes. Przez większość życia doskonalił metodę refleksyjności w kontaktach ze światem. Schodki na Baker Street? To tylko okazja do popisania się umiejętnością, z której korzystał już tak naturalnie, że nie wymagało to od niego najmniejszego angażowania myśli.

Zamanifestowany od niechcenia proces, który na co dzień niemal podświadomie zachodził w jego nieustająco aktywnym umyśle. Albo zwykła sztuczka, jeśli ktoś woli, bez żadnych konsekwencji, choć jeśli się zastanowimy nad tym, co za nią stoi, pociągająca za sobą najgłębsze implikacje. Sztuczka, która zainspirowała mnie, by na jej cześć napisać niniejszą książkę.

Samo pojęcie refleksyjności[1] nie jest bynajmniej nowe. Już pod koniec XIX wieku William James, ojciec współczesnej psychologii, napisał, że „umiejętność kontrolowanego wielokrotnego ściągania błądzącej uwagi jest podstawą zdolności sądzenia, charakteru i woli... Edukacja, która doskonaliłaby tę umiejętność, byłaby edukacją par excellence". Umiejętność ta w swojej istocie

[1] Czytelnikom zainteresowanym bardziej szczegółowym omówieniem refleksyjności i jej wpływu na nas polecam należącą już do klasyki pozycję „Mindfulness" Ellen Langer. Langer wydała również uaktualnioną pracę na ten temat, „Counterclockwise: Mindful Health and Power of Possibility". Aby zapoznać się z dyskusją wokół umysłu, jego ewolucji i naturalnych zdolności, odsyłam do jednej z najlepszych pozycji na ten temat – „The Blank Slate: Th of Human Nature" Stevena Pinkera (w przekładzie polskim: „Tabula rasa. Spor ką. Jak działa umysł") (przyp. red.).

jest esencją refleksyjności. A edukacja, którą proponuje James, to kształcenie refleksyjnej postawy wobec życia i myślenia.

Ellen Langer wykazała w latach 70., że dzięki refleksyjności można osiągnąć jeszcze więcej niż doskonalenie „zdolności sądzenia, charakteru i woli". Za sprawą refleksyjności, choć się starzejemy, możemy działać i czuć się jak ludzie młodsi – prowadzi ona bowiem do poprawy funkcji poznawczych oraz podstawowych parametrów stanu zdrowia, jak ciśnienie krwi. Z ostatnich badań wynika, że namysł medytacyjny (praktyka świadomego kontrolowania umysłu budująca podstawy refleksyjności) ćwiczony przez zaledwie 15 minut dziennie przekierowuje aktywność płata czołowego mózgu w stronę emocji bardziej pozytywnych, nastawionych na dążenie do czegoś. Natomiast zwyczaj obserwowania choćby przez krótkie chwile natury pomaga nam stać się bardziej wnikliwymi, kreatywnymi i produktywnymi.

Za sprawą refleksyjności, choć się starzejemy, możemy działać i czuć się jak ludzie młodsi

Dziś z o wiele większą pewnością niż kiedykolwiek wcześniej wiemy też, że nasze mózgi nie są zbudowane do wielozadaniowości – czegoś, co z refleksyjnością całkowicie się wyklucza. Kiedy jesteś zmuszony do robienia kilku rzeczy naraz, nie tylko wykonujesz gorzej każdą z nich, ale traci też na tym twoja pamięć i ogólne samopoczucie.

Ale dla Sherlocka Holmesa refleksyjna obecność jest tylko pierwszym krokiem. Środkiem do osiągnięcia większego, bardziej pragmatycznego i przynoszącego praktyczne korzyści celu. Holmes oferuje dokładnie to, co wcześniej zalecił William James: edukację doskonalącą naszą zdolność uważnego myślenia i jego stosowania po to, by osiągać więcej, rozumować lepiej i podejmować optymalne decyzje. W najszerszym zastosowaniu jest to środek do doskonalenia zdolności podejmowania decyzji i sądzenia działający na poziomie najbardziej podstawowych składników naszego umysłu.

Przeciwstawiając sobie pojęcia patrzenia i obserwowania, Holmes chce w istocie przekazać Watsonowi, że należy rozróżniać między bezrefleksyjnością a refleksyjnością, bierną postawą a aktywnym udziałem. Patrzysz automatycznie: strumień zmysłowych bodźców wejściowych nie wymaga od nas żadnego wysiłku, może oprócz niezbędnego otwarcia oczu. Możesz też patrzeć bezmyślnie, wchłaniając niezliczone elementy świata zewnętrznego bez konieczności nadawania im jakichkolwiek znaczeń. Czasami możesz nawet nie zdawać sobie sprawy z tego, że widziałeś coś, co znajdowało się tuż przed twoimi oczami.

Kiedy zaś obserwujesz, jesteś zmuszony do zwrócenia uwagi. Musisz odrzucić pasywne wchłanianie na rzecz aktywnej świadomości. Musisz się zaangażować. I dotyczy to nie tylko wzroku, ale wszystkich zmysłów, wszystkich bodźców, każdej myśli.

Jeśli chodzi o nasze umysły, zbyt często jesteśmy zaskakująco bezmyślni. Unosimy się na falach beztroski nieświadomi tego, jak dużo nam umyka i jak niewiele wychwytujemy z własnych procesów myślowych. I o ile bylibyśmy lepsi, gdybyśmy tylko dali sobie czas na zrozumienie i refleksję. Wdrapujemy się jak Watson po tych samych schodach dziesiątki, setki, tysiące razy, kilkukrotnie w ciągu dnia, i nie jesteśmy w stanie przywołać najprostszych związanych z nimi detali (nie zdziwiłabym się, gdyby Holmes, zapytawszy Watsona o kolor, a nie o liczbę stopni, spotkał się z podobną niewiedzą).

Ale nie chodzi o to, że nie jesteśmy do takiej przytomności umysłu zdolni, tylko o to, że nie decydujemy się na nią. Przypomnij sobie dzieciństwo. Jest duża szansa, że gdybym cię poprosiła o opisanie ulicy, na której się wychowałeś, potrafiłbyś podać mi całą masę szczegółów. Kolory domów. Dziwactwa sąsiadów. Zapachy pór roku. Jak różnie wyglądała ta ulica o różnych porach dnia. Gdzie się bawiłeś. Dokąd chodziłeś na spacery. Dokąd bałeś się chodzić. Założę się, że mógłbyś o tym opowiadać całymi godzinami.

Jako dzieci jesteśmy nadzwyczaj spostrzegawczy. Wchłaniamy i przetwarzamy informacje z szybkością, do jakiej nigdy później nie będzie nam dane się nawet zbliżyć. Nowe widoki, nowe dźwięki, nowe zapachy, nowi ludzie, nowe emocje, nowe doświadczenia – tak uczymy się świata i jego możliwości. Wszystko jest nowe, ekscytujące, wszystko budzi naszą ciekawość. I ze względu na tę wpisaną w nasze otoczenie „nowość" jesteśmy w najwyższym stopniu czujni, zaabsorbowani; pochłaniamy wszystko. Co więcej, zapamiętujemy – bo jesteśmy zmotywowani i zaangażowani (do obu tych cech będziemy niejednokrotnie powracać). Nie tylko więc przyswajamy świat w całej pełni, lecz także magazynujemy przyswojone informacje na przyszłość. Kto wie, może kiedyś coś z tego się przyda?

Z wiekiem ten czynnik zblazowania gwałtownie rośnie. Tam byłem, to robiłem, na to nie muszę zwracać uwagi, bo niby kiedy miałbym to wykorzystać i po co? Nim się zorientujesz, wyzbywasz się wrodzonej uważności, zaangażowania i ciekawości na rzecz nawyków bierności i bezrefleksyjności. I nawet kiedy chcesz się zaangażować, nie masz już luksusu dzieciństwa. Minęły dni, kiedy twoim głównym zajęciem było się uczyć, absorbować, nawiązywać kontakt ze światem. Teraz masz nowe, pilniejsze (tak przynajmniej sądzisz) zobowiązania, wymogi, które zaprzątają ci głowę. I tak jak zwiększają się wymagania wobec twojej uwagi – w miarę jak rośnie presja wielozadaniowości w tej coraz bardziej cyfrowej epoce – tak też twoja prawdziwa uwaga się osłabia. Stajesz się coraz mniej zdolny do poznania, zauważania własnych nawyków myślowych. Coraz bardziej za to pozwalasz swojemu umysłowi dyktować osądy i decyzje, choć powinno być odwrotnie.

Nie, nie jest to mechanizm z gruntu zły – jeszcze nieraz będziemy mówić o potrzebie automatyzacji pewnych procesów, z początku zbyt trudnych i kosztownych poznawczo – ale niebezpiecznie zbliża nas on do bezrefleksyjności. Granica między wydajnością a bezmyślnością jest bardzo cienka i powinniśmy się bardzo starać, by jej nie przekraczać.

Każdy z nas prawdopodobnie doświadczył tego, że kiedy trzeba było odejść od codziennej rutyny, by coś załatwić, nagle okazywało się, że jakoś wypadło nam to z głowy. Powiedzmy, że w drodze do domu chcesz wstąpić do apteki. Cały dzień o tym pamiętasz. Powtarzasz to w głowie, nawet wyobrażając sobie, kiedy trzeba będzie skręcić, zbaczając tylko o krok od codziennej trasy. I w końcu, nie wiadomo jak, lądujesz przed drzwiami swojego domu, zdając sobie sprawę, że nigdzie po drodze się nie zatrzymałeś. Zapomniałeś skręcić i nawet nie pamiętasz momentu, kiedy mijałeś zakręt. Zwyciężył bezrefleksyjny nawyk, postawiła na swoim rutyna, mimo że część umysłu wiedziała, że trzeba zrobić coś innego.

Granica między wydajnością a bezmyślnością jest bardzo cienka i powinniśmy się bardzo starać, by jej nie przekraczać

To zdarza się ciągle. Jesteśmy tak wpisani w określoną konfigurację zachowań, że niemal całe dnie spędzamy w bezmyślnym zamroczeniu (nieważne, czy myśląc o pracy, martwiąc się jakimś e-mailem, czy planując z wyprzedzeniem kolację).

Ale to automatyczne zapominanie, dominacja rutyny i łatwe rozpraszanie myśli to tylko niewielka część o wiele szerszego zjawiska (choć szczególnie zauważalna, bo mamy zdolność uświadamiania sobie, że zapomnieliśmy coś zrobić). Zdarza nam się to o wiele częściej, niż potrafimy sobie uzmysłowić; jesteśmy częściej nieświadomie bezrefleksyjni, niż nam się wydaje. Jak wielu myślom pozwalamy przepływać przez naszą głowę bez zatrzymania, choćby na krótko, by je rozpoznać? Jak wiele pomysłów i przeczuć nam uciekło, bo zapomnieliśmy poświęcić im trochę uwagi? Jak wiele podjęliśmy decyzji i powzięliśmy sądów, nie zdając sobie sprawy z tego, jak i dlaczego to robimy, kierując się wyłącznie wewnętrznymi, standardowymi mechanizmami, których istnienia tylko trochę jesteśmy świadomi? Ile dni minęło, nim nagle zaczęliśmy się zastanawiać, co dokładnie zrobiliśmy i jak znaleźliśmy się tu, gdzie jesteśmy?

Ta książka ma pomóc. Wykorzystuje metodologię Holmesa do zbadania i wyjaśnienia technik, które są konieczne do stworzenia nawyków myślowych pozwalających bez wysiłku wejść w uważną relację z samym sobą i ze światem. Tak byśmy też kiedyś mogli rzucić mimochodem, ile stopni miały jakieś schody.

Dlatego rozpal ogień w kominku, zwiń się w kłębek na kanapie i przygotuj się do jeszcze jednej przygody z Sherlockiem Holmesem i doktorem Johnem Watsonem. Na pełnych zbrodni ulicach Londynu i w najgłębszych zakamarkach ludzkiego umysłu.

CZĘŚĆ PIERWSZA

ZROZUMIEĆ (SAMEGO SIEBIE)

Rozdział pierwszy

Naukowa metoda myślenia

Coś złowieszczego działo się w folwarku zwierzęcym w Great Wyrley. Owce, krowy, konie, jedne po drugich, padały w środku nocy. Przyczyna zgonu: długie wąskie cięcie prowadzące do żołądka, powodujące powolne i bolesne wykrwawianie się. Farmerzy byli oburzeni, lokalna społeczność – wstrząśnięta. Kto zadawał bezbronnym stworzeniom taki ból?

Policja uznała, że znalazła odpowiedź: to George Edalji, półkrwi Indianin, syn tamtejszego wikarego. W 1903 roku dwudziestosiedmioletni Edalji został skazany na siedem lat ciężkich robót jedynie na tej podstawie, że w dole nieopodal posesji wikarego odnaleziono ciało kucyka, jednego z szesnastu śmiertelnie okaleczonych zwierząt. Przysięgi wikarego, że jego syn spał, gdy popełniano zbrodnię, nie miały znaczenia. Ani to, że po zamknięciu George'a w więzieniu zwierzęta nadal ginęły. A nawet to, że podstawowym dowodem były anonimowe listy – napisane jakoby przez George'a – w których przyznawał się do krwawych czynów. Policja, na czele z komendantem głównym George'em Antonem, była pewna, że schwytała winnego.

Trzy lata później Edalji został zwolniony. W ministerstwie spraw wewnętrznych złożono dwie petycje w obronie jego niewinności, jedną podpisało dziesięć tysięcy osób, drugą – trzysta, sami prawnicy. Powoływano się na brak dowodów w sprawie. Ale do zakończenia historii było jeszcze daleko. Co prawda Edalji był wolny, ale publicznie nie został oczyszczony z winy. Przed wyrokiem był adwokatem, teraz nie mógł podjąć praktyki. W 1906 roku dopisało mu jednak szczęście: sprawą zainteresował się Arthur Conan Doyle, słynny stwórca Sherlocka Holmesa[2]. Zimą zgodził się spotkać z Edaljim w Grand Hotelu przy Charing Cross. W hotelowym holu rozwiały się resztki wątpliwości, jakie jeszcze mógł mieć sir Arthur co do niewinności młodego człowieka. Oto, jak opisał później ich spotkanie:

„Przyszedł na spotkanie do mojego hotelu o wyznaczonej porze, ale ponieważ byłem spóźniony, skracał sobie czas oczekiwania czytaniem gazety. Rozpoznałem go po ciemnej karnacji, więc stanąłem opodal, by mu się przyjrzeć. Trzymał płachtę gazety blisko przed oczami i trochę na ukos, co świadczyło nie tylko o silnej krótkowzroczności, ale i wyraźnym astygmatyzmie. Pomysł, by taki człowiek mógł nocami przemierzać pola i napadać na bydło, jednocześnie mając się na baczności przed policją, był niedorzeczny... I oto na podstawie jednego fizycznego defektu zyskałem moralną pewność jego niewinności".

Ale choć Conan Doyle osobiście wątpliwości już nie miał, to wiedział, że przekonanie Home Office, angielskiego ministerstwa

---

2 Podczas pisania o Sherlocku Holmesie, o kontekście, w jakim powstawały opowiadania Conan Doyle'a oraz o życiu pisarza, korzystałam z kilku książek: „The New Annotated Sherlock Holmes" Leslie Klingera, „The Man Who Created Sherlock Holmes" Andrew Lycetta oraz „Arthur Conan Doyle: A Life in Letters" Johna Lellenerga, Daniela Stashowera i Charles'a Foleya. Dwie ostatnie zawierają kompendium wiedzy o życiu Conan Doyle'a, pierwsza zaś jest absolutnie najlepszym źródłem dotyczącym kontekstu i interpretacji dzieł o Holmesie. Tym, którzy chcieliby poznać smak wczesnej psychologii, polecam klasyczną „Psychologię" Williama Jamesa. O metodzie naukowej i jej historii pisze Thomas Kuhn w książce „Struktura rewolucji naukowych". Omówienie motywacji, uczenia się i wiedzy oparłam na badaniach Angeli Duckworth, Ellen Winner (autorki „Gifted Children: Myths and Realities") oraz K. Andersa Ericssona (autora „The Road to Excellence"). Rozdział ten wiele zawdzięcza również pracom Daniela Gilberta.

spraw wewnętrznych, będzie wymagało większych starań. Pojechał więc do Great Wyrley, by zebrać dowody w sprawie. Rozmawiał z tamtejszymi mieszkańcami. Zbadał miejsce zbrodni, zgromadzone dowody, wszystkie okoliczności. Spotkał się też z kapitanem Ansonem, którego wrogość rosła z każdą kolejną chwilą. Odwiedził starą szkołę George'a. Przejrzał w rejestrach anonimowe listy, zapoznał się z nadużyciami, których ofiarą padła rodzina skazanego. Namierzył grafologa, który przed laty stwierdził, że charakter pisma Edaljiego zgadza się z charakterem pisma anonimów – a w końcu wszystkie swoje ustalenia przedstawił ministerstwu.

Zakrwawione brzytwy? Zardzewiałe żelastwo i tyle; nie można było nimi zadać takich ran, od których cierpiały zwierzęta. Błoto na ubraniu Edaljiego? Nie zgadza się z próbkami ziemi pobranymi z miejsca, gdzie odnaleziono martwego kucyka. Ekspert grafologii? Już wcześniej sporządzał mylne ekspertyzy, które prowadziły do niesłusznych wyroków skazujących. I wreszcie sprawa wzroku: czy ktoś z takim astygmatyzmem i poważną krótkowzrocznością mógł brnąć w nocy przez pola, by szlachtować zwierzęta w odległym folwarku?

Wiosną 1907 roku Edalji został ostatecznie oczyszczony z zarzutu dokonania rzezi zwierząt. Nie było to pełne zwycięstwo, na jakie liczył Conan Doyle, bo George'owi nie przyznano rekompensaty z tytułu pozbawienia przez lata wolności – ale coś jednak udało się osiągnąć. Edalji mógł wznowić praktykę adwokacką.

Komisja śledcza stwierdziła zaś, jak to później streścił Conan Doyle, że „policja podjęła i prowadziła śledztwo, mając na celu nie znalezienie winnego zbrodni, lecz znalezienie dowodów przeciwko Edaljiemu, którego z góry uznano za winnego". W sierpniu tego samego roku w Anglii powołano instytucję sądu apelacyjnego, by w przyszłości radzić sobie z pomyłkami sądowymi w sposób bardziej systemowy. Uważa się, że to sprawa Edaljiego znacznie się przyczyniła do powstania tej instytucji.

Przyjaciele Conana Doyle'a byli pod wrażeniem, ale nikt nie wyraził podziwu dla jego zasług tak trafnie jak pisarz George Meredith: „Nie wymienię tu nazwiska, którego możesz zapewne mieć powyżej uszu – powiedział do Conana Doyle'a – ale twórca wspaniałego Detektywa Amatora pokazał zaiste, na co go stać w prawdziwym życiu". Co prawda Sherlock Holmes był wymyślony, ale jego rygorystyczne podejście do myślenia było jak najbardziej realne. Jego metody, jeśli odpowiednio je zastosujemy, nie ograniczą się do opowieści i przyniosą namacalne, pozytywne zmiany. I mogą wyjść daleko poza świat zbrodni.

Co prawda Sherlock Holmes był wymyślony, ale jego rygorystyczne podejście do myślenia było jak najbardziej realne

Wystarczy wypowiedzieć nazwisko Holmesa, a zaraz staną nam przed oczyma nieodłączne obrazy: fajka, kaszkiet, peleryna, skrzypce, jastrzębi profil. Może pojawią się William Gillette, Basil Rathbone, Jeremy Brett albo inne gwiazdy, które kolejno zakładały pelerynę Holmesa, włączając w tę galerię jego ostatnich odtwórców – Benedicta Cumberbatcha i Roberta Downeya juniora. Jakiekolwiek skojarzenia przyjdą wam do głowy, idę o zakład, że nie będzie wśród nich słowa „psycholog".

Już czas, by się pojawiło.

Holmes był detektywem nie do zastąpienia. Ale jego obserwacje ludzkiego umysłu były równe jego najwybitniejszym osiągnięciom w sądownictwie karnym. To, co nam oferuje, to więcej niż tylko metoda rozwiązywania zagadek kryminalnych. Proponuje sposób myślenia, podejście umysłu, które może być stosowane w licznych zadaniach niemających nic wspólnego z mglistymi ulicami londyńskiego podziemia. Ta postawa wywodzi się z metody naukowej, ale wykracza zarówno poza naukę, jak i zbrodnię. I dziś może się stać modelem myślenia, a nawet sposobem bycia. Na tym właśnie polega sekret nieprzemijającej, przemożnej i wszechobecnej atrakcyjności Holmesa.

Gdy Conan Doyle tworzył Sherlocka Holmesa, nie zastanawiał się długo nad swoim bohaterem. Wątpliwe, by od początku zamierzał stworzyć model myślenia, podejmowania decyzji, porządkowania, przedstawiania i rozwiązywania problemów w naszych umysłach. A jednak zrobił właśnie to. Stworzył idealnego rzecznika rewolucji w myśleniu ścisłym. W 1887 roku Holmes ucieleśniał nowy typ detektywa, jedynego w swoim rodzaju myśliciela, który potrafił wykorzystywać umysł na wiele nowych sposobów. A dziś może być dla nas idealnym przykładem tego, jak usprawnić swoje myślenie.

Pod wieloma względami Sherlock Holmes był wizjonerem. Jego objaśnienia, metodologia, całościowe podejście do myślenia wyprzedzały rozwój psychologii i wiedzy o mózgu, który miał nastąpić ponad sto lat po jego przyjściu na świat i ponad osiemdziesiąt lat po śmierci jego twórcy. Jednocześnie model jego rozumowania wydaje się produktem tamtych czasów. Skoro naukowa metoda rozkwitała we wszystkich dziedzinach myślenia i działania – od ewolucjonizmu po rentgenografię, od ogólnej teorii względności po odkrycie zarazków i znieczulenia, od behawioryzmu po psychoanalizę – to dlaczego ten rozkwit nie miał objąć zasad samego myślenia?

Arthur Conan Doyle chciał, by Sherlock Holmes stał się ucieleśnieniem naukowości, ideałem, do którego możemy aspirować, choć nigdy nie osiągniemy jego poziomu (w końcu po co są ideały, jeśli nie po to, by pozostawały poza naszym zasięgiem?). Samo nazwisko Holmesa też jest znaczące: najprawdopodobniej Conan Doyle oddał nim hołd jednemu z idoli swojego dzieciństwa, sir Oliverowi Wendellowi Holmesowi, filozofowi i lekarzowi, który był znany i z pisarstwa, i z wkładu w praktykę medyczną.

Natomiast swój charakter detektyw zawdzięczał innemu mentorowi Doyle'a, doktorowi Josephowi Bellowi, chirurgowi, który miał dar szczegółowej obserwacji. Mówiono, że wystarczy mu jedno spojrzenie, by wiedzieć, że pacjent jest niedawno zwolnionym ze szkockiego pułku podoficerem, który właśnie wrócił ze służby na Barbados. Miał też zwyczaj sprawdzania możliwości percepcyjnych swoich studentów, m.in. za pomocą eksperymentów z różnymi cuchnącymi substancjami.

„Krążąc wokół dedukcji, wnioskowania i obserwacji, które, jak słyszałem, wciela pan w życie, spróbowałem skonstruować człowieka, który doprowadza te umiejętności tak daleko, jak to możliwe – a czasami jeszcze dalej..." – napisał Conan Doyle do Bella.

I tak dochodzimy do sedna: dzięki obserwacji, wnioskowaniu i dedukcji Holmes jest tym, kim jest. W odróżnieniu od wszystkich innych detektywów, którzy byli przed nim i po nim, jest tym, który ze sztuki dociekania uczynił naukę.

Typowe podejście Sherlocka Holmesa poznajemy w „Studium w szkarłacie", kiedy detektyw pojawia się publicznie po raz pierwszy. Szybko zauważamy, że dla Holmesa żaden badany przypadek nie jest po prostu sprawą, tak jak dla urzędników Scotland Yardu – kiedy to zbrodnia, pewne fakty i osoby razem wzięte doprowadzają zbrodniarza przed wymiar sprawiedliwości. Dla niego to coś znacznie więcej – i mniej zarazem.

Więcej, bo każda sprawa ma szersze, bardziej ogólne znaczenie jako przedmiot rozległych spekulacji i dochodzenia, naukowa zagadka. Każda nosi znamiona, które musiały się pojawić wcześniej i które na pewno powtórzą się znowu. Do każdej odnoszą się też szersze zasady, które mają zastosowanie w zdarzeniach na pierwszy rzut oka zupełnie z nią niezwiązanych.

Mniej, bo odarta jest z emocji i przypuszczeń – ze wszystkich czynników uważanych za zakłócające jasność myśli. I uczyniona przez to tak obiektywną, jak tylko obiektywna może być nienaukowa rzeczywistość.

I oto mamy rezultat: zbrodnia jako przedmiot ściśle naukowego dochodzenia, które stosuje zasady naukowej metody.

Co to jest naukowa metoda myślenia?

Kiedy myślimy o metodzie naukowej, zwykle wyobrażamy sobie eksperymentatora w laboratorium, zapewne w białym kitlu i z probówką w ręku, podejmującego takie kroki, jak: obserwacja zjawiska; tworzenie wyjaśniającej je hipotezy; opracowanie eksperymentu, by ją sprawdzić; przeprowadzenie eksperymentu; sprawdzanie, czy rezultaty pasują do oczekiwań; zweryfikowanie hipotezy, o ile to konieczne; powtórzenie wszystkich czynności.

Ale czy możemy wyćwiczyć nasze umysły, by pracowały tak automatycznie przez cały czas?

Holmes zaleca, byśmy zaczęli od podstaw. Kiedy spotykamy go po raz pierwszy, mówi: „Zanim jednak badacz skieruje uwagę na moralne i intelektualne aspekty tej sprawy stanowiące największą trudność, powinien zacząć od rozwiązywania elementarnych zadań". Naukowa metoda zaczyna się od rzeczy pozornie najbardziej przyziemnej: od obserwacji. Zanim zaczniemy zadawać pytania, które pomogą nam ukierunkować śledztwo, eksperyment naukowy – czy choćby podjąć tak prostą decyzję, jak zaproszenie lub nie przyjaciela na kolację – musimy najpierw zgłębić niezbędne podstawy. Nieprzypadkowo Holmes nazywa fundamenty swojego śledztwa „elementarnymi". Bo sięgają podstaw tego, jak coś działa i czym to jest spowodowane.

Na te podstawy nawet nie każdy naukowiec zwraca uwagę, tak są zakorzenione w sposobie rozumowania. Kiedy fizyk wyobraża sobie nowe doświadczenie, a biolog postanawia sprawdzić właściwości wyizolowanego właśnie związku, nie zawsze zdają sobie sprawę z tego, że ich pytania, podejście, hipoteza, spojrzenie na to, co robią, nie byłyby możliwe bez wiedzy, którą dysponują, gromadzonej przez lata. Trudno im byłoby powiedzieć nam, skąd mieli pomysł na daną pracę badawczą – i dlaczego po raz pierwszy pomyśleli, że będzie miała sens.

Po II wojnie światowej fizyk Richard Feynman został zaproszony do grona członków Państwowej Komisji ds. Programów Nauczania. Poproszono go o wybranie podręczników do przedmiotów ścisłych dla szkół średnich w Kalifornii.

Ku jego konsternacji podręczniki wydały się bardziej mieszać uczniom w głowach, niż ich edukować. W końcu natknął się na coś obiecującego: obrazki nakręcanej zabawki, samochodu i chłopca na rowerze. Pod każdym było pytanie: „Co sprawia, że się porusza?". Nareszcie, pomyślał, ktoś zamierza wytłumaczyć podstawy nauk ścisłych, zaczynając od elementarnych zasad mechaniki (zabawka), chemii (samochód) i biologii (chłopiec). Niestety, jego euforia była krótka. Tam, gdzie się spodziewał wyjaśnienia i rozumienia, znalazł trzy słowa: „Porusza nimi energia". Ale czym ona jest? Dlaczego nimi porusza? W jaki sposób? Tych pytań nawet nie postawiono, nie mówiąc o udzieleniu na nie odpowiedzi. Jak to ujął Feynman: „To nic nie znaczy... To jest tylko słowo!". I przekonywał: „Należało się przyjrzeć zabawce, zobaczyć, że w środku są sprężyny, nauczyć się czegoś o sprężynach, o kołach i nie dbać o »energię«. Później, kiedy dzieci się dowiedzą, jak działa zabawka, można omówić z nimi bardziej ogólne zasady energii".

Feynman jest jednym z nielicznych, którzy rzadko biorą podstawy swojej wiedzy za pewnik, zawsze pamiętają o elementach składowych, które są istotą każdego problemu, każdej zasady. I oto dokładnie chodzi Holmesowi, kiedy mówi nam, że musimy zaczynać od podstaw, od problemów tak przyziemnych, że mogą się nam wydawać niegodne uwagi. Jak możesz stawiać hipotezy, tworzyć sprawdzalne teorie, jeśli na początku nie wiesz, co i jak obserwować, jeśli nie rozumiesz natury problemu wynikającej z jego podstawowych elementów? (Prostota potrafi być złudna, o czym się przekonamy w dwóch kolejnych rozdziałach).

Jak możesz stawiać hipotezy, tworzyć sprawdzalne teorie, jeśli na początku nie wiesz, co i jak obserwować?

Metoda naukowa zaczyna się więc od szerokiej bazy danych, od zrozumienia faktów i zarysu problemu, któremu stawiamy czoło. W przypadku Holmesa w „Studium w szkarłacie" jest to zagadka morderstwa w opuszczonym domu przy Lauriston Gardens. W naszym przypadku może to być decyzja, czy postawić na zmiany w karierze zawodowej. Z jakimkolwiek tematem masz do czynienia, powinieneś go zdefiniować i sformułować w myśli z jak największą dokładnością, a następnie uzupełnić doświadczeniami z przeszłości i bieżącymi obserwacjami. (Bo, jak upomniał Holmes Lestrade'a i Gregsona, kiedy detektywi nie zauważyli podobieństwa między okolicznościami morderstwa, którym się zajmowali, a zbrodnią sprzed lat: „Nic nowego pod słońcem. Wszystko już kiedyś było").

Wtedy dopiero można przejść do etapu uogólniającej hipotezy. To ten moment, kiedy detektyw uruchamia wyobraźnię, doszukuje się w ciągu wydarzeń możliwych kierunków dochodzenia, niekoniecznie upierając się przy oczywistych interpretacjach. W „Studium w szkarłacie" napis „rache" nie musi być niedokończonym imieniem Rachel, ale może oznaczać „odwet" po niemiecku – a my możemy zrobić burzę mózgu, kreśląc możliwe scenariusze, które nas czekają po zmianie pracy. Nie tworzymy jednak hipotez na chybił trafił: wszystkie możliwe scenariusze czy opracowania wypływają z początkowej bazy danych i z obserwacji.

Dopiero później sprawdzamy, co ta nasza hipoteza zawiera. Na tym etapie Holmes rozważa wszystkie kierunki śledztwa, eliminując je jeden po drugim – póki nie zostanie ten ostatni prowadzący do prawdy, jakkolwiek nieprawdopodobna by ona była. A my weryfikujemy kolejne scenariusze zmiany pracy i staramy się przeanalizować wszystkie wynikające z nich implikacje, aż do końcowych logicznych wniosków. To również jest do wykonania, jak się przekonamy później.

Ale to jeszcze nie koniec. Czas płynie. Zmieniają się okoliczności. Baza danych powinna być przez cały czas uaktualniana.

Skoro środowisko podlega zmianom, nie możemy zapominać o rewidowaniu naszych hipotez, aby z rewolucyjnych nie zmieniły się w całkiem nieistotne. Głębokie przemyślenia mogą się zamienić w bezrefleksyjność, gdy tylko przestaniemy być zaangażowani, ambitni, uważni.

Oto więc metoda naukowa w pigułce: zrozumieć i określić problem; dokonać obserwacji; zbudować hipotezę (bądź wyobrazić sobie rozwiązanie); sprawdzić i dedukować; wszystkie czynności powtórzyć. Podążając za Sherlockiem Holmesem powinniśmy nauczyć się stosowania tej samej procedury nie tylko w odniesieniu do zewnętrznych problemów, ale też do każdej swojej myśli. A następnie mozolnie, krok po kroku, do każdej myśli każdej osoby, na której temat snujemy rozważania.

Oto metoda naukowa w pigułce: zrozumieć i określić problem; dokonać obserwacji; zbudować hipotezę; sprawdzić i dedukować; wszystkie czynności powtórzyć

Kiedy Holmes po raz pierwszy wykłada teoretyczne zasady swojego podejścia, sprowadza je właściwie do jednej głównej myśli: „Jak wiele wyćwiczony obserwator może się dowiedzieć z dokładnego i systematycznego badania wszystkiego, co napotka po drodze". To „wszystko" zawiera też w sobie każdą bez wyjątku myśl; w świecie Holmesa myśli nie ocenia się po jej wartości nominalnej. „Z jednej kropli wody człowiek rozumujący w sposób logiczny może wywnioskować istnienie Atlantyku lub Niagary, choć nigdy ich nie widział ani o nich nie słyszał" – zauważa detektyw. Innymi słowy, mając wiedzę bazową, możemy wykorzystać obserwację do wydedukowania znaczenia z mało znaczącego, wydawałoby się, faktu. Kim byłby naukowiec, który nie potrafi rzucić hipotezy, wyobrazić sobie czegoś nowego, nieznanego, dotąd niesprawdzonego?

Mamy zatem metodę naukową. Ale Holmes idzie o krok dalej. Te same zasady stosuje wobec napotkanych ludzi. Adept jego metody „rzuciwszy jedno spojrzenie na pierwszego napotkanego śmiertelnika, spróbuje od razu określić jego przeszłość, profesję lub zainteresowania. Choć takie ćwiczenie może się wydawać infantylne, wyostrza zdolność obserwacji i uczy nas, na co powinniśmy patrzeć i czego szukać". Każda obserwacja, każde ćwiczenie umysłu, każde proste wnioskowanie wyprowadzone z prostego faktu wzmocni twoją zdolność zapuszczania się w coraz bardziej skomplikowane kombinacje myślowe. Da podstawy nowym nawykom myślowym, dla których obserwacja stanie się drugą naturą.

Każda obserwacja, każde ćwiczenie umysłu, każde proste wnioskowanie wyprowadzone z prostego faktu wzmocni twoją zdolność zapuszczania się w coraz bardziej skomplikowane kombinacje myślowe

Dokładnie tego nauczał Holmes – i nadal może nas uczyć. Bo czy w zasadniczych kwestiach nie do tego właśnie się sprowadza naukowe podejście detektywa? Nie tylko potrafił rozwiązać zagadki najcięższych zbrodni, ale czynił to na podstawie ścisłego myślenia, podejmując określone kroki w oparciu o nawyki rozumowania, których można się nauczyć, kształtować je i stosować w życiu.

Wszystko to dobrze brzmi w teorii. Ale jak zabrać się do rzeczy w codziennym życiu? To całe naukowe myślenie, ciągłe napięcie uwagi i dzielenie włosa na czworo, obserwowanie, dedukowanie i co tam jeszcze – to wszystko może się wydawać strasznym zawracaniem głowy!

I tak, i nie. Z jednej strony większość z nas rzeczywiście ma przed sobą długą drogę. Jak się przekonamy, nasze umysły nie dadzą się łatwo przestawić na myślenie w stylu Holmesa.

Ale z drugiej strony nowe nawyki myślenia są do opanowania i późniejszego stosowania. Nasze mózgi są nadzwyczaj biegłe w opanowywaniu nowych sposobów myślenia, a nasze połączenia neuronowe – nadzwyczaj elastyczne do późnej starości.

Naśladując Holmesa w jego myśleniu, nauczysz się, jak stosować jego metodologię w życiu codziennym, jak być obecnym i refleksyjnym, jak traktować każdy wybór, każdy problem, każdą sytuację z dbałością, na jaką zasługują. Początkowo wyda ci się to nienaturalne. Z czasem, w miarę nabywania praktyki stanie się to twoją drugą naturą.

Podobnie jak to było z samym Holmesem.

Kłopoty niewyćwiczonego mózgu

Jedną z cech charakterystycznych myślenia Holmesa – i charakterystycznych dla naukowego ideału – jest sceptyczny i dociekliwy stosunek do świata. Niczego nie przyjmuje się na wiarę. Wszystko jest brane pod uwagę i szczegółowo badane, a dopiero potem akceptowane bądź odrzucane. Niestety, nasze umysły, jeśli są zaniedbane, mają do takiego działania awersję. Aby myśleć jak Sherlock Holmes, powinniśmy przede wszystkim przezwyciężyć rodzaj naturalnego oporu, który ciąży na naszym sposobie postrzegania świata.

Większość psychologów jest zgodnych, że nasze umysły funkcjonują w oparciu o dwa systemy. Jeden jest szybki, intuicyjny, reaktywny – to swego rodzaju nieustająca czujność typu: „walcz albo uciekaj". Nie wymaga on świadomego myślenia ani wysiłku i funkcjonuje na zasadzie stałego autopilota.

Drugi system jest wolniejszy, bardziej rozważny, skrupulatny, logiczny, ale za to bardziej kosztowny pod względem poznawczym. Woli przeczekiwać sprawy tak długo, jak to możliwe, i wkraczać do akcji dopiero wtedy, kiedy uzna to za konieczne.

Ze względu na koszty umysłowe tego chłodnego, refleksyjnego systemu przez większość czasu myślimy szybko i w sposób odruchowy. To powoduje, że nasza obserwacja staje się automatyczna, intuicyjna (nie zawsze odpowiadając rzeczywistości), odruchowa, pośpieszna. Tak właśnie na dobrą sprawę funkcjonujemy. Dopiero gdy coś rzeczywiście przykuje naszą uwagę, zmusi do zatrzymania się czy w jakiś sposób nami potrząśnie, reflektujemy się i przestawiamy na głębszą, chłodniejszą wersję, na inny system myślenia.

Nadałam tym dwóm systemom własne nazwy: system Watsona i system Holmesa. Nietrudno się domyślić, który jest który. Pomyślmy o systemie Watsona jak o swoim naiwnym ja, stosującym leniwe nawyki myślowe, te, które przychodzą nam w najbardziej naturalny sposób, po linii najmniejszego oporu. Pracowaliśmy na te nawyki przez całe życie.

A teraz pomyślmy o systemie Holmesa jak o swoim aspirującym ja, które – kiedy już będziemy gotowi – nauczy się stosowania metody detektywa w życiu codziennym. A to będzie oznaczało zerwanie raz na zawsze z nawykami systemu Watsona.

Kiedy myślimy automatycznie, nasze umysły są ustawione tak, by pobierać wszystko, co w nie wpada. Najpierw wierzymy, a dopiero potem zadajemy pytania. Inaczej mówiąc, to tak, jakby nasze mózgi odbierały świat jako egzamin typu „prawda albo fałsz" – i udzielały domyślnie odpowiedzi: *prawda*. I o ile pozostawanie w trybie *prawda* nie wymaga żadnego wysiłku, o tyle przestawienie się na odpowiedź *fałsz* wymaga czujności, czasu i energii.

> *Kiedy myślimy automatycznie, nasze umysły są ustawione tak, by pobierać wszystko, co w nie wpada.*
> *Najpierw wierzymy, dopiero potem zadajemy pytania*

Psycholog Daniel Gilbert tłumaczy to tak: nasze mózgi muszą najpierw uwierzyć w jakąś informację, choćby przez ułamek sekundy, by móc ją przetworzyć. Wyobraźmy sobie, że mówię o różowych słoniach. Oczywiście, wszyscy wiedzą, że różowe słonie nie istnieją. Ale kiedy czytacie to zestawienie słów, musicie choćby przez chwilę stworzyć obraz różowego słonia w głowie. Tak więc, aby uzmysłowić sobie, że różowych słoni nie ma na świecie, musimy przez chwilę uwierzyć w ich istnienie. Wiemy i wierzymy równocześnie.

Benedykt Spinoza pierwszy pojął konieczność akceptacji w celu zrozumienia. A William James na sto lat przed Gilbertem pisał o tym mechanizmie tak: „We wszystkie sądy, czy to atrybutywne, czy egzystencjalne, trzeba uwierzyć przez sam fakt, że się je pojmuje". Dopiero kiedy już zrozumiemy, musimy włożyć wysiłek w to, by nie uwierzyć. Jak zaznacza Gilbert, ta część procesu jest już daleka od automatyzmu. W przypadku różowych słoni proces zaprzeczania jest prosty. Wymaga niewiele wysiłku czy czasu, choć na pewno mózg będzie miał więcej do przetwarzania, niż gdybym wspomniała o szarych słoniach. A to dlatego niezgodne z faktami informacje wymagają dodatkowej weryfikacji i zaprzeczenia, którego prawdziwa informacja nie potrzebuje.

Ale nie zawsze się to sprawdza, nie wszystkie przypadki są tak spektakularne jak przypadek różowych słoni.

Im bardziej skomplikowane jest twierdzenie czy idea, im mniej oczywisty wybór między prawdą a fałszem, tym wymagany wysiłek jest większy. (*W Maine nie ma jadowitych żmij*. Prawda czy fałsz? No, dalej! Ale nawet to twierdzenie może być zweryfikowane na poziomie faktów. A co z takim: *Kara śmierci nie jest tak surowa jak dożywocie*?). Niewiele nam trzeba, by taki złożony proces przerwać bądź w ogóle doń nie dopuścić. Jeśli uznamy, że twierdzenie brzmi dostatecznie przekonująco (*no pewnie, w Maine nie ma jadowitych żmij, czemu nie?*), najprawdopodobniej nie będziemy się tym więcej zajmować. Podobnie gdy jesteśmy przepracowani, zestresowani, rozkojarzeni lub inaczej nadwyrężeni psychicznie – możemy coś uznać za prawdę, nie mając nawet czasu tego zweryfikować. Nasze zdolności umysłowe narażone na radzenie sobie z wielozadaniowością są po prostu ograniczone tak bardzo, że nie potrafią się uporać ze wszystkim naraz. Dlatego w pierwszej kolejności odpuszczają sobie weryfikowanie. Kiedy do tego dochodzi, pozostajemy z niesprawdzonymi przekonaniami, a później przywołujemy jako prawdziwe fakty, które w rzeczywistości są fałszywe. (Czy w Maine są jadowite żmije? Tak, prawdę mówiąc, są. Ale gdyby ktoś zapytał was o to za rok, nie wiadomo, czy pamiętalibyście, jaka jest odpowiedź. Zwłaszcza jeśli czytając ten akapit, byliście zmęczeni lub rozkojarzeni).

Co więcej, nie wszystko jest tak czarno-białe – czy raczej różowo-białe – jak przypadek słoni. I nie zawsze, kiedy intuicja podpowiada nam, że coś jest czarno-białe, to coś naprawdę takie jest. Bardzo łatwo wpaść w pułapkę. W rzeczywistości nie tylko wierzymy (przynajmniej na początku) we wszystko, co usłyszymy. Mamy też skłonność, by traktować twierdzenie jako prawdziwe, nawet jeśli – zanim je usłyszeliśmy wyraźnie – powiedziano nam, że jest fałszywe. Istnieje na przykład zjawisko znane jako błąd odpowiedniości. Zgodnie z nim zakładamy zazwyczaj, że jeśli ktoś o czymś mówi, to również w to wierzy. I trzymamy się tego założenia, nawet gdy się dowiemy, że tak nie jest. Prawdopodobnie też wydamy sąd na temat danej osoby na podstawie tego, co powiedziała.

Czy sądzisz, że to, co wcześniej napisałam o karze śmierci, należy do moich przekonań? Mimo że nie masz podstaw, by tak sądzić – nie pisałam bowiem o swoich poglądach na ten temat – istnieje duże prawdopodobieństwo, że bierzesz to twierdzenie za mój pogląd. Jeszcze bardziej niepokojące jest to, że kiedy słyszymy jakieś zdanie przeczące – na przykład: *Joe nie jest powiązany z mafią* – mamy skłonność do wyrzucania z pamięci zaprzeczenia i kojarzymy później Joego jako osobę powiązaną z mafią. Prawdopodobnie ukształtuje się w nas negatywna opinia o Joe'em. Gdyby powołano nas do ławy przysięgłych, bylibyśmy nawet skłonni skłaniać się ku dłuższej karze więzienia dla niego.

Tak więc tendencja do potwierdzania uzyskanej już informacji i dawania jej wiary zbyt łatwo może mieć realne konsekwencje zarówno dla nas samych, jak i dla innych. Sztuczka Holmesa polega na tym, że traktuje on każdą myśl, każde doświadczenie czy spostrzeżenie na tej samej zasadzie, na jakiej traktuje się różowego słonia. Innymi słowy, zaczynajmy od zdrowej dozy sceptycyzmu zamiast od łatwowierności, która jest naturalnym stanem naszego umysłu. Nigdy nie zakładajmy z góry, że coś jest tym, czym jest. Myślmy o każdej rzeczy tak, jakby była absurdem porównywalnym do nieistniejącego w przyrodzie zwierzęcia.

Owszem, to trudne. W końcu równie dobrze można by poprosić własny mózg o porzucenie naturalnego stanu spoczynku i przejście na tryb nieustannej fizycznej aktywności, która wymaga wydatkowania cennej energii nawet wtedy, kiedy normalnie ziewnąłby, powiedział: e tam – i zajął się czymś innym.

A jednak to nie jest niemożliwe, zwłaszcza jeśli ma się po swojej stronie Sherlocka Holmesa. On zaś, lepiej chyba niż ktokolwiek inny, nadaje się na zaufanego przewodnika, na kogoś potrafiącego dokonywać – jak nam się przynajmniej wydaje na pierwszy rzut oka – prac na miarę Herkulesa.

Nigdy nie zakładajmy z góry, że coś jest tym, czym jest.
Myślmy o każdej rzeczy, jakby była absurdem
porównywalnym do nieistniejącego w przyrodzie zwierzęcia

Obserwując Holmesa w akcji, uzyskasz zdolność lepszego obserwowania swojego umysłu. „Skąd on, u diabła, wiedział, że przyjechałem z Afganistanu?" – pyta Watson Stamforda, mężczyznę, który po raz pierwszy przedstawił go Holmesowi. Stamford w odpowiedzi uśmiecha się enigmatycznie i mówi: „Na tym właśnie polega jego wyjątkowość. Wielu ludzi dużo by dało, żeby się dowiedzieć, jak on to wszystko odgaduje". Ta odpowiedź jedynie jeszcze bardziej pobudza ciekawość Watsona. Tego typu ciekawość może być zaspokojona wyłącznie na drodze długich i szczegółowych obserwacji. Watson bezzwłocznie je podejmuje.

Dla Sherlocka Holmesa świat jest różowym słoniem. W tym świecie każda informacja musi być badana z taką samą uwagą i takim zdrowym sceptycyzmem, z jakim należy traktować najbardziej choćby absurdalne zwierzę. Jeśli po skończeniu tej książki przyjdzie ci do głowy pytanie: *Co w tej sytuacji zrobiłby Sherlock Holmes?*, to zauważysz, że i ciebie zaczyna otaczać świat Holmesa. Myśli, z których istnienia nie zdawałeś sobie wcześniej sprawy, będziesz powstrzymywać i kwestionować, zanim pozwolisz im zapanować nad swoim umysłem. Odpowiednio przefiltrowane nie będą już podstępnie wpływać na twoje zachowanie.

Gdyby się okazało, że mamy mięsień, którego wcześniej nie znaliśmy, gdybyśmy poczuli, że boli, i powoli zaczęli systematycznie go ćwiczyć, rozwinąłby się i wzmocnił. Podobnie jest z umysłem: jeśli będziesz go trenował, stała obserwacja, niekończące się szczegółowe badania wejdą ci powoli w nawyk. Staną się one, jak u Sherlocka Holmesa, twoją drugą naturą. Zaczniesz wyczuwać, dedukować, wreszcie myśleć – i przekonasz się, że wcale nie trzeba wkładać w to świadomego wysiłku.

Nawet przez chwilę nie myśl, że to jest nie do zrobienia. Holmes może i jest postacią fikcyjną, ale Joseph Bell – nie. Podobnie jak Conan Doyle – nie tylko George Edalji stał się beneficjentem jego umiejętności; sir Arthur miał również wkład w unieważnienie wyroku niewinnie skazanego na więzienie niejakiego Oscara Slatera.

Być może Sherlock Holmes dlatego tak zawładnął naszą wyobraźnią, że dzięki niemu rozumowanie, które przeciętnego człowieka doprowadziłoby na skraj wyczerpania, wydaje się nie tylko możliwe, ale nawet niewymagające wysiłku. Sprawia on, że najbardziej rygorystyczne, naukowe podejście do myślenia wydaje się nam osiągalne. Nieprzypadkowo ilekroć Holmes podaje

Watsonowi wyjaśnienie procesu swoich dociekań, ten wykrzykuje, że wszystko jest jasne jak słońce.

W przeciwieństwie do Watsona my nauczymy się sami dostrzegać tę jasność.

Refleksyjność i motywacja

Ale łatwo nie będzie. Holmes przypomina: „Podobnie jak wszelkie inne umiejętności sztukę dedukcji i analizy można opanować tylko dzięki długiej i cierpliwej pracy, a życie jest za krótkie, by jakikolwiek śmiertelnik mógł osiągnąć perfekcję w tej sztuce". Ale to coś więcej niż zwykła mrzonka. Zasadniczo sztuka ta sprowadza się do jednej prostej formuły: by przełączyć się z systemu Watsona na system Holmesa, potrzebujemy refleksyjności i motywacji. Plus dużo praktyki. Chodzi o refleksyjność w znaczeniu ciągłej przytomności umysłu i pilnej obecności w bieżącej chwili, która jest podstawą prawdziwej, aktywnej obserwacji świata; oraz o motywację w znaczeniu aktywnego zaangażowania i pragnienia.

By przełączyć się z systemu Watsona na system Holmesa, potrzebujemy refleksyjności i motywacji. Plus dużo praktyki

Kiedy przytrafiają nam się nieistotne przygody, jak zawieruszenie kluczy lub zgubienie okularów, które po chwili znajdujemy na swojej głowie, odpowiada za to system Watsona: działaliśmy na autopilocie, nie zauważając nawet, że wykonujemy jakieś czynności. Dlatego tak często nie pamiętamy, co robiliśmy, kiedy coś nas wytrąca z mechanicznych działań – nie wiemy, czemu stoimy pośrodku kuchni i po co do niej wchodziliśmy. System Holmesa oferuje powrót własnymi śladami, uważne odtworzenie szlaku, a więc odrzucenie autopilota i uświadomienie sobie, gdzie i dlaczego coś robiliśmy.

Nie jesteśmy zmotywowani i refleksyjni przez cały czas – i zwykle nam to nie szkodzi. Działamy bez udziału świadomości po to, by chronić nasze zasoby na cele ważniejsze niż lokalizacja kluczy. Jednak aby się wyrwać z trybu autopilota, musimy być zmotywowani do uważnego, przytomnego myślenia, do wysiłku prześledzenia, co się dzieje w naszej głowie, oraz do rezygnacji z unoszenia się z prądem. Aby zacząć myśleć jak Sherlock Holmes, musisz usilnie chcieć myśleć jak on. Motywacja jest tak istotna, że z jej powodu naukowcy często ubolewają nad trudnością zdobycia dokładnych wyników, gdy przyjdzie im porównywać zadania poznawcze starszych i młodszych osób poddanych tym samym badaniom.

Dlaczego? Otóż dorośli w starszym wieku są bardziej zmotywowani, by wykonać zadanie lepiej. Bardziej się starają. Mocniej angażują. Są poważniejsi, bardziej obecni i zainteresowani. Sprawdzenie się w teście wiele dla nich znaczy, bo świadczy o ich możliwościach umysłowych. Dlatego zrobią wszystko, by udowodnić, że z wiekiem nie wypadli z gry. Z młodszymi uczestnikami jest inaczej. W ich przypadku nie ma porównywalnego imperatywu.

Jak w tej sytuacji można dokładnie porównać obie grupy? To pytanie nadal spędza sen z powiek badaczom, którzy zajmują się starzeniem i funkcjami poznawczymi.

Ale to nie jedyne pole działania motywacji. Osoby zmotywowane zawsze prześcigają innych. Studenci, którzy są zmotywowani, wypadają lepiej nawet w czymś tak wydawałoby się niezmiennym, jak test na IQ (przeciętnie o 0,64 punktu więcej od odchylenia standardowego). Motywacja stoi też za większymi osiągnięciami akademickimi, mniejszą liczbą skazanych za przestępstwa i lepszymi wynikami zatrudnienia. Dzieci, które mają „pęd do mistrzostwa" (termin ukuty przez Ellen Winner, oznaczający wrodzoną motywację do opanowania jakiejś dziedziny), z dużym prawdopodobieństwem osiągną sukces w każdym wybranym przez siebie kierunku, od sztuki po naukę. Jeśli mamy motywację, by nauczyć się języka, łatwiej nam będzie pokonać trudności na tej drodze. W istocie, kiedy uczymy się czegokolwiek nowego, idzie nam o wiele lepiej, jeśli jesteśmy zmotywowani. Nawet nasza pamięć rozpoznaje, czy mamy motywację, czy nie. Bo pamiętamy lepiej, jeśli byliśmy zmotywowani, gdy powstawało konkretne wspomnienie. Nazywamy to kodowaniem motywowanym.

Nawet nasza pamięć rozpoznaje, czy mamy motywację, czy nie. Bo pamiętamy lepiej, jeśli byliśmy zmotywowani, gdy powstawało konkretne wspomnienie

I wreszcie pozostał ostatni fragment układanki: ćwiczenie, ćwiczenie, ćwiczenie. Musisz uzupełnić swoją uważną motywację ciężkim treningiem, tysiącami godzin ćwiczeń. Innego wyjścia nie ma. Pomyśl o fenomenie wiedzy eksperckiej, którą dysponują mistrzowie z bardzo różnych dziedzin, od szachowego arcymistrza po mistrza detektywa. Mają oni wybitne zasoby pamięci w wybranych przez siebie dziedzinach wiedzy. Holmes całą rozległą wiedzę dotyczącą zbrodni ma w małym palcu. Szachista zachowuje w pamięci setki rozgrywek, ze wszystkimi ruchami w każdej z nich, gotów sięgnąć po nie w dowolnej chwili. Psycholog K. Anders Ericsson przekonuje, że eksperci z perspektywy swojej specjalności inaczej widzą świat: zauważają rzeczy, które dla laika są niewidoczne, wychwytują prawidłowości tam, gdzie niewyćwiczone oko rozpoznaje tylko niepowiązane elementy rzeczywistości, widzą szczegóły jako części całości i natychmiast odróżniają to, co zasadnicze, od tego, co przypadkowe.

Nawet Holmes nie mógł zaczynać z systemem Holmesa. Możemy być pewni, że urodził się w swoim fikcyjnym świecie prowadzony, podobnie jak my, przez system Watsona. Po prostu nie pozwolił sobie pozostać na tej drodze. Zabrał się do systemu Watsona i nauczył go pracować według reguł systemu Holmesa, wymuszając na nim refleksyjne myślenie tam, gdzie normalnie pojawiała się odruchowa reakcja.

System Watsona w przeważającej części działa nawykowo. Jeśli jednak jesteśmy świadomi jego mocy, przekonamy się, że wcale nie musi panować nad nami tak często, jak byłoby to możliwe. Wielki detektyw niejednokrotnie przypomina, że wprowadził zwyczaj angażowania własnego systemu bez ustanku, w każdej minucie każdego dnia. Dzięki temu powoli wyćwiczył swojego pochopnie sądzącego „wewnętrznego Watsona", by ten działał na wzór „zewnętrznego, publicznego Holmesa". Dzięki wielkiej sile wyrobionego nawyku i woli przekierował mechanizm szybkich sądów na tory myślenia znacznie bardziej refleksyjnego. Dopiero dzięki takiej podstawie był w stanie dokonać pierwszych obserwacji charakteru Watsona w ciągu dosłownie kilku sekund.

Oto, dlaczego Holmes nazywa swą umiejętność intuicją. Za trafną intuicją, taką, którą szczyci się Holmes, stoi konieczność długich godzin treningu. Ekspert nie zawsze musi sobie zdawać sprawę, skąd się wzięła ta intuicja – bierze się z pewnych, nie zawsze widocznych nawyków. Zasługą Holmesa jest to, że uczytelnił cały ten proces, prześwietlił sposób, w jaki zachodzi przemiana tego, co gorączkowe, w to, co chłodne; tego, co odruchowe, w to, co refleksyjne. Oto, co Anders Ericsson nazywa wiedzą ekspercką: to nie żaden geniusz, lecz umiejętność zrodzona z poszerzonej i intensywnej praktyki.

To nie tak, że Holmes urodził się jako konsultant detektywistyczny – by wykończyć wszystkich innych konsultantów. Długo ćwiczył refleksyjną postawę wobec świata i doskonalił swoją sztukę do poziomu, na którym ją znamy.

To nie tak, że Holmes urodził się jako konsultant detektywistyczny – by wykończyć wszystkich innych konsultantów

Kiedy ich pierwsza wspólna sprawa zbliża się do rozstrzygnięcia, dr Watson wychwala pod niebiosa mistrzostwo swojego towarzysza: „Tak bardzo zbliżyłeś wykrywanie przestępstw do nauk ścisłych, jak chyba jeszcze nikt przed tobą!". Istotnie, to najwyższa pochwała. Na kolejnych stronach tej książki będziemy się uczyć, jak osiągać podobne wyniki w postępowaniu z każdą myślą, od samych jej narodzin – podobnie jak robił to Arthur Conan Doyle w obronie George'a Edaljia, a Joseph Bell, diagnozując swoich pacjentów. Sherlock Holmes działał w czasach, kiedy psychologia była jeszcze w powijakach. Pod tym względem jesteśmy wyekwipowani o wiele lepiej od niego. Nauczmy się, jak zrobić z tej wiedzy dobry użytek.

***

PRZECZYTAJ O SHERLOCKU HOLMESIE

„Studium w szkarłacie" tłum. Anna Krochmal, Robert Kędzierski[3]

---

3 Wyszczególnione pod koniec każdego rozdziału tłumaczenia opowiadań Arthura Conan Doyle'a pochodzą z wydania: Arthur Conan Doyle, „Księga wszystkich dokonań Sherlocka Holmesa", Wydawnictwo REA, Warszawa 2011.

Rozdział drugi

Mózg jako poddasze: co to jest i co się tam kryje?

Jedno z najbardziej rozpowszechnionych wyobrażeń na temat Sherlocka Holmesa wiąże się z jego domniemaną ignorancją w sprawie teorii Kopernika. „A jakie, do diabła, ma on [Układ Słoneczny] dla mnie znaczenie! – wykrzykuje do Watsona w „Studium w szkarłacie". – Mówisz mi, że kręcimy się wokół Słońca. Nawet gdybyśmy się kręcili wokół Księżyca, nijak nie miałoby to wpływu na mnie ani na moją pracę".

A co mówi Holmes, gdy już się dowiaduje tych wszystkich astronomicznych rzeczy? „Postaram się najszybciej, jak potrafię, o tym zapomnieć" – obiecuje.

Zabawny jest ten rozziew między nadludzkimi, wydawałoby się, możliwościami detektywa a jego nieznajomością tak elementarnych faktów. Niewiedza na temat Układu Słonecznego to niemałe uchybienie w przypadku kogoś, kogo bierzemy za wzór naukowego myślenia, prawda? Tę sprawę uczyniono nawet centralnym tematem jednego z odcinków serialu BBC pt. „Sherlock".

W kontekście takiego odbioru Holmesa należy jednak wspomnieć o dwóch rzeczach. Po pierwsze, to nieprawda – o czym świadczy choćby to, że w kolejnych opowiadaniach Holmes niejednokrotne powołuje się na wiedzę astronomiczną. W „Rytuale Musgrave'ów" mówi o „uwzględnianiu równania indywidualnego, jak nazywają to astronomowie"; w „Greckim tłumaczu" – o „zmianie kąta nachylenia ekliptyki"; w „Planach łodzi Bruce-Partingtona" – o „wytrąceniu z orbity planety".

Holmes korzysta więc, kiedy trzeba, z całej swojej wiedzy, której posiadania wypiera się na początku znajomości z doktorem Watsonem. (Wierny literackiemu pierwowzorowi serial BBC „Sherlock" kończy się prawdziwym triumfem naukowym bohatera: okazuje się bowiem, że Holmes zna astronomię, a jego wiedza ratuje życie małemu chłopcu).

Prawdę mówiąc, jestem przekonana, że Holmes celowo przejaskrawia swoją ignorancję, aby skupić naszą uwagę na czymś innym, o wiele istotniejszym. Jego rzekomy sprzeciw wobec zachowywania w pamięci[4] wiedzy o Układzie Słonecznym jest ilustracją pewnej analogii, która opisuje działanie ludzkiego umysłu. Ta analogia zajmuje centralne miejsce w myśleniu Holmesa i pomoże nam w opanowaniu jego metody. Chwilę po incydencie z Kopernikiem Holmes mówi do Watsona: „Uważam, że mózg człowieka przypomina niewielkie puste poddasze, które trzeba tak umeblować, by nam to odpowiadało".

Kiedy po raz pierwszy usłyszałam określenie *mózg jako poddasze* – jeszcze w czasach ognia w kominku i purpurowych okładek starej książki – jedynym skojarzeniem w mojej siedmioletniej głowie mógł być czarno-biały rysunek ze strony tytułowej książki Shela Silversteina[5] zajmującej ważne miejsce na mojej

---

4 Jedno z najlepszych podsumowań prac naukowych nad pamięcią można znaleźć w książce Erica Kandela „In Search of Memory". Wspaniała jest również pozycja Daniela Schactera „The Seven Sins of Memory" (wyd. pol.: „Siedem grzechów pamięci", PIW, Warszawa 2003 – przyp.red.). John Bargh pozostaje czołowym autorytetem w dziedzinie torowania i jego wpływu na zachowanie. Rozdział ten czerpie również inspirację z prac Solomona Ascha i Alexandra Todorova oraz wspólnych badań Norberta Schwarza i Geralda Clore. Opis badań nad IAT jest dostępny dzięki laboratorium Mahzarin Banaji.

5 Shel Silverstein „A Light in the Attic", HarperCollins 1981 (przyp. red.).

półce. Przedstawiał przechyloną półuśmiechniętą twarz, której czoło wieńczył trójkąt spadzistego dachu z kominem i oknem o otwartych okiennicach. Zza okiennic wyglądała na świat mała główka. Czy coś takiego miał na myśli Holmes? Malutki pokój o spadzistych ścianach i śmieszną buzię postaci nie z tego świata czekającej na pociągnięcie sznurka i włączenie lub wyłączenie światła?

Jak się okazało, nie byłam daleka od prawdy. Dla Sherlocka Holmesa poddasze mózgu naprawdę jest niezwykle konkretną, fizyczną przestrzenią. Może nawet ma komin. A może nie. Ale niezależnie od tego, jak ta przestrzeń wygląda, faktem jest, że została specjalnie zaprojektowana do magazynowania najbardziej odmiennych przedmiotów. I oczywiście jest tam sznurek, za który można pociągnąć, żeby zgasić lub zapalić światło. Holmes tłumaczy Watsonowi: „Głupiec będzie zbierał wszelkiego rodzaju graty, jakie nawiną mu się pod rękę. Wówczas wiedza, która mogłaby mu się przydać, zostaje wyparta lub w najlepszym przypadku upchnięta gdzieś w kąt wraz z mnóstwem innych rzeczy, tak że dostęp do niej później będzie utrudniony. Rozsądny człowiek nad wyraz skrupulatnie wybiera to, co wnosi na swoje poddasze, czyli wkłada do swego mózgu".

> *Rozsądny człowiek nad wyraz skrupulatnie wybiera to, co wnosi na swoje poddasze, czyli wkłada do swego mózgu*

To porównanie jest wyjątkowo trafne. Badania nad powstawaniem, zachowywaniem i odzyskiwaniem pamięci w dużym stopniu potwierdziły słuszność analogii z poddaszem. W kolejnych rozdziałach prześledzimy rolę, jaką odgrywa poddasze – od powstawania do zakończenia procesu myślowego. Zbadamy punkt po punkcie, jak działa na poziomie struktury i zawartości oraz co możemy zrobić, aby systematycznie to działanie udoskonalać.

Nie bawiąc się w szczegóły, możemy podzielić poddasze na dwie części: strukturę i zawartość. Struktura poddasza to sposób, w jaki nasz umysł pracuje: jak zdobywa informacje. Jak je przetwarza. Jak sortuje i gromadzi na przyszłość. Na jakich zasadach decyduje, które z nich połączy, a które nie, z już wcześniej zachowanymi informacjami.

W przeciwieństwie do poddasza prawdziwego domu struktura poddasza umysłu nie jest ustalona raz na zawsze. Może się ono rozszerzać, choć nie do nieograniczonych rozmiarów, bądź kurczyć – w zależności od tego, jak jest używane (innymi słowy, nasza pamięć i przetwarzanie informacji mogą być mniej lub bardziej efektywne). Poddasze może zmienić tryb odzyskiwania pamięci. (*Jak mogę odtworzyć zdobyte informacje?*). Może też zmienić system magazynowania (*Jak przechowuję informację, którą zdobyłam: gdzie będzie wysłana?, jak będzie oznaczona?, jak zostanie zintegrowana?*). I wreszcie struktura poddasza nie może wyjść poza własne ramy, ale może układać się w bardzo wiele konfiguracji. Wszystko zależy tu od tego, jak nauczyliśmy się traktować własny mózg.

Z kolei zawartością poddasza jest wszystko to, co bierzemy ze świata i czego doświadczamy w naszym życiu. Nasze wspomnienia. Nasza przeszłość. Fundamenty naszej wiedzy i informacje, z których korzystamy, gdy stajemy przed jakimś wyzwaniem. I tak jak w miarę upływu czasu zmienia się zawartość domowego poddasza, tak poddasze twojego umysłu pewnych rzeczy się pozbywa, a po inne sięga do samego końca. Gdy zaczynasz myśleć, „meble" twojej pamięci spotykają się ze strukturą twoich wewnętrznych nawyków i zewnętrznymi okolicznościami – by można było ustalić, co trzeba wydobyć z magazynu. Odgadywanie zawartości poddasza konkretnej osoby na podstawie jej wyglądu zewnętrznego jest dla Sherlocka najpewniejszym sposobem ustalania, kim ta osoba jest i do czego jest zdolna.

Wiele z tego, co przyswaja twój umysł, jest poza twoją kontrolą: aby sobie uzmysłowić, że różowy słoń nie istnieje, musisz najpierw przywołać jego obraz. Musisz też, czy tego chcesz, czy nie, dowiedzieć się – choćby tylko na krótką chwilę – o działaniu Układu Słonecznego albo o dziełach Thomasa Carlyle'a (o ile Watson zechce nam o nich wspomnieć). Tym niemniej możesz się nauczyć panowania nad wieloma aspektami struktury swego poddasza, wyrzucać z niego rupiecie, które znalazły się tam przez pomyłkę (podobnie jak Holmes, który obiecał przy najbliższej okazji zapomnieć o Koperniku), nadawać priorytet rzeczom potrzebnym i upychać głębiej te, których za bardzo nie potrzebujesz. I opanować rozkład swego wyjątkowego poddasza, by nie spotkały cię z jego strony jakieś nieprzyjemne niespodzianki.

Może nigdy nie staniemy się tak biegli jak mistrz w odgadywaniu po wyglądzie najskrytszych myśli różnych osób. Ale ucząc się rozumienia, jak jest zaprojektowane i jak działa poddasze naszego mózgu, warto postawić pierwszy krok, by sprawniej wykorzystywać cały wachlarz jego możliwości. Czyli po to, by się nauczyć, jak udoskonalać nasze procesy myślowe, tak byśmy podejmowali każdą decyzję czy działanie z pozycji swojego najlepszego, najbardziej świadomego ja. W naszym myśleniu nie mamy teraz dostępu do struktury i zawartości poddasza nie dlatego, że musimy w taki sposób myśleć, ale dlatego, że nauczyliśmy się tak myśleć przez lata, korzystając z tych samych praktyk (często nieuświadomionych, niemniej stale powtarzanych). Zdecydowaliśmy na pewnym poziomie umysłu, że refleksyjna uwaga nie jest warta wkładanego w nią wysiłku. Przedłożyliśmy wydajność nad głębię. Choć zabierze nam to trochę czasu, możemy się nauczyć myśleć inaczej.

Zdecydowaliśmy na pewnym poziomie umysłu, że refleksyjna uwaga nie jest warta wkładanego w nią wysiłku. Przedłożyliśmy wydajność nad głębię

Podstawowa struktura może na zawsze pozostać nienaruszona, ale jeśli nauczymy się modyfikować jej określone połączenia i części składowe, to spowodujemy tym przebudowę całego poddasza – inaczej mówiąc, w związku ze zmianą naszych nawyków myślowych powstanie nowa sieć połączeń neuronowych. Jak to z każdym remontem bywa, niektóre z napraw mogą zająć trochę czasu. Nie przebudujesz poddasza w jeden dzień. Ale pewne mikrozmiany prawdopodobnie zaczną się pojawiać w miarę upływu dni, a nawet godzin. Nastąpią one na pewno, niezależnie od tego, ile lat ma twoje poddasze i jak dawno temu było sprzątane. Innymi słowy, twój mózg może szybko się uczyć nowych umiejętności, i to przez całe życie, nie tylko wtedy, gdy jesteś młody. Jeśli chodzi o zawartość, to pewne zasoby muszą tam pozostać, ale inne należy poddać selekcji i tak przemeblować poddasze, by łatwo było sięgać po to, co niezbędne, a rzeczy mniej istotne albo niewarte pamiętania porozstawiać w dalszych kątach. W rezultacie twoje poddasze nie będzie co prawda całkiem inne, ale na pewno upodobni się do poddasza Holmesa.

Umeblowanie pamięci

W dniu kiedy Watson po raz pierwszy dowiaduje się o teorii dedukcji swojego nowego przyjaciela (Niagara, której istnienie wynika z jednej kropli wody), staje się też świadkiem najbardziej przekonującej demonstracji działania tej teorii w praktyce – czyli wykorzystania jej do rozwiązania zagadki morderstwa. Dyskusję obu panów na temat artykułu Holmesa przerywa przybycie posłańca z wiadomością ze Scotland Yardu. Inspektor Tobias Gregson prosi Holmesa o opinię w bardzo tajemniczej sprawie.

Znaleziono martwego człowieka. „Ten człowiek nie został obrabowany; nie było żadnych przesłanek wskazujących na to, w jaki sposób mógł umrzeć. W pomieszczeniu były ślady krwi, jednak na ciele ofiary nie znaleziono żadnej rany". Dalej Gregson pisze: „Nie potrafimy również odkryć, w jaki sposób dostał się do pustego domu. W rzeczywistości cała ta sprawa pozostaje dla nas zagadką". Nie tracąc czasu, Holmes z Watsonem wyruszają do Lauriston Gardens.

Czy sprawa jest jedyna w swoim rodzaju? Tak sądzą Gregson i Lestrade, jego kolega ze Scotland Yardu. „Nie spotkałem się do tej pory z czymś takim, a sporo już w życiu widziałem" – stwierdza ten drugi. W zasięgu ich wzroku nie ma żadnego tropu. Ale Holmes wpadł już na pewien pomysł. „(...) ta krew, oczywiście, musiała należeć do innego człowieka. Zapewne do mordercy, o ile popełniono tu jakieś morderstwo" – tłumaczy policjantom. „Przypomina mi to okoliczności towarzyszące śmierci Van Jansena w Utrechcie w 1834 roku. Czy pan kojarzy sobie tę sprawę, Gregson?".

Gregson nie kojarzy.

„Powinien pan o tym poczytać. Naprawdę polecam. Nic nowego pod słońcem. Wszystko to już kiedyś było" – radzi mu więc detektyw.

Dlaczego Holmes pamięta sprawę Van Jansena, a Gregson nie? Przypuszczalnie obaj panowie zapoznawali się wcześniej z jej okolicznościami – w końcu pozycja Gregsona wymagała od niego zdobycia w przeszłości rozległego wykształcenia – niemniej jeden z nich zachował te informacje w pamięci, by robić z nich odpowiedni użytek, a u drugiego rozpłynęły się one jak we mgle.

To wszystko ma związek z zasadami działania naszego poddasza. Poddasze aktywności bazowej systemu Watsona jest zabałaganione i w dużej mierze nie wymaga myślenia. Gregson mógł co prawda wiedzieć kiedyś o Van Jansenie, ale zabrakło mu koniecznej motywacji i przytomności, aby te informacje zachować. Niby dlaczego miałby się zajmować jakimiś starymi sprawami? Holmes natomiast dokonuje świadomego i uzasadnionego wyboru, by pamiętać sprawy z przeszłości, bo nie wiadomo, kiedy mogą się przydać. Na jego poddaszu wiedza się nie gubi. Podjął przemyślaną decyzję, że wszystkie te szczegóły są ważne. Ta decyzja ma z kolei wpływ na to, co, jak i kiedy zapamiętuje.

W dużej mierze to zasoby pamięci stanowią punkt wyjścia dla naszego sposobu myślenia, kształtowania się naszych preferencji i podejmowania decyzji. To zawartość poddasza odróżnia twój umysł od umysłu sąsiada, nawet jeśli ich struktury są podobne. Kiedy Holmes mówi o odpowiednim umeblowaniu swojego poddasza, ma na myśli konieczność dokonywania skrupulatnego wyboru tych doświadczeń, wspomnień, aspektów swojego życia, które chcielibyśmy zatrzymać w chwili, gdy nam się przytrafiają. (Kto jak nie on powinien to wiedzieć? Przecież by nie zaistniał taki, jakiego go znamy, gdyby Arthur Conan Doyle nie wydobył z pamięci swoich doświadczeń z doktorem Josephem Bellem i nie wcielił ich w fikcyjnego detektywa). Holmes ma więc na myśli to, że dobrze byłoby, gdyby inspektor policji pamiętał historie zbrodni sprzed lat – nawet te, wydawałoby się, niejasne. Czyż nie jest to wiedza najbardziej podstawowa w jego zawodzie?

To zawartość poddasza odróżnia twój umysł od umysłu sąsiada, nawet jeśli ich struktury są podobne

Z najwcześniejszych badań nad pamięcią wnioskowano, że zawiera się ona w tak zwanych śladach pamięciowych umiejscowionych w określonych obszarach mózgu. Psycholog Karl Lashley, chcąc zlokalizować taki ślad pamięciowy, nauczył szczury poruszania się po labiryncie. Później usunął różne części ich tkanki mózgowej i znów wpuścił je do labiryntu. Choć funkcje motoryczne szczurów zostały uszkodzone i niektóre musiały kuśtykać lub się czołgać, niepewnie pokonując zakręty i zwroty, żadne ze zwierząt nie zapomniało drogi do wyjścia. Lashley wywnioskował z tego, że nie istnieje jakieś jedno miejsce, w którym przechowywane jest określone wspomnienie. Pamięć raczej rozgałęzia się szeroko po sieci połączonych neuronów.

Dzisiaj panuje powszechna zgoda co do tego, że pamięć dzieli się na krótkotrwałą i długotrwałą. I choć precyzyjne mechanizmy działania tych dwóch systemów pozostają w sferze hipotez, to teoria poddasza (choć poddasza specyficznego rodzaju) wydaje się niedaleka od prawdy. Gdy widzimy jakiś przedmiot, jego obraz jest najpierw przetwarzany przez mózg, następnie zachowany w hipokampie – który można sobie wyobrazić jako przedsionek poddasza, gdzie trafiają wszystkie informacje, nim zdecydujemy, czy będą nam jeszcze potrzebne. Wszystko to, co świadomie uznaliśmy za ważne lub co nasz umysł sam ocenił jako warte zmagazynowania, zostaje stamtąd przeniesione do określonego pudełka na poddaszu w obrębie konkretnego katalogu mieszczącego się z kolei w określonym obszarze kory mózgowej. Kora mózgowa jest zaś główną częścią magazynowej przestrzeni poddasza, naszej pamięci długotrwałej.

Cały ten proces nazywamy konsolidacją. Kiedy potrzebujemy przywołać określone wspomnienie, nasz umysł sięga do określonego pliku i wyciąga go. Czasami wyciąga też sąsiedni plik, aktywując zawartość całego pudełka albo wszystkiego, co mieści się obok. Dochodzi wówczas do tzw. aktywacji skojarzeniowej. Czasami plik się wyślizguje i, do momentu gdy wydobędziemy go na światło dzienne, zmienia swoją zawartość, choć dzieje się to poza naszą świadomością. Tak czy inaczej, przeglądamy go i dodajemy do zawartości to, co w nowej sytuacji wydaje się istotne. Później, już w zmienionym kształcie, przekładamy go na nowe miejsce. Podejmowane przez nas kroki to odtwarzanie i rekonsolidacja.

Ale szczegóły nie są tak ważne jak ogólna idea. Niektóre przedmioty zostały zmagazynowane, inne wyrzucone i nigdy nie znajdą się na głównym poddaszu. Zgromadzone rzeczy są ułożone według pewnego systemu skojarzeniowego – to nasz mózg decyduje, gdzie pasuje dane wspomnienie. Jeśli jednak uważasz, że odzyskasz wierną replikę tego, co zmagazynowałeś, mylisz się. Z każdym poruszeniem pudełka przechowywana w nim zawartość się przesuwa, zmienia i odkształca. Kiedy przeglądasz ulubioną książkę z dzieciństwa i nie obchodzisz się z nią zbyt uważnie, następnym razem możesz zobaczyć, że rysunek, który bardzo chcesz obejrzeć, zniszczyła kropla wody.

Podobnie jest, jeśli niedbale porzucisz albumy z fotografiami: zdjęcia mogą się wymieszać, a fotki z jednej podróży zaplątać się wśród fotek z innej. Jeśli sięgasz po jakiś przedmiot częściej, to się nie zakurzy. Stoi na wierzchu, gotowy na każde nasze skinienie – ale nigdy nie wiadomo, co mu się może przytrafić, kiedy będzie użytkowany po raz kolejny. Jeśli zaś zostawisz przedmiot przez długi czas nietknięty, to będzie się zapadał w stercie coraz głębiej – lecz nagły ruch w sąsiedztwie zawsze może spowodować jego przesunięcie. Jeżeli zapomnisz o nim na długo i w pewnej chwili postanowisz na niego zerknąć, może się okazać, że nie masz do niego dostępu – choć na pewno gdzieś tam jest, ukrył się na samym dnie pudełka w jednym z jego najciemniejszych kątów, gdzie najprawdopodobniej nigdy więcej nie zostanie odnaleziony.

Abyśmy umieli aktywnie dbać o naszą wiedzę, musimy zdawać sobie sprawę z tego, że na poddasze przy każdej okazji trafiają kolejne treści. Kiedy nasz mózg jest w stanie standardowej aktywności, nie zwracamy uwagi na te przepływające informacje. Ale to nie znaczy, że nie znajdą one drogi na poddasze. Wślizgują się tam, jeśli nie jesteśmy czujni, pasywnie pobieramy dane i nie podejmujemy świadomego wysiłku, by kontrolować uwagę (będziemy się tego uczyć trochę później). Dzieje się tak zwłaszcza wtedy, gdy nasze zainteresowanie w sposób naturalny wzbudzają jakieś bodźce: czy to szeroko przez wszystkich omawiany temat, czy rzeczy, których nie sposób nie zauważyć, czy coś, co wywołuje w nas emocje albo pociąga nowością lub wyjątkowością.

Nie powinniśmy wpuszczać nieprzefiltrowanych fragmentów świata do naszego poddasza, zaśmiecać go wszystkim, co się nawinie bądź co przykuło naszą uwagę swoją chwilową atrakcyjnością albo aktualnością. To łatwizna. Kiedy funkcjonujesz w spoczynkowym trybie systemu Watsona, nie wybierasz, które ze wspomnień chcesz zachować. Wtedy wspomnienia magazynują się jakby same. Albo przeciwnie – same znikają.

> *Nie powinniśmy wpuszczać nieprzefiltrowanych fragmentów świata do naszego poddasza, zaśmiecać go wszystkim, co się nawinie bądź co przykuło naszą uwagę*

Czy zdarzyło ci się kiedyś na spotkaniu z przyjacielem wracać do wspólnych wspomnień – jak oboje zamówiliście desery lodowe zamiast obiadu, spędziliście popołudnie, spacerując po mieście i obserwując ludzi nad rzeką – i zorientować się nagle, że przyjaciel nie ma pojęcia, o czym mówisz? – To chyba musiał być ktoś inny – słyszysz od niego. – Ja i deser lodowy? To nie ja.

Ale ty wiesz, że to był on.

Albo odwrotnie: to ty słuchasz czyjejś opowieści o wspólnym doświadczeniu, wydarzeniu czy chwili – i zupełnie nie możesz sobie tego przypomnieć. Równocześnie twój rozmówca jest pewien, podobnie jak ty w poprzednim przypadku, że wszystko odbyło się dokładnie tak, jak opowiada.

Holmes ostrzega nas przed niebezpieczeństwem takiej sytuacji. Zanim się zorientujesz, twój umysł zapełni taka ilość zbędnych klamotów, że gdyby przypadkiem jakaś informacja była ci potrzebna, jest zagrzebana tak głęboko i tak trudno do niej dotrzeć, że równie dobrze mogłoby tam jej w ogóle nie być. Ważne jest, by pamiętać jedno: wiesz tylko to, co w każdej chwili możesz sobie przypomnieć. Innymi słowy, nie uratują nas nawet wielkie zasoby wiedzy, jeśli nie możemy jej przywołać w chwili, gdy jest nam potrzebna. Nie ma znaczenia, czy współczesny Holmes zna astronomię, jeśli w kluczowym momencie nie przypomni sobie czasu pojawienia się asteroidy. Chłopiec wtedy umrze, a Benedict

Cumberbatch[6] zawiedzie nasze oczekiwania. Nie ma znaczenia, że Gregson znał kiedyś sprawę Van Jansena i jego perypetie w Utrechcie. Ta wiedza nie pomoże mu w żaden sposób, skoro nie potrafi przypomnieć jej sobie na Lauriston Gardens.

Wiesz tylko to, co w każdej chwili możesz sobie przypomnieć

Trudno będzie nam dotrzeć do jakiegoś miejsca w pamięci, jeśli drogę zagradzają stosy różnych rzeczy. O naszą uwagę będą wtedy rywalizować inne wspomnienia. Mogę próbować przypomnieć sobie, co wiem o ważnej w danej chwili asteroidzie, a zamiast tego wyłowić z pamięci wieczór, kiedy zobaczyłam spadającą gwiazdę, albo co miała na sobie nasza nauczycielka astronomii na pierwszym wykładzie o kometach. Wszystko zależy od tego, jak zorganizowane jest moje poddasze – jak zakodowałam wspomnienie, jaki sygnał spowoduje jego odzyskanie oraz na ile metodyczny i usystematyzowany jest mój proces myślowy. Od początku do końca. Mogłam umieścić coś na poddaszu, ale czy zrobiłam to tak, że mam do tego w odpowiednim czasie dostęp – to całkiem inna kwestia. To nie takie proste, byśmy mogli na każde zawołanie wyciągnąć stamtąd jeden określony element tylko dlatego, że kiedyś go tam byle jak upchnęliśmy.

Ale może też być inaczej. Na poddasze nieuchronnie dostaną się różne rupiecie. Nie sposób mieć się tak perfekcyjnie na baczności jak Holmes. (Dowiemy się później, że nie zawsze jest taki pryncypialny. W odpowiednich okolicznościach rupieciarnia może się zamienić w pchli targ pełen drogocennych precjozów). Niemniej zdobycie większej kontroli nad wspomnieniami, które kodujemy w głowie, jest możliwe.

6 Brytyjski aktor odtwarzający tytułową rolę w serialu BBC „Sherlock" (przyp. red.).

Gdyby Watson lub Gregson zdecydowali się korzystać z metody Holmesa, musieliby uzmysłowić sobie motywacyjną naturę kodowania wspomnień: lepiej pamiętamy, kiedy jesteśmy zainteresowani i zmotywowani. Wszystko wskazuje na to, że Watson miał duże zdolności do przechowywania w pamięci wiedzy medycznej i najdrobniejszych szczegółów swoich romansowych przygód. Te sprawy były dla niego ważne i przykuwały jego uwagę. Innymi słowy, był zmotywowany do ich zapamiętania.

Psycholog Karim Kassam nazywa to zjawisko efektem Scootera Libby'ego. Podczas procesu w 2007 roku Lewis „Scooter" Libby utrzymywał, że nie pamięta, by zdradził jakiemukolwiek dziennikarzowi tożsamość konkretnego pracownika CIA. Ława przysięgłych nie uwierzyła mu. Jak mógł nie pamiętać sprawy o takiej wadze? Po prostu. Wcześniej to nie było dla niego tak samo ważne, jak okazało się ważne po latach – a motywacja liczy się w chwili, kiedy wrzucamy informację o wydarzeniu na poddasze, nie później. Tak zwana motywacja do zapamiętania (Motivation to Remember, MTR) jest o wiele ważniejsza w momencie kodowania. Dlatego nawet jej wysoki poziom przy odtwarzaniu wspomnienia nie będzie wystarczający, jeśli informacja nie została odpowiednio zmagazynowana na samym początku. Choć trudno w to uwierzyć, Libby mógł mówić prawdę.

Możemy wykorzystać MTR, świadomie uruchamiając, gdy trzeba, te same procesy. Kiedy naprawdę pragniemy coś zapamiętać, dobrze jest zwrócić na to uwagę, mówiąc do siebie: *Chcę to zapamiętać,* a następnie jak najszybciej tę informację utrwalić, opowiadając o niej komuś albo sobie samemu, jeśli nie ma nikogo w pobliżu (zasadniczo chodzi o powtarzanie, które pomaga w konsolidacji). O wiele efektywniejsze od wracania myślami do informacji, na której nam zależy, będzie bawienie się nią, opowiadanie o niej, ożywianie jej za pomocą historyjek i gestów. Na przykład w jednym z eksperymentów grupa studentów, która wyjaśniała materiał z matematyki po przeczytaniu go, lepiej poradziła sobie na sprawdzianie niż studenci, którzy materiał powtarzali sami kilkakrotnie.

Co ciekawe, im więcej mamy szczegółów informacji, tym większe jest prawdopodobieństwo, że uda nam się ją wiernie odtworzyć. Gdyby Gregson skoncentrował się na wszystkich dostępnych szczegółach sprawy z Utrechtu, kiedy dowiedział się o niej po raz pierwszy – na obrazach, zapachach, dźwiękach, czymkolwiek, co znalazło się w dokumentach – i układał ją sobie na nowo w różnych kombinacjach, byłoby mu o wiele łatwiej przypomnieć ją sobie po latach. Podobnie byłoby, gdyby połączył tę sprawę ze swoją bazą danych, czyli zamiast wprowadzać na poddasze nowe pudełko czy katalog, skorzystał z tych, które już tam były – dotyczących miejsc zbrodni z ciałami bez śladów krwi, wszystkich spraw z 1834 roku czy jakichkolwiek innych. Przez skojarzenie byłoby mu łatwiej udzielić Holmesowi właściwej odpowiedzi.

Ważne jest to, by wyróżnić daną informację, nadać jej bardziej osobisty charakter, sprawić, by z czymś się kojarzyła. A przede wszystkim, by była łatwa do zapamiętania. Holmes pamięta szczegóły, które mają dla niego znaczenie, innych nie zapamiętuje. W danej chwili tylko myślimy, że wiemy to, co wiemy. A wiemy tak naprawdę tylko to, co potrafimy sobie przypomnieć.

Ważne jest to, by wyróżnić daną informację, nadać jej bardziej osobisty charakter, sprawić, by z czymś się kojarzyła. A przede wszystkim, by była łatwa do zapamiętania

Co więc decyduje o tym, że coś w pewnej chwili pamiętamy bądź nie? Jak zawartość poddasza jest aktywowana przez jego strukturę?

Wpływ błędów poznawczych, czyli co może struktura poddasza

Jest jesień 1888 roku. Sherlock Holmes się nudzi. Od miesięcy nie trafiła mu się żadna znacząca sprawa. Pocieszenie znajduje więc, ku wielkiemu zaniepokojeniu doktora Watsona, w kokainie. Narkotyk ma według detektywa stymulować i rozjaśniać umysł – to konieczność z braku innego pokarmu dla myślenia.

„Pomyśl, jaką cenę płacisz!"– Watson próbuje przemówić swemu współlokatorowi do rozsądku. „Może i twój umysł jest teraz pobudzony i podekscytowany, tak jak mówisz, ale to patologiczny, chorobliwy proces związany ze zmianami w tkankach, który w przyszłości może pozostawić trwały ślad. Poza tym wiesz doskonale, jak reagujesz, kiedy kończy się działanie narkotyku. Jestem pewien, że to gra niewarta świeczki".

Ale Holmesa to nie przekonuje. „Daj mi jakieś sprawy do rozwiązania, daj mi coś do roboty, jakiś najbardziej zawiły szyfr albo skomplikowany problem – rzecze – a w jednej chwili będę w swoim żywiole. W takich sytuacjach mogę się obyć bez sztucznych środków stymulujących. Ale nienawidzę tej monotonii, tej nudnej rutynowej egzystencji".

I żadne z medycznych argumentów doktora Watsona niczego nie zmienią (przynajmniej w tej chwili).

Na szczęście w tym konkretnym przypadku nie będą już potrzebne. Rozlega się głośne pukanie do drzwi i wchodzi gospodyni, pani Hudson, anonsując młodą damę, pannę Mary Morstan, która chce się zobaczyć z Holmesem. Watson tak opisuje wejście Mary:

„Panna Morstan weszła do pokoju zdecydowanym krokiem. Sprawiała wrażenie całkowicie opanowanej. Była to młoda dama o blond włosach, drobna i delikatna. Na dłoniach miała ładne rękawiczki, a kostium świadczył o doskonałym guście właścicielki.

Jej strój zdradzał prostotę i pospolitość, co sugerowało ograniczoność środków finansowych. Brak jakichkolwiek ozdób nadawał ubraniu smutny szarobeżowy odcień. Na głowie panna Morstan nosiła niewielki zawój w tym samym burym odcieniu, któremu pewnej lekkości nadawało jednak białe piórko osadzone z boku. Jej twarz nie miała ani regularnych rysów, ani pięknej cery, jednak jej wyraz był słodki i przyjazny, a wielkie niebieskie oczy wydawały się szczególnie uduchowione i pełne współczucia. Choć widywałem kobiety różnych ras na trzech różnych kontynentach, nigdy dotąd nie widziałem twarzy, która wyraźniej odzwierciedlałaby wyrafinowaną i wrażliwą naturę. Gdy usiadła na krześle, które podsunął jej Sherlock Holmes, trudno było nie dostrzec, jak drżały jej usta i dłonie, co świadczyło o ogromnym wewnętrznym napięciu".

Kim mogła być ta dama? I czego chciała od detektywa? Te pytania są punktem wyjścia opowiadania „Znak czterech" – przygody, która za sprawą Pigmeja oraz mężczyzny z drewnianą protezą przeniesie Holmesa i Watsona do Indii i na archipelag Ademany. Ale zanim to wszystko nastąpi, mamy do czynienia z młodą kobietą. Dowiadujemy się, kim jest, co sobą reprezentuje, dokąd nas prowadzi. Przez kilka stron przyglądamy się jej pierwszemu spotkaniu z Holmesem i Watsonem, obserwujemy kontrast między reakcjami obu na gościa.

Ale najpierw cofnijmy się krok, by zaobserwować, co się dzieje na naszym umysłowym poddaszu, kiedy po raz pierwszy znajdujemy się w jakiejś sytuacji – bądź, jak w przypadku „Znaku czterech", po raz pierwszy kogoś spotykamy. Jak treści, które przed chwilą poznaliśmy, są aktywowane?

Zacznijmy od tego, że naszym myśleniem zarządza struktura poddasza – tryb myślenia i działania nawykowego, sposób, w jaki się uczyliśmy przez lata patrzeć na świat i go oceniać, błędy poznawcze i heurystyki, czyli uproszczone reguły wnioskowania kształtujące naszą intuicyjną, natychmiastową percepcję rzeczywistości. Chociaż – jak się już o tym przekonaliśmy – wspomnienia i doświadczenia zgromadzone na indywidualnym poddaszu różnią się w zależności od osoby, to ogólne modele aktywacji i odtwarzania pozostają zasadniczo takie same, nadając naszym procesom myślowym charakterystyczny, przewidywalny styl. Gdyby te charakterystyczne wzory sprowadzić do wspólnego mianownika, to jest nim to: nasz umysł kocha ponad wszystko przeskakiwać prosto do wniosków.

Nasz umysł kocha ponad wszystko przeskakiwać prosto do wniosków

Wyobraź sobie przez chwilę, że jesteś na przyjęciu. Stoisz w grupie przyjaciół i znajomych, wesoło gawędząc, z drinkiem w ręku, kiedy nagle spostrzegasz nieznajomego, który zmierza w twoim kierunku, by dołączyć do rozmowy. Zanim zdąży otworzyć usta czy nawet się zbliżyć do naszej grupy – już bez wątpienia na podstawie kilku wstępnych wrażeń wyrobiłeś sobie niemal kompletną, choć prawdopodobnie błędną opinię o tym, jakim człowiekiem jest ów nieznajomy. Jak jest ubrany? Czy nosi bejsbolówkę? Ponieważ kochasz baseball/nienawidzisz baseballu, musi to być świetny/nudny facet. A jak chodzi, jaką ma postawę? Jak wygląda? Och, czyżby zaczynał łysieć? Przygnębiająca osoba! Czy on sobie myśli, że może się uwiesić na kimś tak młodym i fajnym jak ty? Kim może być?

Najprawdopodobniej twoje rachuby za punkt odniesienia będą miały podobieństwa lub różnice między nami: ta sama płeć?, rasa?, pochodzenie społeczne?, poziom zamożności? Może nawet przypisaliśmy mu wstępną osobowość – nieśmiały?, towarzyski?, nerwowy?, pewny siebie? – wyłącznie w oparciu o jego aparycję i sposób bycia. Może też Janek Nieznajomy jest Janką Nieznajomą, która ma włosy w tym samym odcieniu błękitu co twoja najlepsza przyjaciółka z dzieciństwa – która ufarbowała je sobie krótko przed tym, jak przestałyście ze sobą rozmawiać, i zawsze potem te włosy wydawały ci się zwiastunem nadciągającego zerwania. I teraz nagle wszystkie te wspomnienia wypełniają twój mózg i zabarwiają twój sposób postrzegania tej nowej osoby, Bogu ducha winnej Janki. Niczego więcej nawet nie zauważysz.

Kiedy Janek/Janka się odzywa, jedynie wypełniasz szczegółami stworzony przez siebie portret, może gdzieniegdzie go modyfikując, dodając coś lub ujmując. Raczej jednak nie zmienisz swojego początkowego wrażenia, które zaczęło się kształtować w chwili, kiedy Janek lub Janka stanął/stanęła na twej drodze. Na czym jednak oparte jest to wrażenie? Czy rzeczywiście na jakichś konkretach? Przecież przypomniałeś sobie tylko, dajmy na to, swoją byłą przyjaciółkę, patrząc na zdradliwe pasemka we włosach Janki.

Kiedy widzisz Janka czy Jankę, każde pytanie, które zadajesz sobie na jego/jej temat, i każdy szczegół, który przedostaje się do twojego umysłu (wpada przez okienko poddasza), działa na ten umysł, uruchamiając określone skojarzenia. Powodują one kształtowanie się sądu o kimś, kogo spotkałeś po raz pierwszy. Możesz oczywiście uważać, że tego rodzaju uprzedzenia cię nie dotyczą – ale łatwo to sprawdzić. Test Utajonych Skojarzeń (The Implicit Association Test, IAT) mierzy dystans pomiędzy postawami uświadomionymi – takimi, do których się przyznajemy – a nieuświadomionymi u ludzi. Sprawdza on utajone uprzedzenia (najczęściej rasowe) wobec wielu różnych grup za pomocą pomiaru czasu, którego potrzebujemy, by pozytywne lub negatywnymi cechy skojarzyć ze zdjęciami przedstawicieli danej grupy.

Czasami stereotypowe określenia są reprezentowane przez ten sam klawisz: „osoba biała" i „dobre" są na przykład skojarzone z klawiszem „I", a „osoba czarnoskóra" i „złe" – z przyciskiem „E". Czasem zaś klawisze się zmieniają: „I" przypisane jest do „osoby czarnoskórej" i kategorii „dobre", natomiast „osoba biała" zostaje przypisana do określenia „złe" i klawisza „E". Szybkość kategoryzowania obrazów określa poziom naszych utajonych uprzedzeń. Pozostając przy przykładzie rasowym: jeśli kategoryzujemy szybciej, kiedy „osoba biała" i „dobre" mają wspólny klawisz i „osoba czarnoskóra" i „złe" – wspólny, świadczy to o naszych utajonych uprzedzeniach rasowych[7].

Badanie przeprowadzano na bardzo dużej próbie i jest powtarzane na dużą skalę. Nawet osoby, które notują najmniej punktów w pomiarze swoich stereotypowych postaw (na przykład, czy silniej kojarzysz karierę zawodową z określeniem „męski", czy „kobiecy" w skali czteropunktowej od „bardzo kobiece" po „bardzo męskie"?), często ujawniają zupełnie inną reakcję czasową w teście IAT, świadczącą o odmiennych przekonaniach. Pod względem postaw rasowych w teście uprzedzenia wykazuje około 68 proc. z ponad 2,5 miliona uczestników. Pod względem wieku (czyli ci, którzy preferują ludzi młodych) – 80 proc. Pod względem niepełnosprawności (ci, którzy preferują ludzi w pełni sprawnych) – 76 proc. Pod względem orientacji seksualnej (preferujący osoby heteroseksualne) – 68 proc. Pod względem wagi (preferujący szczupłych) – 69 proc.

Ta lista jest dłuższa, a wszystkie uprzedzenia mają wpływ na podejmowane przez nas decyzje. Sposób, w jaki widzimy świat, odzwierciedla się we wnioskach, które wysnuwamy, wydawanych przez nas ocenach i wyborach, jakich dokonujemy w każdej chwili życia.

Nie znaczy to jednak, że musimy działać pod wpływem uprzedzeń, jesteśmy bowiem zdolni do przeciwstawiania się podstawowym bodźcom naszego mózgu. Ale to oznacza, że uprzedzenia tam są, i to na fundamentalnym poziomie. Możemy oczywiście protestować, że problem nas nie dotyczy, ale prawdopodobieństwo, że jednak dotyczy, jest większe. Raczej nikt z nas nie jest uodporniony na uprzedzenia.

---

7 Test Utajonych Skojarzeń jest dostępny w języku polskim na stronie implicit.harvard.edu/implicit/poland (przyp. tłum.)

Nasze mózgi są przystosowane do wydawania szybkich sądów i wyposażone w swoiste drogi dojazdowe oraz skróty, które upraszczają pobieranie i weryfikowanie niezliczonych danych nieustannie dostarczanych nam przez otoczenie. To całkiem naturalne. Gdybyśmy chcieli kontemplować każdy z tych elementów, ponieślibyśmy porażkę. Utknęlibyśmy. Nie bylibyśmy zdolni do wyjścia poza pierwszy wartościujący sąd, a nasz świat zbyt szybko stałby się zbyt skomplikowany. Jak to ujął William James: „Gdybyśmy pamiętali wszystko, bylibyśmy najczęściej w równie żałosnym stanie, jak wówczas, gdybyśmy nie pamiętali niczego".

Gdybyśmy pamiętali wszystko, bylibyśmy najczęściej w równie żałosnym stanie, jak wówczas, gdybyśmy nie pamiętali niczego

Trudno zmienić sposób patrzenia na świat i myślenia o nim; uprzedzenia trzymają się nas mocno. Ale trudno i mocno nie znaczy, że wszystko to jest niezmienne i nienaruszalne. Nawet IAT, jak się okazuje, może wypaść korzystniej po ćwiczeniach umysłowych związanych z badanymi uprzedzeniami. Jeśli na przykład przed testem na uprzedzenia rasowe pokażemy badanym zdjęcia grupy czarnoskórych bawiących się na pikniku, poziom ich uprzedzeń znacząco się zmniejszy.

I Holmes, i Watson mogą wydawać natychmiastowe sądy – ale skróty, z których korzystają ich mózgi, zdecydowanie się różnią. Podczas gdy Watson uosabia tryb aktywności bazowej umysłu, czyli strukturę połączeń mózgowych w ich zwykłym, pasywnym stanie, Holmes pokazuje, na co nas stać: jak możemy przekonstruować strukturę, by udaremnić lub ominąć natychmiastowe reakcje, które uniemożliwiają bardziej obiektywne i dogłębne ocenianie otoczenia.

Weźmy za przykład badanie za pomocą IAT uprzedzeń w medycynie. Najpierw każdemu z lekarzy uczestniczących w teście pokazano zdjęcie pięćdziesięciolatka. Na niektórych zdjęciach mężczyzna był biały, na innych czarnoskóry. Później poproszono lekarzy, by wyobrazili sobie mężczyznę ze zdjęcia jako pacjenta z objawami zawału serca. Jakie byłoby ich postępowanie? Po udzieleniu odpowiedzi każdy z lekarzy przeszedł test na uprzedzenia rasowe.

Pod jednym względem wyniki były typowe: większość lekarzy wykazała pewien stopień uprzedzenia rasowego. Ale stało się też coś bardzo ciekawego: uprzedzenia wykazane w teście niekoniecznie przekładały się na nastawienie podczas leczenia hipotetycznego pacjenta. Większość lekarzy w identyczny sposób wypisałaby recepty na odpowiednie lekarstwa zarówno białemu, jak i czarnemu pacjentowi – a nawet, rzecz dziwna, bardziej uprzedzeni lekarze traktowaliby obie grupy równiej niż ci mniej uprzedzeni.

To, co się dzieje w naszych mózgach na poziomie instynktów, i to, jakie działania podejmujemy, to dwie różne sprawy. Czy to oznacza, że uprzedzenia zniknęły, że mózgi lekarzy nie wyciągnęły wniosków z utajonych skojarzeń, które powstawały na najbardziej podstawowym poziomie poznawczym? Bardzo wątpliwe. Ale oznacza to, że właściwa motywacja może przeciwdziałać takim uprzedzeniom i usuwać je poza obręb zainteresowania, gdy dochodzi do bieżących zachowań. Wnioski, do jakich dochodzą nasze mózgi, nie mają bezpośredniego przełożenia na to, jak działamy. Ostatecznie więc, o ile tylko tego chcemy, nasze zachowania mogą być przez nas kontrolowane.

> *Wnioski, do jakich dochodzą nasze mózgi,*
> *nie mają bezpośredniego przełożenia na to, jak działamy*

To, co przytrafiło się nam na przyjęciu, kiedy zobaczyliśmy Janka Nieznajomego, zdarza się również osobom tak biegłym w sztuce obserwacji jak Sherlock Holmes. Ale podobnie jak lekarze, których lata praktyki nauczyły wydawać sądy na podstawie określonych objawów i równocześnie pomijać inne jako nieznaczące, Holmes nauczył się filtrować odruchy swojego mózgu, by dopuszczać tylko takie, które przy ocenianiu nieznanych mu osób mogą być przydatne.

Co Holmesowi w tym pomaga? Aby zaobserwować ten proces w działaniu, wróćmy do początkowego spotkania ze „Znaku czterech", kiedy po raz pierwszy pojawia się tajemnicza dama, Mary Morstan. Czy obaj mężczyźni odbierają Mary tak samo? Nie. Pierwsze, na co zwraca uwagę Watson, to jej wygląd (jest, jak zauważa, raczej atrakcyjną kobietą). Holmes pozostaje obojętny. „Rzeczą najwyższego znaczenia jest, by nie dopuścić do tego, aby na nasz sąd miały wpływ jakieś osobiste odczucia – wyjaśnia. – Dla mnie klient jest po prostu jednostką, czynnikiem w danej sprawie. Emocje są przeciwieństwem chłodnego rozumowania. Zapewniam cię, że najbardziej ujmująca kobieta, jaką kiedykolwiek znałem, została powieszona za otrucie trójki małych dzieci, aby dostać pieniądze z ich polisy ubezpieczeniowej, a najbardziej odrażającym człowiekiem, jakiego znam, jest pewien filantrop, który wydał ćwierć miliona funtów na londyńską biedotę".

Ale Watson się nie poddaje: „Jednak w tym przypadku...". Holmes potrząsa głową. „Nigdy nie robię wyjątków. Wyjątek wyklucza regułę".

Stanowisko Holmesa jest jasne. Nie chodzi o to, aby nie odczuwać emocji. Nie wymaga się też od nas, byśmy powstrzymywali niemal automatycznie powstające w umyśle wrażenia. („Sądzę, że jest jedną z najbardziej czarujących młodych dam, jakie kiedykolwiek poznałem" – detektyw rzuca uwagę na temat panny Morstan, a w jego ustach to najlepszy z możliwych komplementów). Nie powinniśmy jednak pozwolić tym wrażeniom stanąć na drodze obiektywnego rozumowania. („Jednakże miłość to kwestia emocjonalna, a wszystko, co emocjonalne, jest przeciwieństwem chłodnego rozsądku, który cenię nade wszystko" – dodaje natychmiast po tym, jak oddał sprawiedliwość czarowi panny Morstan).

Rozpoznajemy więc wrażenia, by później świadomie odłożyć je na bok. Możemy sobie uzmysłowić, że Janka przypomina nam wredną przyjaciółkę ze szkoły, i więcej do tego nie wracać. To emocjonalny bagaż, który nie znaczy tak dużo, jak zwykliśmy uważać. I nigdy nie należy myśleć, że sytuacja jest wyjątkowa. Bo nie jest.

Ale jakże trudne może być zastosowanie tych zasad w realnym życiu – czy to jeśli chodzi o dewaluowanie emocji, czy nierobienie wyjątków, choć miałoby się na to ochotę. Watson desperacko pragnie darzyć największym zaufaniem kobietę, która go urzekła, a to, co dla niej niekorzystne, przypisywać wyłącznie niesprzyjającym okolicznościom. Jego niezdyscyplinowany umysł ciągle łamie wszystkie reguły Holmesa dotyczące prawidłowego rozumowania i percepcji: od robienia wyjątków, przez dogadzanie emocjom, po zaprzepaszczanie możliwości osiągnięcia chłodnego obiektywizmu, z którego Holmes uczynił swoją mantrę.

Od samego początku Watson jest dobrze nastawiony do gościa. Przed chwilą, wypoczęty i szczęśliwy, przekomarzał się ze swoim współlokatorem w typowy dla nich sposób. I ten wyśmienity nastrój przeniknął, słusznie czy nie, do jego osądu. Nazywa się to heurystyką afektu: jak czujemy, tak myślimy. Radość i relaks sprzyjają bardziej akceptującemu, pozbawionemu rezerwy spojrzeniu na świat. Watson nawet jeszcze nie wie, że wkrótce ktoś się u nich zjawi, a już jest tak nastawiony, żeby gość mu się spodobał.

Radość i relaks sprzyjają bardziej akceptującemu, pozbawionemu rezerwy spojrzeniu na świat. Nazywa się to heurystyką afektu: jak czujemy, tak myślimy

A kiedy gość przybywa? Jest dokładnie jak na naszym przyjęciu. Kiedy widzimy nieznajomego, nasz umysł podlega przewidywalnemu modelowi aktywacji, o którym zadecydowały nasze doświadczenia z przeszłości i bieżące cele, włączając w to motywacje oraz samopoczucie. Kiedy panna Mary Morstan wchodzi do mieszkania przy 221B Baker Street, Watson widzi, że stoi przed nimi „młoda dama o blond włosach, drobna i delikatna. Na dłoniach miała ładne rękawiczki, a kostium świadczył o doskonałym guście właścicielki. Jej strój zdradzał prostotę i pospolitość, co sugerowało ograniczoność środków finansowych". Jej obraz natychmiast wywołuje w głowie wspomnienia innych młodych delikatnych blondynek, które Watson znał, ale – proszę zauważyć – nie jakichś frywolnych. Takich, które są proste, niewymagające i nie rzucają nam swojej urody prosto w twarz, tylko ją tonują za pomocą sukni w szarobeżowym odcieniu, bez „jakichkolwiek ozdób". Tak oto wyraz twarzy panny Mary staje się „słodki i przyjazny, a wielkie niebieskie oczy wydawały się szczególnie uduchowione i pełne współczucia". Watson zamyka swój hołdowniczy pean tymi słowami: „Choć widywałem kobiety różnych ras na trzech różnych kontynentach, nigdy dotąd nie widziałem twarzy, która wyraźniej odzwierciedlałaby wyrafinowaną i wrażliwą naturę".

Z minuty na minutę nasz dobry doktor przeskoczył z koloru włosów, sylwetki i sposobu noszenia się do daleko idącej oceny osobowości. Wygląd Mary sugeruje jej prostotę; powiedzmy, że tak. Ale słodycz? Przyjazność? Duchowość? Empatię? Wyrafinowanie i wrażliwość? Watson nie ma żadnych podstaw do formułowania takiego sądu. Mary nie powiedziała jeszcze choćby jednego słowa w jego obecności. Jedyne, co zrobiła, to weszła do pokoju. Ale tabun błędów poznawczych, które prześcigały się w tworzeniu pełnego portretu nieznajomej, został już spuszczony ze smyczy.

W jednej chwili Watson przywołuje całe swoje, ponoć rozległe, doświadczenie – oznakowane w ogromnym dziale poddasza etykietą: KOBIETY, KTÓRE ZNAŁEM – i w jego świetle przygląda się nowej znajomej. Choć jego wiedza o kobietach może rzeczywiście obejmować trzy kontynenty, nie mamy powodu wierzyć, że jego ocena jest trafna – chyba że dowiedzielibyśmy się, iż zawsze w przeszłości potrafił od pierwszego wejrzenia idealnie określić charakter kobiety. Ale jakoś wątpię, by tak było. Watsonowi jest wygodniej zapomnieć, ile czasu potrzebował, by poznać swoje byłe towarzyszki – założywszy, że w ogóle kiedykolwiek porządnie je poznawał. (Weźmy też pod uwagę to, że Watson jest kawalerem, który właśnie wrócił z wojny, ranny i pozbawiony przyjaciół. Jakie wedle wszelkich przypuszczeń kierowały nim motywacje? A teraz wyobraźmy sobie, że byłby szczęśliwym mężem, ulubieńcem salonów – jaka wtedy byłaby jego ocena panny Mary?).

Ta tendencja, bardzo powszechna i silna, znana jest jako heurystyka dostępności – korzystamy z danych, do których w każdej chwili mamy dostęp. Im informacja jest łatwiejsza do przywołania, tym bardziej jesteśmy pewni, że jest prawdziwa i przydatna w rzeczywistości. W jednej z klasycznych demonstracji tego efektu badani, którym dano do przeczytania fragment tekstu z nieznanymi nazwiskami, później ocenili te nazwiska jako znane – wyłącznie w oparciu o łatwość, z jaką je przywołali z pamięci. I byli pewni trafności swojego sądu. Wystarczającym dowodem było dla nich to, że przypomnieli sobie nazwiska bez żadnego problemu. Nie pomyśleli, że przyczyną łatwego rozpoznania danych jest dostępność wynikająca z wcześniejszej ich prezentacji.

Heurystyka dostępności: korzystamy z danych, do których w każdej chwili mamy dostęp. Im informacja jest łatwiejsza do przywołania, tym bardziej jesteśmy pewni, że jest prawdziwa i przydatna w rzeczywistości

Wiele kolejnych eksperymentów wykazywało, że jeśli coś z otoczenia – czy to obraz, osoba, czy słowo – jest takim sygnałem torującym, badanym łatwiej wyłapać powiązane z tym sygnałem idee (inaczej mówiąc, idee te cechuje większa dostępność). I częściej używają tych idei jako odpowiedzi, niezależnie od tego, czy są one prawidłowe. Wygląd Mary wywołał kaskadę skojarzeń w pamięci Watsona, a to z kolei pomogło jego umysłowi – przy użyciu wszystkich skojarzeń, które nieświadomie aktywizowała – wytworzyć jej psychiczny portret. Ale ten portret niekoniecznie musiał przypominać „prawdziwą Mary". Im bardziej Mary będzie przypominać przywołane obrazy (heurystyka reprezentatywności), tym mocniejsze wywrze wrażenie, a Watson będzie tym pewniejszy swego obiektywizmu.

Zapomnijmy o wszystkim, co Watson mógł jeszcze wiedzieć lub nie wiedzieć. Dodatkowa informacja nie jest pocieszająca. Pojawia się pytanie, którego szarmancki doktor z dużym prawdopodobieństwem nigdy sobie nie zadał: ileż to kobiet spotkałem, które by były wyrafinowane, wrażliwe, uduchowione, pełne współczucia, słodkie i przyjazne zarazem? Jak często występuje ten typ osobowości w skali całej populacji? Zaryzykowałabym twierdzenie, że niezbyt często, nawet jeśli weźmiemy pod uwagę tylko blond włosy i niebieskie oczy odzwierciedlające niewątpliwie delikatność i wszystkie pozostałe cechy. I ile kobiet Watson przywołuje z pamięci na widok Mary? Jedną? Dwie? Sto? Jaka jest wielkość próby? Jestem gotowa się założyć, że niewielka i że jej wybór dokonał się tendencyjnie.

Choć nie wiemy dokładnie, jakiego typu skojarzenia zostały uruchomione w głowie doktora, kiedy po raz pierwszy zobaczył pannę Morstan, postawiłabym na to, że miały za podstawę ostatnie dane (efekt świeżości), najbardziej wyraziste (malownicze i najłatwiejsze do zapamiętania; te wszystkie błękitnookie blondynki, które w końcu wydają się nam nieinteresujące, bezbarwne i bez wyrazu? Wątpię, by je teraz pamiętał, równie dobrze mogłyby nigdy nie istnieć); oraz te najlepiej znane (do których najczęściej wracał jego umysł, przypuszczalnie nie najbardziej reprezentatywne dla większości). I takie właśnie skojarzenia już na wstępie zaważyły na jego postrzeganiu Mary. Potrzeba by co najmniej trzęsienia ziemi, by wybić Watsonowi z głowy ten jego pierwotny osąd.

Jego nieugiętość z czasem będzie się umacniała ze względu na fizyczny charakter tego, co osąd wywołało: twarze należą do najmocniej odbieranych przez nas sygnałów. Najczęściej też wyzwalają skojarzenia i mechanizmy, które pozostają w nas na zawsze.

Aby się przekonać, jaka jest siła oddziaływania twarzy, spójrzmy na te zdjęcia. 1) Która z tych twarzy jest atrakcyjniejsza i 2) Która z tych osób wydaje się bardziej kompetentna?

Gdybym mogła wyświetlić wam te zdjęcia na jedną dziesiątą sekundy, wasza opinia przypuszczalnie byłaby zgodna z oceną setek innych osób, którym właśnie w taki sposób te zdjęcia prezentowałam. Ale to nie wszystko: twarze na zdjęciach nie są przypadkowe. To twarze dwóch konkurujących ze sobą polityków, którzy w 2004 roku kandydowali w wyborach do Senatu ze stanu Wisconsin. Wasza ocena wyższych kompetencji (wykładnik siły i wiarygodności) w przewidywalny sposób padnie na rzeczywistego zwycięzcę w wyborach (mężczyzna po lewej; czy wasza ocena kompetencji się z tym zgadza?). W mniej więcej 70 proc. przypadków z oceny kompetencji dokonanej w ciągu mniej niż sekundy możemy przewidzieć wyniki toczącego się właśnie wyścigu wyborczego. I ta przewidywalność dotyczy wszystkich wyborów: od Stanów Zjednoczonych po Anglię, od Finlandii po Meksyk, od Niemiec po Australię. Nasze mózgi decydują o tym, kto będzie nam najlepiej służył, na podstawie mocnej szczęki i śladu uśmiechu na twarzy. (A oto efekty: Warren G. Harding, najdoskonalszy prezydent o mocnej szczęce, jakiego kiedykolwiek miały Stany[8]). Jesteśmy zaprogramowani na to, czego robić nie powinniśmy: wyciągamy pochopnie wnioski na podstawie niewyraźnych, podświadomych sygnałów, z których istnienia nawet nie zdajemy sobie sprawy. A reperkusje działania tego mechanizmu obejmują sytuacje o wiele poważniejsze niż zawierzenie przez Watsona ładnej twarzy klientki. Doktor nie jest przygotowany na korzystanie z „chłodnego rozsądku", którym Holmes dysponuje na każde zawołanie.

Jesteśmy zaprogramowani na to, czego robić nie powinniśmy: wyciągamy pochopnie wnioski na podstawie niewyraźnych, podświadomych sygnałów, z których istnienia nawet nie zdajemy sobie sprawy

Tak jak przelotne wrażenie może tworzyć podstawy naszych wyborów politycznych, tak początkowa, nieodparcie pozytywna ocena Mary przez Watsona wytycza dalsze mechanizmy wzmacniające ten pierwszy obraz. Odtąd na jego sądy będzie mocno oddziaływał efekt pierwszeństwa – trwała siła pierwszego wrażenia.

8 Warren G. Harding (1865-1923) – 29. prezydent USA, którego kadencja obejmowała lata 1921-23 (przyp. tłum.).

Ze spojrzeniem zasnutym różową mgłą Watson stanie się teraz łatwą ofiarą tzw. efektu halo (jeśli jeden element – tutaj wygląd zewnętrzny – wywiera na nas pozytywne wrażenie, zaczynamy dostrzegać inne elementy w równie pozytywny sposób, a wszystko, co do takiego widzenia nie pasuje, zostaje odrzucone). Będzie również podatny na tzw. błąd odpowiedniości: wszystkie niekorzystne cechy Mary będzie widział jako wywołane przez okoliczności zewnętrzne, takie jak: stres, napięcie, pech i co tam jeszcze; natomiast cechy pozytywne będą przynależne jej osobowości. Mary zawdzięcza sobie samej to, co w niej dobre, a za to, co w niej złe, odpowiada całe otoczenie. Okazja i traf? Nie mają znaczenia. Wiedza o tym, że generalnie jesteśmy do niczego, jeśli chodzi o jakiekolwiek przewidywanie przyszłości, czy to w sprawie wydarzeń, czy zachowań? Także nie ma żadnego wpływu na jego osąd. W przeciwieństwie do Holmesa przypuszczalnie nawet nie wziął takich możliwości pod uwagę, nie rozważał też poddania analizie własnych zdolności sądzenia.

Przez cały czas Watson pozostanie całkiem nieświadomy ekwilibrystyki, jaką wykonuje jego umysł, aby zachować spójny obraz Mary, stworzyć opowieść w oparciu o określone treści, tak by miała sens i atrakcyjną dla intuicji fabułę. I zgodnie z samospełniającą się przepowiednią, która mogłaby przynieść raczej perwersyjne konsekwencje, jego własne postępowanie wobec Mary mogło prowokować ją do takich zachowań, które potwierdzały pierwsze wrażenie, jakie na nim wywarła. Jeśli mężczyzna zwraca się do Mary, jakby była cudnej urody świętą, to panna najprawdopodobniej obdarzy go uśmiechem świętej. Jeśli sprawę, z którą mamy do czynienia, uważamy za słuszną, to ona w końcu taka dla nas się stanie. A my przez cały czas pozostaniemy w błogiej nieświadomości, pewni, że kieruje nami racjonalność i obiektywizm. To doskonała iluzja słuszności, nadzwyczaj trudna do podważenia – nawet w sytuacjach, kiedy wszystkie logiczne argumenty działają przeciw nam. (Przykładem mogą tu być wywiady niektórych dziennikarzy, którzy w ciągu kilku pierwszych minut – albo i szybciej – wyrabiają sobie zdanie o rozmówcy i nawet jeśli z dalszej części wywiadu wynika zupełnie odmienny jego wizerunek, nie zamierzają zmienić początkowej opinii).

Jeśli sprawę, z którą mamy do czynienia, uważamy za słuszną, to ona w końcu taka dla nas się stanie. To doskonała iluzja słuszności

Wyobraźmy sobie, że musimy podjąć decyzję, czy pewna osoba – nazwijmy ją Amy – nadaje się do naszego zespołu. Ktoś chce nam o niej opowiedzieć. Na początek słyszymy, że Amy jest inteligentna i pracowita.

Zatrzymajmy się na moment. Przypuszczalnie zaczęliśmy już myśleć: *Fajnie, z taką osobą świetnie się będzie pracować, lubię we współpracownikach inteligencję i pracowitość.*

A co, jeśli kolejne określenia, jakie padną na jej temat, będą brzmieć: „zawistna i uparta"? Już nie tak dobrze, prawda? Ale w swoim początkowym nastawieniu będziemy nieugięci. Przypuszczalnie zlekceważymy dalszą charakterystykę, nadając szczególną wagę pierwszym określeniom – wszystko z powodu pierwszego wrażenia. Gdybyśmy zaś odwrócili kolejność określeń, sytuacja Amy uległaby zmianie. Nawet wyjątkowej klasy inteligencja i pracowitość nie uratowałyby kogoś, kto na początku dał się poznać jako zawistny i uparty.

Przyjrzyjmy się teraz dwóm charakterystykom człowieka:

1) inteligentny, sprawny, pracowity, ciepły, zdecydowany, praktyczny, ostrożny;
2) inteligentny, sprawny, pracowity, chłodny, zdecydowany, praktyczny, ostrożny.

Zapewne dostrzegłeś, że są one niemal identyczne. Różnią się tylko jednym słowem: ciepły lub chłodny. Ale kiedy uczestnicy eksperymentu usłyszeli jedną z tych dwóch charakterystyk, a następnie poproszono ich o wybranie, która z dwóch cech najlepiej opisuje osobę przez nią scharakteryzowaną (ze spisu osiemnastu par cech trzeba było wybrać po jednej cesze z każdej pary), to ostateczne obrazy wynikające z tych dwóch list bardzo się od siebie oddaliły. Osoba nr 1 znacznie częściej była określana jako hojna, osoba nr 2 – przeciwnie. Tak – możesz powiedzieć – ale hojność jest nieodłącznym aspektem ludzkiego ciepła. To normalne, że powstała taka ocena. Można się z tym zgodzić. Ale uczestnicy badania poszli o krok dalej w swojej ocenie i konsekwentnie przypisywali osobie nr 1 więcej pozytywnych cech niż osobie nr 2, choć nie miały one nic wspólnego z ciepłem. Nie tylko uznali, że osoba nr 1 jest bardziej towarzyska i lubiana (to jeszcze można uzasadnić), ale określali ją również jako mądrą, szczęśliwą, uprzejmą, dowcipną, dobrze wyglądającą, altruistyczną i obdarzoną wyobraźnią.

Oto, jak wiele może zmienić jedno słowo; całkowicie przebarwić sposób odbioru jakiegoś człowieka, nawet jeśli każdy inny punkt jego opisu pozostaje taki sam. I to pierwsze wrażenie będzie trwało – tak jak urzeczenie Watsona włosami, oczami i strojem panny Morstan będzie miało wpływ na jego sądy o niej i postrzeganie tego, do czego jest zdolna, a do czego nie. Bo lubimy być konsekwentni i bardzo nie lubimy się mylić. Pierwsze wrażenie wywiera na nas wielki wpływ niezależnie od dowodów, które mogą nadejść później.

Co na to Holmes? Kiedy Mary wychodzi i Watson wykrzykuje: „Cóż za niezwykle atrakcyjna kobieta!", odpowiedź Holmesa jest prosta: „Doprawdy? Nie zauważyłem". I zaraz potem przestrzega, by nie pozwalać emocjom zapanować nad chłodnym rozumowaniem.

Czy Holmesowi dosłownie chodzi o to, że nie zauważył? Przeciwnie. Zaobserwował wszystkie szczegóły jej wyglądu zewnętrznego, które widział Watson, i prawdopodobnie jeszcze wiele więcej. Ale nie zrobił jednego: nie wydał oceny, że jest niezwykle atrakcyjną kobietą. Watson odszedł od obiektywnej obserwacji na rzecz subiektywnej opinii, zabarwiając fakty emocjami. A właśnie przed tym ostrzega Holmes. Mógł nawet uznać, że jest obiektywnie atrakcyjna (choć jak pamiętamy, Watson mówi: „Jej twarz nie miała ani regularnych rysów, ani pięknej cery"), ale zlekceważył tę obserwację w chwili, kiedy ją poczynił.

Poddasza Holmesa i Watsona nie różnią się jedynie umeblowaniem – na pierwszym są meble zebrane przez detektywa zdeklarowanego samotnika, kochającego muzykę i operę, palenie fajki i ćwiczenia na strzelnicy, a także ezoteryczne badania chemiczne i architekturę renesansu; drugie należy do chirurga wojennego i zdeklarowanego kobieciarza, który kocha obfite kolacje i przyjemne spędzanie wieczorów – ale przede wszystkim sposobem, w jaki ich umysły od początku te meble ustawiają. Holmes zna tendencje swojego umysłu jak własną kieszeń albo struny swoich skrzypiec. Wie, że jeśli skupi się na przyjemnych odczuciach, to straci czujność. A jeśli podda się wpływowi jakiejś przypadkowej cechy fizycznej, może zaryzykować utratę obiektywizmu podczas dalszych obserwacji. Dobrze wie, że jeśli pospieszy się z sądem, to nie zauważy wielu dowodów, które mu przeczą, i zwróci większą uwagę na te, które go potwierdzają. I zdaje sobie sprawę z tego, jak silna jest skłonność do działania podyktowanego takim pośpiesznym sądem.

Dlatego od samego początku ma bardzo selektywny stosunek do wszystkiego, co dostaje się do jego głowy. Zarówno do tych mebli, które już tam są, jak i potencjalnych, które rywalizują, by sforsować bramy hipokampu i dostać się do magazynu pamięci długotrwałej. Nigdy bowiem nie powinniśmy zapominać, że każde doświadczenie czy każdy aspekt świata, na który zwróciliśmy uwagę, może się stać częścią naszej przyszłej pamięci – nowym meblem, nowym obrazem, który dołączy do katalogu, nowym elementem, który może dopełnić i tak już mocno zapchane poddasze. Nie powstrzymamy oczywiście umysłów przed wydawaniem podstawowych sądów i nie możemy kontrolować każdej otrzymanej informacji. Ale możemy więcej się dowiedzieć o filtrach, które strzegą wejścia na nasze poddasze, i wykorzystać motywację, by większą wagę przywiązywać do rzeczy, które mają znaczenie dla naszych celów, a mniejszą do tych, które się nie liczą.

Nigdy nie powinniśmy zapominać, że każde doświadczenie czy każdy aspekt świata, na który zwróciliśmy uwagę, może się stać częścią naszej przyszłej pamięci

Holmes nie jest automatem, jak nazywa go zraniony Watson, gdy nie udaje mu się dzielić z detektywem entuzjazmu dla Mary. (Pewnego dnia on też określi pewną kobietę, Irenę Adler, jako wyjątkową). Holmes rozumie po prostu, że każdy element, bardziej czy mniej wartościowy, jest częścią całego pakietu i może wynikać tak z osobowości, jak i z uwarunkowań. Wie też, że przestrzeń poddasza jest cenna i dlatego musimy uważać na to, co dodajemy do wypełnionych pudełkami umysłów.

Wróćmy do Janka Nieznajomego lub Janki Nieznajomej. Jak mogłoby wyglądać spotkanie z każdym z nich, gdybyśmy kierowali się metodą Holmesa? Widzimy bejsbolówkę Janka lub niebieskie pasemka Janki i przychodzą nam do głowy różne – pozytywne lub negatywne – skojarzenia. Czujemy, że chcielibyśmy (bądź nie) spędzić z nim/nią trochę czasu, by jego/ją poznać... Ale nim otworzą się usta, zróbmy krok w tył, by się zagłębić w siebie. Zdajmy sobie sprawę, że ocena tworząca się w naszej głowie musiała skądś się wziąć, i spójrzmy na zbliżającą się do nas osobę inaczej. Obiektywnie – na czym budujemy nasze pierwsze wrażenie? Czy Janek patrzy wilkiem? Czy Janka potrąca ludzi, którzy stoją jej na drodze? Nie? A więc nasza niechęć wzięła się z czegoś innego. Może gdy zastanowimy się przez chwilę, trafimy na trop bejsbolówki lub niebieskich pasemek? A może nie.

W każdym przypadku zorientujemy się jednak, że po pierwsze, sami już się nastawiliśmy na lubienie albo nielubienie kogoś, kogo jeszcze nawet nie poznaliśmy; a po drugie, że jesteśmy gotowi zweryfikować swoje pierwsze wrażenie. Kto wie, może było słuszne. Ale nasza druga ocena będzie się przynajmniej opierać na faktach i nastąpi dopiero po tym, jak damy Jankowi lub Jance szansę, by się odezwali. Podczas rozmowy będziemy mogli przyjrzeć się jej fizycznym szczegółom, manierom, temu, jakich słów używa. Bogactwo przesłanek pozwoli nam na to, byśmy postanowili z pełną świadomością nadać większe znaczenie pewnym symptomom, a znaczenie innych odpowiednio pomniejszyć.

Może Janka nie przypomina naszej byłej przyjaciółki. Może Janek, choć nie dzielimy z nim miłości do baseballu, okaże się wart bliższego poznania. A może jednak mieliśmy rację? Końcowy rezultat jest mniej ważny od tego, czy nauczyliśmy się, że żaden nasz sąd nie bierze się z próżni – niezależnie od tego, czy jest pozytywny, czy negatywny, bardzo przekonujący czy pozornie nie do obalenia. Bo zanim przedostał się do naszej świadomości, już został dogłębnie przefiltrowany w interakcjach z poddaszem i zewnętrznym otoczeniem. Nie możemy świadomie powstrzymać procesu powstawania tych sądów, ale możemy nauczyć się rozumieć nasze poddasza, ich wybryki, skłonności, idiosynkrazje. I starać się z całych sił, by kolejnym razem zaczynać z bardziej neutralnego punktu – oceniając kogoś, obserwując sytuację czy dokonując wyboru.

Możemy się nauczyć rozumieć nasze poddasza, ich wybryki, skłonności, idiosynkrazje

Sygnały torujące z otoczenia, czyli siła przypadkowości

W przypadku Mary Morstan czy Janka/Janki to elementy fizycznego wyglądu wywołały nasze nastawienie, stając się nieodłączną częścią spotkania. Czasami jednak nastawienie jest uruchamiane przez czynniki zupełnie niezwiązane z tym, co robimy. Te czynniki to podstępni, mali towarzysze. Choć mogą być całkowicie poza naszą świadomością i nie mieć nic wspólnego z tym, co robimy, są władni z łatwością i mocno wpływać na nasze sądy.

Otoczenie daje nam sygnały na każdym kroku. W „Buczynie" Watson i Holmes jadą pociągiem za miasto. Kiedy mijają Aldershot, Watson patrzy przez okno na mijane domy.

„Czyż nie jest tu pięknie i świeżo? – wykrzyknąłem z entuzjazmem człowieka nawykłego do mgieł Baker Street.

Holmes jednak ponuro pokręcił głową.

– Watsonie, jednym z przekleństw człowieka o umyśle takim jak mój jest fakt, że na wszystko patrzy z perspektywy sprawy, którą się zajmuje. Ty spoglądasz na rozsiane wokół domy i dostrzegasz ich piękno. Kiedy ja się im przyglądam, myślę wyłącznie o tym, iż są odcięte od świata i można tu bezkarnie popełniać przestępstwa".

Holmes i Watson patrzą na te same domy, ale widzą coś zupełnie innego. Choć Watson bardzo się stara nauczyć od przyjaciela umiejętności obserwacji, to jednak ich początkowe doświadczenia bardzo się różnią. Nie tylko wspomnienia i nawyki całkowicie odróżniają Watsona od Holmesa, ale także czynniki środowiskowe, które przytrzymują wzrok detektywa i ustawiają jego umysł na pewne tory.

Zanim Watson głośno zachwycił się urodą mijanych domów, jego umysł długo był przygotowywany przez otoczenie do myślenia w określony sposób i zauważania pewnych rzeczy. Teraz, siedząc spokojnie w przedziale, zauważa urok pejzażu, „idealny wiosenny dzień, błękitne niebo usiane puszystymi białymi chmurkami płynącymi z zachodu na wschód". Słońce mocno przygrzewa, ale „w powietrzu można było wyczuć lekki orzeźwiający chłodek". I oto pośród młodej jasnej zieleni widać zabudowania. Czy jest coś dziwnego w tym, że Watson widzi świat skąpany w różowym, radosnym blasku? Uroda najbliższego otoczenia pozytywnie nastraja jego umysł.

Jednak nastawienie, jak to bywa, jest całkowicie zewnętrzne wobec wydawanych sądów. Gdyby Watson był smutny i przygnębiony, domy pozostałyby takie same, a inne byłoby prawdopodobnie tylko jego spojrzenie. (Czy nie mogłyby mu się wtedy wydawać samotne i posępne?). W tym akurat przypadku nie ma dla Watsona znaczenia, czy widzi domy jako przyjazne, czy nie. Ale powiedzmy, że wydałby swój sąd, zbliżając się do nich, by zatelefonować, przeprowadzić ankietę albo śledztwo w sprawie zbrodni? Nagle to, czy domy są bezpieczne, staje się sprawą wielkiej wagi. Czy zdecydowalibyśmy się na zapukanie do drzwi domu, jeśli możliwe jest, że jego mieszkańcy są złoczyńcami zdolnymi do bezkarnego popełnienia przestępstwa? Lepiej, żeby nasza ocena tego domu była trafna, a nie podyktowana słoneczną pogodą.

Tak jak powinniśmy wiedzieć, że nasze wewnętrzne poddasze bez udziału świadomości oddziałuje na nasze sądy, tak samo musimy być świadomi wpływu, jaki na te sądy wywiera świat zewnętrzny. Jeżeli coś nie należy do poddasza, to nie znaczy, że nie może realnie wpływać na pracę jego filtrów.

Nie ma czegoś takiego jak „obiektywne" środowisko. Jest tylko nasze postrzeganie środowiska, które częściowo zależy od nawykowych sposobów myślenia (Watson), a częściowo od otaczających nas okoliczności (słoneczny dzień). Trudno jednak zdać sobie sprawę z tego, w jakim stopniu nasze filtry poddasza oddziałują na naszą interpretację świata. Nie tylko nieprzygotowany Watson poddaje się wpływowi idealnego wiosennego dnia (i trudno mieć do niego o to pretensje). Pogoda jest niezmiernie silnym czynnikiem, regularnie na nas oddziałującym, choć niewiele o tym wpływie wiemy. Na przykład w słoneczne dni ludzie uważają się za szczęśliwszych i czują większą satysfakcję z życia niż w dni deszczowe. Nie są świadomi tej zależności – autentycznie ufają swemu odczuciu, że są bardziej spełnieni jako osoby, gdy widzą słońce świecące na jasnym, błękitnym niebie. Niebie podobnym do tego, które oglądał Watson z okna pociągu.

Nie ma czegoś takiego jak „obiektywne" środowisko. Jest tylko nasze postrzeganie środowiska

Efekty tego wykraczają poza zwykłe relacje o samopoczuciu i dotyczą znaczących decyzji. Studenci, wybierając uczelnie, w dni deszczowe przykładają większą wagę do studiowania niż w dni słoneczne. Dlatego jeśli w dniu, w którym studenci odwiedzają uczelnię, wzrasta zachmurzenie, prawdopodobieństwo, że się do niej zapiszą, wzrasta o 9 procent. Kiedy pogoda się psuje, traderzy finansowi podejmują mniej ryzykowne decyzje. Ale kiedy wychodzi słońce, ryzykownych wyborów przybywa.

Jednak pogoda to nie tylko ładna sceneria. Pogoda wpływa bezpośrednio na to, co widzimy, na czym skupiamy uwagę i jak oceniamy świat. Ale czy na pewno chcemy opierać wybór uczelni, nasze biznesowe decyzje i ocenę tego, czy nasze życie jest szczęśliwe, na warunkach atmosferycznych? (Ciekawa jestem, czy w dni deszczowe jest więcej rozwodów i rozstań niż w słoneczne).

Z kolei Holmes nie zwraca uwagi na pogodę – przez całą podróż jest pochłonięty gazetą. A mówiąc ściślej, nie do końca nie zwraca uwagi, bo zdając sobie sprawę z wagi koncentracji, świadomie pogodę ignoruje, podobnie jak wcześniej ignorował urodę Mary, komentując ją krótko: „Nie zauważyłem". Oczywiście, że zauważył! Pytanie tylko, czy zechce później się do tego odnosić i w konsekwencji pozwolić na zmianę zawartości swojego poddasza. Kto wie, jak wpłynęłoby na niego słońce, gdyby nie miał sprawy na głowie i dopuściłby do rozproszenia świadomości? Skupia się jednak na zupełnie innych szczegółach i zupełnie innym kontekście. W przeciwieństwie do Watsona jest zaniepokojony, zatroskany i ma ku temu powody. Wezwała go młoda kobieta, która potrzebuje jego pomocy. Rozmyśla. Całkowicie pochłania go zagadka, która czeka na niego u celu podróży. Czy to dziwne, że domy za oknami pociągu przypominają mu sprawę, która absorbuje jego umysł? Jest to również sygnał torujący, tyle że nie tak przypadkowy jak pogoda dla Watsona.

Możemy zapytać (i słusznie), czy Watson nie miał do czynienia z dokładnie tym samym telegramem od klientki, która znalazła się w kłopotach. Istotnie – miał. Ale jemu ta sprawa nie zaprząta umysłu. Tak to właśnie jest z sygnałem torującym: u ciebie torowanie przez ten sam sygnał może przebiegać zupełnie inaczej niż u mnie. Przypomnijmy sobie wcześniejszy opis struktury naszego poddasza, naszych nawykowych uprzedzeń i trybów myślenia. Te nawykowe wzory myślenia wchodzą w interakcję ze światem zewnętrznym, wywierając subtelny, przedświadomy wpływ na rozpoczynający się proces myślowy. I to one w dużej mierze decydują o tym, jakie elementy rzeczywistości zauważamy i co dalej się z nimi dzieje w naszych umysłach.

Wyobraźcie sobie, że zaprezentowałam wam zestawy składające się z czterech słów i jednego wyrażenia i poprosiłam o zbudowanie z każdego z nich zdania składającego się z czterech elementów. Te elementy – „samotny", „ostrożny", „Floryda", „bezradny", „robienie na drutach" i „łatwowierny" – mogą wyglądać nieszkodliwie, ale ukryto między nimi tak zwane bodźce docelowe. Czy coś nam one przypominają? Gdybym je zebrała razem, na pewno pomyślelibyście o starości. Ale porozrzucane w ponad trzydziestu zestawach złożonych z pięciu elementów (słów i wyrażenia) dają o wiele mniej sugestywny efekt. Na tyle mniejszy, że żaden z sześćdziesięciu uczestników badania (w dwóch trzydziestoosobowych grupach) nie zwrócił uwagi na powiązanie tematyczne tych słów. Tyle że to, iż nie uświadamiamy sobie ich ukrytych znaczeń, nie znaczy, że na nas one nie oddziałują.

Gdybyś reagował podobnie jak setki osób, które wzięły udział w tym (po raz pierwszy zaprezentowanym w 1996 roku) eksperymencie torowania, oto, co by ci się przytrafiło: twój krok stałby się wolniejszy niż wcześniej, a sylwetka mogłaby się nawet z lekka przygarbić (oba objawy są wynikiem tzw. efektu ideomotorycznego[9] bądź jego wpływu na naszą bieżącą fizyczną aktywność). Wykonałbyś gorzej cykl zadań dotyczących zdolności poznawczych. Odpowiadałbyś wolniej na określone pytania. Mógłbyś nawet czuć się tak, jakbyś był starszy i bardziej zmęczony. Dlaczego? Bo zostałeś właśnie poddany efektowi Florydy: seria powiązanych z wiekiem stereotypów uruchomiła poza twoją świadomością pewne węzłowe punkty i idee w mózgu, które z kolei spowodowały określony sposób myślenia i działania. Oto najbardziej podstawowy mechanizm torowania.

To jednak, które punkty węzłowe zostały poruszone i jak przebiega aktywacja, zależy od każdego poddasza z osobna, od jego cech. Jeśli na przykład żyjesz w kulturze, w której wysoko ceni się mądrość starszych ludzi, to wolniejszemu chodzeniu będzie towarzyszyć nieco szybsze wykonywanie zadań poznawczych. Jeśli – odwrotnie – masz silnie negatywne nastawienie do starości, to możesz wykazywać fizyczne symptomy przeciwne do tych, które wystąpiły u pozostałych uczestników: będziesz się starał chodzić szybciej i utrzymywać wyprostowaną postawę. I o to chodzi: torowanie nie istnieje w próżni. Jego efekty się różnią. Ale choć możemy reagować różnie, tak czy inaczej zawsze reagujemy.

I to jest w gruncie rzeczy odpowiedź na pytanie, dlaczego ten sam telegram oznacza coś innego dla Watsona i dla Holmesa.

9 Ruchy ideomotoryczne to wszelkie ruchy, które wykonujemy podświadomie (przyp. red.).

U Holmesa uruchamia on spodziewany wzór związany z nastawieniem umysłu, który jest skierowany na rozwiązywanie zagadek kryminalnych. Dla Watsona mało co znaczy i wkrótce przesłania go błękitne niebo i ćwierkanie ptaków. Czy to zaskakujące? Generalnie można przypuszczać, że Watson widzi świat jako miejsce bardziej przyjazne niż Holmes. Często wyraża autentyczne zadziwienie podejrzeniami detektywa, czuje respekt przed jego mrocznymi dedukcjami. Tam gdzie Holmes łatwo dostrzega złowrogie zamiary, Watson widzi piękną i sympatyczną twarz.

Podczas gdy Holmes używa swojej encyklopedycznej wiedzy o historii zbrodni, by rozpracować bieżącą sprawę, Watson nie ma takich zasobów do wykorzystania i musi polegać na tym, co wie o medycynie, wojnie i czego go nauczył krótki okres przebywania z mistrzem. Poza tym Holmes, gdy angażuje się w sprawę i szuka jej fragmentów, by poskładać je w całość, ma skłonność do zanurzania się w świat myśli, zamykania się na zewnętrzne rozpraszające bodźce, które nie mają nic wspólnego z interesującym go tematem. Watson zaś jest zawsze szczęśliwy, widząc piękno wiosennego dnia i urok roztaczających się wokół wzgórz. I oto mamy dwa poddasza tak różniące się zarówno zawartością, jak i strukturą, że przypuszczalnie wszystkie informacje filtrują na dwa zupełnie odmienne sposoby.

Nigdy nie zapominajmy wziąć pod uwagę nawykowego nastawienia umysłu. Bo każda sytuacja jest połączeniem nawykowych sposobów myślenia, bieżących celów i motywacji – naszej struktury poddasza i jego aktualnego stanu posiadania. Sygnał torujący – obojętne, czy jest nim słoneczny dzień, niepokojący telegram czy lista słów – może poruszyć nasze myśli w określonym kierunku. Ale to, co i jak zostanie uaktywnione, zależy od tego, co jest na naszym poddaszu i jak jego struktura przez lata była używana.

Mam też jednak dobrą wiadomość: sygnał torujący przestaje działać, gdy tylko uświadamiamy sobie jego istnienie.

Przypomnijmy badania dotyczące pogody i nastroju. Opisywany efekt znikał, kiedy uczestnikom badania uświadomiono, że dzień jest deszczowy. Jeśli najpierw byli pytani o pogodę, a potem o poziom szczęścia, pogoda nie miała już wpływu na wynik badania. Czyli gdy podczas badania wpływu otoczenia na emocje jego uczestnik poznaje pozaemocjonalną przyczynę swojego samopoczucia, efekt torowania prawdopodobnie zostaje wyeliminowany.

Według jednego z klasycznych eksperymentów badających emocje, jeśli dostaniemy zastrzyk adrenaliny, a później spotkamy kogoś okazującego silne emocje (negatywne lub pozytywne), to prawdopodobnie odzwierciedlimy jego uczucia. Jednak gdy zostaniemy poinformowani, że zastrzyk pobudza fizycznie, to odzwierciedlenie uczuć nie nastąpi.

Kiedy uświadamiamy sobie przyczynę naszego zachowania, ta przestaje na nas wpływać. Dowiedzieliśmy się, że istnieje coś innego, co uaktywniło w nas takie, a nie inne emocje lub myśli, że ten impuls nie pochodzi z naszego umysłu, nie jest wykwitem naszej woli.

Kiedy uświadamiamy sobie przyczynę naszego zachowania, ta przestaje na nas wpływać

Przełamywanie pasywności mózgu

Jak więc Holmesowi udaje się wyzwolić od natychmiastowych, przedświadomych sądów zapadających na jego poddaszu? Jak się odgradza od zewnętrznych wpływów, które otoczenie nieustannie narzuca jego umysłowi? Świadomość i obecność są tu kluczowe. Pasywny stan pobierania informacji, który przypomina przeciekającą gąbkę – część informacji dostaje się do środka, część wchodzi jednym otworem i wychodzi od razu innym, a gąbka nie ma ani nic do gadania, ani nie ma swojego zdania o tym procesie – Holmes zamienił w proces aktywny, polegający na obserwacji (niedługo będziemy ją szczegółowo omawiać). I uczynił ten aktywny proces stanem aktywności bazowej swojego mózgu.

Na najbardziej podstawowym poziomie Holmes zdaje sobie sprawę – my też już to wiemy – jak zaczyna się proces myślowy i dlaczego tak ważne jest przypatrywanie się mu od początku. Gdybym zechciała ci na chwilę przerwać i wskazać przyczyny powstania twoich wrażeń, może byś tych wrażeń nie zmienił („Oczywiście, że mam rację!" – stwierdziłbyś pewnie), ale przynajmniej dowiedziałbyś się o ich pochodzeniu. I z czasem, stopniowo, zacząłbyś „chwytać umysł", zanim przeskoczy do sądu – co prawdopodobnie pozwoliłoby ci uważniej słuchać jego mądrości.

Holmes nie bierze za pewnik niczego, nawet najdrobniejszego wrażenia. Nie pozwala żadnemu z impulsów, które dostrzega, na decydowanie o tym, co się dostanie lub nie na jego poddasze i w jaki sposób zawartość tego poddasza będzie aktywowana lub nie. Przez cały czas pozostaje aktywny i czujny, na wypadek gdyby niepotrzebny bodziec chciał pokonać ściany nieskazitelnej przestrzeni jego umysłu. Co prawda taka nieustanna uwaga może być wyczerpująca, ale w sytuacjach naprawdę istotnych wysiłek jest jej wart – i z czasem zaczynamy zauważać, że staje się coraz mniej męczący.

W istocie wszystko sprowadza się do zadania sobie tych samych pytań, które Holmes stawia prawie automatycznie. *Czy jest coś zbytecznego dla sprawy, co w danym momencie wpływa na mój sąd?* (Odpowiedź prawie zawsze będzie twierdząca). *Jeśli tak, to jak w związku z tym powinienem poprawić swoje postrzeganie? Co miało wpływ na moje pierwsze wrażenie – i czy miało ono z kolei wpływ na wrażenia następne?* Nie chodzi o to, że Holmes nie jest podatny na wpływ torowania, lecz o to, że bardzo dobrze zna jego potęgę. Dlatego gdy Watson wydaje sąd o kobiecie czy wiejskich domostwach, Holmes natychmiast poprawia go krótkim: „Tak, ale...". Jego przesłanie jest proste: nigdy nie zapominaj, że pierwsze wrażenie to tylko pierwsze wrażenie; zastanów się więc przez chwilę, co je wywołało i jak się ma do twojego celu. Nasz mózg wykonuje pewne działania automatycznie. Chcemy czy nie, nie zmienimy tego. Ale możemy wpłynąć na to, czy będziemy brali swój pierwszy osąd za pewnik, czy nie – i zacząć docierać do jego głębszych warstw. I nigdy nie powinniśmy zapominać o potężnej mieszance – refleksyjności i motywacji.

Innymi słowy, bądźmy sceptyczni wobec siebie i naszych umysłów. Uważnie obserwujmy, przekraczając pasywność, która jest stanem spoczynkowym umysłu. Czy nasz sąd opierał się na obiektywnie zaobserwowanym zachowaniu (zanim nazwaliśmy pannę Mary świętą, czy widzieliśmy, że robi coś, co by to określenie uzasadniało?), czy tylko na subiektywnym wrażeniu (no, wyglądała tak niesamowicie ładnie)?

Nigdy nie zapominaj, że pierwsze wrażenie to tylko pierwsze wrażenie. Zastanów się więc przez chwilę, co je wywołało i jak się ma do twojego celu

Kiedy byłam na studiach, pomagałam w tworzeniu modelu konferencji Narodów Zjednoczonych. Co roku jeździłam do różnych miast i zapraszałam studentów tamtejszych uczelni, by wzięli udział w naszej symulacji. Moim zadaniem było przewodniczenie zgromadzeniu: przygotowywałam tematy, prowadziłam debaty i pod koniec konferencji przyznawałam nagrody studentom, których uznałam za najlepiej pracujących. Wszystko świetnie. Gdyby nie nagrody.

W pierwszym roku zauważyłam, że Oksford i Cambridge zdobyły nieproporcjonalnie więcej nagród dla mówców niż pozostałe uczelnie. Czy wszyscy ci nagrodzeni studenci byli o wiele lepsi, czy chodziło o coś zupełnie innego? Zaczęłam podejrzewać, że to drugie. W naszej konferencji brali udział studenci z najlepszych uczelni świata i choć Oksford i Cambridge są rzeczywiście wyjątkowe, to jednak nie zauważyłam, by ich delegaci byli przez cały czas najlepsi ze wszystkich. Co się działo? Czy moja komisja przyznająca nagrody była tendencyjna?

Rok później postanowiłam, że wykryję, o co chodzi. Starałam się przyglądać swoim reakcjom na wystąpienia kolejnych studentów, zapisywałam swoje wrażenia, przedstawiane argumenty oraz to, jak przekonujące były ich racje i jak elokwentnie dyskutowali. I odkryłam rzecz raczej alarmującą: w moim odczuciu studenci z Oksfordu i z Cambridge brzmieli bardziej błyskotliwie. Gdyby wziąć dwóch studentów, postawić obok siebie i kazać im powiedzieć dokładnie to samo, bardziej spodobałby mi się ten z brytyjskim akcentem. Nie miało to żadnego sensu, ale w mojej głowie ów akcent wyraźnie uruchamiał stereotyp, który wpływał na moje sądy aż do końca konferencji – kiedy nadchodził czas przyznawania nagród i byłam pewna, że delegaci brytyjscy są najlepsi. To, co sobie uświadomiłam, nie było przyjemne.

Spróbowałam więc czynnie się temu przeciwstawić. Starałam się koncentrować wyłącznie na meritum: co mówił każdy ze studentów i jak. Czy dodawał coś do debaty? Czy podnosił właściwe argumenty? Czy przeciwnie – po prostu powielał czyjeś obserwacje i nie wnosił niczego naprawdę rzeczowego?

Skłamałabym, mówiąc, że to było łatwe. Choć starałam się, jak mogłam, ciągle przyłapywałam się na tym, że wpadam w sidła intonacji i akcentu, kadencji zdań, a nie ich treści. I oto dochodzimy do momentu prawdziwie zatrważającego: na koniec nadal miałam chęć dać nagrodę dla najlepszego mówcy kandydatce z Oksfordu. *Ona naprawdę jest najlepsza* – przekonywałam samą siebie. *Czy nie posunę się za daleko w przeciwnym kierunku, jeśli jej nie docenię, karząc tylko za to, że jest Angielką?* To nie ja byłam problemem. Moje nagrody są zasłużone, nawet jeśli się zdarzało, że dostawał je student Oksfordu. To inni koledzy z komisji są tendencyjni.

Tyle że moja delegatka z Oksfordu nie była najlepsza. Kiedy przejrzałam swoje drobiazgowe notatki, znalazłam kilku studentów wyraźnie lepszych. Moje notatki oraz wrażenia i pamięć kłóciły się ze sobą. W końcu zaufałam notatkom, ale walka we mnie toczyła się do ostatniej chwili. I nawet później nie mogłam się pozbyć dręczącego uczucia, że dziewczyna z Oksfordu została potraktowana niesprawiedliwie.

Nasze intuicje mają wielką siłę, nawet jeśli są nietrafne. Kiedy zawładnie nami głęboka intuicja (to jest wspaniała osoba; piękny dom; cenne przedsięwzięcie; utalentowany dyskutant), musimy zadać sobie najważniejsze pytanie: na czym się ona opiera? Czy naprawdę mogę jej zaufać, czy to tylko kolejna sztuczka mojego umysłu? Obiektywny sprawdzian zewnętrzny – jak moje notatki z pracy komisji – jest pomocny, ale nie zawsze możliwy. Czasami musimy zdać sobie sprawę, że nawet gdy jesteśmy pewni, że nie mamy uprzedzeń i żaden uboczny czynnik nie zakłócał naszych sądów i wyborów, to jednak możliwe jest, iż nie działamy całkowicie racjonalnie i obiektywnie. W uświadomieniu sobie tego, że często najlepiej jest nie ufać własnym sądom, leży klucz do ich udoskonalenia – w takim stopniu, by można było faktycznie im zaufać. Co więcej, jeśli jesteśmy zmotywowani, by nasze sądy były precyzyjne, możemy uniemożliwić naszemu systemowi kodowania nakręcanie spirali niekontrolowanych ocen.

W uświadomieniu sobie tego, że często najlepiej jest nie ufać własnym sądom, leży klucz do ich udoskonalenia

Ale nawet ważniejsze od tej świadomości jest stałe jej ćwiczenie. Trafna intuicja to nic innego niż ćwiczenie zastępowania wyuczonych heurystyk naszymi umiejętnościami. Podobnie jak nie jesteśmy od razu nieuważni, tak nie jesteśmy od urodzenia skazani na trzymanie się błędnych nawyków myślowych. Po prostu przyzwyczajamy się do nich, powtarzając te same zwyczaje i dlatego, że brakuje nam refleksyjnej uwagi, z jaką Holmes upewnia się co do każdej swojej myśli.

Możesz nie zdawać sobie sprawy z tego, że wyćwiczyłeś swój mózg w określonym sposobie myślenia. Ale tak niestety się stało. To zła, ale i dobra wiadomość – bo skoro swój mózg czegoś nauczyłeś, to możesz także go tego oduczyć albo nauczyć czegoś innego. Każdy nawyk można zamienić na inny. Herbert Simon, jeden z twórców teorii nazywanej dziś teorią dokonywania sądów i podejmowania decyzji, określił to tak: „Intuicja to ni mniej, ni więcej tylko akt rozpoznania".

Holmes ma nad nami przewagę dzięki tysiącom godzin treningu. Rozwijał swoje nawyki, korzystając z niezliczonych możliwości przez 24 godziny na dobę 365 dni w roku oraz każdego roku od wczesnego dzieciństwa. Nic dziwnego, że poczujemy się w jego obecności onieśmieleni. Ale byłoby bardziej produktywne, gdybyśmy poczuli się zainspirowani. Jeśli jemu się udało, dlaczego nie miałoby się udać nam? Będziemy tylko potrzebować trochę czasu. Niełatwo zmienić nawyki, których rozwój trwał wystarczająco długo, by odcisnęły się na każdym włóknie naszego mózgu.

Pierwszy krok to zacząć być świadomym. Świadomość Holmesa pozwala mu na uniknięcie wielu błędów, które utrudniają życie Watsonowi, inspektorom policji, jego klientom i przeciwnikom. Ale w jaki sposób detektyw przechodzi od bycia świadomym do czegoś więcej, co powoduje działanie? Proces ten zaczyna się od obserwacji: skoro już rozumiemy, jak pracuje poddasze naszego mózgu i jakie są źródła procesu myślowego, zyskujemy możliwość poświęcania uwagi sprawom, które się liczą, a nie takim, które nie mają znaczenia. Dlatego właśnie teraz zajmiemy się wyzwaniem polegającym na refleksyjnej obserwacji.

***

PRZECZYTAJ O SHERLOCKU HOLMESIE

„Studium w szkarłacie", tłum. Anna Krochmal, Robert Kędzierski

„Znak czterech", tłum. Anna Krochmal, Robert Kędzierski

„Buczyna" (w: „Przygody Sherlocka Holmesa"), tłum. Marta Domagalska

CZĘŚĆ DRUGA

OD OBSERWACJI DO WYOBRAŹNI

Rozdział trzeci

Urządzanie poddasza, czyli potęga obserwacji

Był niedzielny wieczór. Nadeszła pora, by tata przystąpił do czytania. Wcześniej w tygodniu, po wielu miesiącach współuczestniczenia w straszliwych perypetiach bohaterów, skończyliśmy „Hrabiego Monte Christo", więc poprzeczka była ustawiona wysoko. I oto – z dala od fortec, zamków i skarbów Francji – znalazłam się oko w oko z kimś, kto był w stanie po raz pierwszy spojrzeć na człowieka i z niewzruszoną pewnością stwierdzić: „Jak widzę, był pan w Afganistanie". Odpowiedź Watsona: „A jak, u licha, pan na to wpadł?" – precyzyjnie wyrażała także moje uczucia. Jakimże sposobem on mógł to wiedzieć!? Sprawa – co do tego byłam pewna – wykraczała poza prostą umiejętność obserwowania szczegółów. Czy może nie? Watson, zachodząc w głowę, skąd Holmes mógł wiedzieć o jego wojennej przeszłości, wysuwa przypuszczenie, że ktoś musiał detektywowi wcześniej o tym powiedzieć (nie sposób przecież wyciągać takie wnioski z samego tylko... patrzenia).

„Nic podobnego" – mówi Holmes. I kontynuuje: „Ja po prostu wiedziałem, że przyjechałeś z Afganistanu. Mam tę umiejętność już od dawna. Ciąg myśli błyskawicznie przelatuje mi przez głowę i formułuję wniosek; niekiedy nawet nie uświadamiam sobie poszczególnych etapów tego procesu. Ciąg rozumowania w twoim przypadku przebiegał mniej więcej tak. Mamy tutaj dżentelmena o wyglądzie lekarza, który równocześnie sprawia wrażenie wojskowego. Tak więc jest to najwyraźniej lekarz wojskowy. Niedawno wrócił z tropików, bo ma ogorzałą twarz, a nie jest to naturalny kolor jego skóry, bo nadgarstki ma jasne. Przeszedł wiele trudów i chorobę, o czym świadczy jego mizerny wygląd. Był ranny w lewe ramię, widać, że dotychczas nie odzyskał w nim pełni władzy. Gdzie w tropikach angielski lekarz wojskowy mógłby doznać wielu trudów i zostać ranny w ramię? Oczywiście w Afganistanie. Cały ten ciąg myślowy nie trwał nawet jednej sekundy. Powiedziałem wtedy, że przyjechałeś z Afganistanu, a ty się bardzo zdziwiłeś".

Z całą pewnością punktem wyjścia jest tu obserwacja, czysta i prosta. Holmes patrzy na Watsona i natychmiast odnotowuje wszystkie szczegóły jego wyglądu, zachowania, manier. Dzięki nim tworzy portret całego człowieka, tak jak to zrobił istniejący w rzeczywistości Joseph Bell w obecności zadziwionego Arthura Conan Doyle'a. Ale to nie wszystko.

Obserwacja od dużej litery – w ten sposób Holmes używa tego słowa, kiedy streszcza nowemu towarzyszowi historię jego życia wydedukowaną na podstawie jednego spojrzenia – niesie ze sobą o wiele więcej niż ta zwykła obserwacja, od małej litery. Nie polega bowiem tylko na pasywnym procesie wprowadzania różnych elementów w pole swojego widzenia. Chodzi o to, by wiedzieć, co i jak obserwować i na co w związku z tym kierować uwagę. Jakie szczegóły zapamiętać? Jakie pominąć? I w jaki sposób traktować te wybrane w celu przeanalizowania szczegóły? Innymi słowy o to, w jaki sposób możemy zmaksymalizować potencjał naszego poddasza. Nie chcemy bowiem, pamiętając wcześniejszą przestrogę Holmesa, zarzucać poddasza niepotrzebnymi drobiazgami i staramy się utrzymywać tam jak największy porządek. To, co dzisiaj decydujemy się zauważyć, może się stać w przyszłości częścią umeblowania poddasza. Co więcej, każdy dodany element zmienia krajobraz poddasza, co w dalszej przyszłości odbije się z kolei na każdym następnym nabytku. Musimy więc wybierać mądrze. Mądry wybór oznacza dokonywanie selekcji. Oznacza, że patrzymy nie tak po prostu, ale patrzymy właściwie, patrzymy z sensem. Patrzymy, mając pełną świadomość, że to, co zauważamy – i w jaki sposób zauważamy – kładzie podwaliny pod każdy proces dedukcji, jaki w przyszłości będziemy przeprowadzać. Chodzi o dostrzeganie całościowego obrazu, wychwytywanie szczegółów, które są istotne, i rozważne umiejscawianie ich w szerszym kontekście ram naszego myślenia.

Dlaczego Holmes dostrzega te, a nie inne szczegóły w wyglądzie Watsona? I dlaczego jego pierwowzór, Bell, obserwuje w zachowaniu nowego pacjenta bardzo określone rzeczy? („Widzicie panowie – mówił chirurg do swoich studentów – ten człowiek był bardzo uprzejmy, ale wchodząc, nie zdjął kapelusza. Wojskowi tego nie robią, ale gdyby dawno temu odszedł z wojska, zapewne nabrałby już nawyków cywila. Miał w sobie coś władczego – kontynuował Bell – i niewątpliwie był Szkotem. Co do Barbados, to skarżył się na słoniowaciznę, która pochodzi z Karaibów, nie z Anglii, a szkocki pułk stacjonuje obecnie właśnie w tamtym regionie"). Skąd doktor Bell wiedział, które z wielu szczegółów powierzchowności pacjenta były istotne? Wynikało to ze zwykłej praktyki, wielu dni i lat pracy. Bell widział już tak wielu pacjentów, słyszał tyle historii z życia, postawił tyle diagnoz, że w pewnym momencie ta umiejętność przyszła w naturalny sposób, tak jak w przypadku Holmesa. Młody, niedoświadczony Bell najpewniej nie był zdolny do takiej przenikliwości.

Wyjaśnienie przez Holmesa sprawy Afganistanu poprzedza dyskusja dwóch mężczyzn na temat artykułu z porannej gazety pt. „Księga życia" autorstwa samego detektywa. Przywoływałam ten artykuł wcześniej we fragmencie na temat wnioskowania z jednej kropli wody o możliwości istnienia Atlantyku czy

Niagary. Po poświęconym wodzie początku Holmes przechodzi dalej, do wyjaśnienia, jak ta zasada się przekłada na międzyludzkie relacje: „Zanim jednak badacz skieruje uwagę na moralne i intelektualne aspekty tej sprawy stanowiące największą trudność, powinien zacząć od rozwiązywania elementarnych zadań. Niech na przykład, rzuciwszy jedno spojrzenie na pierwszego napotkanego śmiertelnika, spróbuje od razu określić jego przeszłość, profesję lub zainteresowania. Choć takie ćwiczenie może się wydawać infantylne, wyostrza ono zdolność obserwacji i uczy nas, na co powinniśmy patrzeć i czego szukać. Na podstawie paznokci człowieka, rękawów jego płaszcza, butów, stanu spodni na kolanach, zgrubień skóry na palcu wskazującym i kciuku, wyrazu twarzy, mankietów koszuli można precyzyjnie określić, czym taki człowiek się zajmuje. Ponadto pewne jest, że wszystkie te szczegóły pozwolą uzdolnionemu obserwatorowi na wyciągnięcie prawidłowych wniosków".

Przypatrzmy się raz jeszcze temu, jak Holmes dochodzi do wniosku, że Watson odbywał służbę w Afganistanie. Kiedy wymienia elementy, które pozwoliły mu na ustalenie, gdzie przebywał Watson, wspomina między innymi wrażenie, jakie robi opalenizna w Londynie – w sposób oczywisty nie jest ona charakterystyczna dla tutejszego klimatu, dlatego musiała zostać nabyta gdzie indziej. A to wskazuje, że obserwowana osoba musiała wrócić z tropików. Twarz Watsona wygląda jednak mizernie. Stąd wniosek, że to nie były wakacje, tylko wyjazd nadwyrężający zdrowie. A jego postawa? Nienaturalna sztywność ramienia wskazuje na odniesioną ranę. Tropiki, choroba, rana: wystarczy te elementy zebrać w całość i ukazuje nam się szerszy obraz. Afganistan.

Każda z obserwacji rozpatrywana jest w kontekście, w połączeniu z pozostałymi; nie jako oderwany od reszty kawałek, ale integralna część większej całości. Holmes nie tylko obserwuje. Przyglądając się, zadaje właściwe pytania, które pozwolą mu na stworzenie z poszczególnych obserwacji całościowego obrazu, na wydedukowanie oceanu z jednej kropli wody. Nie musiał wiedzieć o samym Afganistanie, aby się domyślić, że Watson był na wojnie. Nie musiał znać nazwy konkretnego kraju, wystarczyło tylko powiedzieć coś w rodzaju: „Jak widzę, był pan na wojnie?". Może efekt nie byłby równie piorunujący, ale intencje pozostałyby te same.

Jeśli zaś chodzi o zawód, to kategoria „lekarz" poprzedza kategorię „lekarz wojskowy" – zawsze najpierw jest kategoria, po niej następuje podkategoria, nie na odwrót. Co się zaś tyczy samego lekarza: odgadnąć coś tak prozaicznego to nieszczególna trudność dla kogoś, kto przez całe życie para się sprawami spektakularnymi. Ale prozaiczne nie znaczy przecież nieprawdziwe. Jak będziemy się mogli przekonać, czytając inne wyjaśnienia Holmesa, rzadko domyśla się on czyjegoś zawodu na podstawie jakichś ezoterycznych przesłanek (chyba że są specjalne powody). Opiera się raczej na bardziej powszednich elementach, wynikających z obserwacji i faktów, nigdy z zasłyszanych informacji czy przypuszczeń. Lekarz należy, rzecz jasna, do zawodów o wiele bardziej zwyczajnych niż powiedzmy detektyw – i Holmes nigdy o tym nie zapomina. Każda obserwacja powinna zostać zintegrowana z posiadaną przez nas wiedzą. W gruncie rzeczy, gdyby Holmes spotkał siebie samego, zdecydowanie nie odgadłby, jaki ma zawód. W końcu jest jedynym znanym sobie detektywem konsultantem na świecie. Kiedy przystępujemy do zadawania właściwych pytań, powinniśmy przede wszystkim brać pod uwagę częstotliwość występowania interesującego nas elementu. Mamy więc Watsona, lekarza, który wrócił z Afganistanu. Jak mawia sam poczciwy doktor, to wszystko wydaje się proste, kiedy już zobaczy się elementy, które doprowadziły do wniosku. Ale jak się nauczyć dochodzić do takich wniosków samemu? Wszystko sprowadza się do jednego słowa: uwaga.

Każda obserwacja powinna zostać zintegrowana z posiadaną przez nas wiedzą

Naucz się skupiać uwagę

Holmes bezbłędnie odgaduje historię Watsona, kiedy spotykają się po raz pierwszy. A jakie są wrażenia Watsona po tym spotkaniu? Po pierwsze, nie za bardzo zwraca uwagę na szpital, gdzie po raz pierwszy widzi Holmesa. „Znałem to miejsce – opowiada – i nie potrzebowałem przewodnika". Po wejściu do laboratorium zastaje tam Holmesa. Pierwszym wrażeniem Watsona jest zaskoczenie jego fizyczną siłą. Holmes ściska jego dłoń „z siłą, o jaką nigdy bym go nie podejrzewał". Zaraz potem doktora dziwi entuzjazm, z jakim Holmes prezentuje nowo przybyłym przeprowadzany przez siebie eksperyment chemiczny. Kolejne wrażenie oparte jest na pierwszej właściwie obserwacji dotyczącej wyglądu fizycznego: „spostrzegłem, że cała [ręka] upstrzona była podobnymi plastrami i przebarwiona od silnych kwasów".

Pierwsze dwa wrażenia, czy raczej przedwrażenia, nie są obserwacjami, lecz raczej przedświadomymi sądami o Janku Nieznajomym czy pannie Morstan opisanymi przez nas w poprzednim rozdziale. (Dlaczego właściwie Holmes nie miałby być silny? Wygląda to na falstart Watsona, który go wziął za kogoś w rodzaju studenta medycyny, a więc kogoś, kto nie kojarzy się ze sprawnością fizyczną. Dlaczego Holmes nie miałby być rozentuzjazmowany? I tutaj Watson znowu zaufał własnej opinii na temat tego, co mogło, a co nie mogło budzić entuzjazmu nowego znajomego).

Trzecie wrażenie ma za podstawę obserwację w rodzaju tych, które poczynił sam Holmes, by następnie dojść do wniosku, że

Watson wrócił z Afganistanu. Tyle tylko, że Watson niczego by nie zaobserwował, gdyby Holmes nie przyciągnął jego uwagi, naklejając na palec plaster i dodatkowo ten fakt komentując. „Muszę być ostrożny" – tłumaczy. „Bo sporo się bawię truciznami". Jedyna prawdziwa obserwacja Watsona, jak się okazuje, nie byłaby możliwa, gdyby mu jej nie podano na tacy.

Skąd ten brak świadomości, skąd powierzchowne i wysoce subiektywne oceny? Watson sam za nas odpowiada, wyliczając Holmesowi swoje wady (czyż przyszli współlokatorzy nie powinni wiedzieć o sobie wszystkiego, co najgorsze?). „Jestem beznadziejnie leniwy" – mówi. W tych trzech słowach leży sedno całego problemu. Watson nie jest w tym bynajmniej osamotniony. Większość z nas cierpi na tę przypadłość, przynajmniej jeśli chodzi o skupianie uwagi. W 1540 roku Hans Ladenspelder, miedziorytnik, ukończył pracę nad miedziorytem – jednym z siedmiu, które miały tworzyć zamknięty cykl: stojąca kobieta opiera się jednym łokciem na kolumience, ma zamknięte oczy, głowa spoczywa na lewej dłoni. Zza jej prawego ramienia wygląda osioł. Miedzioryt nosi tytuł: „Acedia", a cykl: „Siedem grzechów głównych". Acedia znaczy dosłownie zobojętnienie. Gnuśność. Lenistwo umysłu, które słownik oksfordzki definiuje jako „duchową i umysłową gnuśność; apatię". Ten stan letargu, który kusił wielu mnichów, by oddawali się bezczynności w czasie przeznaczonym na wytężony wysiłek duchowy, benedyktyni nazywali „demonem południa".

Współczesnym odpowiednikiem acedii mogłyby być deficyt uwagi, łatwość dekoncentracji, niski poziom cukru we krwi – czy jakiekolwiek znaleźlibyśmy jeszcze określenie na tę dręczącą niezdolność do koncentrowania się na tym, co robimy. Niezależnie od tego, czy widzimy w tym grzech, pokusę, nawyk lenistwa umysłowego czy stan chorobowy, zjawisko prosi się o wyjaśnienie: dlaczego tak strasznie trudno jest skupić uwagę? To niekoniecznie nasza wina. Jak po kilkudziesięciu latach badań nad mózgiem ustalił neurolog Marcus Raichle, nasze umysły są ustawione tak, by błądzić myślami[10]. Błądzenie należy do stanu aktywności bazowej. Zawsze kiedy nasze myślenie jest zwolnione z określonego, nakierowanego na cel działania, mózg powraca do linii bazowej, do „spoczynku".

Ale nie dajmy się temu słowu zmylić, bo tak naprawdę mózg wcale wówczas nie odpoczywa. Przechodzi w tym czasie do trybu stonowanej aktywności, nazywanego dzisiaj DMN (*default mode network*), czyli siecią aktywności bazowej mózgu, obejmującą tylny zakręt obręczy, sąsiadujący przedklinek i korę przyśrodkową przedczołową. Aktywność bazowa wskazuje na to, że mózg nieustannie zbiera informacje zarówno ze świata zewnętrznego, jak i z naszych stanów wewnętrznych, a co więcej – wszystkie te informacje monitoruje w poszukiwaniu sygnałów wartych jego uwagi. Taki stan gotowości nie tylko mógł być pożyteczny z ewolucyjnego punktu widzenia, pozwalając na wyśledzenie potencjalnych wrogów, myślenie abstrakcyjne i snucie przyszłych planów. Równocześnie służy nam jako dowód na to, że nasze umysły stworzone są do błądzenia. I to właśnie jest ich stanem spoczynku.

Ponadto wszystko wymaga od nas aktu świadomej woli. Nacisk, jaki kładzie się we współczesnych czasach na wielozadaniowość, wpływa często na nasze naturalne skłonności w bardzo frustrujący sposób. Każda nowa informacja, każde nowe żądanie wysuwane wobec naszej uwagi, jest potencjalnym przeciwnikiem: *Och*, myśli mózg, *może powinienem zwrócić uwagę na to zamiast na tamto?* A już w następnej chwili przychodzi coś

10 Badania Raichle'a nad systemem aktywności bazowej mózgu, stanem spoczynkowym i wewnętrzną wrodzoną aktywnością oraz dysponowaniem uwagą były brzemienne w skutki. Tym, którzy chcą się dowiedzieć czegoś więcej na temat uwagi, ślepoty z braku uwagi i tego, jak zmysły mogą sprowadzać na manowce, polecam „The Invisible Gorilla: How Our Intuitions Deceive Us" Christophera Chabrisa i Daniela Simonsa (wyd. pol.: „Niewidzialny goryl. Dlaczego intuicja nas zawodzi", Wydawnictwo Laurum, Warszawa 2011). Dla pogłębienia wiedzy na temat wbudowanych w nasz umysł błędów poznawczych należy sięgnąć po „Thinking, Fast and Slow" Daniela Kahnemana (wyd. pol.: „Pułapki myślenia. O myśleniu szybkim i wolnym", wyd. Media Rodzina, Warszawa 2012). Korygowanie modelu obserwacyjnego zaczerpnęłam z prac Daniela Gilberta (przyp. aut.).

nowego. Możemy tak karmić nasz mózg *ad infinitum*. Rezultat? Zwracając uwagę na wszystko, nie zwracamy jej w końcu na nic. Nawet jeżeli nasze umysły są stworzone do błądzenia, to na pewno nie są stworzone do przełączania swojej aktywności na wszystko, co się zbliża z prędkością napędzaną przez wymogi nowoczesności. Miało to działać w ten sposób, że jesteśmy zawsze gotowi, by się zaangażować, ale nie angażować się w wiele zadań naraz czy choćby nawet błyskawicznie po sobie następujących.

Zwracając uwagę na wszystko, nie zwracamy jej w końcu na nic

Przypatrzmy się raz jeszcze, na czym Watson skupia uwagę, a na czym nie, kiedy po raz pierwszy spotyka Holmesa. Nie jest tak, że niczego nie zauważa. Odnotowuje na przykład „niezliczone rzędy butelek. Tu i ówdzie stały niskie stoły najeżone retortami, probówkami i małymi palnikami Bunsena płonącymi migotliwym niebieskim płomieniem". Jakże wiele szczegółów, z których żaden nie będzie przydatny do wykonania konkretnego zadania dotyczącego wyboru przyszłego współlokatora. Uwaga ma ograniczone rezerwy. Zwrócenie uwagi na jedną rzecz niechybnie odbędzie się kosztem innej. Pozwalając swoim oczom na wchłanianie zbyt wielu obrazów naukowego oprzyrządowania w laboratorium, Watson uniemożliwia sobie zauważenie znaczących detali związanych z człowiekiem znajdującym się w tym samym pomieszczeniu. Nie możemy obdzielić naszą uwagą wielu rzeczy naraz i oczekiwać od niej funkcjonowania na tym samym poziomie, jaki by osiągnęła, skupiając się na jednej tylko aktywności. Dwa zadania nie mogą być dla naszej uwagi priorytetowe równocześnie. Jedno nieuchronnie znajdzie się w centrum uwagi, a drugie – lub kilka innych – zamieni się raczej w nic nieznaczący szum, którego filtr nie przepuści. Albo, co gorsza, uwaga nie skupi się na żadnym z nich i wszystkie staną się szumem, choć może nieco wyraźniejszym, ale poziom tych szumów będzie taki sam. Pomyślcie o tym w ten sposób.

Zaprezentuję ci za chwilę zestawy zdań. Chciałabym, byś wykonał dwa zadania z każdego z nich. Po pierwsze, postaw przy zdaniu literę P, jeśli wyda ci się przekonujące, lub N na oznaczenie nieprzekonującego. Po drugie, zapamiętaj ostatnie słowo każdego zdania (w kolejności ustawienia zdań). Nie możesz przeznaczyć więcej niż pięć sekund na zdanie, wliczając w to przeczytanie go, zdecydowanie, czy jest wiarygodne, i zapamiętanie ostatniego słowa. (Możesz ustawić sekundnik tak, by dawał sygnał co pięć sekund, albo szacować w przybliżeniu, najdokładniej jak potrafisz). Spoglądanie na zdania, nad którymi praca została zakończona, liczy się jako oszukiwanie – wyobraź więc sobie, że każde z przeczytanych zdań od razu znika.

Gotów?

Martwiła się, że będzie za gorąco, więc wzięła
ze sobą nowy szal.
Jechała po wyboistej drodze z widokiem na morze.
Kiedy powiększymy nasz dom, wybudujemy drewnianą
kaczkę.
Robotnicy wiedzieli, że nie jest zadowolony,
kiedy ujrzeli jego uśmiech.
Była tam taka gmatwanina pomieszczeń,
że trudno było odszukać odpowiedni hol.
Mała dziewczynka spojrzała na swoje zabawki
i zaczęła się bawić lalką.

Zapisz teraz w odpowiednim porządku ostatnie słowa zdań. Staraj się nie oszukiwać przez zaglądanie do zdań.

Zrobione?

Właśnie wykonałeś zadanie na weryfikację zdań i zakres uwagi. Jak ci poszło? Całkiem dobrze, jak sądzę, ale mogło to nie być takie proste, jak się wydawało. Trudność sprawia limit czasowy oraz to, że nie wystarczy przeczytać zdania, ale trzeba je zrozumieć i zweryfikować. Zamiast skupiać się na zapamiętywaniu ostatniego słowa, musisz również przeanalizować znaczenie całego zdania. Im więcej jest zdań i im bardziej stają się skomplikowane, tym trudniej jest stwierdzić, czy są przekonujące, czy nie – i im mniej czasu daję wam na jedno zdanie, tym mniej jest prawdopodobne, że zapamiętasz wszystkie słowa po kolei, zwłaszcza jeśli nie ma czasu na powtórzenie.

Niezależnie od tego, ile słów byłeś w stanie zapamiętać, mogę opisać, co w tym czasie z tobą się działo. Po pierwsze, gdybyś wykonywał zadanie na komputerze i patrzył na zdania na ekranie – zwłaszcza w momentach dla ciebie najtrudniejszych, np. przy zdaniach bardziej skomplikowanych lub przy zbliżaniu się do końca listy, kiedy musiałeś ogarniać pamięcią więcej ostatnich słów – przypuszczalnie nie zwróciłbyś uwagi na inne litery lub obrazki, które pojawiałyby się na monitorze podczas wykonywania zadania. Twoje oczy mogłyby mieć je przed sobą, ale mózg – zbyt zajęty czytaniem, przetwarzaniem i zapamiętywaniem w określony sposób – nie pozwoliłby ci na wychwycenie tych znaków. I miałby pełne prawo do zignorowania ich, bo inaczej mogłyby cię zdekoncentrować, kiedy byłeś w środku wykonywanego zadania.

Przypomnijmy sobie policjanta ze „Studium w szkarłacie", który przeoczył przestępcę, bo był zbyt zajęty tym, co się działo w domu. Kiedy Holmes pyta go, czy ulica była pusta, Rance (przesłuchiwany policjant) odpowiada: „Ani żywej duszy, sir. Nawet psa z kulawą nogą". W rzeczywistości miał przestępcę przed samym nosem, tylko nie wiedział, jak patrzeć. Zamiast podejrzanego ujrzał pijaka, nie dostrzegając elementów niepasujących czy zbieżności, które mogłyby naprowadzić go na trop, bo zbyt był zajęty swoją „prawdziwą" robotą, czyli obserwowaniem miejsca zbrodni.

Takie zjawisko, w którym koncentracja na jednym z elementów sytuacji powoduje, że inne elementy znikają, zostało nazwane ślepotą z braku uwagi. Sama nazywam je nieuwagą uwagi. Idea ta pochodzi od Ulrica Neissera, ojca psychologii kognitywnej. Neisser zauważył, że wyglądając przez okno w zapadającym zmierzchu, widział bądź świat zza okna, bądź odbicie pokoju w okiennej szybie. Nie mógł zaś skupić uwagi na obu obrazach jednocześnie. Istniał widok za oknem albo odbicie w szybie – jedno z dwojga. Ukuł wtedy termin selektywnego postrzegania. Później, w laboratorium, zaobserwował, że osoby oglądające dwa nałożone na siebie filmy, których bohaterowie zajęci byli różnymi aktywnościami (np. w jednym filmie grali w karty, a w drugim w siatkówkę), z łatwością mogły śledzić akcję jednego z nich, natomiast całkowicie umykały im najbardziej nawet zaskakujące sceny z drugiego. Jeśli na przykład śledziły grę w siatkówkę, nie zauważały, że osoby grające w karty nagle przerwały grę, wstały i uścisnęły sobie dłonie.

Zjawisko, w którym koncentracja na jednym z elementów sytuacji powoduje, że inne elementy znikają, zostało nazwane ślepotą z braku uwagi

Działało to na tej samej zasadzie co selektywne słuchanie, zjawisko odkryte w 1950 roku, polegające na tym, że ludzie przysłuchujący się rozmowie jednym uchem nie zarejestrują tego, co się mówi do ich drugiego ucha – chyba że będziemy mieli do czynienia z sytuacją oddziałującą na nas w szerszym zakresie, która angażuje więcej niż tylko jeden zmysł. Od czasu tamtego pierwszego odkrycia przeprowadzono wiele badań, w których ludzie nie zauważali nie tylko pokazywanych na filmach osób w przebraniu goryla czy klownów na jednokołowym rowerze, ale nawet martwego jelenia na drodze – nie na filmie, lecz w prawdziwym życiu, wszystko to mając bezpośrednio przed sobą.

Wieje grozą, prawda? I nic dziwnego. Jesteśmy zdolni do usuwania całych kawałów rzeczywistości z pola naszego widzenia bez świadomości, że to robimy. Holmes przestrzegał Watsona przed tym, by nie patrzył, tylko widział. Mógł w tej przestrodze iść o krok dalej: czasem nie potrafimy nawet patrzeć. Niekoniecznie musimy być aktywnie zaangażowani w wielozadaniowe działanie, by przegapiać różne rzeczy, nie zdając sobie nawet sprawy z tego, co tracimy. Na przykład, kiedy jesteś w podłym nastroju, widzisz w dosłownym sensie mniej, niż kiedy jesteś szczęśliwy. Twoja kora wzrokowa pobiera mniej informacji z zewnętrznego świata. Gdybyś obserwował dwa razy tę samą scenę – raz, kiedy masz dobry nastrój, a drugi raz w nastroju przygnębienia – w drugim przypadku zauważysz z tego wydarzenia o wiele mniej.

Właściwie nie możemy niczego być świadomi, dopóki nie zwrócimy na to uwagi. Bez wyjątków. Owszem, świadomość wymaga niewielkiej uwagi, ale jednak jej potrzebuje. Nic się nie dzieje całkiem automatycznie. Niczego sobie nie uświadomimy, dopóki tego nie zauważymy.

> *Jesteśmy zdolni do usuwania całych kawałów rzeczywistości z pola naszego widzenia bez świadomości, że to robimy*

Wróćmy jeszcze na chwilę do zadania na weryfikację zdań. Jeśli zbyt intensywnie będziemy wpatrywać się w odbicie w szybie, to nie tylko przeoczymy zmierzch za oknem, ale również wraz ze wzrostem skupienia będą się rozszerzać nasze źrenice. Mogłabym przypuszczalnie, obserwując wielkość twoich źrenic, określić, jak duży jest twój umysłowy wysiłek, ładowanie pamięci, łatwość, z jaką możesz podołać zadaniu, wskaźnik kalkulacyjny, a nawet aktywność neuronową twojego miejsca sinawego (*locus coeruleus*, jedyne w mózgu źródło neuroprzekaźnika zwanego noradrenaliną oraz obszar odpowiedzialny za odzyskiwanie pamięci, wiele syndromów stresowych i procesów uwagi selektywnej) – z którego również mogłabym wyczytać, czy chcesz kontynuować wykonywanie testu, czy wolisz go przerwać.

Ale mam jedną pocieszającą wiadomość – rola i efektywność treningu, zwykłego ćwiczenia, jest niepodważalna. Gdybyśmy regularnie powtarzali testy na weryfikację zdań, jak to robią niektórzy badani, nasze źrenice sukcesywnie stawałyby się mniejsze; zapamiętywanie słów coraz bardziej naturalne, no i – cud nad cudy! – zaczęlibyśmy zauważać te litery i obrazki, czy inne dziwne rzeczy, które wcześniej umykały naszej uwadze. A nawet zadalibyśmy sobie pytanie w rodzaju: jakim cudem nie widziałem tego wcześniej? To, co wcześniej wydawało się skomplikowane, teraz stanie się bardziej naturalne, zwyczajne, bezwysiłkowe. Krótko mówiąc – łatwiejsze. To, co pozostawało w zakresie kompetencji systemu Holmesa, teraz przeniknie do systemu Watsona. I wszystko to dzięki podjęciu niezbyt intensywnej praktyki, dzięki zastosowaniu w małej dawce procesu kształtowania nawyku. Nasz mózg może się uczyć bardzo szybko, jeśli tylko tego chce. Sztuczka polega na tym, by powtarzać tę samą procedurę, dając mu się nauczyć i powodując, że to, co wymagało kiedyś wysiłku, staje się bezwysiłkowe. By w ten sposób zająć się dziedziną, której trudno podołać nieciągłej naturze takiego zadania poznawczego jak weryfikacja zdań, dziedziną, która jest tak podstawowa w naszym nieprzerwanym funkcjonowaniu, że prawie jej nie zauważamy – dziedziną patrzenia i myślenia.

Daniel Kahneman dowodził niejednokrotnie, że system numer 1, nasz system Watsona, jest bardzo trudny do wyćwiczenia. Lubi to, co lubi, wierzy w to, co wierzy – i tyle. Jakie więc Kahneman proponuje rozwiązanie? Trzeba zmusić system 2, czyli system Holmesa, do pracy przez wyeliminowanie z tego tandemu systemu 1. Na przykład należy sporządzić listę cech kandydata na współpracownika przed spotkaniem z nim w sprawie zatrudnienia, a nie polegać na wrażeniach, które, jak pamiętamy, powstają w ciągu pięciu minut albo i mniej od pierwszego zetknięcia się z daną osobą. Należy wypisać sobie wszystkie kroki potrzebne do zdiagnozowania problemu, czy to będzie chory pacjent, zepsuty samochód, blokada w pisaniu, czy inna sprawa, której musimy stawić czoło w życiu codziennym, zamiast zdawać się w rozwiązywaniu tych problemów na tak zwany instynkt. Listy kontrolne z punktami działania, reguły, procedury – oto według Kahnemana nasza najlepsza broń.

A propozycja Holmesa? Nawyk, nawyk i jeszcze raz nawyk. No i jeszcze motywacja. Zostać ekspertem od podejmowania decyzji i czynienia trafnych obserwacji? Odgadywać zawody napotkanych ludzi, śledzić ciągi ich myśli, odczytywać z ich zachowania to, co czują i myślą? Byłoby wspaniale. Ale równie wspaniale byłoby opanować kilka spraw wychodzących poza zakres kompetencji Holmesa, jak umiejętność rozpoznawania na pierwszy rzut oka jakości jedzenia, wybierania najlepszego ruchu szachowego z układu figur na planszy, odgadywania intencji przeciwnika w czasie gry w baseball albo w pokera czy rozszyfrowywania intencji partnera na spotkaniu biznesowym na podstawie jego gestów. Jeśli najpierw porządnie się nauczymy, jak być selektywnym, by móc precyzyjnie doprowadzić do końca zadanie, które mamy do wykonania, zyskamy umiejętność ograniczania szkód czynionych przez system Watsona poprzez zapobieganie i powstrzymywanie go przed psuciem naszych spraw.

Najważniejszy jest właściwy trening selektywności – przytomności umysłu – sprzężony z pragnieniem i motywacją do doskonalenia procesów myślowych. Nikt nie mówi, że to jest łatwe. A skoro już o tym mowa, to nie ma czegoś takiego jak wolność uwagi; uwaga zawsze jest do czegoś przypisana. Za każdym razem, kiedy stawiamy dodatkowe żądania rezerwom naszej uwagi – czy to będzie słuchanie muzyki, kiedy idziemy, sprawdzanie poczty elektronicznej w czasie pracy, czy śledzenie pięciu różnych mediów jednocześnie – zmniejszamy świadomość, której wymaga każda z tych spraw, i naszą zdolność poradzenia sobie z nimi w sposób zaangażowany, uważny i produktywny. Co więcej, nadużywamy też siebie samych. Uwaga nie tylko jest ograniczona, ale ma też określone zapasy. Możemy z nich czerpać, póki nie trzeba ich będzie odnowić.

> *Nie ma czegoś takiego jak wolność uwagi;*
> *uwaga zawsze jest do czegoś przypisana*

Psycholog Roy Baumeister, opisując samokontrolę, używa analogii mięśnia. Analogia ta jest jak najbardziej właściwa również w odniesieniu do uwagi: podobnie jak mięsień nasza zdolność samokontroli nie może być nadużywana, bo za bardzo się zmęczy. Mięsień trzeba zasilić za pomocą glukozy i okresu wypoczynku. Baumeister nie mówi bynajmniej w sensie metaforycznym o energii niezbędnej do zachowania szczytowej formy. Owszem, mięsień rozrośnie się w miarę, jak będziemy go używać (na podobnej zasadzie udoskonalimy mechanizmy samokontroli i zdolność skupiania uwagi i będziemy mogli z nich korzystać coraz dłużej oraz do coraz bardziej złożonych zadań), ale ten rozrost może dojść tylko do określonego punktu. Nawet kiedy zażywamy sterydy, możemy osiągnąć tylko określony limit, a w przypadku ich odstawienia mięsień się skurczy do rozmiarów sprzed rozpoczęcia treningu.

Jak doskonalić naturalne zdolności twojej uwagi

Wyobraźmy sobie taki obrazek. Sherlock Holmes i doktor Watson odwiedzają Nowy Jork (pomysł wcale nie taki naciągany, ich twórca spędził w tym mieście pamiętne chwile) i postanawiają wejść na szczyt Empire State Building. Kiedy zjawiają się na platformie widokowej, zaczepia ich dziwny nieznajomy, proponując zawody: który z nich pierwszy dostrzeże nadlatujący samolot? Mogą skorzystać z zainstalowanego na tarasie sprzętu optycznego (nieznajomy obdarza nawet każdego z nich garścią dwudziestopięciocentówek) i patrzeć, gdzie tylko chcą. Liczy się tylko to, który z nich pierwszy dojrzy samolot.

W jaki sposób każdy z nich zabiera się do tego zadania? Mogłoby się wydawać, że to nic trudnego: samolot to dość spory latający obiekt, a Empire State Building to dość wysoki budynek z imponującą panoramą o promieniu 360 stopni. Ale jeśli chcesz być pierwszy, to nie wystarczy spokojnie stać i patrzeć w górę (albo dookoła siebie). A jeśli samolot jest gdzie indziej? Jeśli go nie widać z miejsca, w którym stoisz? Jeśli jest za tobą? A gdybyś, zamiast jak idiota stać w miejscu i patrzeć nieuzbrojonym okiem, mógł być pierwszy dzięki użyciu jednej z tych dwudziestopięciocentówek i naprowadzeniu lunety na lecący z oddali samolot?

Wiele takich „gdyby" leży na drodze do zwycięskiego podium. Można sobie z nimi poradzić, jeśli potraktuje się je w kategorii zwykłych strategicznych wyborów. Wyobraźmy sobie najpierw, jak zabrałby się do zadania Watson. Jak wiemy, jest energiczny. Szybko podejmuje działania i szybko się rusza. Lubi też rywalizować z Holmesem: nieraz próbował pokazać, że on również się zna niezgorzej na zabawie w detektywa. Nic bardziej by mu się nie spodobało niż myśl, że mógłby pokonać Holmesa na jego własnym podwórku. Idę o zakład, że postępowałby w taki oto sposób. Nie marnowałby ani chwili na myślenie (*Zegar tyka! Trzeba się ruszyć*). Starałby się przesuwać z miejsca na miejsce (*Może przylecieć zewsząd! Nie będę jak głupi się ociągać, na pewno nie*) i dlatego wrzucałby monety do wszystkich możliwych lunet i biegałby od jednej do drugiej, podczas sprintów między nimi skanując wzrokiem horyzont. Tak bardzo pragnąłby cokolwiek namierzyć, że może nawet uległby kilku fałszywym alarmom (*Jest samolot! A nie, to ptak…*), naprawdę szczerze początkowo wierząc, że widzi samolot. Przez tę bieganinę i fałszywe namierzanie całkiem opadłby z sił. *Jakiś koszmar* – pomyślałby – *jestem wyczerpany. Poza tym, jaki to ma sens? To tylko głupi samolot.* Z uwagi na jego zdrowie miejmy jednak nadzieję, że prawdziwy samolot nadleci szybko.

A Holmes? Przypuszczam, że zacząłby od ustalenia lokalizacji lotnisk, a za sprawą tego – oszacowania kierunków, w jakich mógłby podążać samolot. W zależności od tych pierwszych założeń wziąłby zapewne pod uwagę takie elementy, jak najbardziej prawdopodobną możliwość zarejestrowania startu lub lądowania samolotu o tej porze dnia i prawdopodobne trasy lotu. Następnie zająłby odpowiednią pozycję, która zapewniłaby mu obserwację obszaru największego prawdopodobieństwa lotu. Wrzuciłby też może monetę do lunety, by mieć możliwość dokładniejszego pomiaru i od czasu do czasu w nią zerknąć dla upewnienia się, że niczego w swojej obserwacji nie pominął. Wiedziałby, że ptak jest tylko ptakiem, a przemykający cień rzuciła nisko zawieszona na niebie chmura. Nie spieszyłby się. Tylko by patrzył, a nawet nasłuchiwał, by wychwycony wcześniej dźwięk naprowadził jego uwagę na kierunek, z którego wyłoni się samolot. Może nawet wciągałby nosem powietrze, aby wyczuć jego nagły powiew albo smugę woni paliwa? Zacierałby przez ten czas swoje słynne dłonie o długich palcach, myśląc: *Wkrótce tu będzie. I dokładnie wiem, skąd się wyłoni.*

Kto zwycięży w tym pojedynku? Zawsze oczywiście istnieje element przypadkowości; każdy z obu mężczyzn może mieć szczęście i wygrać. Ale gdyby przeprowadzić tę zabawę kilkakrotnie, z całą pewnością Holmesowi przypadłaby w udziale większość wygranych. Choć jego strategia na pierwszy rzut oka wygląda na wolniejszą, nie tak zdecydowaną i nie tak „hurtową" jak strategia Watsona, to ostatecznie ona właśnie okazałaby się bardziej skuteczna. Nasze mózgi nie są głupie. Przez większość czasu, niezależnie od naszych błędów poznawczych, jesteśmy niezwykle skuteczni i wydajni.

Ale zarządzanie uwagą w systemie Watsona też ma swój sens. Nie zauważamy wszystkiego, bo zauważanie wszystkiego – każdego dźwięku, zapachu, obrazu, każdego dotknięcia – doprowadziłoby nas do szaleństwa (w rzeczy samej taki brak umiejętności filtrowania jest charakterystyczny dla wielu zaburzeń psychiatrycznych). I w tej sprawie przyznajemy punkt

Watsonowi. Wyszukiwanie samolotu? Czy naprawdę nie mamy nic lepszego do roboty?

Nie zauważamy wszystkiego, bo zauważanie wszystkiego – każdego dźwięku, zapachu, obrazu, każdego dotknięcia – doprowadziłoby nas do szaleństwa

Musimy wiedzieć, że problem leży nie tyle w braku uwagi, ile w braku refleksyjności i ukierunkowania. Zazwyczaj dzieje się tak, że mózg wybiera obiekt, który zauważa, bez naszego świadomego w tym udziału. Powinniśmy się więc nauczyć, jak podpowiadać swoim mózgom, co mają filtrować i w jaki sposób nie dopuszczać, by były leniwe i decydowały za nas, działając po linii najmniejszego oporu. Stojąc na szczycie Empire State Building i spokojnie wypatrując samolotu, Sherlock Holmes ilustruje swoją postawą cztery elementy, które pomogą nam w osiągnięciu tego celu: selektywność, obiektywizm, uwzględnianie wszystkiego i zaangażowanie.

1. Bądź selektywny

Wyobraźmy sobie następującą scenkę. Mężczyzna w drodze do biura przechodzi obok cukierni. Kiedy do jego nosa dociera słodki zapach cynamonu, zatrzymuje się. Z wahaniem zagląda przez okno do środka. Cudowna lukrowa polewa. Ciepłe maślane bułeczki, delikatnie posypane cukrem. Wchodzi do środka. Prosi o cynamonową bułkę. *Przechodzę na dietę od jutra,* mówi do siebie. *Raz się żyje. Poza tym dzisiejszy dzień jest wyjątkowy. Jest potwornie zimno, a za godzinę mam trudne spotkanie.*

Przewińmy te ujęcia i wróćmy do początku. Mężczyzna w drodze do pracy przechodzi obok cukierni. Czuje zapach cynamonu. *Właściwie nie przepadam za cynamonem, jakby się dobrze zastanowić,* mówi do siebie. *O wiele bardziej lubię gałkę muszkatołową, a po jej zapachu nie ma tu śladu.* Zatrzymuje się z wahaniem. Zagląda przez okno do środka. Oleista lukrowa polewa, która przypuszczalnie spowodowała ostatnio więcej zawałów i zatorów niż można by zliczyć. Ociekające tłuszczem, przesiąknięte masłem buły – zresztą najpewniej nie masłem, lecz margaryną, a jak wiadomo, na margarynie smacznej bułki się nie zrobi. Przypieczone pączki, które będą ci tkwić w żołądku jak ołów, a ty będziesz się zastanawiać, po diabła je w ogóle jadłeś. *Tak jak myślałem*, przyznaje sobie rację mężczyzna. *Nic tu po mnie*. Odchodzi szybko, by się nie spóźnić na spotkanie. *Będę miał jeszcze trochę czasu na jedną kawę*, myśli.

Co sprawiło, że w zachowaniu mężczyzny między tymi dwoma scenariuszami nastąpiła zmiana? Na oko nie jest to widoczne. Informacje otrzymane za pomocą zmysłów są identyczne. Jednak sposób myślenia naszego hipotetycznego bohatera wyraźnie się zmienił, a to wpłynęło na jego odbiór rzeczywistości. Inny jest teraz sposób, w jaki przetwarza informacje, na co innego zwraca uwagę i jego umysł inaczej wchodzi w interakcję z otoczeniem.

To jak najbardziej możliwe. Nasz zmysł wzroku jest w wysokim stopniu selektywny – w normalnych warunkach siatkówka wychwytuje dziesięć miliardów bitów informacji wizualnych na sekundę, jednak tylko dziesięć tysięcy z nich dostaje się do pierwszej warstwy kory wzrokowej mózgu. Na dodatek jedynie 10 procent synaps w tym obszarze odpowiada za przychodzące informacje wzrokowe. Albo, ujmując rzecz jeszcze inaczej, nasz mózg jest bombardowany przez jakieś 11 milionów danych w jednej chwili (danych z otoczenia dostarczanych przez wszystkie zmysły), z czego świadomie możemy przetworzyć zaledwie około 40. Zasadniczo znaczy to tyle, że „widzimy" bardzo niewiele z otaczającej nas rzeczywistości i to, co nazywamy obiektywnym widzeniem świata, należałoby raczej określić jako selektywne sortowanie. Może się ono stać jeszcze bardziej wybredne za sprawą stanu naszego umysłu, naszego nastroju, naszych motywacji czy naszych celów.

Na tym właśnie polega efekt przyjęcia towarzyskiego, kiedy z otaczającego hałasu wychwytujemy wypowiadane przez kogoś nasze imię. Albo znana wszystkim skłonność do zauważania rzeczy, o których myślimy, czy tych, o których przed chwilą się dowiedzieliśmy: kobiety w ciąży wszędzie zauważające inne kobiety w ciąży; ludzie zwracający uwagę na sen, który się spełnił, i niepamiętający wszystkich pozostałych; zauważanie wszędzie przez niektórych cyfry 11 po 11 września.

A przecież nic w naszym środowisku się nie zmienia. Nie pojawia się nagle więcej ciężarnych, proroczych snów czy określonych cyfr. To w nas coś się zmienia. Dlatego jesteśmy skłonni widzieć wszelkie zbiegi okoliczności: nie pamiętamy tych wydarzeń, gdy się myliliśmy albo nic szczególnego się nie działo, za to zapamiętujemy te chwile, gdy wszystko nam się w cudowny sposób zgadzało, bo to na nich przede wszystkim skupiliśmy swoją uwagę. Jak cynicznie zauważył pewien guru z Wall Street, wystarczy swoje prognozy prezentować jako pary przeciwstawnych sobie idei, a zostaniesz obwołany wizjonerem. Ludzie zawsze będą pamiętać te idee, które się sprawdziły, a o przeciwnych zapomną.

> *Nie pamiętamy tych wydarzeń, gdy się myliliśmy albo nic szczególnego się nie działo, za to zapamiętujemy te chwile, gdy wszystko nam się w cudowny sposób zgadzało*

Nasze umysły są skonstruowane w taki sposób nie bez powodu. Funkcjonowanie pełną parą wyłącznie w systemie Holmesa byłoby wyczerpujące i niezbyt produktywne. Są powody, dla których zwykliśmy selekcjonować informacje ze świata, zanim znajdą się w naszym mózgu. Gdybyśmy się starali przyswajać wszystko, nie pociągnęlibyśmy długo. Czy pamiętacie, co Holmes mówił o poddaszu? To bardzo cenna nieruchomość. Stąpajmy po niej ostrożnie i korzystajmy z niej mądrze. Inaczej mówiąc, bądźmy selektywni w stosunku do naszej uwagi.

Na pierwszy rzut oka wydaje się to sprzeczne z naszymi intuicjami: czy nie mamy się w końcu starać, skupiać uwagę bardziej, a nie mniej? Kluczowym rozróżnieniem będzie tutaj jakość i ilość. Chcemy się nauczyć lepiej skupiać uwagę, aby stać się świetnymi obserwatorami. Ale nigdy tego nie osiągniemy, jeżeli będziemy skupiać uwagę na wszystkim. Daremny wysiłek. Powinniśmy przede wszystkim się nauczyć rozważnie dysponować naszą uwagą. Nastawienie umysłu jest początkiem takiego selektywnego podejścia. Holmes wie o tym lepiej niż inni. Owszem, w każdej chwili może dostrzec szczegóły ubioru i zachowania Watsona czy umeblowania pokoju, ale równie dobrze może nie zauważyć, jaka jest pogoda za oknem. Albo że Watson opuścił mieszkanie, by za jakiś czas powrócić. Nie byłoby dziwne, gdyby na uwagę Watsona, że na zewnątrz rozszalała się burza, Holmes tylko rzucił okiem i odpowiedział, że nie zauważył. W filmie „Sherlock" można obejrzeć sceny, w których Holmes mówi do pustych ścian, bo nie zauważył, że Watson wyszedł z pokoju albo w ogóle opuścił mieszkanie.

Niezależnie od sytuacji, powinniśmy odpowiedzieć sobie na pytanie, do czego właściwie dążymy, bo to pomoże nam w rozpoznaniu sposobów maksymalizowania ograniczonych zasobów uwagi. Pozwoli nam to też ukierunkować umysł. Inaczej mówiąc, uwarunkować go najważniejszymi dla nas obecnie celami i myślami, a te mniej ważne – usunąć na dalszy plan. Czy nasz mózg zauważa słodki zapach, czy tłuszcz na serwetce? Czy koncentruje się na opaleniźnie Watsona, czy na pogodzie za oknem? Holmes nie teoretyzuje, dopóki nie ma danych, to prawda. Ale sporządza precyzyjny plan ataku: określa swoje cele i niezbędne do ich osiągnięcia narzędzia. Tak więc w „Psie Baskerville'ów", kiedy doktor Mortimer wchodzi do bawialni doktora i detektywa, Holmes już wie, co ma do załatwienia. Jego ostatnie słowa skierowane do Watsona przed pojawieniem się mężczyzny brzmią: „Czego może chcieć doktor James Mortimer, człowiek nauki, od Sherlocka

Holmesa specjalizującego się w sprawach kryminalnych?". Chociaż jeszcze nie spotkał się z wymienionym osobnikiem, to już określił swój cel obserwacyjny. Zdefiniował sytuację, zanim zaistniała (a na dokładkę zdążył rozpracować laskę doktora).

Kiedy doktor już się pojawia, Holmes natychmiast przechodzi do dokładnego ustalenia celu jego wizyty, wypytując o wszystkie szczegóły dotyczące potencjalnej sprawy, zamieszanych w nią ludzi, okoliczności. Poznaje historię legendy Baskerville'ów, domu Baskerville'ów, rodziny Baskerville'ów. Pyta o sąsiadów, mieszkańców okolicy, o samego doktora i jego związki z tą rodziną. Nawet posyła po mapę tego terenu, aby poznać możliwie najwięcej szczegółów, również tych, które zostały pominięte w rozmowie. Całkowita uwaga wobec każdego elementu podporządkowana podstawowemu celowi, temu, dla którego doktor James Mortimer przyszedł do Sherlocka Holmesa. Co do reszty świata, to podczas wizyty doktora i późniejszych godzin wieczornych po prostu przestał dla Holmesa istnieć. Jak sam mówi do Watsona pod koniec dnia: „Moje ciało pozostało w tym fotelu i z przykrością muszę zauważyć, że wypiło pod moją nieobecność dwa duże dzbanki kawy i wypaliło niesamowite ilości tytoniu. Gdy wyszedłeś, posłałem do Stamforda z prośbą, by dostarczono mi szczegółową mapę tej części wrzosowiska i mój duch unosił się nad nim cały dzień. Cieszy mnie myśl, że się tam nie zgubiłem".

Holmes odwiedził duchem Devonshire. Co robiło w tym czasie jego ciało – tego nie wie. I nie do końca są to z jego strony żarty. Bardzo możliwe, że nie był całkiem świadom tego, co pali i pije, czy nawet tego, że powietrze w pokoju zamieniło się w zawiesinę nie do oddychania, co zmusiło Watsona do otwarcia wszystkich okien od razu po przyjściu do domu. Nawet to, że Watson zrobił wypad do świata zewnętrznego, zostało zaplanowane przez Holmesa pod kątem jego uwagi: wyraźnie poprosił swojego współlokatora, aby ten opuścił mieszkanie i nie rozpraszał go wytwarzaniem zbędnych bodźców.

Czy więc rzeczywiście zauważał wszystko? Nic podobnego, wbrew rozpowszechnionej opinii o jego zdolnościach. Zauważał to wszystko, co miało znaczenie dla osiągnięcia bieżącego celu. I na tym właśnie polega kluczowa różnica. (W „Srebrnej Gwieździe" Holmes, znajdując jeden z dowodów przeoczony przez inspektora, mówi: „Dostrzegłem ją [zapałkę] tylko dlatego, że jej szukałem". Gdyby nie miał wcześniej powodu, by zabrać się do poszukiwania, nigdy by zapałki nie zauważył i nie miałoby to żadnego znaczenia, przynajmniej dla niego). Holmes nie traci czasu na byle co. Gospodaruje swoją uwagą w sposób strategiczny.

Tak więc najpierw musimy ustalić, jaki mamy cel, inaczej byśmy nie wiedzieli, czego szukamy i gdzie mamy tego szukać. Robimy to zresztą w sposób naturalny w sytuacjach, kiedy nasze mózgi wiedzą same, bez podpowiadania, co jest ważne. Czy pamiętacie tamto przyjęcie z dziewczyną o niebieskich pasemkach we włosach i chłopakiem, którego imieniem nawet nie zaprzątaliście sobie pamięci? Wróćmy raz jeszcze do tego momentu, kiedy staliśmy rozgadani w grupce znajomych. Jeśli się rozejrzymy dookoła, zobaczymy wiele grupek takich jak nasza rozrzuconych po całym pokoju. I wszyscy gadają, dokładnie tak jak my. Mówią, mówią, mówią, mówią. Gdybyśmy przez cały czas zwracali uwagę na to nieustające gadanie, wkrótce by nas ono zupełnie wyczerpało. Dlatego właśnie je ignorujemy. Staje się dla nas szumem w tle.

Najpierw musimy ustalić, jaki mamy cel, inaczej byśmy nie wiedzieli, czego szukamy i gdzie mamy tego szukać

Twój mózg wie, w jaki sposób traktować otoczenie, wytłumiać je zgodnie z twoimi ogólnymi celami i potrzebami (w szczególności górne i dolne regiony płatów ciemieniowego i czołowego zajmują się zarówno nakierowaną na cel – ciemieniowy – jak i zachęcaną przez bodźce – czołowy – kontrolą uwagi). Na przyjęciu twój mózg koncentruje się na prowadzonej przez ciebie rozmowie, a resztę słów – nawet wypowiadanych równie głośno – odbiera jako nic nieznaczącą paplaninę. I oto nagle jedna z tych rozmów z dźwiękowego tła dociera do ciebie z całą wyrazistością. To już nie jest paplanina. Zaczynasz słyszeć każde słowo. Odwracasz głowę. Przełączasz swoją uwagę.

Co się właściwie stało? Ktoś wypowiedział nasze imię albo coś, co brzmiało podobnie. Był to dla naszego mózgu sygnał, aby się ożywić i skupić. Pojawiło się coś dla nas znaczącego, coś, na co warto zwrócić uwagę. Zjawisko to znane jest jako klasyczny efekt przyjęcia towarzyskiego: ktoś wspomina nasze imię i natychmiast bujający dotąd w obłokach system połączeń neuronowych przystępuje do akcji. Nie wymaga to z naszej strony żadnej fatygi. Jednak większość spraw nie sygnalizuje nam, że mają dla nas wagę, za pomocą tak spektakularnie wywieszonej flagi. Musimy spróbować nauczyć nasz umysł, by ożywiał się na zawołanie, jakby docierało do niego brzmienie naszego imienia, chociaż będzie wtedy brakowało wyraźnego bodźca. Wyrażając to słowami Holmesa: musimy wiedzieć, czego szukamy, żeby to znaleźć. W przypadku mężczyzny przechodzącego obok cukierni sprawa jest prosta. Określony cel: nie jeść słodkich wypieków. Określone elementy, na których trzeba się skupić: same wypieki (szukanie skaz w ich wyglądzie), zapachy (skupienie się raczej na zapachu spalin na ulicy niż na słodkich bułkach albo aromacie parzonej kawy) i wreszcie całe otoczenie (myślenie o czekającym nas spotkaniu czy ślubie i smokingu, a nie o mijanym bodźcu zapachowym). Nie mówię wcale, że to jest łatwe, ale przynajmniej mamy jasność co do tego, jak wygląda cały ten proces, od ogółu do szczegółu włącznie.

A co w przypadkach takich jak podejmowanie decyzji czy rozwiązywanie problemu w pracy. Albo w sytuacjach jeszcze mniej sprecyzowanych? Zasada działania jest taka sama. Kiedy psycholog Peter Gollwitzer próbował ustalić, co w sposób najbardziej skuteczny umożliwia ludziom osiąganie celów i uaktywnia w nich zachowania nakierowane na cel, odkrył kilka czynników, które pomagają wzmacniać koncentrację i jakość działania:

1) Myślenie z wyprzedzeniem albo postrzeganie danej sytuacji jako jednego momentu w szerszym horyzoncie czasowym, umiejętność spojrzenia na nią jak na jeden punkt, przez który trzeba przejść, aby móc lepiej przymierzyć się do następnego.
2) Bycie konkretnym, stawianie przed sobą konkretnych celów lub określanie punktu końcowego działania w sposób możliwie jak najbardziej precyzyjny oraz równie precyzyjne korzystanie z zasobów uwagi.
3) Przygotowanie się na różne ewentualności, zastanowienie się, co powinniśmy zrobić, jeśli wystąpią nieprzewidziane okoliczności (np. przyłapuję się na błądzeniu myślami gdzie indziej, wtedy zamykam oczy, liczę do dziesięciu i skupiam się na nowo).
4) Zapisywanie wszystkiego, niepoleganie wyłącznie na zapamiętywaniu; pomaga to w maksymalizowaniu swojego potencjału i zabezpiecza przed koniecznością odtwarzania od zera tego, co zostało zrobione.
5) Przewidywanie dwóch możliwych konsekwencji podejmowanego działania – co się stanie, jeśli nam się nie uda, i na odwrót: jakie nagrody nas czekają w wypadku powodzenia.

Selektywność – uważna, przemyślana, mądra selektywność jest pierwszym krokiem do opanowania sztuki skupiania uwagi i do wykorzystywania większości jej ograniczonych zasobów. Trzeba zaczynać pomału, od rzeczy wykonalnych, skupić się na starcie. Systemowi Watsona może zająć całe lata upodabnianie się do systemu Holmesa, a i tak jest wielce prawdopodobne, że pełnego podobieństwa nie osiągnie nigdy. Jednak uważne skupienie może go doprowadzić blisko upragnionego ideału. Możemy pomóc systemowi Watsona, udostępniając mu narzędzia systemu Holmesa. Bo on sam nie ma niczego.

Jedno wszakże obowiązuje tu zastrzeżenie: o ile trzeba stawiać sobie cele, aby osiągnąć selektywność w odbiorze świata, o tyle nie wolno dopuszczać do tego, by cele zamieniły się w klapki na oczach. Nasze cele, priorytety, odpowiedzi na to, „co chcę osiągnąć", powinny być elastyczne i dostosowywać się do nowych okoliczności. Jeśli dostępne informacje się zmieniają, powinniśmy odpowiednio zmieniać nasze działania.

Nie wolno dopuszczać do tego, by cele zamieniły się w klapki na oczach

Nie bój się zboczyć z pierwotnie obranej drogi, jeśli służy to szerszemu celowi. Taka konieczna zmiana planów również jest częścią procesu obserwacji. Niech twój wewnętrzny Holmes pokaże twojemu wewnętrznemu Watsonowi, gdzie ma patrzeć. I nie bądź jak inspektor Alec MacDonald czy Mac, jak go nazywa Holmes. Przysłuchuj się temu, co radzi Holmes – czy rada dotyczy zmiany trasy, czy wyjścia z domu. Nawet jeśli nie bardzo ci to odpowiada.

2. Bądź obiektywny

W „Szkole klasztornej" ze szkoły z internatem znika bardzo dobry uczeń. Znika również nauczyciel niemieckiego. Jak mogło dojść do takiego nieszczęścia w miejscu o podobnym prestiżu, określanym jako „bez wątpienia najlepsza i najbardziej elitarna placówka tego typu w Anglii"? Doktor Thorneycroft Huxtable, założyciel i dyrektor szkoły, jest kompletnie wytrącony z równowagi. Po przebyciu drogi z północy Anglii do Londynu w celu skonsultowania się z panem Holmesem jest tak wyczerpany nerwowo, że niemal od progu mdleje, „nieprzytomny i bezradny" osuwa się na skórę niedźwiedzia w mieszkaniu przy 221B Baker Street. Dwie osoby zaginęły, a jedna z nich to syn samego księcia Holdernesse, byłego ministra i jednego z najzamożniejszych ludzi w Anglii. Sprawa dużego formatu. Huxtable mówi Holmesowi, że Heidegger, nauczyciel niemieckiego, musiał mieć ze zniknięciem chłopca coś wspólnego. Odkryto, że nie ma jego roweru w szopce, w której go przechowywał. Również jego pokój wskazywał na to, że opuszczono go w pośpiechu. Czy był porywaczem? Wspólnikiem porywacza? Huxtable nie ma całkowitej pewności, ale ten człowiek nie może być bez winy. Trudno byłoby takie podwójne zniknięcie uznać za zwykły zbieg okoliczności.

Policja natychmiast podjęła śledztwo i kiedy wyszło na jaw, że w porannym pociągu jadącym z pobliskiej stacji widziano młodego mężczyznę z chłopcem, mogło się wydawać, że policjanci spisali się świetnie. Śledztwo, jak było do przewidzenia, zostaje odwołane. Jednakowoż wkrótce, ku wielkiemu rozczarowaniu Huxtable'a, wyjaśnia się, że para widziana w pociągu nie ma żadnego związku z zaginionymi.

I w ten oto sposób po upływie trzech dni od wydarzenia dyrektor pojawia się u pana Holmesa. Bardzo źle, że nie wcześniej, mówi Holmes. Zmarnowano wiele cennego czasu. Czy uciekinierzy zostaną odnalezieni, zanim stanie się jeszcze większa tragedia? Jak mogło do tego dojść? Zanim odpowiemy na to pytanie, trzeba ustalić kilka faktów – zniknięcie chłopca, zniknięcie nauczyciela, zniknięcie roweru – albo przeanalizować towarzyszące tym faktom okoliczności, jak stan pokoju chłopca, stan pokoju nauczyciela, ubrania, okna, bluszcz za oknem itp. Trzeba też mieć na uwadze wynikającą z tego wszystkiego dynamikę sytuacji (uwzględniając jej możliwie najszerszy kontekst, czy to psychiczny, czy materialny, czy coś tak mało „sytuacyjnego" jak pusty pokój). Przez sam fakt, że wchodzimy do tego pokoju, wprowadzamy zmianę w tym, co tam zastaliśmy. Oto teoria nieoznaczoności Heisenberga w praktyce: sam fakt obserwacji wpływa na obserwowany przedmiot. Nasze wejście do pokoju zmienia go, nawet jeżeli jest pusty. Nie możemy nie uwzględniać w swoich dalszych działaniach tego, że się zmienił.

Sam fakt obserwacji wpływa na obserwowany przedmiot. Nasze wejście do pokoju zmienia go, nawet jeżeli jest pusty

Chociaż w teorii wydaje się to zgodne ze zdrowym rozsądkiem, o wiele trudniej zrozumieć tę zasadę w praktyce. Weźmy na przykład zjawisko znane powszechnie jako efekt białego kitla. Powiedzmy, że mamy kaszel lub dręczy nas jakiś ból i chcemy sprawdzić, co się dzieje. Może po prostu dawno nie robiliśmy sobie badań? Z westchnieniem sięgamy po słuchawkę i umawiamy się na wizytę u swojego lekarza. Następnego dnia udajemy się do jego gabinetu. Siedzimy w poczekalni. Wywołują nasze nazwisko. Wchodzimy do gabinetu. Z łatwością dałoby się założyć, że osoba, która umawiała się na wizytę, jest taką samą osobą jak ta, która wkracza do gabinetu lekarza, prawda?

Nieprawda. Wielokrotnie powtarzane eksperymenty wykazywały, że sam fakt wejścia do gabinetu lekarza, widok jego białego kitla u wielu osób wpływa na parametry stanu zdrowia. Kiedy widzimy lekarza, puls, ciśnienie krwi, a nawet szybkość reakcji i praca serca ulegają zmianie. Nie musimy być szczególnie zaniepokojeni czy zestresowani. Nasze odczyty i wyniki i tak się zmienią. Sytuacja zmienia się na skutek zwykłej obecności i obserwacji. Przypomnijmy sobie, jak doktor Huxtable widział okoliczności towarzyszące zaginięciu: jest poszukiwany (chłopiec), jest winny zaginięcia (nauczyciel), jest i rower zabrany po to, by na nim uciec lub dla zmylenia śledztwa. Dyrektor przedstawia Holmesowi jedynie fakty (a przynajmniej tak mu się wydaje).

Czy rzeczywiście są to fakty? Mamy tu do czynienia z nieco poszerzoną teorią psychologa Daniela Gilberta dotyczącą wiary w to, co się widzi. Ufamy temu, co chcemy zobaczyć i co postanowiło zobaczyć nasze poddasze. Tę wiarę kodujemy w mózgu zamiast faktów, a później uważamy, że widzieliśmy element obiektywnej rzeczywistości, gdy tymczasem mamy w pamięci tylko obrazy naszego ograniczonego postrzegania. Zapominamy o rozróżnianiu między faktyczną sytuacją a naszą subiektywną jej interpretacją. (Wystarczy się przekonać, jak niedokładne są zeznania świadków, aby zyskać pewność, że ocenianie i pamiętanie nie należą do naszych najmocniejszych stron). Ponieważ dyrektor szkoły natychmiast zaczął podejrzewać porwanie, wszystko, co później dostrzegał i opisywał, służyło wsparciu jego początkowego założenia. I nie dawało mu to najmniejszej szansy na poznanie obrazu całej prawdy. Jednocześnie nawet nie podejrzewał, że tak się dzieje – w swoim mniemaniu był przecież całkowicie obiektywny.

Filozof Francis Bacon ujmuje to w taki sposób: „Skoro człowiek przyjmie już raz jakiś pogląd (czy to zapożyczony, czy przez siebie powzięty), jego postrzeganie zacznie przyciągać elementy, które ten pogląd podtrzymują lub są z nim zgodne". Prawdziwy obiektywizm jest niemożliwy do osiągnięcia – nawet naukowy obiektywizm Holmesa nigdy nie jest pełny – ale dobrze jest przynajmniej zdawać sobie sprawę z tego, jak bardzo błądzimy w dążeniu do poznania całościowego obrazu danej sytuacji. We właściwym dysponowaniu drogocennymi zasobami uwagi pomaga wcześniejsze określanie swoich celów. Dla reinterpretacji faktów, która ma służyć temu, co chcemy lub oczekujemy zobaczyć, nie powinno być usprawiedliwienia. Obserwacja i dedukcja to dwie różne sprawy, nawet de facto po sobie nie następujące.

Skoro człowiek przyjmie już raz jakiś pogląd,
jego postrzeganie zacznie przyciągać elementy,
które ten pogląd podtrzymują lub są z nim zgodne

Wróćmy na chwilę do sprawy pobytu Watsona w Afganistanie. Holmes w swoich obserwacjach opierał się na obiektywnych, namacalnych szczegółach. Nie zaczyna od przypuszczeń, wyciąganie wniosków następuje dopiero później. I zawsze zastanawia się nad tym, w jaki sposób wszystkie szczegóły ze sobą powiązać. Musimy wykonać kilka kroków, by w pełni zrozumieć sytuację, ale pierwszy i najbardziej fundamentalny z nich to odróżnienie obserwacji od dedukcji. Tylko wówczas możemy się postarać o obiektywizm.

Moja mama urodziła moją starszą siostrę jako młoda kobieta (niewiarygodnie młoda jak na dzisiejsze standardy, a przeciętnie młoda jak na lata 70. w Rosji). Moja siostra była młoda, kiedy urodziła moją siostrzenicę. Trudno byłoby mi zliczyć, ile razy różni ludzie – od zupełnie obcych, po mamy kolegów ze szkoły i kelnerów w restauracjach – coś sobie wyobrażali i postępowali zgodnie z tym wyobrażeniem, podczas gdy w rzeczywistości mieli do czynienia z czymś zupełnie innym. Brali moją mamę za siostrę mojej siostry. Dziś rutynowo biorą ją za matkę mojej siostrzenicy. Z pewnością nie są to zbyt poważne błędy obserwacyjne, ale jednak błędy, które w wielu przypadkach decydują o naszych zachowaniach, ocenach i reakcjach. Nie sprowadza się to tylko do kwestii pomylenia pokoleń. W tym przypadku wartości współczesnej Ameryki są przykładane do zachowań kobiet w Rosji radzieckiej – dwa kompletnie różne światy. Po amerykańsku moja mama to matka nastolatka. W Rosji tymczasem była mężatką z dzieckiem, bynajmniej nie pierwszą wśród swoich koleżanek. Po prostu tak tam wtedy było.

Myślimy. Oceniamy. I nie próbujemy powtórnie przemyśleć tego, co się przed chwilą dokonało w naszym umyśle. Niemal nigdy nie traktujemy opisywanej przez nas osoby, przedmiotu, sceny, sytuacji, interakcji jako nienacechowanego wartościami, obiektywnie istniejącego bytu. I niemal nigdy nie interesuje nas to rozróżnienie, bo też, oczywiście, rzadko kiedy ma ono znaczenie.

Zdarzają się jednak rzadkie umysły wytrenowane w oddzielaniu obiektywnych faktów od natychmiastowych, podświadomych i automatycznych, subiektywnych interpretacji tychże faktów. Pierwsze, co robi Holmes, wkraczając na scenę, to próbuje odczytać sens tego, co tam się stało. Kto czego dotknął, co się skąd wzięło, co znalazło się gdzieś, gdzie być nie powinno, a czego nie ma tam, gdzie powinno być. Zachowuje skrajny obiektywizm nawet znalazłszy się w skrajnych warunkach. Pamięta o swoim celu, ale używa go do tego, by selekcjonować, a nie informować. Watson tak ostrożny nie jest.

Wróćmy teraz do zaginionego chłopca i nauczyciela niemieckiego. W przeciwieństwie do doktora Huxtable'a Holmes dobrze rozumie, że wydarzenia zostały zabarwione przez ich interpretację. I inaczej niż pan dyrektor dopuszcza możliwość, że tak zwane fakty nie są takie, jakimi się wydają. Dyrektor jest mocno ograniczony w swoich poszukiwaniach przez jedną kluczową sprawę: podobnie jak inni szuka zaginionego oraz winnego zaginięcia. A jeśli pan Heidegger nie jest tą osobą? Jeżeli wcale nie ucieka, tylko robi coś zupełnie innego? Ojciec zaginionego chłopca podejrzewa, że nauczyciel mógł pomagać chłopakowi w ucieczce do matki do Francji. Dyrektor – że mógł uprowadzić chłopca w jakieś inne miejsce. Policja – że uciekli razem pociągiem. Ale nikomu poza Holmesem nie przychodzi do głowy, że historia może wyglądać zupełnie inaczej. Powinni szukać nie uciekającego nauczyciela, gdziekolwiek by się znajdował, ale po prostu nauczyciela (bez dodatkowych określeń) i chłopca, i to niekoniecznie w tym samym miejscu. Wszyscy interpretują zniknięcie nauczyciela jako dowód jego współuczestnictwa w zaginięciu chłopca bądź funkcjonowania w roli czyjegoś wspólnika lub inicjatora przestępstwa. Nikt nie bierze pod uwagę, że jedyna przesłanka sprowadza się do tego, iż mężczyzna zniknął.

Nikt oprócz Sherlocka Holmesa, rzecz jasna. Holmes wie jedno: trzeba szukać chłopca, trzeba też szukać nauczyciela.

To wszystko. W związku z tym wszystkie pojawiające się dodatkowo fakty nie są dla niego obciążone błędnymi założeniami. Dzięki tej bezstronności Holmesowi udaje się odkryć coś, co całkowicie umknęło dyrektorowi szkoły oraz policji: że nauczyciel wcale nie uciekł z uczniem, tylko leży nieopodal martwy – „wysoki brodaty mężczyzna w okularach z jednym wybitym szkłem. Przyczyną śmierci był potężny cios w głowę, który wgniótł fragment czaszki".

Aby odnaleźć ciało, Holmes wcale nie musi poszukiwać nowych tropów. Po prostu wie, jak w obiektywnym świetle przyglądać się temu, co już zostało wykryte – bez wyrobionej z góry opinii czy ustalonych teorii. W rozmowie z Watsonem wyszczególnia wszystkie kroki, które doprowadziły go do tego odkrycia: „Kontynuujmy odtwarzanie faktów. Nauczyciel został zabity pięć mil od szkoły, zauważ, że nie pociskiem (z pistoletu mogłoby wystrzelić nawet dziecko), ale okrutnym ciosem zadanym z potężną siłą. Chłopiec nie uciekał zatem sam. Oglądając teren wokół miejsca tragedii, znaleźliśmy jednak tylko kilka odcisków krowich kopyt. Obszedłem okolicę. W promieniu pięćdziesięciu jardów nie ma żadnej ścieżki. Drugi rowerzysta nie mógł mieć nic wspólnego z morderstwem, nie dostrzegłem także żadnych ludzkich śladów.

– Holmesie! – wykrzyknąłem. – To niemożliwe!

– Wspaniale! – odparł. – To bardzo pomocna uwaga. Opisany przeze mnie przebieg zdarzeń jest niemożliwy, zatem musiałem się pomylić w jego opisie. Widziałeś jednak wszystko na własne oczy. Możesz wskazać jakiś błąd?".

Watson nie może. Sugeruje nawet, że powinni się poddać. „Nie wiem, co myśleć" – mówi. „No, no – strofuje go Holmes – rozwiązywaliśmy już trudniejsze zagadki. Tym razem mamy przynajmniej dużo materiału, musimy tylko odpowiednio go wykorzystać".

Podczas tej krótkiej wymiany zdań Holmes wykazuje, że teorie dyrektora były błędne. W zdarzeniu brały udział co najmniej trzy osoby, a nie co najwyżej dwie. Nauczyciel niemieckiego próbował uratować chłopca, a nie skrzywdzić go lub z nim uciec (to najbardziej prawdopodobny scenariusz, skoro jest teraz martwy, skoro podążał za śladami pierwszego roweru i musiał wyprzedzić uciekającego chłopca; jasne jest więc, że nie mógł być ani porywaczem, ani wspólnikiem porwania). Rower został użyty jako narzędzie pogoni, a nie ukradziona w zbrodniczych celach własność. Co więcej, musiał też występować inny rower, na którym jechał chłopiec z kimś innym.

Holmes nie zrobił niczego nadzwyczajnego, pozwolił jedynie przemówić przesłankom. Podążył za nimi, nie pozwalając sobie na naginanie faktów do wcześniej wyobrażonej sytuacji. Krótko mówiąc, zachował się zgodnie z chłodną refleksją systemu Holmesa, podczas gdy wnioski Huxtable'a noszą wszelkie oznaki pospiesznego, odruchowego, hołdującego zasadzie „działaj, zanim pomyślisz" systemu Watsona. Aby obserwować, musisz oddzielać sytuację od jej interpretacji, siebie od tego, co widzisz. System Watsona ucieka w świat tego, co subiektywne, hipotetyczne, zgodne z przewidywaniami. W świat, który uważamy za najbardziej sensowny. System Holmesa ściąga cugle, by nas przed tym powstrzymać.

Aby obserwować, musisz oddzielać sytuację od jej interpretacji, siebie od tego, co widzisz

Bardzo pomocne w ćwiczeniu tej umiejętności jest opisywanie całej sytuacji od samego początku – można sobie samemu opowiadać na głos, można zapisywać. Tak jak byśmy chcieli wszystko wytłumaczyć osobie, która nie ma pojęcia, o co chodzi – jak robi to Holmes, przedstawiając swoje teorie Watsonowi. Kiedy dzieli się w ten sposób swoimi obserwacjami, wypływają na powierzchnię luki i niekonsekwencje, które wcześniej były niewidoczne.

Podobnie jest z czytaniem na głos własnego tekstu, gdy chcemy wyłapać błędy gramatyczne, logiczne i stylistyczne. Analogicznie do obserwacji – tak splecionych z naszym myśleniem i postrzeganiem, że czasem nie sposób wysupłać rzeczywistości z jej subiektywnego odzwierciedlenia w naszym mózgu – kiedy piszemy esej, opowiadanie, pracę naukową czy coś innego, zaczynamy tak bardzo utożsamiać się z tym, co napisaliśmy, że jesteśmy skłonni pomijać błędy i widzieć w słowach nie to, co naprawdę znaczą, tylko to, co według nas znaczyć powinny. Wypowiadanie na głos zmusza nas do zwolnienia i wyłapania wcześniej niewidocznych dla oka błędów. Nasze ucho wychwytuje to, czego nie dostrzegło oko. I choć takie ponowne uważne czytanie może się wydawać marnotrawieniem czasu i wkładaniem niepotrzebnego wysiłku, jest to niezawodny sposób na odkrycie błędów i niedociągnięć, które inaczej byśmy opuścili.

Łatwo ulec pozornie spójnej logice Watsona, pewności, z jaką przedstawia swoje racje pan Huxtable. Wyćwicz w sobie nawyk, by za każdym razem, kiedy łapiesz się na tym, że od razu po dokonaniu obserwacji zaczynasz oceniać (a nawet kiedy nie jesteś tego świadom i wydaje ci się, że wszystko jest w porządku), zatrzymać się i powiedzieć sobie: *Niemożliwe, żeby było tak, jak to ustaliłem, wobec czego moje ustalenie pod jakimś względem jest błędne.* Następnie musisz się cofnąć i podjąć nowe ustalenia – w inny sposób, niż zrobiłeś to poprzednio. Zamiast po cichu – na głos. Zamiast w pamięci – na papierze. Uchroni cię to przed wieloma błędami w postrzeganiu.

3. Uwzględniaj wszystko

Wróćmy na chwilę do „Psa Baskerville'ów". W początkowych rozdziałach opowiadania Henry Baskerville, dziedzic rodowego majątku, informuje Holmesa o zaginięciu buta. Nie chodzi jednak o jeden but. Henry twierdzi, że but, który się zawieruszył, następnego dnia w cudowny sposób wrócił na swoje miejsce – ale za to zniknął kolejny but, z innej pary. Dla Henry'ego zdarzenie to było uciążliwe, lecz nic ponadto. Dla Holmesa stanowiło kluczowy element sprawy, która prowokowała do tworzenia paranormalnych, podobnych do wudu teorii dla żądnego sensacji ogółu. To, co inni uważali za osobliwość, Holmes potraktował jako jeden z najbardziej znaczących wątków sprawy – „pies", z którym mają do czynienia, to najprawdziwsze zwierzę, a nie jakaś zjawa. Zwierzę polegające na swoim powonieniu w najbardziej pierwotnym sensie. Jak powie później Holmes Watsonowi o zamianie jednego buta na drugi: „Incydent ten był bardzo znaczący, ponieważ w ostateczny sposób udowodnił mi, że mamy tu do czynienia z prawdziwym psem. W żaden inny sposób nie dało się wyjaśnić jego starań, aby zdobyć stary but, i braku zainteresowania nowym".

Ale to nie wszystko. Do zaginionego buta dochodzi sprawa będąca jeszcze bardziej oczywistą wskazówką. Podczas pobytu w Londynie Henry otrzymuje anonimowy list przestrzegający go, by trzymał się z daleka od Baskerville Hall. I znów dla wszystkich oprócz Holmesa ten list nie był niczym więcej niż tym, czym wydawał się być. Holmes zaś dostrzegł w nim drugi kluczowy element prowadzący do rozwiązania sprawy. Tak mówi o tym do Watsona: „Być może przypominasz sobie, że gdy badałem kartkę, na której zostały naklejone słowa wycięte z gazety, bardzo uważnie szukałem znaku wodnego. Przysunąłem ją blisko oczu i wówczas poczułem słaby zapach perfum o nazwie »Biały jaśmin«. Istnieje siedemdziesiąt pięć gatunków perfum, a dla specjalisty w dziedzinie kryminologii umiejętność ich odróżniania jest niezwykle ważna. Ta woń sugerowała, że w sprawę zamieszana jest jakaś dama, i już wtedy zacząłem się zastanawiać nad Stapletonami. W ten sposób upewniłem się, że chodzi o prawdziwego psa, i odgadłem tożsamość przestępcy, zanim udaliśmy się do West Country".

Po raz drugi – zapach. Holmes nie tylko czyta list i go ogląda. Również wącha go. I to właśnie po zapachu, a nie po słowach, nie po wyglądzie trafia na trop naprowadzający go na potencjalnego przestępcę. Dwie kluczowe przesłanki w tej sprawie, obie związane z zapachem, pozostałyby niezidentyfikowane, gdyby nie nasz detektyw. Nikomu nie sugeruję zapamiętywania zapachu siedemdziesięciu pięciu perfum. W żadnym wypadku jednak nie powinniśmy pomijać węchu ani żadnego z pozostałych zmysłów – bo i my sami z pewnością będziemy poddani ich działaniu. Wyobraź sobie, że kupujesz samochód. Idziesz do dilera i oglądasz te wystawione obok siebie połyskliwe cuda. W jaki sposób decydujesz, który z modeli jest dla ciebie najwłaściwszy?

Gdybym zadała ci teraz takie pytanie, prawdopodobnie wziąłbyś pod uwagę wiele czynników, od ceny po bezpieczeństwo, od wyglądu po komfort, od przebiegu po zużycie paliwa. Potem wybrałbyś model najlepiej spełniający twoje kryteria. Ale sytuacja jest o wiele bardziej złożona.

Wyobraźmy sobie na przykład, że w tym salonie samochodowym przechodzi obok ciebie mężczyzna z kubkiem parującej czekolady. Możesz nawet nie uświadomić sobie tego, że cię minął, ale zapach działa i wywołuje w tobie wspomnienie twojego dziadka: kiedy spędzaliście razem czas, zawsze robił dla ciebie gorącą czekoladę. To był taki wasz mały rytuał. I zanim zdasz sobie z tego sprawę, opuszczasz sklep w samochodzie bardzo podobnym do tego, jakim jeździł twój dziadek, zapominając mimowolnie o jego dalekich od doskonałości wskaźnikach bezpieczeństwa. Przypuszczalnie nawet nie wiesz, dlaczego właściwie dokonałeś takiego wyboru. Może to nie był najgorszy wybór, ale twoja selektywna pamięć potrafi podpowiedzieć ci też takie rozwiązanie, którego później będziesz gorzko żałował.

A teraz wyobraź sobie inny scenariusz. Tym razem w powietrzu unosi się wszechobecna woń benzyny – naprzeciwko parkingu z wystawionymi na sprzedaż samochodami znajduje się stacja benzynowa. A ty pamiętasz przestrogi swojej mamy, żeby uważać z benzyną, bo jest łatwopalna i może spowodować bolesne poparzenia. Jesteś więc teraz skoncentrowany na bezpieczeństwie. Przypuszczalnie wyjedziesz ze sklepu samochodem, który jest przeciwieństwem tamtego, przypominającego samochód dziadka. I tym razem również możesz nie wiedzieć, dlaczego właśnie tym.

Do tej pory opisywałam uwagę jako zjawisko powiązane ze wzrokiem. I rzeczywiście, w przeważającej części uwaga opiera się na wzroku. Ale jest też czymś więcej. Pamiętamy, jak na hipotetycznej wycieczce na szczyt Empire State Building nasz hipotetyczny Holmes nasłuchiwał i wąchał, pragnąc wypatrzyć nadlatujący samolot (jakkolwiek dziwnie to mogło wyglądać). Uwaga wiąże się z każdym z naszych zmysłów: wzrokiem, węchem, słuchem, smakiem, dotykiem. Dotyczy pobierania tak wielu informacji, jak to jest możliwe, przez wszelkie dostępne kanały. Uwaga wymaga uczenia się, by nic nie zostało przez nas pominięte, oczywiście nic, co jest znaczące dla wytyczonych sobie celów. Wymaga też zrozumienia, że oddziałują na nas wszystkie zmysły, niezależnie od tego, czy jesteśmy świadomi ich wpływu. Aby obserwować całościowo, aby być prawdziwie czujnym, trzeba być chłonnym i nie pozwalać, by nam się coś wymknęło. Trzeba wiedzieć, że uwaga może być zwiedziona przez zmysły w sposób dla nas niezauważalny.

Uwaga może być zwiedziona przez zmysły w sposób dla nas niezauważalny

Zapach jaśminu? Holmes świadomie powąchał list. Dzięki temu mógł zaobserwować obecność kobiety, i to kobiety określonej. Gdyby ten list trafił do rąk Watsona, możemy być pewni, że nawet nie przyszłoby mu do głowy go powąchać. Tyle że jego nos mógłby nawet poza udziałem jego świadomości uchwycić ten delikatny zapach. Co wtedy? Kiedy czujemy zapach, zaczynamy sobie przypominać. Badania wykazały, że wspomnienia powiązane z zapachami są najmocniejsze, najbardziej żywotne i pełne emocji. I to, co czuje nasze powonienie, wpływa na to, co pamiętamy, jak się później czujemy i na co w rezultacie skierowane będą nasze myśli.

Ale zapach często jest uważany za coś niewidzialnego, często doświadczamy zapachów, nawet tego nie rejestrując. Zapach dostaje się do naszego nosa, wędruje do opuszek węchowych i udaje się prosto do hipokampu, ciała migdałowatego (ośrodek przetwarzania emocji) i kory węchowej (która ma do czynienia nie tylko z węchem, ale również z pamięcią, uczeniem się i podejmowaniem decyzji), prowokując całe mrowie myśli, uczuć i wspomnień. Najczęściej zresztą nie zauważamy ani zapachu, ani wspomnień.

A wracając do zahaczających o wiele kontynentów doświadczeń Watsona z kobietami: co jeśli miał kiedyś romans z kobietą, która używała jaśminowych perfum? Powiedzmy, że związek należał do udanych. W tej sytuacji Watson nagle mógł zyskać dodatkową jasność widzenia (pamiętajmy: dobry nastrój równa się szersze spojrzenie) – ale równie dobrze mógł pominąć wiele szczegółów z powodu różowej poświaty, którą nagle zaczął emanować świat. *Może list nie jest aż tak złowrogi? Może Henry wcale nie jest w takim niebezpieczeństwie? Może lepiej by było pójść na drinka i spotkać jakieś wspaniałe kobiety, bo przecież kobiety są wspaniałe, czyż nie?* I na tym by się skończyło.

Wspomnienia powiązane z zapachami są najmocniejsze, najbardziej żywotne i pełne emocji

A gdyby tamten związek był pełen przemocy, brutalny i krótki? Watsonowi włączyłoby się zawężone widzenie (zły nastrój ogranicza pole widzenia), a wraz z tym chęć pozbycia się wszystkich informacji zawartych w liście. *Dlaczego to miałoby mieć znaczenie? Po co mam tak ciężko pracować? Jestem zmęczony, mam przeciążone zmysły i zasłużyłem na przerwę. Po co w ogóle ten Henry zawraca nam głowę swoimi nonsensami? Pies nie z tego świata, u licha! Mam tego dość.* Kiedy zaczynamy wszystko uwzględniać, nigdy nie zapominamy, że nasze zmysły nieustannie są w grze. Nie chcemy, aby podążały za nimi nasze emocje i decyzje. W zamian za to aktywnie zjednujemy je sobie do pomocy – jak to robi Holmes w przypadku zarówno buta, jak i listu – i uczymy się je kontrolować.

W każdym z powyższych scenariuszy z Watsonem w roli głównej wszystkie działania doktora od momentu wyczucia zapachu jaśminu byłyby uwarunkowane. I choć nie możemy wiedzieć, co dokładnie by z tego wyniknęło, to jedno jest pewne: nie tylko nie udałoby mu się uwzględnić wszystkiego, ale system Watsona sprowadziłby jego uwagę na manowce subiektywizmu, bardzo w ten sposób ograniczając jej możliwości. Może wam się wydawać, że przesadzam, ale zapewniam: wpływ zmysłów – zwłaszcza jeśli chodzi o węch – jest potężny. Jeśli zupełnie sobie z tego nie zdajemy sprawy, co się często zdarza, mogą zagrozić naszym pieczołowicie budowanym celom i ciężko wypracowanemu obiektywizmowi.

Węch jest tego mechanizmu najbardziej jaskrawym przykładem, ale nie jest w tej materii odosobniony. Kiedy widzimy jakąś osobę, uruchamiają się w nas kojarzące się z nią liczne stereotypy. Gdy dotykamy czegoś gorącego lub zimnego, możemy poczuć zmianę w usposobieniu na cieplejsze lub chłodniejsze. Kiedy z kolei ktoś nas dotyka, by nam dodać otuchy, poczujemy przypuszczalnie, że stać nas na większe ryzyko, że jesteśmy pewniejsi siebie. Ilekroć trzymamy w rękach coś ciężkiego, jesteśmy bardziej skłonni do oceny czegoś (lub kogoś) jako bardziej ważkiego, poważnego.

To nie ma nic wspólnego z obserwacją czy uwagą samą w sobie; może bez udziału naszej świadomości wytrącić nas z obranego kursu. A to jest niebezpieczne. Nie musisz być Holmesem i uczyć się jak on rozróżniania setek rodzajów zapachów przynoszonych przez powiew powietrza, aby umieć korzystać ze swoich zmysłów i pozwalać świadomości na prezentowanie ci pełniejszego obrazu sytuacji. Pachnący list? Nie musisz precyzyjnie rozpoznać, jaki to zapach, wystarczy, byś go poczuł, a już będziesz miał potencjalny trop. Jeśli nie zwrócisz uwagi na zapach, umknie ci obecność ważnej przesłanki i twój obiektywizm będzie mocno nadszarpnięty, choć sam nawet nie zdasz sobie z tego sprawy. Zniknął but? Zniknął następny but? Może chodzi tu o coś innego niż samo zawieruszenie się buta, w końcu to tylko stara, brzydka rzecz, która wreszcie przepadła na dobre. Nie musimy wiedzieć wiele, aby zdać sobie sprawę, że wchodzić tu może w grę inna wskazówka zmysłowa, którą znowu przegapimy, jeśli zapomnimy, że mamy wiele różnych zmysłów. W obu przypadkach rezygnacja z posługiwania się wszystkimi zmysłami oznacza utratę pełnego obrazu sytuacji, a także ukierunkowanie uwagi przez podświadome wskazówki, co uniemożliwia optymalne jej wykorzystanie. Gdybyśmy czynnie angażowali wszystkie nasze zmysły, przekonalibyśmy się, że świat jest wielowymiarowy. To, co w nim się dzieje, dociera do nas przez oczy, nos, uszy, skórę. Każdy z tych zmysłów dostarcza nam informacji. Jeśli tych informacji zabraknie, to taka sytuacja powinna dla nas oznaczać, że coś tu nie gra – że obserwowany obiekt nie ma zapachu albo nie wydaje żadnych dźwięków, albo brakuje mu czegoś innego. Inaczej mówiąc, świadome posługiwanie się zmysłami może nas naprowadzić na to, co pozostaje w cieniu, poza oświetlonym obszarem sceny – na to, czego tam nie ma, a co wedle wszelkich szacunków być powinno. Nieobecność bowiem może być tak samo istotna, znacząca, jak obecność.

Świadome posługiwanie się zmysłami może nas naprowadzić na to, co pozostaje w cieniu, poza oświetlonym obszarem sceny

Przypomnijmy sobie przypadek Srebrnej Gwiazdy, słynnej klaczy wyścigowej, której nikt nie może wytropić. Kiedy Holmes zapoznał się z okolicznościami przestępstwa, inspektor Gregson, któremu nie udało się odszukać czegoś, wydawałoby się, równie trudnego do przeoczenia jak koń, zadaje pytanie: „Czy jest jakiś problem, na który jeszcze pragnąłby pan zwrócić moją uwagę?". „Tak. To ciekawe zdarzenie w nocy z psem" – odpowiada Holmes. Ale przecież, protestuje inspektor, „ten pies niczego w nocy nie zrobił!". Holmes ripostuje zgrabną puentą: „Na tym właśnie polega ten ciekawy przypadek". Dla Holmesa brak szczekania staje się zwrotnym punktem śledztwa: pies musiał znać intruza, inaczej przecież podniósłby raban. Fakt, że pies nie szczeka, jest łatwy do zignorowania. Zbyt często nie tylko pomijamy rzeczy, których nie ma, ale przede wszystkim zupełnie nie zwracamy uwagi na ich nieobecność. Zwłaszcza jeśli chodzi o sygnał dźwiękowy, jako że zmysł słuchu nie jest równie naturalną częścią uwagi i obserwacji jak wzrok. Często jednak te nieobecne elementy są równie znaczące i ważne – i mogą mieć równie wielki wpływ na nasze rozumowanie – jak elementy, które są obecne.

Wcale nie musimy mieć do czynienia ze sprawą kryminalną, aby się przekonać, jak ważna dla naszego procesu myślowego jest rola brakującej informacji. Weźmy na przykład decyzję o zakupie telefonu komórkowego. Przedstawię ci dwie opcje, a ty się zastanów, na którą z nich byś się zdecydował.

TELEFON A
Wi-fi: 802,11 b/g
(bitów na godzinę)
Czas użytkowania: 12 godz.
Czas w trybie standby: 12,5 dnia
Pamięć: 16 GB
Cena: 100 dolarów

TELEFON B
Wi-fi: 802,11 b/g
Czas użytkowania: 16 godz.
Czas w trybie standby: 14,5 dnia
Pamięć: 32 GB
Cena: 150 dolarów

Wybrałeś? No to zanim przejdziesz do dalszego czytania, zapisz, który z telefonów byś kupił. Teraz zaprezentuję te same telefony powtórnie. Żadne z poprzednich informacji się nie zmienią, znajdziesz tam natomiast informacje dodatkowe.

TELEFON A
Wi-fi: 802,11 b/g
Czas użytkowania: 12 godz.
Czas w trybie standby: 12,5 dnia
Pamięć: 16 GB
Cena: 100 dolarów
Waga: 135 g

TELEFON B
Wi-fi: 802,11 b/g
Czas użytkowania: 16 godz.
Czas w trybie standby: 14,5 dnia
Pamięć: 32 GB
Cena: 150 dolarów
Waga: 300 g

Który z telefonów kupiłbyś teraz? Zapisz kolejną odpowiedź. Teraz nastąpi trzecia prezentacja z kolejnym dodanym elementem.

TELEFON A
Wi-fi: 802,11 b/g
Czas użytkowania: 12 godz.
Czas w trybie standby: 2,5 dnia
Pamięć: 16 GB
Cena: 100 dolarów
Waga: 135 g
Promieniowanie (SAR): 0,79 W/kg

TELEFON B
Wi-fi: 802,11 b/g
Czas użytkowania: 16 godz.
Czas w trybie standby: 14,5 dnia
Pamięć: 32 GB
Cena: 150 dolarów
Waga: 300 g
Promieniowanie (SAR): 1,4 W/kg

Którą z tych dwóch komórek teraz wolisz? Wiele wskazuje na to, że jakoś pomiędzy drugą a trzecią prezentacją danych przeniosłeś swoje zainteresowanie z telefonu B na telefon A. A przecież oba telefony nie zmieniły się w najmniejszym stopniu. Zmieniły się tylko informacje, którymi dysponowałeś. To zjawisko znane jako efekt pominięcia. Podejmując decyzję, nie bierzemy pod uwagę tego, czego nie postrzegamy w sposób bezpośredni, i rezygnujemy z dalszego dochodzenia prawdy albo rozważenia możliwości istnienia brakujących elementów. Niektóre informacje są zawsze dostępne, inne zawsze pozostają w ukryciu i pozostaną tam, dopóki nie sprowokujemy ich do ujawnienia. Tutaj użyłam tylko informacji wzrokowych. Kiedy przechodzimy ze świata dwu- do trójwymiarowego, od listy na papierze do prawdziwej rzeczywistości, włącza się każdy ze zmysłów i zaczynają grę równych szans. Możliwość zlekceważenia tego, co pominięte, odpowiednio się zwiększa, ale zwiększa się również możliwość zgromadzenia większej ilości danych, jeśli aktywnie się zaangażujemy i będziemy dążyć do integracji.

Niektóre informacje są zawsze dostępne, inne zawsze pozostają w ukryciu i pozostaną tam, dopóki nie sprowokujemy ich do ujawnienia

Wróćmy zatem do ciekawego przypadku psa. Mógł szczekać albo nie szczekać. Nie szczekał. Możemy na to spojrzeć jak inspektor i stwierdzić, że niczego nie zrobił. Ale możemy też, jak Holmes, uznać, że pies świadomie zdecydował się nie szczekać. Punkt wyjścia dla obu tych linii rozumowania jest identyczny: milczący pies. Ale wynikające z tego konsekwencje są diametralnie różne: pasywne nic nierobienie lub aktywne robienie czegoś. Brak wyboru również jest wyborem, i to wyborem wiele mówiącym. Każdy brak działania ma swój odpowiednik w działaniu, każdy brak wyboru – w wyborze, każda nieobecność – w obecności. Odwołajmy się do znanego efektu status quo: często tkwimy w zastanej sytuacji i nie wydatkujemy energii na zmianę, nawet jeśli inna opcja byłaby dla nas korzystniejsza. Nie decydujemy się na udział w funduszu emerytalnym – nawet jeśli nasza firma do funduszu dopłaca – dopóki nie znajdzie się to w ramach naszego status quo. Nie stajemy się dawcami organów, dopóki nie zostaniemy uznani za dawców w obrębie status quo. I tak dalej, i tak dalej. Po prostu łatwiej jest nic nie robić.

To jednak nie znaczy, że rzeczywiście nic nie zrobiliśmy. Owszem, zrobiliśmy. W pewnym sensie wybraliśmy milczenie. Skupianie uwagi oznacza pełną uwagę, aktywne zaangażowanie, korzystanie ze wszystkich zmysłów, zauważanie wszystkiego wokół, włączając w to rzeczy, których nie ma tam, gdzie być powinny. Oznacza to również zadawanie pytań i egzekwowanie odpowiedzi. (Przed zakupem samochodu czy telefonu komórkowego powinniśmy zadać sobie pytanie: jakie właściwości interesują mnie najbardziej? Następnie musimy się upewnić, czy przy zakupie bierzemy pod uwagę te właściwości, czy coś całkiem innego). Oznacza to też uświadomienie sobie, że świat jest trójwymiarowy i postrzegalny przez wiele zmysłów – i czy nam się to podoba, czy nie, będziemy podlegać wpływom otoczenia. Zatem zrobimy najlepiej, jeśli spróbujemy przejąć kontrolę nad tymi wpływami przez uwzględnianie wszystkiego, co nas otacza. Może nie od razu będziemy w stanie wychwycić wszystkie aspekty sytuacji i nieraz dokonamy wyboru, który z perspektywy późniejszego namysłu wyda nam się nie najlepszy. Ale przynajmniej nie będziemy sobie mogli zarzucić, że nie próbowaliśmy. Musimy tylko obserwować, wprzęgając do tego wszystkie nasze możliwości, i niczego nigdy nie zakładać. Zwłaszcza tego, że nieobecność czegoś oznacza, że to coś nie istnieje.

Musimy tylko obserwować, wprzęgając do tego wszystkie nasze możliwości, i niczego nigdy nie zakładać. Zwłaszcza tego, że nieobecność czegoś oznacza, że to coś nie istnieje

4. Bądź zaangażowany

Nawet Sherlockowi Holmesowi zdarza się incydentalnie popełniać błędy. Zwykle jednak biorą się one z niedoszacowania:

w przypadku Ireny Adler – osoby; w przypadku konia w „Srebrnej Gwieździe" – możliwości jego ukrycia; w przypadku człowieka w „Krzywoustym" – możliwości kamuflażu. Naprawdę rzadko mu się zdarza popełnić błąd tak kardynalny jak niedostateczne zaangażowanie. O ile wiem, był tylko jeden taki przypadek, kiedy wielki detektyw wykazał niedbałość w przestrzeganiu tego ostatniego elementu uważnej obserwacji, jakim jest aktywne zainteresowanie i zaangażowanie w to, co robi. I zaniechanie to o mało co nie skończyło się śmiercią podejrzanego. W końcowej części „Pracownika biura maklerskiego" tytułowy pracownik, Hall Pycroft, dostaje propozycję objęcia stanowiska menedżera firmy Franco-Midland Hardware Company od niejakiego Arthura Pinnera. Pycroft nigdy nie słyszał o tej firmie, poza tym został już wcześniej przyjęty do pracy w prestiżowym domu maklerskim, ale oferowana płaca jest zbyt wysoka, by ją odtrącić. Zgadza się więc przyjść do pracy już następnego dnia. Nieufność Pycrofta zaczyna rosnąć, gdy zauważa, że jego nowy szef, Harry Pinner, podejrzanie przypomina swego brata Arthura Pinnera, który ponoć jest jego bratem. Co więcej, firma nikogo więcej poza nim nie zatrudnia i nawet nie ma przy drzwiach wejściowych tabliczki z jej nazwą, która by wskazywała potencjalnym klientom, gdzie się mieści. Na domiar złego zadanie wyznaczone Pycroftowi nie ma nic wspólnego z pracą, jakiej się spodziewał – ma on bowiem przepisywać nazwiska z grubej książki telefonicznej. Kiedy tydzień później przekonuje się, że pan Harry ma ten sam złoty ząb co pan Arthur, nie może dłużej znieść niepewności i decyduje się na przedstawienie sprawy Sherlockowi Holmesowi. Ten z Watsonem i Pycroftem udaje się do Midlands, by odwiedzić biuro jego szefa. Holmes, uważając, że wie wszystko, co się do tej pory działo, zamierza spotkać się z Pinnerem pod pretekstem poszukiwania pracy, a następnie przyprzeć go do muru, jak zwykł to czynić. Każdy szczegół jest przez niego przemyślany. Każdy aspekt sprawy – jasny. Tym razem nie wygląda to tak jak w innych przypadkach, kiedy śledztwo wymaga wypełnienia wielu białych plam. Tutaj Holmes wie, czego oczekiwać. Jedyne, co mu pozostało, to zdybać samego przestępcę.

Ale kiedy cała trójka wchodzi do biura, pan Pinner wcale nie wygląda tak, jak można się było tego spodziewać. Oto, jak opisuje tę scenę Watson: „Przy stoliku siedział mężczyzna, którego widzieliśmy na ulicy, a przed nim leżała rozpostarta wieczorna gazeta. Kiedy na nas spojrzał, odniosłem wrażenie, że nigdy nie widziałem twarzy tak naznaczonej smutkiem i ogromnym przerażeniem, jakie człowiekowi rzadko jest dane w życiu odczuć. Jego czoło błyszczało od potu, policzki były trupioblade niczym rybie podbrzusze, a oczy wpatrywały się w nas dziko. Spojrzał na swojego pracownika tak, jakby go nie rozpoznawał, ja zaś dostrzegłem po tym, jakie zdziwienie odmalowało się na twarzy naszego pracownika, że bynajmniej nie był to normalny wygląd".

To, co się dzieje później, jest jeszcze bardziej nieoczekiwane i grozi udaremnieniem planów Holmesa: Pinner usiłuje popełnić samobójstwo. Holmes jest zbity z pantałyku. Tego nie przewidział. Wszystko do tej pory było jasne, „dalej nie wiem natomiast, dlaczego na nasz widok jeden z tych łotrów natychmiast wyszedł z pokoju i próbował się powiesić" – mówi Holmes. Odpowiedź nadchodzi już wkrótce. Przywrócony przez Watsona do życia mężczyzna udziela jej sam: gazeta. Przed ich przyjściem czytał gazetę, czy raczej coś konkretnego w gazecie, co całkowicie wytrąciło go z równowagi. Holmes reaguje na tę wiadomość z niezwykłym dla siebie rozemocjonowaniem. „Gazeta! Oczywiście! – krzyknął Holmes, ogromnie podekscytowany. – Jakim byłem idiotą! Tak bardzo skupiłem się na naszej wizycie, że nawet przez chwilę nie przyszło mi do głowy, że mogło chodzić o gazetę".

W chwili gdy jest mowa o gazecie, Holmes natychmiast orientuje się, co to oznacza i skąd się wzięła taka reakcja. Ale dlaczego nie udało mu się tego odkryć już w pierwszej chwili. Dlaczego popełnił błąd, którego nawet Watson by głęboko żałował, i zwiesił głowę ze wstydu? Jak maszyneria systemu Holmesa mogła się stać... systemem Watsona? Holmes odpowiada na to sam: stracił zainteresowanie sprawą. Według niego była już rozwiązana, pozostał już tylko ostatni etap, wizyta, o której tyle myślał, że zwolnił się z zajmowania wszystkim pozostałym. I to był błąd, jakiego zazwyczaj nie popełniał.

Holmes wie lepiej niż ktokolwiek inny, jak ważne jest zaangażowanie, jeśli chce się obserwować i myśleć w sposób właściwy. Nasz umysł musi być aktywny, włączony do tego, co robimy. Inaczej staje się niedbały i na przykład pomija kluczowy szczegół, co doprowadza niemal do śmierci obserwowanego obiektu. Liczy się motywacja. Przestajemy być zmotywowani i jakość naszych działań od razu spada. Choćbyśmy do tej pory robili, co w naszej mocy, i choćby wszystko szło jak najlepiej, z chwilą gdy motywacja i zaangażowanie znikają, możemy się przeliczyć.

Kiedy jesteś zaangażowany w to, co robisz, dzieje się wiele rzeczy. Dłużej ślęczymy nad trudnymi problemami, co zwiększa prawdopodobieństwo, że je rozwiążemy. Doświadczasz czegoś, co psycholog Tory Higgins określa jako przepływ (*flow*), przytomność umysłu, która pomaga ci wycisnąć wszystkie soki z tego, czym się zajmujesz – a przy okazji sprawia, że czujesz się lepiej, jesteś szczęśliwszy. Czerpiesz konkretną, wymierną przyjemność z siły twojego aktywnego zaangażowania, z uwagi skupianej na danej aktywności, nawet jeśli aktywność jest tak nudna jak sortowanie korespondencji. Jeśli masz powód, by tym się zająć, powód, który cię w tę pracę zaangażuje, będziesz w efekcie nie tylko lepiej pracować, ale również czerpać z tego zadowolenie. Zasada ta sprawdza się również w przypadku jakiegoś wysiłku umysłowego, na przykład przy rozwiązywaniu trudnej łamigłówki. Pomimo natężonej pracy umysłu, będzie ci towarzyszyć zadowolenie i satysfakcja, poczucie dobrej passy.

Kiedy jesteś zaangażowany w to, co robisz, przytomność umysłu pomaga ci z tego wycisnąć wszystkie soki. A przy okazji jesteś szczęśliwszy

Co więcej, zaangażowanie i przepływ nakręcają w nas pozytywną spiralę: stajemy się bardziej zmotywowani i pełni energii, co pociąga za sobą większą wydajność i przypływ sił twórczych. W takim stanie jesteśmy też mniej narażeni na popełnianie fundamentalnych błędów (jak branie czyjegoś wyglądu za element przynależny jego osobowości), dzięki czemu plany ambitnych, wzorujących się na Holmesie obserwatorów przestają być zagrożone. Innymi słowy, zaangażowanie stymuluje system Holmesa. Zwiększa prawdopodobieństwo, że system Holmesa będzie stał na straży i zaglądał przez ramię systemowi Watsona, mówiąc uspokajająco przed wkroczeniem do akcji: *Zatrzymajmy się na chwilę. Myślę, że zanim zaczniemy działać, powinniśmy przyjrzeć się temu z bliska.*

Aby lepiej wyjaśnić, o co mi chodzi, cofnę się jeszcze do Holmesa, przede wszystkim do jego reakcji na słowa Watsona, w sposób powierzchowny (i niezaangażowany) oceniającego ich klienta w „Przedsiębiorcy budowlanym z Norwood". W opowiadaniu tym doktor Watson prezentuje typowe dla systemu Watsona podejście do obserwacji: pośpieszne osądzanie na podstawie początkowego wrażenia bez późniejszego, uwzględniającego dodatkowe okoliczności skorygowania osądu. Choć w tym przypadku obiektem osądu jest człowiek (taki odnoszący się do ludzi osąd, o którym wcześniej już była mowa, nosi specjalną nazwę błędu odniesienia), to zjawisko to wykracza poza postrzeganie wyłącznie ludzi. Kiedy Holmes wymienia trudności związane z rozwikłaniem sprawy i podkreśla konieczność szybkiego działania, Watson zauważa: „Sam wygląd McFarlane'a zdołałby z pewnością przekonać każdą ławę przysięgłych". Nie tak prędko

– powstrzymuje go Holmes: „To niepewny argument, mój drogi Watsonie. Czy pamiętasz tego straszliwego mordercę, Berta Stevensa, który chciał, byśmy doprowadzili do jego uniewinnienia w roku 1887? Czy kiedykolwiek widziałeś młodzieńca wyglądającego równie niewinnie, jakby właśnie wrócił ze szkółki niedzielnej?". Watson musi przyznać, że tak było.

Wielokrotnie się zdarza, że ludzie nie są tacy, za jakich początkowo ich bierzemy. Postrzeganie człowieka dobrze ilustruje działanie procesu zaangażowania. Kiedy będziemy analizować jego poszczególne etapy, nie powinniśmy ich odnosić wyłącznie do ludzi, którzy służą tu za przykład o wiele ogólniejszego zjawiska. Prostota, z jaką przebiega proces postrzegania innej osoby, jest złudna. Po pierwsze, kategoryzujemy. Czym ta osoba się zajmuje? W jaki sposób działa? Jak wygląda?

Watson wraca w pamięci do pierwszego pojawienia się McFarlane'a na Baker Street. Od początku wiedział (oczywiście od Holmesa), że ich gość jest prawnikiem i masonem – jak na warunki XIX-wiecznego Londynu, to najbardziej godne szacunku zajęcia. Następnie poczynił własne spostrzeżenia. „Miał włosy koloru lnu i przystojną, choć zmęczoną, gładko wygoloną twarz o przestraszonych niebieskich oczach; opuszczone kąciki ust wskazywały na wrażliwość. Miał około dwudziestu siedmiu lat; strój i postawa wskazywały na dżentelmena. Z kieszeni jego lekkiego letniego płaszcza wystawał plik dokumentów, które mogły sugerować, że ich posiadacz jest prawnikiem".

Wyobraźmy sobie dokładnie taki sam proces w odniesieniu do innego obiektu, miejsca, czegokolwiek. Weźmy coś prostego, choćby jabłko. Opiszmy je: jak wygląda? Gdzie się znajduje? Czy coś się z nim dzieje? (Pamiętajmy: nawet jeśli leży w misce, to też jest działanie). Po dokonaniu kategoryzacji charakteryzujemy. Teraz, kiedy już wiemy, co obiekt robi i jak wygląda – co z tego wynika? Czy widzimy jakieś cechy, właściwości, które mogły wyjść na jaw za sprawą naszych pierwszych wrażeń i obserwacji?

To jest właśnie kolejny krok Watsona, kiedy mówi do Holmesa: „Sam wygląd McFarlane'a zdołałby z pewnością przekonać każdą ławę przysięgłych". Zebrał wcześniejsze obserwacje, podsumował je – przystojny, wrażliwy, o manierach dżentelmena, z papierami świadczącymi o zawodzie prawnika – i zadecydował, że świadczą one o wiarygodności tego człowieka. Solidna, prostolinijna osobowość, której nie podałaby w wątpliwość żadna ława przysięgłych. (Myślicie, że nie można na tej samej zasadzie scharakteryzować jabłka? A co z jego wartościami zdrowotnymi?).

Wreszcie przechodzimy do korygowania: *Czy istnieje jakiś element zdolny spowodować osąd inny niż ten, który początkowo wydałem (na etapie charakterystyki)? Czy powinienem zweryfikować moje pierwsze wrażenia, kładąc nacisk na pewne elementy, a inne pomniejszając?* Nie wygląda to na rzecz trudną: wystarczy sprawdzić, czy osąd Watsona na temat wiarygodności jego gościa albo nasz osąd na temat wartości zdrowotnych jabłka można skorygować. Jest tylko jeden poważny problem: podczas gdy dwa pierwsze etapy procesu postrzegania przebiegają niemal automatycznie, ostatni etap ma zupełnie inny charakter.

Co więcej, często się zdarza, że w ogóle nie dajemy mu zaistnieć. Zwróćmy uwagę, że w przypadku Johna McFarlane'a to nie Watson koryguje swoje wrażenia. Przyjmuje je z całym dobrodziejstwem inwentarza i ma zamiar ruszyć dalej. Dopiero zawsze zaangażowany Holmes wytyka mu „niepewny argument" w rozumowaniu. Być może McFarlane mógłby polegać na tym, że jego wygląd przekona ławę przysięgłych. To zależy od ławy przysięgłych i innych argumentów w jego sprawie. Sam wygląd może być mylący. Co tak naprawdę możemy powiedzieć o wiarygodności McFarlane'a wyłącznie na podstawie jego wyglądu? A jabłko? Czy rzeczywiście możemy stwierdzić, że jest zdrowe, opierając się tylko na oględzinach? A jeśli akurat to jabłko nie tylko nie jest organiczne, ale zostało wyhodowane w sadzie znanym ze stosowania nielegalnych pestycydów i nie zostało odpowiednio wymyte? Wygląd nawet tutaj może nas zmylić. W umyśle mamy bowiem zakodowany schemat związanych z jabłkiem przekonań i nie chce nam się tracić czasu na dodatkowe rozważania.

Dlaczego tak często rezygnujemy z ostatniego etapu postrzegania? Odpowiedzi na to pytanie należy szukać w temacie, który właśnie poruszamy – w zaangażowaniu. Postrzeganie odbywa się w dwóch trybach – aktywnym i pasywnym. Rozróżnienie między nimi tym razem przeprowadzimy jednak inaczej, niż myślicie. W tym wypadku bowiem trybem aktywnym jest system Watsona, a pasywnym – system Holmesa. Jako odbiorcy pasywni po prostu obserwujemy. Oznacza to, że nie robimy nic więcej. Innymi słowy: nie jesteśmy wielozadaniowi. Pasywny obserwator Holmes koncentruje wszystkie swoje zdolności na obiekcie obserwacji, czyli Johnie McFarlanie. Słucha go, jak to ma w zwyczaju, „z zamkniętymi oczami; dłonie splótł tak, że opuszki palców stykały się ze sobą". Słowo „pasywny" może być mylące, bo nie ma nic pasywnego w skupionym odbiorze detektywa. Pasywna jest za to jego postawa wobec całej reszty świata. Nie rozprasza go żadne inne zadanie. Jako pasywni obserwatorzy nie robimy nic poza tym, że skupiamy się na obserwowaniu. Lepsze określenie, jakie przychodzi mi do głowy, to pasywność zaangażowana, stan, który jest uosobieniem zaangażowania, ale tutaj skierowanego na jedną osobę lub rzecz.

Pasywność zaangażowana to stan, który jest uosobieniem zaangażowania, ale skierowanego na jedną osobę lub rzecz

W większości sytuacji nie wykorzystujemy jednak profitów płynących ze zwykłej obserwacji (rzadko decydujemy się po prostu obserwować, nawet jeśli możemy). Kiedy otaczają nas ludzie, co zdarza się najczęściej, nie możemy po prostu stanąć i się przyglądać. Zazwyczaj podlegamy wymogom wielozadaniowości, starając się podołać wymogom uczestniczenia w społecznych interakcjach, z równoczesnym wydawaniem sądów atrybucyjnych (czyli odnoszących się do cech charakteryzujących), czy to na temat ludzi, rzeczy, czy otoczenia. Aktywne postrzeganie nie znaczy wcale aktywne pod względem przytomności i zaangażowania. Aktywne postrzeganie oznacza, że postrzegający jest aktywny w sensie dosłownym, czyli robi wiele rzeczy naraz.

Aktywne postrzeganie to starania systemu Watsona, by być wszędzie i niczego nie przegapić. To sam Watson, który nie tylko przygląda się gościom, ale podrywa się na dzwonek do drzwi, przegląda gazetę, zastanawia się nad tym, kiedy podadzą lunch i jak się czuje Holmes – wszystko równocześnie. Określiłabym to jako aktywność niezaangażowaną: stan, w którym wygląda się na aktywnego i produktywnego, ale w rzeczywistości niczego się nie robi pełną parą, uszczuplając tylko zasoby swojej uwagi. To, co odróżnia Holmesa od Watsona, obserwatora pasywnego od aktywnego, zaangażowaną pasywność od aktywności niezaangażowanej, jest właśnie ten sam parametr, którego używam w obu przypadkach: zaangażowanie. Przepływ. Motywacja. Zainteresowanie. Możemy to nazywać, jak chcemy. To coś, co pozwala Holmesowi skupić się wyłącznie na gościu, co przykuwa jego uwagę i przeciwdziała bujaniu jego umysłu w jakichś innych obszarach, nie tam, gdzie znajduje się obiekt aktualnej obserwacji.

> *Aktywność niezaangażowana: stan, w którym wygląda się na aktywnego i produktywnego, ale w rzeczywistości niczego nie robi się pełną parą*

Cała seria eksperymentów przeprowadzonych przez grupę badaczy z Harvardu wykazała, że osoby aktywnie postrzegające kategoryzują i charakteryzują na tzw. poziomie okołopodświadomym, myśląc automatycznie i niewiele, a później nie wykonują ostatniego kroku korygowania – nawet jeśli mają wszelkie potrzebne informacje. W związku z tym cały proces kończy się u nich na wrażeniu, które nie bierze pod uwagę wszystkich zmiennych występujących podczas interakcji. Podobnie jak Watson pamiętają tylko, że ławie przysięgłych spodoba się wygląd danej osoby. W przeciwieństwie do Holmesa nie zapoznają się z różnymi czynnikami, które powodują, że wygląd potrafi zmylić, albo z okolicznościami, które zmuszą ławę przysięgłych do odrzucenia kwestii wyglądu, choćby nie wiadomo jak wiarygodnego, jako fałszywej przesłanki. Podczas pierwszego badania naukowcy sprawdzali, czy osoby poznawczo „zajęte" lub wielozadaniowe (jak wielozadaniowi często bywamy sami, gdy żonglujemy wieloma elementami sytuacji) będą zdolne do skorygowania początkowego wrażenia przez wprowadzenie koniecznych poprawek. Grupie uczestników pokazano siedem krótkich filmów, na których kobieta rozmawiała z nieznajomym. Filmiki były nieme, pod pretekstem ochrony prywatności występujących w nich osób, ale zawierały napisy wyjaśniające, o co chodzi w rozmowie. W pięciu filmach kobieta zdradzała zaniepokojenie, w dwóch pozostałych była spokojna. Wszyscy uczestnicy oglądali te same filmy, jednak dwa elementy się zmieniały: napisy i zadania, jakie mieli do wykonania. W jednym układzie pięć filmów z zaniepokojoną kobietą skojarzono z prowokacyjnymi tematami rozmowy, takimi jak seks, w drugim wszystkie siedem filmów zestawiono z neutralnymi tematami rozmów, jak podróże po świecie (innymi słowy, te pięć filmów ukazujących niepokój mogło sprawiać dziwne wrażenie w zestawieniu z relaksującymi napisami). W ramach każdej z tych dwóch prezentacji połowę uczestników badania poproszono o opisanie kobiety pod względem osobowościowym, a druga połowa miała równocześnie dokonać klasyfikacji jej osobowości oraz zapamiętać wszystkie siedem tematów rozmów w odpowiedniej kolejności.

To, co zostało odkryte przez badaczy, nie było może dla nich wielkim szokiem, ale w dużym stopniu zrewidowało ich poglądy na temat tego, jak postrzegamy innych ludzi. Te osoby, które miały się skupić wyłącznie na kobiecie, określały ją jako bardziej nerwową z usposobienia przy tematach neutralnych i mniej nerwową przy tematach wywołujących zdenerwowanie. Z kolei badani, którzy mieli zapamiętać wszystkie tematy rozmów, kompletnie pominęli czynnik tematu rozmowy w swojej ocenie osobowości kobiety. Mieli wszystkie informacje potrzebne im do powzięcia osądu, ale z nich nie skorzystali. Choć więc teoretycznie zdawali sobie sprawę z tego, że pewne sytuacje mogą zdenerwować każdego, to w praktyce po prostu orzekli, że kobieta była osobą nerwową. Co więcej, przewidywali, że będzie tak samo nerwowa w kolejnych scenariuszach, niezależnie od tego, czy zawierają one denerwujące sytuacje. Im lepiej zapamiętywali tematy rozmów, tym skrajniejsze były ich przewidywania. Inaczej mówiąc, im bardziej mieli zajęte mózgi, tym mniej potrafili korygować swoje pierwsze wrażenia.

Wynika z tego dla nas zarówno zła, jak i dobra wiadomość. Zła to ta, że w większości sytuacji i niezależnie od okoliczności jesteśmy aktywnymi obserwatorami. To oznacza częstsze robienie błędów przy kategoryzowaniu i charakteryzowaniu, a potem niekorygowanie naszych początkowych wrażeń. Sądzimy więc według wyglądu, nie uwzględniamy subtelności, zapominamy, jak łatwo człowiek ulega wpływom tysiąca różnych czynników – i wewnętrznych, i zewnętrznych. Nawiasem mówiąc, dotyczy to w równym stopniu ludzi ze skłonnością do przeceniania stałych cech kosztem tymczasowych stanów (charakterystyczne dla kultury Zachodu), jak i takich, którzy przeceniają stany tymczasowe kosztem cech stałych (charakterystyczne dla kultury Wschodu). Niezależnie od ukierunkowania błędu do jego poprawienia nie dojdzie.

Ale jest również dobra wiadomość. Wielokrotnie powtarzane badania dowiodły, że osoby zmotywowane poprawiają się w sposób bardziej naturalny, prawidłowy, niż te, które nie mają motywacji. Innymi słowy, powinniśmy zdawać sobie sprawę nie tylko z tego, że mamy skłonność do wydawania sądów za pomocą autopilota i do uchylania się przed ich korygowaniem, ale też, że możemy aktywnie chcieć, by nasze postrzeganie było dokładniejsze. W jednym z badań psycholog Douglas Krull, wychodząc z tego samego punktu co autorzy harvardzkiego eksperymentu, dał niektórym z uczestników dodatkowe zadanie – oszacować poziom zdenerwowania wywołanego pytaniami zadawanymi podczas wywiadu. Osoby, które musiały się przyjrzeć takiej sytuacji, były o wiele mniej skłonne, by przypisywać kobiecie nerwowość jako stałą cechę charakteru – nawet jeśli były zajęte innym zadaniem poznawczym.

Albo odwołajmy się do innego powszechnie stosowanego paradygmatu: poglądu politycznego, który jest raczej narzucony odgórnie, niż świadomie wybrany. Weźmy karę śmierci (jako że już o niej wspominaliśmy, a poza tym świetnie wpisuje się ona w kryminalny świat Holmesa i często jest przywoływana w badaniach). Najogólniej mówiąc, istnieją trzy postawy wobec kary śmierci: za, przeciw lub obojętna, kiedy nie do końca wiemy albo nigdy się nad tym nie zastanawialiśmy. Gdybym dała ci do przeczytania krótki artykuł przytaczający argumenty na rzecz kary śmierci, jak byś się do sprawy odniósł? To zależy. Jeśli nie do końca wiesz, nie jest ci bliskie ani za, ani przeciw – jesteś niezainteresowany i niezaangażowany – przypuszczalnie wziąłbyś artykuł za dobrą monetę. Gdybyś nie miał powodów, by wątpić w jego źródła, i gdyby wydawał ci się logiczny, dałbyś mu się przekonać. Dokonałbyś kategoryzacji i charakteryzacji, ale nie byłoby potrzeby skorygowania. Korekta wymaga wysiłku, a nie miałbyś w tym przypadku wystarczających powodów, by się wysilać.

Zupełnie inna będzie twoja reakcja, jeśli jesteś zdeklarowanym przeciwnikiem lub zwolennikiem kary śmierci. W obu przypadkach wytężyłbyś swoją uwagę na samo wspomnienie tematu artykułu. Czytałbyś go o wiele dokładniej i poświęciłbyś więcej wysiłku na korektę. Ta korekta byłaby różna w zależności od tego, czy zgadzasz się z tezą artykułu, czy nie – w gruncie rzeczy mógłbyś nawet skorygować nadmiernie, jeśli się nie zgadzasz, idąc za daleko w przeciwnym kierunku – ale tak czy inaczej byłbyś bardziej zaangażowany i włożyłbyś więcej wysiłku umysłowego w weryfikację początkowego wrażenia. Bo zależy ci na ustaleniu prawdy.

Celowo wybrałam temat polityczny, aby pokazać, że kontekst postrzegania nie musi być związany z ludźmi, ale wyobraźmy sobie różnicę w percepcji, gdybyśmy mieli w jakiś sposób oceniać osobę, którą widzimy po raz pierwszy, albo taką, którą dobrze znamy. W którym przypadku z większą uwagą przyjrzelibyśmy się naszym wrażeniom, zakładając, że mogliśmy się mylić? Kiedy poświęcilibyśmy więcej wysiłku na korektę i weryfikację?

Kiedy jesteśmy w cokolwiek osobiście zaangażowani, czujemy, że warto dodatkowo się przyłożyć. A jeśli włączymy się aktywnie w sam proces uważnej obserwacji, pozostawania w gotowości, z większym prawdopodobieństwem będziemy się mobilizować do dokładności w postrzeganiu. Oczywiście do tego niezbędna jest świadomość istnienia takiego procesu, ale tę już mamy.

A co jeśli już zdajemy sobie sprawę z tego, że musimy się zaangażować, lecz nie potrafimy tego osiągnąć? Psycholog Arie Kruglanski poświęcił swoją karierę naukową na badanie zjawiska znanego jako potrzeba domknięcia. To dążenie umysłu do zdobycia wiedzy na temat niepewnej sytuacji, z jaką mamy do czynienia. Próbując się dowiedzieć, jak różnie u różnych ludzi ta potrzeba się przejawia, Kruglanski wykazał, że możemy ją wykorzystywać w osiąganiu stanu uważności i zaangażowania oraz w upewnianiu się, czy zakończyliśmy korygowanie naszych sądów.

> *Potrzeba domknięcia to dążenie umysłu do zdobycia wiedzy na temat niepewnej sytuacji, z jaką mamy do czynienia*

Może to przebiegać na kilka różnych sposobów. Najskuteczniej cała rzecz przebiega wówczas, kiedy czujemy się odpowiedzialni za nasze sądy i poświęcamy więcej czasu na rozpatrywanie sytuacji pod różnymi kątami i w różnych konfiguracjach, nim wydamy osąd. Włożymy również więcej wysiłku w korygowanie początkowych wrażeń, upewniając się, czy były trafne. Nasze umysły nie zdecydują się na „domknięcie" (czy jak określa to Kruglanski – „zamrożenie") swoich poszukiwań, dopóki nie będziemy do końca przekonani, że zostało zrobione wszystko, co należy. Nie zawsze mamy przy sobie eksperymentatora, który przywołałby nas do odpowiedzialności, ale możemy dążyć do tego na własną rękę, traktując każdy poważniejszy osąd lub obserwację jak wyzwanie. *Na ile potrafię być dokładny? Czy potrafię sobie z tym dobrze poradzić? Czy mógłbym się skoncentrować bardziej niż ostatnio?*

Tego typu wyzwania nie tylko angażują nas w czynności obserwacyjne, które stają się dla nas same w sobie o wiele bardziej interesujące, ale też powodują, że mniej chętnie bez uprzedniego zastanowienia się przeskakujemy do wniosków i osądów. Aktywnemu obserwatorowi staje na przeszkodzie to, że stara się robić zbyt dużo rzeczy naraz. Jeśli bierze udział w eksperymencie psychologicznym i jest zmuszony do zapamiętania siedmiu tematów po kolei albo ciągu cyfr czy kilku innych rzeczy, których psychologowie lubią używać w celu wywołania stanu poznawczego zaabsorbowania, to jest skazany na porażkę. Dlaczego? Bo eksperymenty przeciwdziałają zaangażowaniu. Nie możemy się zaangażować (chyba że mamy pamięć fotograficzną albo opanowaliśmy umiejętności pałacu naszej pamięci), jeżeli próbujemy zapamiętać niepowiązane ze sobą informacje (a nawet jeśli są powiązane, to zasoby naszej uwagi zaangażowane są gdzie indziej).

Ale mam dla was dobrą wiadomość: życie nie jest psychologicznym eksperymentem. Nigdy nie wymaga się od nas, byśmy byli aktywnymi obserwatorami. Nikt nie żąda, byśmy odtwarzali z pamięci kilka rozmów w określonej kolejności albo wygłaszali przemówienie, o którym wcześniej nic nie wiedzieliśmy. Nikt nas nie zmusza, byśmy ograniczyli nasze zaangażowanie. Tylko my sami możemy się do tego zmuszać. Czy to z powodu utraty zainteresowania (jak to się stało z Holmesem w sprawie Pycrofta), czy dlatego, że za dużo myślimy o przyszłym procesie, zamiast się skupić na człowieku w teraźniejszości (jak Watson), utrata zaangażowania w postrzeganie osoby lub sytuacji jest naszym własnym wyborem. Równie dobrze możemy zadecydować inaczej. Jeżeli chcesz się zaangażować, to uwierz: na pewno ci się uda. I nie tylko będziesz popełniał mniej błędów w postrzeganiu świata, ale też staniesz się bardziej skoncentrowanym obserwatorem.

Jeżeli chcesz się zaangażować, to uwierz: na pewno ci się uda

Nawet dzieci ze zdiagnozowanym ADHD mogą się zmobilizować do skupienia na określonej rzeczy, która je pochłonie, zaktywizuje i zaangażuje ich umysły. Podobnie gry wideo. Okazało się, że gry wideo potrafią uruchomić w ludziach takie zasoby uwagi, o jaką wcześniej nigdy by się nie posądzali. Co więcej, pewien rodzaj długotrwałej uwagi i nowo nabytej atencji dla szczegółu wypływających z procesu zaangażowania może przeniknąć do innych obszarów naszej aktywności. Neurokognitywiści Daphne Bavelier i C. Shawn Green odkryli na przykład, że tak zwane gry akcji charakteryzujące się wielką szybkością, dużym ładunkiem motorycznym i percepcyjnym, nieprzewidywalnością i koniecznością przetwarzania obwodowego wzmacniają uwagę wzrokową, prędkość przetwarzania, kontrolę poznawczą, społeczną i kontrolę uwagi oraz wiele innych sprawności z różnych dziedzin, jak pilotowanie samolotów bezzałogowych czy chirurgia laparoskopowa. Mózg może się zmienić i nauczyć podtrzymywania uwagi przez dłuższy czas, a wszystko to dzięki chwilom zaangażowania w coś, na czym naprawdę nam zależy.

Zaczęliśmy ten rozdział od skłonności mózgu do błądzenia myślami i tym samym tematem go zakończymy. Błądzenie umysłu jest przeciwieństwem zaangażowania. Czy będzie to błądzenie z braku stymulacji, czy błądzenie jako ucieczka przed wielozadaniowością (bolączką współczesności), czy błądzenie z powodu wymuszonego paradygmatu eksperymentalnego – nie może ono współistnieć z zaangażowaniem. Podobnie nie może współistnieć z uważnością, z Uwagą, której potrzebujemy do Obserwacji.

A jednak nieustannie decydujemy się być niezaangażowani. Mamy na głowie słuchawki, kiedy spacerujemy, biegamy, jedziemy metrem. Sprawdzamy komórkę podczas obiadu z przyjaciółmi i rodziną. Myślimy o następnym spotkaniu podczas spotkania bieżącego. Inaczej mówiąc, zajmujemy głowy zadanymi przez siebie tematami albo ciągami cyfr do zapamiętania. Daniel Gilbert i inni psychologowie wcale nie muszą tego robić za nas. Zresztą Dan Gilbert sam towarzyszył w codziennym życiu grupie 2200 dorosłych ludzi, przesyłając im przez iPhone'a wiadomości z prośbą o opisanie, jak się czują, co robią i czy myśleli o czymś innym niż zajęcie, podczas którego zastała ich wiadomość. Czy wiecie, co się okazało? Okazało się, że ludziom prawie tyle samo czasu zabiera myślenie o czymś innym, ile to, co aktualnie się robi, i myślenie o tym, co się robi, zajmuje. Co więcej, Gilbert odkrył także, że to, czym ludzie się akurat zajmują, nie ma żadnego znaczenia, bo błądzą myślami dokładnie tak samo, kiedy ich zajęcie wydaje się pasjonujące i angażujące, jak i wtedy, gdy jest nudne i monotonne. Umysł obserwujący, umysł uważny jest umysłem obecnym. To umysł, który nigdzie się nie błąka. To umysł, który jest aktywnie zaangażowany we wszystko, czymkolwiek w danej chwili jest zajęty. To wreszcie umysł, który pozwala systemowi Holmesa wkroczyć do akcji, by system Watsona przestał biegać w kółko jak oszalały, próbując wszystko ogarnąć i wszystko zobaczyć.

Umysł obserwujący, umysł uważny jest umysłem obecnym. To umysł, który nigdzie się nie błąka

Znam panią profesor psychologii, która codziennie wyłącza swoją pocztę i internet na dwie godziny, aby skupić się tylko na pisaniu. Sądzę, że można się od niej wiele nauczyć, jeśli chodzi o samodyscyplinę i zachowanie dystansu. Chciałabym częściej wykazywać się taką postawą. Warto się przyjrzeć rezultatom badania przeprowadzonego przez neurokognitywistów, którzy chcieli zademonstrować, co stałoby się z ludźmi, gdyby przez trzy dni pozostawali w otoczeniu dzikiej natury, niepodłączeni do technologii. Otóż okazało się, że odczuliby oni przypływ kreatywności, jasności myślenia, coś w rodzaju zrestartowania mózgu. Nie wszyscy możemy sobie pozwolić na trzydniowy pobyt w dziczy, ale może przynajmniej kilka godzin, gdziekolwiek jesteśmy, warto poświęcić na świadome skupienie?

***

PRZECZYTAJ O SHERLOCKU HOLMESIE

„Studium w szkarłacie", tłum. Anna Krochmal, Robert Kędzierski

„Pies Baskerville'ów", tłum. Anna Krochmal, Robert Kędzierski

„Szkoła klasztorna" (w: „Powrót Sherlocka Holmesa"), tłum. Marta Domagalska

„Gwiazda" (w: „Dzienniki Sherlocka Holmesa"), tłum. Anna Krochmal, Robert Kędzierski

„Pracownik biura maklerskiego", tłum. Anna Krochmal, Robert Kędzierski

„Przedsiębiorca budowlany z Norwood" (w: „Powrót Sherlocka Holmesa"), tłum. Marta Domagalska

Rozdział czwarty

Odkrywanie poddasza, czyli kreatywność i wyobraźnia

Młody prawnik John Hector McFarlane budzi się pewnego ranka, by odkryć, że jego życie przewróciło się do góry nogami. W ciągu jednej nocy stał się głównym podejrzanym w sprawie zamordowania lokalnego przedsiębiorcy budowlanego. Dowody tak bardzo świadczą przeciwko niemu, że z ledwością udaje mu się dopaść Sherlocka Holmesa i opowiedzieć swoją wersję wydarzeń tuż przed aresztowaniem przez Scotland Yard. Jak wyjaśnia Holmesowi, ofiarę, niejakiego Jonasa Oldacre'a, spotkał po raz pierwszy dopiero poprzedniego popołudnia. Mężczyzna pojawił się w jego kancelarii i poprosił o nadanie odpowiedniej formy prawnej jego testamentowi. Ku wielkiemu zdumieniu McFarlane'a przedsiębiorca cały majątek pozostawiał właśnie jemu. Sam Oldacre, jak tłumaczył, był bezdzietny. Ponieważ przed laty znał dobrze jego rodziców, sporządził ten testament, by uczcić dawną przyjaźń. Nalegał jedynie, by McFarlane niczego nie wyjawiał rodzicom do następnego dnia. Miała to być niespodzianka. Przedsiębiorca zaprosił młodego prawnika do siebie na kolację tego samego wieczoru, aby zaraz potem mogli uporządkować wszystkie papiery związane ze spadkiem. McFarlane obiecał, że przyjdzie.

I to właściwie wszystko. Tyle że następnego ranka gazety doniosły o odnalezieniu spalonych zwłok Oldacre'a na podwórzu ze składem drewna na tyłach jego domu. Główny podejrzany to John Hector McFarlane, który nie tylko dziedziczy majątek ofiary, ale zostawił też zakrwawioną laskę na miejscu zbrodni.

McFarlane, aresztowany w trybie przyśpieszonym przez inspektora Lestrade'a, pozostawia Holmesa z tą dziwną opowieścią. I chociaż wszystko wskazuje na to, że aresztowanie jest uzasadnione – spadek, laska i nocna wizyta zdają się dowodzić winy McFarlane'a – to jednak Holmes czuje, że coś jest nie tak. „Wiem, że to nie wszystko" – mówi Watsonowi. „Czuję to w kościach".

Jednakowoż to, co Holmes czuje w kościach, stoi tym razem w sprzeczności z wyższością dowodu. Jeśli chodzi o Scotland Yard, to sprawa jest bliska ostatecznego zamknięcia. Brakuje jedynie końcowych szczegółów uzupełniających policyjny raport. Kiedy Holmes próbuje przekonywać, że sprawa nie jest całkiem jasna, Lestrade pozwala sobie mieć odmienne zdanie. „Nie jest jasna? Chyba nie może być jaśniejsza!" – rzuca. „Mamy tu młodego człowieka, który nagle dowiaduje się, że po śmierci pewnego starszego pana odziedziczy fortunę. Co zatem robi? Nic nikomu nie mówiąc, udaje się w nocy pod jakimś pretekstem do klienta. Czeka, aż jedyna poza gospodarzem mieszkanka domu zaśnie, a później, będąc sam ze swym dobroczyńcą w sypialni, morduje go, pali ciało na stosie drewna i udaje się do leżącego nieopodal hotelu". I jakby nie było tego dość, „plamy krwi znalezione w pokoju i na lasce są bardzo niewielkie. Być może wydawało mu się, że popełnił zbrodnię bez rozlewu krwi, i liczył na to, iż spalenie ciała ukryje wszystkie ślady morderstwa, ślady, które siłą rzeczy wskazałyby na niego. Czy to nie oczywiste?".

Dla Holmesa nie. Odpowiada inspektorowi: „Zacny Lestrade, uderza mnie fakt, że jest to nieco zbyt oczywiste. Bujna wyobraźnia nie jest pańską najmocniejszą stroną, ale gdyby mógł pan na chwilę postawić się na miejscu tego młodego człowieka, czy wybrałby pan pierwszą noc po sporządzeniu testamentu na popełnienie zbrodni? Czy nie wydawałoby się panu niebezpieczne tworzenie tak bliskiego związku pomiędzy tymi dwoma wydarzeniami? Poza tym, czy zabiłby pan akurat wtedy, kiedy wiadomo było, że jest pan domu, gdyż wpuściła pana służąca? Czy zadałby wreszcie pan sobie tak wiele trudu, by ukryć ciało, a pozostawił swoją laskę na miejscu zbrodni, co potwierdzałoby pańską winę? Przyzna pan, Lestrade, że wszystko to jest bardzo mało prawdopodobne".

Ale Lestrade tylko wzrusza ramionami. Co tu ma do rzeczy wyobraźnia? Obserwacja i dedukcja – zgoda, to podstawy pracy detektywa. Ale wyobraźnia? Czyż nie jest ona ulotną domeną mniej ścisłych, nienaukowych zawodów, tych artystycznych lekkoduchów, którzy powinni się trzymać z dala od Scotland Yardu?

Lestrade nie rozumie, jak dalece się myli. Wyobraźnia odgrywa bowiem kluczową rolę nie tylko w pracy odnoszącego sukcesy inspektora czy detektywa, ale również w życiu każdego człowieka, który chce osiągać sukcesy w myśleniu. Gdyby zechciał posłuchać Holmesa nie tylko w kwestii tożsamości podejrzanego czy podejmowanych linii śledztwa, być może w przyszłości nie musiałby więcej zwracać się do niego o pomoc. Bo jeśli nie włączymy wyobraźni w obszar naszych działań – nawet jeszcze przed uruchomieniem dedukcji – to wszystkie nasze obserwacje, wszystkie analizy opisane w poprzednich rozdziałach nie będą miały wielkiej wartości.

Wyobraźnia jest kolejnym etapem, który musimy przebyć na drodze naszego procesu myślowego. Korzysta ona ze wszystkich elementów składowych zebranych przez nas obserwacji, które stworzą później materiał bazowy do dedukcji – czy ma to dotyczyć wydarzeń fatalnego wieczoru w Norwood, kiedy Jonasa Oldacre'a dopadła śmierć, czy rozwiązania dręczącego nas w domu lub pracy problemu. Jeśli uważamy, że wyobraźnię da się zlekceważyć jako coś nienaukowego i frywolnego, możemy w pewnej chwili stwierdzić, że cały nasz wysiłek poszedł na marne. Bo wszystko, co wydawało się jasne i oczywiste, nie ma nic wspólnego z prawdą.

Czym jest wyobraźnia i dlaczego jest tak ważna? Dlaczego w rozmowie z Lestrade'em Holmes wskazuje na tę właśnie cechę spośród tylu innych? I co wyobraźnia ma wspólnego z omawianą przez nas naukową metodą umysłu? Lestrade nie jest pierwszym, który kręci nosem na pogląd, że wyobraźnia może odgrywać kluczową rolę w naukowym rozumowaniu. Ale też z drugiej strony Holmes nie jest w swoim przekonaniu jedyny. Richard Feynman, jeden z najwybitniejszych naukowców XX wieku, laureat Nagrody Nobla z fizyki, często wyrażał zdziwienie tym, że nie docenia się tego, co sam uważał za podstawową wartość zarówno w myśleniu, jak i w nauce. „To zdumiewające, że ludzie nie wierzą w istnienie wyobraźni w nauce" – powiedział kiedyś w wystąpieniu publicznym. Według Feynmana „jest to rodzaj bardzo interesującej wyobraźni, innej niż artystyczna. Największa trudność polega na wyobrażeniu sobie czegoś, czego dotychczas nie widzieliśmy, ale co jest w każdym szczególe spójne z tym, co już było widziane, i co różni się od tego, co już było pomyślane. Co więcej, powinien to być postulat precyzyjny, a nie mętny. To jest naprawdę trudne".

Trudno byłoby znaleźć lepsze podsumowanie i definicję roli wyobraźni w naukowym procesie myślenia. Wyobraźnia bierze na warsztat urobek obserwacji i doświadczenia – i przekształca go w coś nowego. W ten sposób przygotowuje grunt pod działanie dedukcji – dokładne badanie alternatywnych wyobrażeń prowadzące do podjęcia decyzji, która z wyobrażonych przez nas możliwości najlepiej tłumaczy wszystkie zebrane fakty. W wyobraźni sprowadzamy do rangi bytu coś hipotetycznego, coś, co może, ale nie musi istnieć w rzeczywistości, ale co swoim sprawczym działaniem stworzyliśmy w umyśle. W ten sposób to, co sobie wyobrażamy, „różni się od tego, co już było pomyślane". Nie jest to ponowne przedstawienie faktów, nie jest to proste niewymagające wielkiego myślenia przeprowadzenie linii z punktu A do punktu B. Dokonujemy własnej syntezy i aktu kreacji.

W wyobraźni sprowadzamy do rangi bytu coś hipotetycznego, coś, co może, ale nie musi istnieć w rzeczywistości, ale co swoim sprawczym działaniem stworzyliśmy w umyśle

Pomyślmy o wyobraźni jako o niezbędnej mentalnej przestrzeni na naszym poddaszu, w ramach której możemy swobodnie pracować nad różnymi treściami bez konieczności podporządkowywania się regułom magazynowania czy systemowi organizacyjnemu. To przestrzeń, w której możemy przesuwać, sprawdzać różne kombinacje i bałaganić, jak nam się podoba, wiedząc, że w niczym nie zakłóci to porządku i schludności głównego poddasza. Przestrzeń ta jest niezbędna w takim sensie, że poddasze nie mogłoby bez niej funkcjonować: powierzchnia magazynowa nie może przecież być wypełniona po brzegi pudłami. Jak byśmy dostali się do środka? Gdzie odstawialibyśmy pudełka w poszukiwaniu tego, czego akurat potrzebujemy? Jak moglibyśmy się przekonać, które pudełka są dostępne i gdzie można je znaleźć? Potrzebna jest przestrzeń. Potrzebne jest światło. Musimy mieć dostęp do zawartości swojego poddasza, mieć możność swobodnego przechadzania się i rozglądania, orientowania się w całości. A na tej przestrzeni panuje wolność. Możemy tam tymczasowo zgromadzić wszystkie zebrane przez nas obserwacje. Nie zostały one jeszcze skatalogowane ani umieszczone w stałym magazynie poddasza. Możemy je poustawiać na widoku i się nimi bawić.

Co się z tego może wyłonić? Czy należałoby dodać coś z magazynu, aby uzyskać inny obraz, jakieś nowe znaczenie? Stoimy na tej otwartej przestrzeni i przyglądamy się temu, co tam zgromadziliśmy. Wyciągamy różne elementy, próbujemy różnych kombinacji, sprawdzamy, co działa, a co nie. Powstaje w końcu nasze dzieło, odmienne od faktów i obserwacji, z których wyrosło. To w nich ma swoje korzenie, ale jest nową jakością istniejącą w hipotetycznym stanie naszego umysłu i może, ale nie musi być rzeczywiste ani nawet prawdziwe. Dzieło to nie pojawiło się znikąd. Jest zakorzenione w rzeczywistości. Opiera się na wszystkich zgromadzonych dotychczas obserwacjach, „w każdym szczególe spójne z tym, co już było widziane". Inaczej mówiąc, wywodzi się organicznie z treści zgromadzonych już na poddaszu w wyniku procesu obserwacji wzbogaconych o składniki, które znalazły się tam wcześniej, o naszą wiedzę bazową i nasze rozumienie świata.

„Wyobraźnia w kaftanie bezpieczeństwa" – ujmuje rzecz Feynman. W jego przypadku kaftan bezpieczeństwa to prawa fizyki. Dla Holmesa – zasadniczo to samo: wiedza bazowa i obserwacje zdobywane do chwili obecnej. To nie może być pełny odlot. Wyobraźni w tym kontekście nie możemy mylić z kreatywnością[11] artysty. To nie to samo. Po pierwsze z tego prostego powodu, że jest zakorzeniona w rzeczywistości, a po drugie – bo „powinna być dokładna, a nie mętna". Nasze wyobrażenia muszą mieć konkretne ramy. Muszą się składać ze szczegółów. Choć nie istnieją w rzeczywistości, muszą przybrać taki kształt, by mogły wprost z naszej głowy prawie bez poprawek przeskoczyć do prawdziwego świata. Według Feynmana są w kaftanie bezpieczeństwa, według Holmesa są ograniczone i określone przez wyjątkowy charakter naszego poddasza. Wyobrażenia muszą traktować

[11] Jeśli chcesz poznać naturę kreatywności, wyobraźni i wglądu, polecam prace Mihaly Csikszentmihalyiego, włączając w to jego książki „Creativity: Flow and the Psychology of Discovery and Invention" oraz „Flow: The Psychology of Optimal Experience" (wyd. pol.: „Przepływ. Psychologia optymalnego doświadczenia", wyd. Czarna Owca, Warszawa 2005). Na omówienie kwestii dystansowania się i jego roli w procesie twórczym miały wpływ prace Yaacova Trope'a i Ethana Krossa. Cały rozdział wiele zawdzięcza pismom Richarda Feynmana i Alberta Einsteina.

poddasze jak swoją bazę i funkcjonować zgodnie z jego regułami, do których należą obserwacje tak pracowicie przez nas gromadzone.

„Cała zabawa polega na tym - kontynuuje Feynman - aby spróbować wywnioskować z tego, co już wiemy, to, co jest tylko możliwe. Wymaga to wstecznej analizy, sprawdzenia, czy to, co możliwe, pasuje, zgadza się z tym, co już wiemy". W tym stwierdzeniu znalazła się końcowa część definicji. Tak, fundamentem wyobraźni jest prawdziwa, twarda wiedza zgromadzona na naszym poddaszu, konkretnym i oryginalnym. Tak, wyobraźnia służy wyższemu celowi - jako podłoże do dedukcji, czy to dążącej do naukowej prawdy, czy rozwiązania śledztwa w sprawie morderstwa bądź decyzji lub problemu w naszym życiu. We wszystkich tych przypadkach ma do czynienia z określonymi ograniczeniami.

Ale jest też wolna. Można się nią bawić. Innymi słowy, jest zabawą. To najbardziej rozrywkowa część poważnych przedsięwzięć. Nieprzypadkowo Holmes wypowiada słynną frazę: „Czas rozpocząć grę" w początkowych linijkach opowiadania „Abbey Grange". To proste wyrażenie niesie ze sobą nie tylko jego pasję i ekscytację, ale również stosunek do sztuki wykrywania prawdy i - w ogólniejszym sensie - do sztuki myślenia, która niewątpliwie jest bardzo poważną sprawą, ale nigdy niepozbawioną elementu zabawy. Ten element jest niezbędny. Bez niego poważne przedsięwzięcie nie ma żadnej szansy powodzenia.

Najczęściej uważamy kreatywność za właściwość umysłu, którą się ma lub której się nie ma, rozpatrujemy ją w kategoriach wszystko albo nic. Bzdura. Kreatywności można się nauczyć. Jest jak jeszcze jeden mięsień - jak opisane już mięśnie uwagi i samokontroli - który można wyćwiczyć i rozwinąć w miarę używania, za pomocą treningów, koncentracji i motywacji. Badania potwierdziły, że kreatywność jest płynna i odpowiedni trening potrafi sprawić, by człowiek stał się bardziej kreatywny.

Jeśli wierzymy, że praktyka wzmocni naszą wyobraźnię, będziemy osiągać lepsze wyniki w zadaniach wymagających wyobraźni. (Mamy tu znów do czynienia z nieustającą potrzebą motywacji).

> *Najczęściej uważamy kreatywność za właściwość umysłu, którą się ma lub której się nie ma. Bzdura. Kreatywności można się nauczyć*

Wiara w to, że możemy być tak kreatywni jak ci, którzy są w tym najlepsi, i opanowanie podstawowych właściwości wyobraźni to dwie podstawowe sprawy w doskonaleniu całościowo potraktowanego myślenia, podejmowania decyzji i działania bardziej charakterystycznego dla Holmesa niż Watsona (czy Lestrade'a). Dalej zajmiemy się właśnie tą przestrzenią umysłu, tym stanem odpowiedzialnym za syntezę, zmianę kombinacji i wgląd wewnętrzny. To dzięki tej pozornie niefrasobliwej sferze umysłu Holmes rozwiąże sprawę przedsiębiorcy budowlanego z Norwood. A z powodu jej braku zaufanie Lestrade'a do tego, co oczywiste, okaże się zwodnicze i krótkotrwałe.

Jak pokonać zwątpienie wyobraźni

Wyobraź sobie taką sytuację. Ktoś wprowadza cię do pokoju, w którym stoi stół. Na stole są pudełko gwoździ, zapałki i świeca. Dowiadujesz się, że masz do wykonania jedno zadanie: przytwierdzenie świecy do ściany. Masz na to tyle czasu, ile będzie potrzeba. Jak się do tego zabierzesz?

Jeśli należysz do 75 procent uczestników tego klasycznego już eksperymentu przeprowadzonego przez przedstawiciela psychologii Gestalt Karla Dunckera, to zapewne wypróbujesz jeden z dwóch sposobów. Będziesz próbował przybić świeczkę do ściany za pomocą gwoździa, ale wkrótce się przekonasz, że nic z tego. Możesz też zapalić świeczkę zapałką i usiłować roztopionym woskiem przykleić ją do ściany, rezygnując całkowicie z pudełka gwoździ (uznając na przykład, że chciano cię nimi zmylić). I tym razem również ci się nie uda. Wosk nie jest na tyle silnym spoiwem, by utrzymać świeczkę na ścianie, i twoja konstrukcja spadnie.

Co teraz? Prawidłowe rozwiązanie wymaga wyobraźni. Nikt go nie znajduje od razu. Niektórzy wpadają na ten pomysł po minucie czy dwóch namysłu. Inni – po kilku nieudanych próbach. Jeszcze inni w ogóle nie potrafią rozwiązać zadania bez podpowiedzi z zewnątrz. A oto prawidłowa odpowiedź: trzeba wyjąć gwoździe z pudełka, przybić pudełko do ściany i zapalić świecę, skapnąć kilka kropel wosku na dno pudełka i ustawić świeczkę w pudełku, przyklejając ją do rozpuszczonego na dnie wosku. Konstrukcja tym razem jest bezpieczna. Trzeba jeszcze tylko szybko wybiec z pokoju, dopóki świeczka nie spali się na tyle, że zajmie się od niej pudełko. Voila!

Dlaczego tyle osób nie widzi tej możliwości? Bo zapominają, że pomiędzy obserwacją a dedukcją znajduje się jeszcze jeden mentalny etap. Obierają szybką drogę systemu Watsona – akcja, akcja, akcja – nie doceniając kluczowej potrzeby czegoś odwrotnego, czyli chwili spokojnej refleksji. Dlatego nie ma nic dziwnego w tym, że sięgają po najbardziej naturalne, najbardziej oczywiste rozwiązania. Większość ludzi nie zauważa, że coś tak oczywistego jak pudełko gwoździ może być równie dobrze czymś mniej oczywistym – pudełkiem i gwoźdźmi. Zjawisko to znane jest jako fiksacja funkcjonalna. Na ogół postrzegamy przedmioty zgodnie z ich pierwotnym przeznaczeniem, przydzieloną wcześniej funkcją. Pudełko i gwoździe stają się dla nas jednym – pudełkiem gwoździ. Pudełko jest po to, by mieścić w sobie gwoździe, innej funkcji nie ma.

> *Fiksacja funkcjonalna: na ogół postrzegamy przedmioty zgodnie z ich pierwotnym przeznaczeniem, przydzieloną wcześniej funkcją*

Aby takie podejście przełamać i z jednego przedmiotu wyodrębnić dwie różne części składowe, zdać sobie sprawę, że pudełko i gwoździe to dwie różne rzeczy, musimy dokonać skoku wyobraźni (Duncker badał ten właśnie problem, naszą skłonność do widzenia całości z pominięciem jej części składowych). I rzeczywiście, w eksperymentach, które kontynuowały wyjściowe badania Dunckera, zostało wykazane, że jeśli przedmioty rozdzielano – gwoździe wykładano obok pudełka – odsetek ludzi potrafiących rozwiązać to zadanie zdecydowanie wzrastał. Podobnie działało proste językowe uzupełnienie eksperymentu: jeśli uczestnikom przed zadaniem ze świecą zaprezentowano słowa powiązane spójnikiem „i" – „pudełko i gwoździe" – z większym prawdopodobieństwem potrafili później zadanie rozwiązać. Nawet jeśli słowa zostały osobno podkreślone jako pięć różnych przedmiotów (świeca, pudełko z zapałkami, pudełko z gwoździmi), uczestnikom było o wiele łatwiej dojść do prawidłowego rozwiązania.

Ale zadanie postawione na początku wymaga większego zastanowienia, oderwania się od oczywistego wyboru bez pomocy z zewnątrz. Nie jest to równie proste jak sięgnięcie po to, co dotychczas zaobserwowaliśmy, i przystąpienie do natychmiastowego działania albo wydedukowanie na podstawie scenariusza, który w najbardziej oczywisty sposób doprowadzi nas do celu. Osoby, które potrafiły ten problem rozwikłać, miały świadomość tego, jak ważny jest brak działania umożliwiający umysłowi przyjrzenie się sytuacji i poddanie jej spokojnej wewnętrznej kontemplacji. Krótko mówiąc, zdawały sobie sprawę, że między obserwacją a dedukcją jest miejsce na kluczowy, jedyny w swoim rodzaju akt, akt wyobraźni.

Nietrudno zobaczyć w Sherlocku Holmesie zimną rozumującą maszynę, uosobienie kalkulującej logiki. Ale wizerunek Holmesa jako Logicznego Automatu jest daleki od prawdy. Wręcz przeciwnie! To, co jest dla niego charakterystyczne, co stawia go ponad innymi detektywami, inspektorami i cywilami, to jego dążenie do nielinearności, do uwzględniania hipotez, do rozważania domysłów. To jego zdolność do kreatywnego myślenia i posługującej się wyobraźnią refleksji.

Dlaczego zatem na ogół pomijamy tę łagodniejszą, niemal artystyczną stronę jego osobowości, a skupiamy się na komputeropodobnych właściwościach racjonalnego kalkulowania? Bo taki pogląd jest i łatwiejszy, i bezpieczniejszy. Taki sposób myślenia mamy wpisany w psychikę. Byliśmy w nim ćwiczeni od najmłodszych lat. Albert Einstein komentuje to w ten sposób: „Powinniśmy z całą pewnością zadbać o to, by nie czynić z intelektu swojego boga. Bo choć ma on potężne mięśnie, to brak mu osobowości. Nie potrafi prowadzić, umie tylko służyć; nie jest przy tym wybredny w obieraniu sobie przywódców".

Żyjemy w społeczeństwie gloryfikującym wzorce komputerowe, stawiającym na piedestale odczłowieczonego Holmesa, który niemal automatycznie wchłania niezliczone dane, analizuje je ze zdumiewającą precyzją i po chwili wypluwa z siebie rozwiązanie. W społeczeństwie, które ma za byle co wartości tak niepoliczalne jak wyobraźnia, bo stawia przede wszystkim na siłę intelektu. Ale zaraz! – może ktoś zaprotestować – przecież to jakaś fikcja. Tak samo hołdujemy przecież ideom innowacji i kreatywności. Żyjemy w epoce wielkich przedsiębiorców, ludzi idei, Steve'a Jobsa i motta „Myśleć inaczej".

No cóż: i tak, i nie. To znaczy z pozoru cenimy kreatywność, ale tak naprawdę w najgłębszych tajnikach duszy wyobraźnia potrafi napędzić nam niezłego strachu. Ogólna prawidłowość jest taka, że nie lubimy niepewności. Czujemy się przy niej niekomfortowo. Świat pewny jest miejscem o wiele bardziej przyjaznym. Tak więc robimy bardzo wiele, by zredukować jakąkolwiek napotykaną niepewność, dokonując często praktycznych życiowych wyborów, które chronią status quo. Każdy zna takie powiedzenie: „Lepsze znane piekło niż nieznane niebo". To najlepsze podsumowanie tej skłonności.

Tymczasem kreatywność wymaga nowych rozwiązań. W wyobraźni chodzi o nowe możliwości, ewentualności, które nie istnieją, hipotezy przeciwne, przekładanie elementów w nową całość. Chodzi w niej o to, co niesprawdzone. A to, co niesprawdzone, jest niepewne. Jest straszne, nawet jeśli nie uświadamiamy sobie, jak bardzo się tego boimy. To, co niesprawdzone, sprawia też potencjalne kłopoty (nie ma żadnej gwarancji sukcesu). Jak myślicie, dlaczego inspektorzy u Conan Doyle'a są tak niechętni jakimkolwiek odstępstwom od standardowego protokołu, robieniu czegokolwiek, co zagroziłoby prowadzonemu przez nich śledztwu, opóźniłoby je choćby na moment? Bo obawiają się wyobraźni Holmesa.

Zwróćmy uwagę na powszechny paradoks: organizacje, instytucje i osoby podejmujące decyzje często odrzucają kreatywne pomysły, mimo że oficjalnie głoszą popieranie kreatywności jako bardzo ważnego, o ile nie głównego, celu. Dlaczego? Nowe badania sugerują, że możemy być nieświadomie uprzedzeni wobec kreatywnych pomysłów, podobnie jak dzieje się w przypadku rasizmu czy fobii. Pamiętacie test utajonych skojarzeń opisany w rozdziale drugim? W serii eksperymentów Jennifer Mueller z kolegami postanowili przebadać coś, co do tej pory nigdy nie było przedmiotem testów: kreatywność. Uczestnicy mieli wybierać takie same jak w standardowym teście IAT pary określeń w kategorii dobry/zły, ale tym razem w zestawieniu z dwoma słowami oddającymi cechy praktyczne (*funkcjonalny*, *konstruktywny* lub *pożyteczny*) albo kreatywne (*nowatorski*, *twórczy* lub *oryginalny*). Wyniki wykazały, że nawet u tych osób, które pozycjonowały kreatywność bardzo wysoko na liście cech pozytywnych, zanotowano utajone uprzedzenie wobec niej w stosunku do praktyczności w warunkach niepewności. Co więcej, oceniły one pomysły sprawdzone już wcześniej jako kreatywne (na przykład „biegnący" but, w którym wykorzystano nanotechnologię do poprawienia fabrycznej sztywności materiału i redukowania pęcherzy) jako mniej kreatywne niż ich upowszechnione odpowiedniki. Nie tylko więc ludzie ci mieli utajone uprzedzenia, ale również dowiedli, że nie rozpoznają kreatywności, kiedy stają z nią twarzą w twarz. Co prawda wyniki te otrzymano w warunkach niepewności, ale czyż nie jest to środowisko typowe dla podejmowania większości decyzji?

Możemy być nieświadomie uprzedzeni wobec kreatywnych pomysłów, podobnie jak dzieje się w przypadku rasizmu czy fobii

To samo bez wątpienia odnosi się do pracy detektywa, pracy w korporacji, w nauce, biznesie. Prawdę mówiąc – w każdym miejscu, które zechcemy wskazać. Wielcy myśliciele też musieli tę trudność pokonywać, potykali się o ten lęk przed próżnią. Einstein ponosił porażki. Podobnie Abraham Lincoln – jako jeden z nielicznych poszedł na wojnę w randze kapitana, a wrócił jako szeregowy, a potem dwukrotnie musiał ogłosić bankructwo, zanim został prezydentem. Walt Disney został wyrzucony z gazety z powodu „braku wyobraźni" (oto paradoks kreatywności w pełnej krasie!), a Thomas Edison miał ponad tysiąc nieudanych wynalazków, zanim w końcu wymyślił żarówkę. Podobnie wreszcie Sherlock Holmes (Irena Adler, Krzywousty czy „Żółta twarz", historia, którą później się jeszcze zajmiemy).

Wszystkich tych ludzi odróżnia od pozostałych nie brak życiowych porażek, ale brak strachu przed niepowodzeniem, rodzaj otwartości, która jest znakiem markowym kreatywnego umysłu. Na jakimś etapie swojego życia mogli mieć jak większość z nas to samo uprzedzenie wobec kreatywności, ale znaleźli sposób, by tę słabość w sobie zdławić. Sherlock Holmes ma jedną cechę, której komputerom brakuje, która właśnie czyni go tym, kim jest, podważając sensowność wizerunku detektywa jako „liczącej maszyny": wyobraźnię.

Kto z nas nigdy nie zaniechał zajęcia się jakimś problemem tylko dlatego, że nie narzuciło mu się od razu jego oczywiste rozwiązanie? I kto z nas nie podjął błędnej decyzji, nie dokonał gorszego wyboru tylko dlatego, że nie chciało mu się pomyśleć, czy czasami ten jasny i oczywisty wybór nie jest odrobinę zbyt oczywisty? Kto nie trzymał się kurczowo dalekiego od ideału układu tylko dlatego, że tak zawsze sprawy się miały – i choć mogły istnieć inne, lepsze wyjścia z sytuacji, nie zdecydował się na nie, bo odchodziłyby za daleko od tego, co znane i sprawdzone?

Lepsze znane piekło od nieznanego nieba. Jesteśmy trzymani w szachu przez nasz lęk przed niepewnością, choć wyszłoby nam na dobre, gdybyśmy wzięli przykład z Holmesa oraz jego przygód wyobraźni i zaczęli sprawdzać różne możliwe scenariusze. Przynajmniej przez jakiś czas i tylko w głowie. Einstein opierał się głównie na intuicji, gdy proponował swoją wielką teorię względności. Kiedy George Sylvester Viereck spytał go w 1929 roku, czy jego odkrycia są rezultatem intuicji, czy naukowej inspiracji, Einstein odparł: „Jestem w wystarczającym stopniu artystą, by swobodnie posługiwać się wyobraźnią, która według mnie jest ważniejsza od wiedzy. Wiedza jest ograniczona. Wyobraźnia ogarnia cały świat". Nie mając wyobraźni, wielki naukowiec utknąłby w pewnikach linearności i tego, co łatwo dostępne.

Co więcej, wielu problemów w ogóle nie da się rozwiązać w sposób oczywisty. W przypadku tajemnicy Norwood Lestrade miał gotową wersję wydarzeń i podejrzanego. A gdyby nic takiego nie istniało? Gdyby nie można było sięgnąć po linearną narrację, a jedynym sposobem zdobycia odpowiedzi było okrężne i hipotetyczne meandrowanie umysłu? (Tego typu sprawa pojawia się w „Dolinie strachu", gdzie ani ofiara, ani dom nie są zgoła tym, czym się wydają). A co, jeśli w świecie odległym od detektywów, inspektorów i przedsiębiorców budowlanych zdarzy się taka sytuacja, gdy w życiu zawodowym lub osobistym nie ma oczywistego wyboru władnego odmienić nasz los na lepsze?

I jeśli chcemy uzyskać satysfakcjonującą odpowiedź, musimy pogrzebać w sobie samym i poddać się twórczemu samopoznaniu?

Niewielu z nas zastąpi znane piekło nieznanym niebem, a jeszcze mniej liczni zdecydują się na zastąpienie go czymś, co nie istnieje. Bez wyobraźni nie dostąpimy wyżyn myślenia, na jakie nas stać. W najlepszym przypadku będziemy skazani na doskonałe opanowanie umiejętności wypluwania z siebie faktów i szczegółów, co jednak nie wystarczy, byśmy umieli posłużyć się tymi faktami i szczegółami, aby w sposób znaczący poprawić dokonywanie przez nas osądów i podejmowanie decyzji. Nasze poddasze jest zastawione pięknie uporządkowanymi pudełkami, katalogami i różnego rodzaju materiałami. Nie mamy jednak pomysłu, jak się między nimi poruszać. Tymczasem powinniśmy te stosy na poddaszu ciągle przetrząsać, natrafiając wśród nich bądź nie na odpowiednie rozstrzygnięcie. Jeśli poszukiwanego elementu tam nie ma, ale wyniknie on z kombinacji dwóch, trzech różnych plików, to mamy szczęście.

Niewielu z nas zastąpi znane piekło nieznanym niebem, a jeszcze mniej liczni zdecydują się na zastąpienie go czymś, co nie istnieje

Wróćmy teraz na chwilę do sprawy przedsiębiorcy budowlanego z Norwood. Dlaczego właściwie Lestrade z powodu braku wyobraźni nawet nie przybliża się do prawidłowego rozwiązania i niemal doprowadza do oskarżenia niewinnego człowieka? Co w tym przypadku umożliwia wyobraźnia, a czemu solidna analiza by nie sprostała? Detektyw i inspektor mają dostęp do tych samych informacji. Holmes nie posiadł żadnej wiedzy tajemnej, która pozwalałaby mu widzieć więcej niż Lestrade'owi (w każdym razie takiej wiedzy, z której nie mógłby w podobny sposób skorzystać inspektor). Ci dwaj panowie jednak nie tylko stosują inne elementy tej samej wiedzy, ale również interpretują to, co wiedzą, w zupełnie odmiennym stylu. Lestrade podąża prostą drogą, a Sherlock – taką, która opiera się na wyobraźni, taką, jakiej istnienia inspektor nawet by nie podejrzewał. Na początku śledztwa Holmes i Lestrade startują z tego samego punktu, bo John Hector McFarlane przedstawia całą swoją wersję wydarzeń w obecności obu panów. W gruncie rzeczy Lestrade ma nawet pewną przewagę: był już na miejscu zbrodni, a Holmes słyszy o sprawie po raz pierwszy.

Tak czy inaczej, już od tego momentu ich drogi rozumowania zaczynają się rozchodzić. Kiedy Lestrade przed aresztowaniem McFarlane'a i wyprowadzeniem go pyta Holmesa, czy ten ma jeszcze jakieś pytania, słyszy w odpowiedzi: „Dopiero jak wrócę z Blackheath". Blackheath? Przecież morderstwo miało miejsce w Norwood. „Chyba z Norwood" – poprawia go policjant. „Och tak, o to właśnie mi chodziło" – wykręca się Holmes i wyrusza oczywiście do Blackheath, gdzie mieszkają rodzice nieszczęsnego pana McFarlane'a. „A czemu nie do Norwood?" – pyta Watson tak samo zdziwiony jak wcześniej Lestrade. „W tej sprawie – tłumaczy Holmes – jedno niezwykłe wydarzenie nastąpiło tuż po innym. Policjanci popełnili błąd, skupiając swą uwagę dopiero na drugim z nich". To pierwszy cios zadany nadmiernie prostolinijnemu podejściu Lestrade'a.

Holmes jest jednak rozczarowany swoją podróżą. „Podążałem kilkoma tropami – opowiada Watsonowi po przyjeździe – ale nie natrafiłem na nic, co mogłoby poprzeć naszą hipotezę, odkryłem natomiast kilka faktów, które jej przeczyły. W końcu dałem za wygraną i pojechałem do Norwood". Ale wkrótce się przekonamy, że nie był to czas zmarnowany i Holmes wcale za zmarnowany go nie uważał. Bo nigdy się nie dowiemy, jakie kształty mogły przybierać wydarzenia z pozoru najprostsze, jeśli nie uruchomimy pełnego potencjału przestrzeni, który wyobraźnia zajmuje na naszym poddaszu. I nigdy nie wykryjemy, jaki skrawek informacji uzupełni z pozoru nonsensowną układankę, przekształcając ją w nieoczekiwanie spójną całość.

A jednak sprawa nie zbliża się do szczęśliwego rozwiązania. Holmes mówi do Watsona: „Jeśli nie pomoże nam szczęśliwy traf, obawiam się, że sprawa zniknięcia przedsiębiorcy budowlanego z Norwood nie trafi do kroniki naszych sukcesów, z którą wcześniej czy później będą musieli się uporać wytrwali czytelnicy".

I nagle w najbardziej nieoczekiwanym momencie szczęśliwy traf się pojawia. Według Lestrade'a są to „nowe istotne dowody", które ponad wszelką wątpliwość wykazują winę McFarlane'a. Holmes jest zaskoczony, ale tylko do czasu, kiedy dowiaduje się, jakie to istotne dowody odkryła policja. Chodzi o krwawy odcisk palca McFarlane'a pozostawiony na ścianie przedpokoju. To, co dla Lestrade'a stanowi ostateczny dowód winy podejrzanego, dla Holmesa jest potwierdzeniem jego niewinności. Co więcej, upewnia detektywa w podejrzeniu, które do tej pory nie było niczym więcej niż dręczącym go przeczuciem, „intuicją", jak to sam określał – że nie doszło tutaj do żadnej zbrodni. Jonas Oldacre jest żywy i zdrowy!

Jak to możliwe? W jaki sposób dokładnie ta sama informacja w oczach inspektora człowieka pogrąża, a w oczach Holmesa uwalnia go od winy i każe wątpić w to, czy w ogóle popełniono zbrodnię? Wszystko sprowadza się do wyobraźni. Prześledźmy rzecz krok po kroku. Przede wszystkim pierwsza reakcja Holmesa na opowieść gościa – nie spieszyć się na miejsce domniemanej zbrodni, ale zapoznać się ze wszystkimi aspektami sprawy, które mogą się okazać użyteczne. Tak więc następuje wyprawa do Blackheath, do wspomnianych rodziców, którzy rzekomo znali w czasach młodości Jonasa Oldacre'a i niewątpliwie znali też samego McFarlane'a. Chociaż ten krok nie kojarzy się szczególnie z pracą wyobraźni, to przecież wymaga większej otwartości umysłu i mniej linearnego widzenia świata niż postawa Lestrade'a – prosto na miejsce zbrodni i nic więcej poza miejscem zbrodni. Lestrade właściwie od samego początku odciął się od wszelkich innych możliwości. Po co się fatygować, skoro wszystko masz w jednym miejscu podane jak na tacy?

Wyobraźnia w dużej mierze polega na tworzeniu niezupełnie oczywistych związków między elementami, które na pierwszy rzut oka nie mają ze sobą nic wspólnego. Kiedy byłam dzieckiem, rodzice dali mi dziwną zabawkę: drewniany kijek z otworem pośrodku i obręczą umieszczoną nad jego podstawą. Przez otwór był przewleczony gruby sznur zakończony z obu końców drewnianymi kółkami. Chodziło o to, by ściągnąć obręcz z kijka. Z początku wydawało mi się, że to bułka z masłem, aż zdałam sobie sprawę, że sznur zabezpieczony po obu stronach kółkami uniemożliwia zsunięcie górą obręczy z kijka. Próbowałam siłowo. Jeszcze bardziej siłowo. Potem jak najszybciej. Może to przechytrzę? Potem próbowałam w jakiś sposób odczepić kółka od sznurka. Przecisnąć obręcz wokół kółek. Nie dawało rady. Żadne z rozwiązań, które wydawały się najbardziej obiecujące, nie było tak naprawdę rozwiązaniem. Trzeba było znaleźć bardzo okrężną drogę, żeby zdjąć obręcz z kijka. Kosztowało mnie to godziny, a nawet dni cierpliwości, póki w końcu nie osiągnęłam celu. W pewnym sensie trzeba było zapomnieć o ściąganiu obręczy. A ja ciągle zaczynałam właśnie od niej, sądząc, że to jedyny sposób postępowania – w końcu chodziło przecież o zdjęcie obręczy. To się nie mogło udać, dopóki nie zapomniałam o obręczy i nie zrobiłam kroku wstecz, by przyjrzeć się całemu obrazowi i zbadać wszystkie możliwości, pośród których znalazło się rozwiązanie.

> *Wyobraźnia w dużej mierze polega na tworzeniu niezupełnie oczywistych związków między elementami, które na pierwszy rzut oka nie mają ze sobą nic wspólnego*

Ja też musiałam dostać się do Blackheath, żeby odkryć, co się dzieje w Norwood. W przeciwieństwie do Lestrade'a miałam ściśle określone reguły – byłoby wiadomo, kiedy łamigłówka będzie rozwiązana prawidłowo. Nie potrzebowałam poszturchiwań Holmesa. Wiedziałam, że się mylę, bo nie byłoby żadnych wątpliwości, gdybym się nie myliła.

Jednak większość problemów nie ma tak jasnych ram. Nie ma upartej obręczy, która daje ci tylko dwie odpowiedzi: prawidłowo albo błędnie. Najczęściej mamy całą masę mylących tropów i fałszywych rozstrzygnięć. I jeśli nikt nas nie upomni, jak Holmes, możemy tak się zapamiętać w szarpaniu obręczą do góry, że w końcu uznamy ją za zdjętą, gdy znajdzie się trochę wyżej na kijku.

Tak więc Holmes udaje się do Blackheath. Ale to nie koniec jego starań, by wprząc do gry wyobraźnię. Jeśli się chce spojrzeć na sprawę przedsiębiorcy budowlanego z Norwood tak, jak to zrobił detektyw, i osiągnąć to, co on osiągnął, trzeba zacząć od otwarcia się na wszystkie możliwości. Nigdy nie stawiaj znaku równości między najbardziej oczywistym rozwojem wypadków a jedynym możliwym rozwojem wypadków. Jeśli sobie na to pozwolisz, stracisz szansę na rozpatrzenie wielu możliwości, wśród których może się znajdować prawdziwe rozwiązanie. A wtedy, najprawdopodobniej, padniesz ofiarą paskudnego efektu potwierdzenia, którego działanie obserwowaliśmy w poprzednich rozdziałach.

W tym przypadku Holmes nie tylko bierze poważnie pod uwagę możliwość, że McFarlane jest niewinny, ale również rozpatruje różne hipotetyczne scenariusze, które istnieją tylko w jego głowie i każą mu widzieć w zupełnie innym świetle każdą z poszlak, włączając w to przekonanie o śmierci przedsiębiorcy. Aby dociec prawdziwego przebiegu wydarzeń, Holmes musi najpierw wyobrazić sobie możliwość takiego przebiegu wydarzeń. Inaczej byłby jak Lestrade, który ironizuje: „Czy sądzi pan, że McFarlane wyszedł z więzienia w środku nocy, by dodatkowo wzmocnić obciążające go dowody?", a następnie uzupełnia to pozornie retoryczne pytanie w ten sposób: „Panie Holmes, jestem człowiekiem praktycznym i po zebraniu dowodów wyciągam z nich wnioski".

Nigdy nie stawiaj znaku równości między najbardziej oczywistym rozwojem wypadków a jedynym możliwym rozwojem wypadków

Retoryczna pewność własnych racji Lestrade'a jest nieuzasadniona właśnie dlatego, że jest on człowiekiem praktycznym, który prosto od dowodów przechodzi do wniosków. Zapomina o decydującym etapie pomiędzy, o tej przestrzeni, która daje nam czas na refleksję, na przemyślenie różnych możliwych wersji, rozpatrzenie tego, co się mogło stać, prześledzenie różnych hipotetycznych przebiegów. Jeśli się to pominie, jest się zmuszonym do wykorzystania tylko tego, co ma się przed oczami. (Jednak nie powinniśmy nie doceniać wielkiej wagi wcześniejszego etapu obserwacji, etapu gromadzenia różnych informacji, które mogą się przydać później: Holmes może wyciągać własne wnioski z pojawienia się w holu odcisku tylko dlatego, że nie mógł go wcześniej nie zauważyć. „Wiem z całą pewnością, że wczoraj śladu krwi w holu nie było; obejrzałem ściany" – mówi Watsonowi. Ufa swoim obserwacjom, swojej uwadze, logiczności oraz zawartości swojego poddasza. Pozbawiony treningu i prowadzony przez system Watsona Lestrade nie ma podstaw, by tak sobie ufać).

Ubóstwo wyobraźni może więc doprowadzić do błędnych działań (aresztowanie lub podejrzewanie niewłaściwego człowieka) oraz do braku właściwych działań (szukanie winnego). Kiedy bowiem wybieramy rozwiązanie najbardziej oczywiste, tego prawidłowego możemy nigdy nie znaleźć. Rozumowanie niewspomagane wyobraźnią ma wiele wspólnego z funkcjonowaniem systemu Watsona. Wydaje się, że system ten działa jak należy i tak, jak tego od niego oczekujemy, ale jest zbyt impulsywny i pochopny. Nie możemy ujrzeć i ocenić całego obrazu sytuacji, nawet jeśli rozwiązanie będzie miało najbardziej prozaiczny charakter, o ile się nie cofniemy i nie sprawdzimy, co ma do powiedzenia wyobraźnia.

W „Przygodzie w willi Wisteria" Holmes wypowiada pod adresem inspektor Baynesa bardzo rzadki w jego ustach komplement: „Wysoko pan zajdzie w swojej profesji. Posiada pan instynkt i intuicję". Co takiego zrobił Baynes inaczej niż jego odpowiednik ze Scotland Yardu? Czym zasłużył sobie na taką pochwałę? W swoich planach, zamiast lekceważyć naturę ludzką, uwzględnił ją i rozmyślnie aresztował niewłaściwego człowieka, by uśpić czujność prawdziwego przestępcy. (Tego niewłaściwego człowieka obciąża dowód, który dla Lestrade'a byłby zapewne wystarczający, by uznać go za winnego; zresztą Holmes początkowo bierze działanie Baynesa za błąd w stylu Lestrade'a).

W tym przewidującym ruchu Baynesa zawiera się jedna z najważniejszych wartości postępowania opartego na wyobraźni – wyjście poza prostą logikę w interpretowaniu faktów z równoczesnym wykorzystaniem tej logiki do tworzenia hipotetycznych wersji. Ktoś w rodzaju Lestrade'a nigdy nie pomyśli, by zachować się tak nielinearnie. Po cóż, u licha, tracić energię na aresztowanie kogoś, kto w świetle prawa aresztowany być nie powinien? Pod nieobecność wyobraźni myśli się w sposób prostolinijny.

Pod nieobecność wyobraźni myśli się w sposób prostolinijny

W 1968 roku skok wzwyż był powszechnie uznaną dziedziną sportu. Najpierw się biegło, potem odbijało do skoku i przeskakiwało przez poprzeczkę na jeden z kilku różnych sposobów. W czasach wcześniejszych podczas szybowania w górę układało się nogi w nożyce, ale już w latach 60. najczęściej skakało się z rozkrokiem albo przetaczając brzuchem do dołu nad drążkiem. Jakiegokolwiek stylu się używało, zawsze było wiadomo, że skacze się przodem. Jak można sobie wyobrazić skakanie tyłem? To byłoby przecież dziwaczne. A jednak Dick Fosbury myślał inaczej. Dla niego najlepszym sposobem było właśnie skakanie tyłem. Przez całe liceum rozwijał styl skakania tyłem i na studiach skakał wyżej niż kiedykolwiek wcześniej. Nie był pewien, skąd się wziął ten pomysł, ale gdyby się nad tym zastanowił, na pewno powiedziałby, że inspiracja przyszła ze Wschodu, od Konfucjusza i Lao Tsy. Nie obchodziło go, co robili inni. Po prostu skakał, czując, że to się sprawdza. Ludzie sobie z niego żartowali i śmiali się, bo wyglądał, jak to było do przewidzenia, bardzo osobliwie (równie osobliwe zresztą wydawały się jego komentarze na temat własnego skakania. Na pytanie dziennikarza ze „Sport Illustrated" odpowiedział: „Wcale nie myślę o skoku wzwyż. To takie pozytywne myślenie. Po prostu samo się dzieje").

Nikt się oczywiście nie spodziewał, że Fosbury trafi do amerykańskiej reprezentacji olimpijskiej, a tym bardziej że odniesie na olimpiadzie zwycięstwo. A jednak wygrał, ustanawiając rekord Ameryki i rekord olimpijski wynikiem 2,24 metra, tylko 3,8 cm mniej od rekordu świata. Dzięki swojej bezprecedensowej technice, której nadano nazwę flop Fosbury'ego, osiągnął coś, na co nie zdobyli się bardziej tradycyjni lekkoatleci – zrewolucjonizował cały sport. Nawet po jego zwycięstwie oczekiwano, że pozostanie ze swoją ezoteryczną techniką odosobnionym przypadkiem, któremu reszta świata będzie się tylko przyglądać. Ale od roku 1978 żaden rekord świata w skoku wzwyż nie został pobity inaczej niż flopem, a w 1980 roku trzynastu na szesnastu finalistów olimpijskich skakało tym stylem. Skok z rozkrokiem zaczął się wydawać staroświecki i nieefektywny.

Dlaczego nikt wcześniej nie wpadł na to, żeby go zmienić? Oczywiście, z perspektywy czasu sprawa wydaje się intuicyjnie prosta. Ale to, co dzisiaj jest jasne, w tamtych czasach było całkowicie nowatorskie i bezprecedensowe. Nikt sobie nie wyobrażał, że można skakać tyłem; wyglądało to na jakiś absurd. A sam Fosbury? Nie był nawet szczególnie utalentowanym skoczkiem. Jego trener Berny Wagner powiedział kiedyś: „Mam tu dyskobola, który osiąga lepsze wyniki w skoku niż Dick". Chodziło wyłącznie o sposób. Dziś wynik Fosbury'ego blaknie przy rekordzie Javiera Sotomayora (2,45 metra), a nawet nie zalicza się do najlepszej dwudziestki. Ale Fosbury odmienił oblicze sportu.

Wyobraźnia pozwala nam spojrzeć na sprawy w inny sposób – czy chodzi o martwego człowieka, który tak naprawdę żyje, czy o skakanie tyłem, czy o pudełko gwoździ, które równie dobrze może być po prostu pudełkiem. Pozwala nam dostrzec, jak rzeczy mogłyby wyglądać albo jak wyglądają w rzeczywistości nawet pod nieobecność dowodów. Jak zadysponować szczegółami, kiedy ma się je wszystkie przed sobą? Skąd wiadomo, które z nich są ważne? Prosta logika też pomaga w dotarciu do odpowiedzi, to prawda, ale sama logika nie wystarczy. Potrzeba jeszcze trochę wolnej przestrzeni. W naszym oporze wobec kreatywności jesteśmy jak Lestrade. Ale dobra wiadomość jest taka, że nasz wewnętrzny Holmes czuwa w pobliżu. Nasze utajone uprzedzenie może być silne, ale nie jest niezmienialne i nie musi tak bardzo wpływać na nasze myślenie.

Spójrz na ten obrazek:

Spróbuj teraz połączyć kropki trzema liniami bez odrywania ołówka od kartki czy powtórnego prowadzenia ołówkiem po którejkolwiek z linii już narysowanych. Musisz też zakończyć rysowanie w punkcie, od którego rozpocząłeś, i może ci to zająć nie więcej niż trzy minuty. Skończyłeś? Jeśli nie, to się nie martw, nie jesteś sam – znalazłeś się wśród 78 procent uczestników eksperymentu rozwiązujących to zadanie. Jeśli jednak ci się udało, ile czasu to zajęło?

Rozważmy taką sytuację: gdybym włączyła żarówkę na linii twego wzroku, w czasie gdy zastanawiałeś się nad zadaniem, rozwiązanie prawdopodobnie przyszłoby ci do głowy. 44 procent ludzi, którzy widzieli zapaloną żarówkę, rozwiązało łamigłówkę – dwukrotnie więcej niż tych, którzy wykonywali zadanie w poprzednich warunkach (czyli w takich, w jakich sam przed chwilą pracowałeś). Żarówka aktywowałaby w twoim umyśle koncepcje powiązane z wglądem i w ten sposób zmobilizowałaby umysł do bardziej kreatywnego niż w zwykłych warunkach myślenia.

Właśnie tak działa torowanie. Ponieważ żarówka kojarzy nam się z kreatywnością i wglądem, na ogół będziemy bardziej dociekliwi w rozwiązywaniu problemu, myśląc bardziej kreatywnie i nielinearnie, kiedy jest włączona. Wszystkie idee umieszczone na poddaszu w pobliżu idei „żarówki" czy „wglądu" (eureka!) zostały zaktywizowane, a ich aktywizacja z kolei pozwoliła nam na większą kreatywność w podejściu do problemu. A oto, przy okazji, rozwiązanie zadania z kropkami.

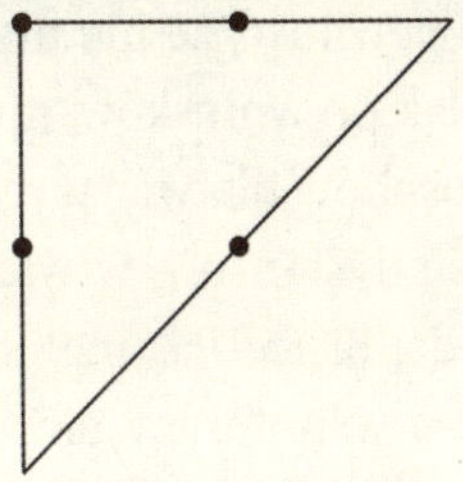

Naturalne ustawienia umysłu mogą nas trzymać w cuglach, ale wystarczy proste torowanie, by nas pchnąć w odpowiednim kierunku. I nie musi to być żarówka. Tak samo zadziałają obrazy zawieszone na ścianie. Kolor niebieski. Zdjęcia wybitnych myślicieli. Szczęśliwe twarze. Radosna muzyka – w gruncie rzeczy wszystkie pozytywne sygnały. Rośliny i kwiaty, i pejzaże. Wszystko może pobudzić naszą kreatywność, czy jesteśmy tego świadomi, czy nie. To powód do radości. Jeśli w chwili, w której umysł zaczyna rozważać jakąś ideę, pojawi się jakikolwiek bodziec, to z dużym prawdopodobieństwem tę ideę zrealizujemy. Były nawet badania dowodzące, że jeśli zaczniemy nosić biały kitel, nasze myślenie skieruje się na tory bardziej naukowe i staniemy się lepsi w rozwiązywaniu problemów. Kitel bowiem aktywizuje ideę badacza i lekarza, co nam pomaga wcielać w życie cechy kojarzące się z tymi zajęciami. Lecz jeśli w naszym niebieskim pokoju z zawieszonymi na ścianach portretami Einsteina i Jobsa podczas słuchania radosnej muzyki i podlewania w białym kitlu pięknych róż zabraknie żarówek, to jak podążymy za Holmesem w jego umiejętności myślenia z wyobraźnią?

Jeśli w chwili, w której umysł zaczyna rozważać jakąś ideę, pojawi się jakikolwiek bodziec, to z dużym prawdopodobieństwem tę ideę zrealizujemy

Dystans ma znaczenie

Jeśli chcemy mieć pewność, że nie przechodzimy za szybko, jak Lestrade, od poszlak do wniosków, musimy opanować jeden z najważniejszych sposobów ułatwiających myślenie z wyobraźnią. Jest nim nabranie dystansu – w wielu tego słowa znaczeniach. W „Planach łodzi Bruce-Partington", opowieści o sprawie z dość późnego okresu współpracy tandemu Holmes-Watson, Watson zauważa: „Jedną z najbardziej wyjątkowych cech Sherlocka Holmesa była jego zdolność kierowania myśli na inne tory i zajmowania umysłu lżejszymi rzeczami zawsze, kiedy przekonywał się o tym, że jego praca nie mogła przynieść już żadnych efektów. Pamiętam, że cały ten wyjątkowy dzień spędził nad swoją monografią na temat polifonicznych motetów Orlando di Lasso. Ja natomiast nie posiadałem nic z tej zdolności i w efekcie wydawało mi się, że ten dzień ciągnie się w nieskończoność".

Wymuszenie na umyśle cofnięcia się o krok nie jest prostą sprawą. Oddalanie się od problemu, nad którym właśnie pracujemy, wydaje się z pozoru rzeczą przeciwskuteczną. W rzeczywistości jednak nie jest to bynajmniej cecha wyjątkowa ani dla Holmesa, ani dla wielkich myślicieli. To, że wydaje się wyjątkowa Watsonowi (i że mu jej brakuje, do czego chętnie się przyznaje), wiele by nam mogło powiedzieć o powodach, dla których doktor ponosi porażki, podczas gdy Holmes odnosi zwycięstwa.

Psycholog Yaacov Trope twierdzi, że dystans psychiczny może być jedną z najważniejszych metod doskonalenia myślenia i podejmowania decyzji. Przybiera on różne formy: czasową, czyli dystans wobec czasu (zarówno przeszłego, jak przyszłego); przestrzenną, czyli dystans między ludźmi (jak rzecz widzi ktoś inny), i hipotetyczną, czyli dystans wobec rzeczywistości (jak sprawy mogły przebiegać). Ale niezależnie od rodzaju każdy z tych dystansów wymaga od nas jednej rzeczy: przekroczenia bieżącego momentu, w którym znajduje się nasz umysł. Zrobienia kroku wstecz. Trope utrzymuje, że im większego nabierasz dystansu, tym ogólniejsza i bardziej abstrakcyjna staje się perspektywa twojego widzenia i interpretowania; im bardziej oddalasz się od swojego punktu widzenia, tym szerszy obraz sytuacji zdobywasz. I odwrotnie, im bardziej się zbliżasz, tym twoje myśli stają się bardziej konkretne, określone, praktyczne; z im mniejszej odległości patrzysz, tym mniejszy i ograniczony masz przed sobą obraz.

> *Im bardziej oddalasz się od swojego punktu widzenia, tym szerszy obraz sytuacji zdobywasz*

Z kolei to, na jakim poziomie wnioskujemy, wpływa na naszą ocenę sytuacji i ostateczny wybór postępowania. Zmiana dystansu oddziałuje nawet na sposób, w jaki nasze mózgi przetwarzają informacje na poziomie neuronalnym (angażuje się w ten proces zwłaszcza kora przedczołowa i przyśrodkowy płat skroniowy).

Zasadniczo dystans psychologiczny zapewnia jedną rzecz – angażuje system Holmesa. Wymusza spokojną reflcksję. Dystansowanie się, jak wykazano, poprawia umiejętności poznawcze, od rozwiązywania problemów po zdolność ćwiczenia samokontroli. Dzieci, które używają technik psychologicznego dystansu (na przykład wizualizowanie pianki cukrowej jako puszystych chmurek – technika, do której jeszcze wrócimy), lepiej przyjmują odsunięcie w czasie gratyfikacji i czekanie na większą nagrodę. Dorośli proszeni o przerwanie działań i wyobrażenie sobie sytuacji z ogólniejszej perspektywy dokonują trafniejszych osądów, mają lepszą samoocenę i niższą reaktywność emocjonalną. Osoby, które korzystają z dystansowania się w typowym rozwiązywaniu problemów, mają o wiele lepsze wyniki niż pozostali. Również ci, którzy z większego dystansu obserwują scenę polityczną, potrafią wyrobić sobie pogląd lepiej wytrzymujący próbę czasu.

Wyobraź sobie takie ćwiczenie: masz przed sobą wielką, skomplikowaną układankę, nie wiesz, co przedstawia, bo pudełko z obrazkiem zginęło, a na domiar złego do twojej układanki zaplątały się kawałki z innych, podobnych puzzli. Nie wiesz więc nawet, które elementy należą do twojej układanki, a które nie. Aby ją prawidłowo złożyć, musisz mniej więcej stworzyć sobie obraz całości. Niektóre kawałki odnajdziesz od razu: rogi, brzegi, kolory i wzory, które w oczywisty sposób do siebie pasują. I zanim się spostrzeżesz, zaczniesz przed sobą widzieć kierunek, w jakim zmierza układanka, i miejsca, do których pasują nierozstawione jeszcze elementy.

Ale twoje szanse na właściwe ułożenie puzzli są nikłe, jeśli nie dasz sobie na wstępie czasu na zapoznanie się ze wszystkimi elementami, wyodrębnienie z nich tych, od których trzeba zacząć, i wyobrażenie sobie, jak wygląda cały obrazek. Próby zestawiania ze sobą przypadkowych kawałków mogą trwać wieczność i wywołać niepotrzebną frustrację; przypuszczalnie też nigdy nie doprowadzą nas do właściwego rozwiązania.

Powinieneś więc opanować dwa tryby postępowania: gromadzenie poszczególnych, określonych elementów (z ich szczegółami, kolorami, wszystkim, co ze sobą niosą) i odwoływanie się do szerszego, całościowego obrazu (ogólne wrażenie, które oddaje sens całokształtu), aby móc rozwiązać układankę. Oba spojrzenia są niezbędne. Kiedy wszystkie kawałki zostaną zebrane za pomocą bliskiej obserwacji, połączenie ich ze sobą tak, by pasowały, wymaga dystansu wyobraźni. Może to być każdy z opisanych przez Trope'a dystansów – czasowy, przestrzenny bądź hipotetyczny – ale dystans musi zaistnieć.

Kiedy byłam mała, uwielbiałam zabawę w „tak lub nie". Jedna osoba przedstawia zagadkę (moja ulubiona z dzieciństwa: na podłodze leżą Joe i Mandy, nie żyją, dookoła rozbite szkło, kałuża wody i piłka bejsbolowa; co się stało?), pozostali starają się ją rozwiązać, stawiając pytania, na które można odpowiedzieć tylko „tak" lub „nie". Mogłam się w to bawić godzinami, wciągając innych w takie dziwaczne spędzanie czasu. Zagadki były dla mnie wówczas wyłącznie świetną rozrywką i sprawdzianem mojej detektywistycznej sprawności. Głównym powodem, dla którego tak je lubiłam, było to, że zmuszały mnie do radzenia sobie z zadaniami.

Dopiero teraz rozumiem w pełni, jak pomysłowa była ta metoda wymuszonych pytań – czy chciałeś tego, czy nie, musiałeś oddzielać obserwację od dedukcji. W pewnym sensie w tę zabawę wbudowana jest mapa drogowa prowadząca do rozwiązania zagadki: sukcesywnie, robiąc sobie częste przerwy, pozwalamy wyobraźni na konsolidowanie, przebudowywanie informacji, które zdobywamy. Nie prześlizgniemy się. Obserwujemy, uczymy się, mamy czas na rozpatrzenie różnych możliwości, kątów widzenia, na wypróbowanie, jakie ustawienie elementów jest właściwe, sprawdzenie, czy nie wyciągnęliśmy wcześniej błędnego wniosku. Zagadki na tak lub nie wymuszają dystans wyobraźni. (Rozwiązanie zagadki z Joe i Mandy: to złote rybki; przez okno wpadła piłka i rozbiła akwarium, w którym pływały).

A co w sytuacji, kiedy brakuje nam takiej mapy drogowej? Jak powinno się wytworzyć dystans? W jaki sposób przezwyciężyć watsonowską nieumiejętność oderwania się i skąd wiedzieć, tak jak Holmes, kiedy i jak skierować myśli na inne tory i zająć swój umysł lżejszymi sprawami? Tak się składa, że nawet cechy uważane za wrodzone, jak kreatywność i wyobraźnia, można wprowadzić na ścieżkę, która pójdzie w poprzek prostego podziału na to, co jest nam dane, i na to, co nie.

Zdystansuj się, robiąc coś innego

Cóż to może być za problem, którego rozwiązanie wymaga wypalenia trzech fajek? Z całą pewnością nie ma go wśród typowych problemów opisanych w literaturze psychologicznej, choć najwyższy czas, by tam się znalazł. W „Lidze rudzielców" Sherlock Holmes trafia na tajemniczą sprawę, której na pierwszy rzut oka nie da się sensownie wytłumaczyć. Bo po co przyjmować kogoś do pracy wyłącznie ze względu na kolor włosów i wysoko go opłacać za siedzenie w określonych godzinach w gabinecie? Kiedy niejaki pan Wilson, mężczyzna o płomiennorudych włosach, opuszcza mieszkanie Holmesa po przedstawieniu swojej historii, detektyw mówi do Watsona, że musi w tej sprawie działać szybko. „Co zamierzasz zrobić?" – pyta Watson, jak zwykle nader zaciekawiony dalszym rozwojem wydarzeń. Odpowiedź Holmesa może się wydawać co nieco zaskakująca: „Zapalić", albowiem „rozwiązanie tego problemu może wymagać wypalenia nawet trzech fajek, i muszę cię prosić, byś się do mnie nie odzywał przez najbliższych pięćdziesiąt minut. To rzekłszy, zagłębił się w fotelu, podkulił kolana aż pod swój jastrzębi nos i zamknął oczy. Czarna gliniana fajka wystawała mu z ust i przypominała dziób jakiegoś dziwnego ptaka. Uznałem, że przyjaciel zasnął, i sam zacząłem zapadać w drzemkę, kiedy nagle zerwał się z fotela i odłożył fajkę na kominek. Jego mina świadczyła o tym, że podjął ważną decyzję".

Tak więc „problem na trzy fajki" to taki problem, który wymaga robienia czegoś innego niż myślenie bezpośrednio o tym problemie. Czegoś takiego, jak na przykład palenie fajki w warunkach ciszy i koncentracji (i kłębów dymu, jak można się spodziewać) przez odpowiedni czas, trwający tyle, ile wypalenie trzech fajek. Należy on przypuszczalnie do jednego z podzbiorów w skali „od problemu na jedną fajkę po problem na tak dużą liczbę fajek, by można je było wypalić, nie tracąc przy tym zdrowia i co za tym idzie, nie wystawiając na szwank powodzenia całego przedsięwzięcia".

„Problem na trzy fajki" to taki problem, który wymaga robienia czegoś innego niż myślenie bezpośrednio o tym problemie

Holmes, oczywiście, odpowiadając w ten sposób, ma na myśli coś więcej. Fajka jest dla niego tylko środkiem do celu (jednym z wielu), czyli wytworzenia psychologicznego dystansu między sobą a rozwiązywanym problemem, tak by dać zdobytym obserwacjom – czyli temu, czego się dowiedział z opowieści gościa i jego wyglądu – osiąść w umyśle i powoli przebić się z ważnymi dla sprawy elementami przechowywanymi na poddaszu. Dowie się dzięki temu procesowi, jakie kroki powinien podjąć w sprawie. Watson spodziewa się po nim, jak to zasugerował w pytaniu, natychmiastowego działania. Holmes jednak odgradza się od problemu fajką. Pozwala swojej wyobraźni, by nie niepokojona robiła swoje.

Co prawda fajka jest tylko środkiem do celu, ale środkiem bardzo ważnym, materialnym. To, że mamy do czynienia z bardzo konkretnym przedmiotem i bardzo konkretną aktywnością, jest faktem znaczącym. Przerzucenie się na inne działanie, na coś pozornie niemającego związku z naszym problemem, jest jednym z czynników najbardziej sprzyjających stworzeniu dystansu niezbędnego do wprowadzenia pracy wyobraźni. Tę taktykę Holmes stosuje często i z dużym powodzeniem. Nie tylko pali fajkę – gra również na skrzypcach, chodzi do opery i słucha muzyki.

To jego ulubione zajęcia dystansujące.

W takim zajęciu nie tyle jest ważny jego rodzaj, ile jego konkretny charakter i tkwiące w nim możliwości przekierowania twoich myśli. Musi ono się charakteryzować kilkoma cechami:

1) nie może być pokrewne z tym, nad czym pracujesz (jeśli rozwiązujesz zagadkę kryminalną, nie powinieneś się przerzucać na rozwiązywanie innej; jeśli zastanawiasz się nad ważnym zakupem, nie powinieneś iść na jakieś inne zakupy itp.);
2) nie powinno wymagać od ciebie wielkiego wysiłku (np. jeśli zechcesz opanować nową umiejętność, twój mózg będzie zbyt zajęty, by uwolnić dodatkowe rezerwy do przeczesywania poddasza; jeśli nie jesteś, jak Holmes, wirtuozem skrzypiec, gry na skrzypcach raczej się nie zaleca);
3) równocześnie jednak powinno cię do jakiegoś stopnia angażować (gdyby Holmes nienawidził palenia fajek, „problem na trzy fajki" nie byłby mu bliski; podobnie, gdyby palenie go nudziło, jego umysł byłby zbyt apatyczny, by wdawać się w procesy na jakimkolwiek poziomie, nie byłby też zdolny tak się oderwać, robiąc tym wielkie wrażenie na Watsonie).

Kiedy decydujemy się na wewnętrzną zmianę biegów, przerzucamy w efekcie problem, który próbujemy rozwiązać, ze świadomości w podświadomość. Podczas gdy wydaje nam się, że robimy coś innego – i rzeczywiście sieć naszej uwagi zaangażowana jest w coś innego – nasz mózg tak naprawdę nie przestaje pracować nad rozwiązywanym przez nas problemem. Mogłeś opuścić poddasze, by zapalić fajkę czy zagrać sonatę, ale w punkcie etapowym nadal odbywa się gorączkowa aktywność, z wyciąganiem na światło różnych wątków, wypróbowywaniem różnych kombinacji i ocenianiem różnych metod działania.

Kluczem do zdiagnozowania niezdolności Watsona do wytwarzania dystansu między sobą a sprawą może być to, że nie znalazł odpowiedniej dla siebie, angażującej, choć niezbyt pochłaniającej, aktywności zastępczej. W niektórych sytuacjach doktor próbuje czytać. Zbyt trudne zadanie: nie tylko nie potrafi się skupić na lekturze, co całą aktywność czyni zbędną, ale nie może również się powstrzymać od myślenia o sprawie, o której właśnie nie powinien myśleć. (Dla Holmesa zaś czytanie i pisanie jest odpowiednią metodą dystansowania się, jak w przypadku polifonicznych motetów di Lasso). Innym razem Watson stara się trwać w kontemplacji. Ale to zbyt nudne, mówi – i wkrótce niemal zapada w drzemkę. W obu przypadkach nabranie dystansu się nie udaje. Jego umysł nie robi tego, co robić powinien. A powinien wyłączać się z otoczenia i wprowadzać w stan bardziej rozproszonej uwagi (ten sam stan aktywności bazowej, który funkcjonuje, kiedy mózg odpoczywa). To przeciwieństwo problemu dekoncentracji, na który natknęliśmy się w poprzednim rozdziale. Bo teraz Watson nie potrafi się zdekoncentrować dostatecznie. Zamiast przestać się koncentrować na sprawie, pozwala, by sprawa odciągała jego uwagę od wybranej dekoncentracji, przez co nie odnosi żadnego pożytku ani ze skoncentrowanej myśli, ani z rozproszonej uwagi.

Dekoncentracja czasami popłaca. Wszystko zależy od momentu i rodzaju występowania. (Ciekawa rzecz: lepiej rozwiązujemy nasze problemy wewnętrzne, kiedy jesteśmy zmęczeni albo odurzeni. Dlaczego? Funkcje kontrolne umysłu są stłumione, więc informacje normalnie uznawane za dekoncentrujące teraz są przepuszczane. W ten sposób lepiej zauważamy odległe skojarzenia). Poprzedni rozdział zajmował się nieuważną dekoncentracją, teraz, odwrotnie, mówimy o dekoncentracji uważnej. Do tego jednak, by ją osiągnąć, potrzebny jest wybór odpowiedniej aktywności, takiej jak palenie fajki, granie na skrzypcach, opera czy coś zupełnie innego. Musi to być coś na tyle angażującego, by nas dobrze zdekoncentrowało, ale nie na tyle pochłaniającego, by zdławiło snującą się w tle refleksję. Z chwilą gdy dokonamy właściwego wyboru, możemy odpowiednio nazwać problemy i decyzje, z którymi chcemy się zmierzyć: „na trzy fajki", „na dwa ruchy", „na jedną wizytę w muzeum". Pomysłów może być wiele. W zasadzie jest jedna taka aktywność wprost szyta na miarę naszych potrzeb. To aktywność najprostsza – spacer (praktykował ją Holmes, kiedy doznał iluminacji w „Lwiej grzywie"). Wielokrotnie wykazywano, że spacery stymulują kreatywne myślenie i rozwiązywanie problemów. Zwłaszcza spacery na łonie natury, na przykład w lesie, mniej na terenach miejskich (choć lepsze to niż nic, nawet przechadzka wzdłuż trzypasmowej jezdni pomaga). Po spacerze ludzie lepiej rozwiązują problemy; potrafią dłużej wytrwać nad trudnym zadaniem; łatwiej przychodzą im do głowy wnikliwe pomysły (jak połączenie czterech kropek sprzed kilku stron). I wszystko to dzięki przechadzce wśród drzew pod otwartym niebem. Kiedy obcujemy z naturą, wzrasta nasze poczucie dobrostanu, a to z kolei wspomaga rozwiązywanie problemów i kreatywne myślenie, regulowanie uwagi i mechanizmu kontroli poznawczej w mózgu, przygotowując odpowiedni grunt pod pracę wyobraźni w stylu Holmesa.

Spacery stymulują kreatywne myślenie i rozwiązywanie problemów. Zwłaszcza spacery na łonie natury

Czasami, kiedy presja jest tak wielka, że nie możemy sobie z nią poradzić i jak Watsonowi nie udaje nam się nawet zastanowić nad wszczęciem jakiejś innej aktywności, spacer może być zastąpiony obrazami przyrody na ekranie. Nie jest to idealne wyjście z sytuacji, ale taka sztuczka zastosowana z konieczności może się udać. Nabieranie dystansu, podobnie jak spacer czy fajka Holmesa, może nam też ułatwić wzięcie prysznica, który również często kojarzy się z myśleniem z wyobraźnią. (Choć z drugiej strony, ileż może trwać branie prysznica? „Problem na trzy fajki" oznaczałby, że mamy przed sobą prysznic nie lada, więc w takich przypadkach lepszym rozwiązaniem może być jednak spacer). Podobnie słuchanie muzyki (u Holmesa skrzypce i opera) oraz zajęcia stymulujące wzrokowo, jak oglądanie iluzji wizualnych oraz obrazów abstrakcyjnych. W każdym przypadku rozproszenie uwagi robi swoje. Ponieważ poziom hamowania w mózgu się obniża, sieć uwagi zawłaszcza wszystko, co nas zajmuje. Interesuje się wszystkim, co do nas dociera. Sprawia, że chwytamy odległe skojarzenia, uaktywniamy niepowiązane z daną sytuacją wspomnienia, myśli i doświadczenia, które mogą teraz pomóc w dokonaniu syntezy materiału.

Procesy zachodzące w naszej podświadomości mają wielką siłę, o ile damy im czas i przestrzeń do działania. Zastanówmy się nad klasycznym sposobem rozwiązywania problemów, znanym jako test odległych skojarzeń. Spójrz na te słowa:

„błyskawiczny",
„warowny",
„hokejowy".

Teraz spróbuj przywołać słowo, które z każdym z tych trzech słów może stworzyć wyraz złożony bądź związek dwóch słów. Zrobione? Jak długo to trwało? W jaki sposób dochodziłeś do rozwiązania? Istnieją dwa sposoby rozwiązania tego zadania. Jeden bierze się z wglądu, czyli znalezienia odpowiedniego słowa po kilku sekundach poszukiwań, drugi z podejścia analitycznego, czyli wypróbowywania słowa za słowem, aż w końcu znajdzie się to właściwe. Tutaj prawidłową odpowiedzią jest „zamek" i możemy na nią wpaść albo przez nagłe przywołanie właściwego słowa, albo przez dopasowywanie wielu innych z listy możliwych kandydatów („lot"? – pasuje do „błyskawicznego", ale do „warownego" i „hokejowego" już nie. „Odzew"? – sytuacja podobna. I tak dalej).

Pierwszy ze sposobów można opisać jako wyciąganie różnych rzeczy z przeciwległych kątów poddasza i włączanie ich w treści z pozoru z nimi niezwiązane, które jednak, gdy tylko je zestawimy, utworzą spójne znaczenie. Drugi przypomina sukcesywne przeszukiwanie poddasza, pudełko za pudełkiem, powolne i bolesne, i odrzucanie jednego za drugim przedmiotów niepasujących do naszej układanki – póki nie odnajdziemy tego, który będzie nam idealnie pasował. Pod nieobecność wyobraźni utkniemy niczym Watson, niezbyt radząc sobie z problemami za pomocą tej drugiej, mało wydajnej metody.

O ile jednak w przypadku naszego zadania dotyczącego odległych skojarzeń Watson, stosując tę metodę, mógłby dotrzeć do prawidłowej odpowiedzi, to w prawdziwym życiu nie miałby żadnej gwarancji sukcesu. Dlaczego? Bo brakowałoby mu pięknie ułożonych przed oczami elementów, w rodzaju naszych trzech wyjściowych słów. Nie wygospodarował nawet niezbędnej dla wglądu przestrzeni w umyśle, by się na taką możliwość otworzyć. Nie ma pojęcia, jakie elementy do takiego zestawienia byłyby potrzebne. Innymi słowy, umyka mu sama koncepcja problemu. Nawet jego mózg podczas rozwiązywania problemu będzie się różnił od mózgu Holmesa – czy problemem będzie skojarzenie słowne, czy sprawa przedsiębiorcy budowlanego.

Na pierwszy rzut oka, gdyby Watson sam doszedł do prawidłowej odpowiedzi, natychmiastowa różnica mogłaby być niewidoczna. Zarówno w przypadku Holmesa, jak i Watsona skan mózgu wykaże, że rozwiązanie zostało uzyskane na mniej więcej trzy setne milisekundy wcześniej, niż każdy z nich zdał sobie z tego sprawę. W szczególności zauważymy wzmożoną aktywność prawego przedniego płata skroniowego (obszar tuż nad jego prawym uchem odpowiedzialny za złożone procesy poznawcze) i wzrost aktywacji prawego przedniego zakrętu kory mózgowej (obszar powiązany z percepcją prozodii emocjonalnej – rytmu i intonacji językowych wywołujących pewne uczucia – i z łączeniem odrębnych informacji w spójne znaczenia językowe).

Ale Watson może nigdy na to rozwiązanie nie wpaść, a my na długo przed nim będziemy wiedzieli, że tak się to skończy. Podczas gdy on głowi się nad łamigłówką, my jesteśmy w stanie ocenić, czy obrał prawidłowy kierunek, obserwując aktywność neuronalną jego mózgu w dwóch obszarach: lewym i prawym płacie skroniowym (odpowiedzialnym za przetwarzanie informacji leksykalnych i semantycznych) oraz w korze czołowej wraz z przednim zakrętem obręczy (odpowiedzialnej za włączanie uwagi i wykrywanie niespójnych i sprzecznych aktywności). Ta ostatnia aktywność jest szczególnie intrygująca, bo wskazuje na proces, dzięki któremu mamy wgląd w zagadkową kwestię: przedni zakręt obręczy jak gdyby czeka na wyłapanie różnych sygnałów z mózgu – nawet tych słabych, wysyłanych nieświadomie – i przekierowywanie na nie uwagi, by uzyskać rozwiązanie. Inaczej mówiąc, wzmacnia informacje już istniejące, ale wymagające lekkiego „pchnięcia", by mogły być zintegrowane i przetworzone w całość.

W mózgu Watsona nie ujrzymy w tym obszarze szczególnej aktywności. Za to mózg Holmesa opowiedziałby nam zupełnie inną historię. W zasadzie, gdybyśmy chcieli po prostu porównać mózgi Watsona i Holmesa, odkrylibyśmy znaki wskazujące na predyspozycję do wglądu u Holmesa (i jej brak u Watsona), nawet gdyby jego umysł nie był akurat nakierowany na jakiś cel. Odkrylibyśmy w szczególności, że mózg detektywa wykazuje większą aktywność niż przeciętny „mózg watsonowski" w obszarach prawej półkuli, odpowiedzialnych za przetwarzanie informacji leksykalnych i semantycznych, i że widać większą rozproszoną aktywację w jego systemie wzrokowym.

Co te różnice oznaczają? Prawa półkula jest bardziej zaangażowana w przetwarzanie takich odległych i niepowiązanych skojarzeń, które często się łączą w chwilach wglądu. Lewa skupia się raczej na bliższych, bardziej widocznych połączeniach. Z określonego wzoru towarzyszącego wglądowi mózg dowiaduje się, że jest już gotowy do przetworzenia skojarzeń, które na pierwszy rzut oka w ogóle na skojarzenia nie wyglądają. Innymi słowy umysł, który dostrzega związek w czymś, co na pozór nie ma żadnego związku, potrafi dostać się do nieprzebranych zasobów idei i wrażeń i wykryć nawet kruche powiązania, które mogą być później wzmocnione dla rozpoznania głębszego znaczenia, jeśli takie znaczenie istnieje.

Umysł, który dostrzega związek w czymś, co na pozór nie ma żadnego związku, potrafi dostać się do nieprzebranych zasobów idei i wrażeń

Może nam się wydawać, że wgląd pojawia się znikąd, ale w rzeczywistości pochodzi z bardzo określonego miejsca: z poddasza i dokonującego się tam procesu, podczas którego jesteśmy zajęci czymś innym. Fajka, skrzypce, spacer, koncert, prysznic mają ze sobą jeszcze jeden wspólny element oprócz tego, że wszystkie spełniają kryterium aktywności ułatwiającej nam stworzenie dystansu. Otóż pozwalają naszym umysłom się zrelaksować. Zdejmują z nas presję. W zasadzie wszystkie ich wymienione wcześniej cechy – to, że nie mają związku z rozwiązywanym problemem, że nie wymagają wielkiego wysiłku, tylko wysiłku wystarczającego – wszystko to stwarza odpowiednie warunki do neuronalnej relaksacji. Nie możemy się zrelaksować, pracując nad rozwiązaniem problemu, czyli nie mogąc się oderwać. Podobnie relaks nie jest możliwy, kiedy zajmujemy się czymś, co wymaga wysiłku.

Z kolei jeśli będziemy zbyt rozluźnieni, uniemożliwi nam to zrobienie czegokolwiek poza zapadnięciem w sen. Nawet jeśli podczas dystansowania się od problemu nie dojdziemy do natychmiastowych wniosków lub nie osiągniemy odpowiedniej perspektywy, mamy duże szanse wrócić do tego problemu później, z odświeżonym, gotowym do większego wysiłku umysłem.

W 1927 roku przedstawicielka tzw. psychologii Gestalt[12] Bluma Zeigarnik zauważyła śmieszną rzecz: kelnerzy w wiedeńskiej re-

12 Psychologia Gestalt lub psychologia postaci – stworzony na początku XX w. przez Maksa Wertheimera kierunek w psychologii, w którym, najogólniej mówiąc, przyjmuje się, że człowiek i jego życie psychiczne są spójną całością (przyp. red.).

stauracji pamiętali tylko te zamówienia, które akurat obsługiwali. Gdy tylko zamówienie zostało zrealizowane, wymiatali je z pamięci. Zeigarnik zrobiła więc to, co zrobiłby każdy dobry psycholog: wróciła do swojego laboratorium i opracowała badanie. Grupa dorosłych i dzieci dostała do wykonania od osiemnastu do dwudziestu dwóch zadań (zarówno fizycznych, na przykład lepienie z gliny, jak i umysłowych, na przykład układanie puzzli), ale połowa z tych zadań została przerwana i nie można ich było dokończyć. Pod koniec uczestnicy znacznie lepiej pamiętali niedokończone zadania niż te zakończone. Zeigarnik przypisała to odkrycie stanowi napięcia towarzyszącemu czekaniu na koniec. Nasz umysł chce wiedzieć, co będzie dalej. Chce skończyć. Chce kontynuować pracę – i kontynuuje ją, nawet jeśli powiemy mu „stop". Spośród wszystkich zadań będzie pamiętać właśnie to, które nie zostało ukończone.

To omówiona już przez nas wcześniej potrzeba domknięcia, pragnienie naszego umysłu, aby zlikwidować stan niepewności i doprowadzić do końca przerwaną robotę. Potrzeba ta motywuje nas, byśmy pracowali ciężej, lepiej i do samego końca. A jak już wiemy, umysł zmotywowany staje się umysłem o wiele potężniejszym.

Dystansuj się przez prawdziwe oddalenie

Powiedzmy jednak, że tak jak Watsonowi nie udaje nam się skorzystać z jakiegoś zajęcia, które pozwoliłoby przestawić myślenie na coś innego – nawet gdybyśmy mieli do wyboru wszystkie proponowane powyżej możliwości. Co wtedy? Na szczęście proces nabierania dystansu nie ogranicza się do zmiany aktywności (choć jest to jeden z łatwiejszych sposobów). Innym sposobem na wprowadzenie dystansu psychologicznego jest fizyczne oddalenie się na większą odległość. Przemieszczenie się w przestrzeni. Watson na przykład, zamiast siedzieć i przyglądać się współlokatorowi, wstaje i wychodzi z mieszkania na Baker Street. Holmes jest w stanie zmienić miejsce pobytu w myślach, ale ludziom obdarzonym mniejszą niż on determinacją fizyczne oddalenie może bardzo pomóc.

Zresztą nawet wielki detektyw posługuje się tą metodą, kiedy napędzana przez wyobraźnię inspiracja go zawodzi. W „Dolinie strachu" Holmes zamierza opuścić hotel, w którym głównie przeprowadzał swoje dociekania, i powrócić wieczorem na miejsce zbrodni, gdzie prowadzone jest śledztwo. „Wieczór w samotności!" – wykrzykuje Watson. To jednak przesada. Nonsens, odpiera zarzut Holmes. „Teraz zamierzam się tam udać. Zorganizowałem to z naszym szacownym Amesem, który bynajmniej nie pała sympatią do Barkera. Posiedzę w tym pokoju, może jego atmosfera natchnie mnie jakimś pomysłem. Wierzę w *genius loci*. Uśmiechasz się, mój przyjacielu? Zobaczymy".

Czy Holmes znajduje tam natchnienie? Znajduje. Następnego ranka ma już gotowe rozwiązanie tajemnicy. Jak to możliwe? Czy to rzeczywiście *genius loci* przyniósł Holmesowi oczekiwane natchnienie? Rzeczywiście mogło się tak stać. Miejsce pobytu wpływa na nasze myślenie w najbardziej bezpośredni sposób, może nawet wywierać na nas wpływ fizyczny. Prowadzi nas to do jednego z najsłynniejszych eksperymentów psychologicznych – do psa Pawłowa.

> *Miejsce pobytu wpływa na nasze myślenie w najbardziej bezpośredni sposób, może nawet wywierać na nas wpływ fizyczny*

Iwan Pawłow chciał pokazać, że bodziec fizyczny (w tym przypadku był nim dźwięk, ale równie dobrze może to być bodziec wzrokowy, zapachowy albo ogólnie otoczenie) wywołuje taką samą reakcję jak nagroda. Przez jakiś czas dawał sygnał dzwonkiem, by następnie karmić swoje psy. Na widok jedzenia psy zawsze się ślinią. Ale już po krótkim czasie zaczęły się ślinić na sam odgłos dzwonka, zanim poczuły lub zobaczyły jedzenie. Dzwonek działał jak bodziec wyprzedzający, wywołując fizyczną reakcję na jedzenie.

Teraz już wiemy, że ten typ wyuczonego skojarzenia wykracza daleko poza kwestię psów, dzwonków i mięsa. Wzorce prowadzące do tego, że nieszkodliwy dzwonek wywołuje przewidywalną reakcję naszego mózgu, tworzą się w nas automatycznie. Kiedy na przykład wchodzimy do gabinetu lekarza, sam specyficzny zapach tego miejsca wywołuje „trzepotanie" w brzuchu - nie dlatego, że czeka nas bolesny zabieg (mogliśmy tu przyjść tylko po jakieś dokumenty), ale z powodu wyuczonego kojarzenia tego miejsca z niepokojem towarzyszącym wizytom u lekarza.

Wyuczone skojarzenia są wszechobecne. Na przykład lepiej przypominamy sobie opanowany materiał w miejscu, gdzie się go uczyliśmy. Studenci rozwiązujący testy w pomieszczeniu, w którym się uczyli, osiągają lepsze wyniki niż gdy te same testy daje im się do rozwiązania w nowym otoczeniu. Analogicznie, jeśli określone miejsce kojarzy ci się z nudą, frustracją lub rozproszeniem, nie powinieneś w nim się uczyć. Miejsca wiążą się ze wspomnieniami zarówno na poziomie neuronalnym, jak i fizycznym. Na ogół kojarzą się z typem aktywności, którą tam wykonujemy, i jest to wzorzec wyjątkowo trudny do złamania. Oglądanie telewizji w łóżku może nam utrudniać zasypianie (chyba że mamy zwyczaj zasypiać przy telewizorze). Siedzenie przez cały dzień przy tym samym biurku nie pozwala nam się przełamać w chwilach, kiedy nasz umysł się zablokuje. Ścisły związek między miejscem a myśleniem uzasadnia, dlaczego tak wielu ludzi nie może pracować w domu i woli wychodzić z pracą do biura. Nie są przyzwyczajeni do pracy w domu, dekoncentrują ich zajęcia, które wykonują w ramach codziennego krzątania się po nim. Takie skojarzenia na poziomie neuronalnym nie tworzą sprzyjających warunków do załatwiania spraw związanych z pracą. Nie ma tam po prostu odpowiednich tropów pamięciowych, a te, które są, w ogóle nie powinny być aktywowane.

To również dobry przykład na to, dlaczego spacery mogą być tak efektywne. O wiele trudniej poddać się przeciwskutecznemu wzorcowi myślowemu, jeśli nasze otoczenie ciągle się zmienia. Charakter miejsca oddziałuje na myślenie. Zmiana miejsca prowokuje nas do zmiany myślenia. Unieważnia nasze głęboko zakorzenione skojarzenia, a przez to pozwala uruchomić nowe, badać ścieżki myślenia, których wcześniej nie braliśmy pod uwagę. O ile wyobraźnia może być skrępowana naszymi codziennymi miejscami pobytu, o tyle wyrwanie z wyuczonych ograniczeń ją wyzwala. W nowym otoczeniu nie mamy wspomnień, nie włączą się żadne neuronalne połączenia „uziemiające" naszą wyobraźnię. I na tym właśnie polega tajemniczy związek między wyobraźnią a fizycznym oddaleniem. Wraz ze zmianą perspektywy widzenia w nowym otoczeniu zmienia się przede wszystkim perspektywa naszego myślenia.

> *Zmiana miejsca prowokuje nas do zmiany myślenia. Unieważnia nasze głęboko zakorzenione skojarzenia, a przez to pozwala uruchomić nowe*

Nawet Holmes czerpie z tego mechanizmu korzyści, choć przecież w przeciwieństwie do Watsona nie potrzebuje prowadzenia go za rączkę i wypychania na siłę z mieszkania na Baker Street, by nabrał mentalnego dystansu. Wróćmy raz jeszcze do dziwnej decyzji Holmesa z „Doliny strachu", aby spędzić w samotności noc w pokoju, gdzie popełniono morderstwo. W świetle tego, co już wiemy o powiązaniach między miejscem, pamięcią a dystansem wyobraźni, jego wiara w *genius loci* nie powinna wydawać się dziwna. Holmes nie wierzy bynajmniej w to, że zrekonstruuje bieg wydarzeń wyłącznie dzięki spędzeniu jakiegoś czasu w miejscu, gdzie popełniono zbrodnię. Liczy po prostu na to, że zadziała mechanizm, który przed chwilą dokładnie omówiliśmy. Przenosząc się w inne miejsce, w tym przypadku bardzo specyficzne, chce sobie zapewnić zmianę perspektywy myślenia. Specyficzna jest również perspektywa – chodzi mu o przejęcie punktu widzenia ludzi bezpośrednio zamieszanych w morderstwo. Dzięki tej zmianie uwalnia swoją wyobraźnię od obciążeń związanych z własnymi doświadczeniami, wspomnieniami i skojarzeniami, by podążyć tropem myślenia tych ludzi. Jakiego typu skojarzenia mógł w nich wywołać ten pokój? W jaki sposób mógł ich zainspirować? Holmes uświadamia sobie zarówno potrzebę wejścia w głowy aktorów tego dramatu, jak i trudności, jakie to za sobą pociąga – łącznie z tymi elementami sprawy, które mogą nie pasować do wyłaniającego się obrazu sytuacji.

Czy może być lepszy sposób na zepchnięcie na bok wszystkich zaciemniających obraz informacji i skupienie się na kluczowych szczegółach, tak jak je widzieli bohaterowie interesujących nas wydarzeń, niż spędzenie samotnego wieczoru na miejscu zbrodni? Oczywiście, Holmesowi będą tam nadal potrzebne umiejętności oparte na obserwacji i wyobraźni, ale dodatkowo będzie miał teraz dostęp do scenerii wydarzeń i tych jej elementów, z którymi miały do czynienia związane ze zbrodnią osoby. Od tego punktu począwszy będzie mógł się poruszać dalej już po pewniejszym gruncie.

I rzeczywiście – to on pierwszy zauważa w tym pokoju pojedynczy ciężarek do ćwiczeń, natychmiast domyślając się, że ten drugi od pary musiał odegrać jakąś rolę w rozwoju wypadków. Tu też wpada na pomysł, co się mogło z nim stać: prawdopodobnie został wyrzucony przez jedyne w tym pokoju okno. Dzięki przeprowadzonym tu poszukiwaniom detektyw porzuca swoje początkowe przypuszczenia, odkrywając, jaki był prawdziwy przebieg wydarzeń. Otoczenie pozwala mu przeniknąć sposób myślenia zamieszanych w zbrodnię osób i wyjaśnić wszystkie szczegóły, które do tej pory rysowały się bardzo mgliście.

Sherlock Holmes przywołuje więc zasady działania pamięci kontekstualnej, które przed chwilą omawialiśmy. Posługuje się kontekstem, aby uzyskać zmianę perspektywy i uruchomić wyobraźnię. Co ktoś, kto w tym, a nie innym pokoju, o tej, a nie innej porze dnia popełnił zbrodnię, mógł przypuszczalnie zrobić lub pomyśleć? Gdyby nie zmiana miejsca i zdobyty przez to dystans, nawet wyobraźnia Holmesa mogła się okazać bezradna. Przecież przed tym wieczorem nie mógł sobie wyobrazić jako jednego z możliwych rozwiązań tego, co wydarzyło się naprawdę.

Nieczęsto patrzymy na świat z punktu widzenia kogoś innego w sposób głębszy, bardziej podstawowy niż prosta interakcja. Jaka może być interpretacja tej sytuacji inna od naszej? Jak ktoś inny mógłby działać w takich okolicznościach? Co mógłby myśleć, gdyby miał takie, a nie inne dane? Niezbyt często stawiamy sobie takie pytania. Nie mając treningu w stawianiu się na miejscu kogoś innego, nie potrafimy zrezygnować z egocentrycznego punktu widzenia nawet w sytuacji, gdy jesteśmy proszeni o zmianę perspektywy. W całej serii eksperymentów badacze wykazali, że ludzie przyjmują punkt widzenia innych, jedynie dopasowując go do własnego. Chodzi więc o stopień zmiany, a nie o rodzaj. Trzymamy się na ogół własnego punktu widzenia i lekko go korygujemy, zamiast całkowicie zmienić. Co więcej, kiedy osiągamy w tym procesie etap oceniany przez nas jako satysfakcjonujący, zaprzestajemy dalszego myślenia i uznajemy problem za rozwiązany: z powodzeniem przyjęliśmy cudzy punkt widzenia.

Ludzie przyjmują punkt widzenia innych, jedynie dopasowując go do własnego

Tę skłonność określa reguła dostateczności (ang. *satisficing* – od *sufficing,* wystarczająco, i *satisfying,* satysfakcjonująco), rodzaj tendencyjnej reakcji, która wykrzywia przypuszczalną odpowiedź na zadane pytanie w kierunku egocentrycznym. Gdy tylko uzyskujemy odpowiedź zgodną z regułą dostateczności, przestajemy szukać, niezależnie od tego, jak bardzo odpowiedź jest daleka od ideału. (Niedawno przeprowadzone badanie zachowań użytkowników internetu wykazało na przykład, że uczestnicy oceniający strony internetowe pozostawali pod głębokim wpływem osobistych preferencji i posługiwali się nimi jako punktem odniesienia przy redukowaniu liczby branych pod uwagę stron i kończeniu dalszego wyszukiwania. W efekcie powracali do znanych już sobie stron, nie poświęcając czasu na przeanalizowanie nowych potencjalnych źródeł informacji. Woleli też skorzystać ze streszczeń w wyszukiwarce niż wejść na te strony, by się z nimi zapoznać). Ta skłonność do błędu egocentrycznego, przejawiająca się w odpowiedziach zgodnych z regułą dostateczności, występuje ze szczególną siłą, kiedy znajdujemy wiarygodną dla siebie odpowiedź na wczesnym etapie poszukiwań. Na ogół uznajemy wtedy zadanie za wykonane, nawet jeśli daleko nam jeszcze do końca. Zmiana perspektywy, zmiana miejsca pobytu wymusza na nas refleksyjność. Wymusza na nas ponowny ogląd świata, spojrzenie na rzeczy pod innym kątem. Czasami ta zmiana perspektywy może wywołać iskrę, która umożliwi podjęcie trudnej decyzji albo zrodzić kreatywność tam, gdzie się jej wcale nie spodziewaliśmy.

Przypatrzmy się słynnemu eksperymentowi związanemu z rozwiązywaniem problemów przeprowadzonemu po raz pierwszy przez Normana Maiera w 1931 roku. Uczestnik znajdował się w pokoju, gdzie z sufitu zwisały dwa sznurki. Zadanie polegało na ich związaniu. Tyle że nie można było dosięgnąć jednego sznurka, kiedy trzymało się w ręku drugi. W pokoju znajdowały się również inne przedmioty – kijek, przedłużacz i obcęgi. Jak byś postąpił?

Większość uczestników walczyła z kijkiem i przedłużaczem, starając się ze sznurkiem w jednej ręce z całych sił pochwycić za ich pomocą koniec drugiego. Podstępne zadanie. Najbardziej eleganckie wyjście z sytuacji? Przywiązujemy obcęgi do końca jednego sznurka, robiąc z niego wahadło, łapiemy je, kiedy wychyla się w naszą stronę, wiążemy oba sznurki. Proste, przemyślne, szybkie.

Ale tylko niewiele osób potrafiło podczas rozwiązywania tego zadania zwizualizować sobie taką zmianę funkcji przedmiotu (wyobrażamy sobie obcęgi jako ciężarek, który może naciągnąć sznurek). Ci, którzy potrafili, robili inaczej tylko jedną rzecz: swoim myśleniem robili krok w tył. Patrzyli na całą sytuację z pewnej odległości. Oglądali całość i próbowali sobie wyobrazić, jak by to mogło zadziałać. Niektórym przychodziło to całkiem naturalnie; innym pomagała podpowiedź badacza, który niby przypadkiem potrącał sznurek, wprawiając go w ruch (to działanie było wystarczające, by uczestnicy zaczęli spontanicznie się domyślać rozwiązania z obcęgami). Ale nikt nie zrobił tego bez choćby nieznacznej zmiany punktu widzenia czy, używając określeń Trope'a, bez przejścia od konkretu (obcęgi) do abstrakcji (ciężarek wahadła), od kawałków układanki do układanki jako całości. Nie można przecenić siły oddziaływania, jaką ma zmiana perspektywy. Jak to ujął Holmes w „Niezwykłych wydarzeniach na moście Thor": „Gdy tylko zmienisz punkt widzenia na daną sprawę, ten jeden dowód, który do tej pory wydawał się niepodważalny, może się okazać kluczem do poznania prawdy".

Dystansuj się, stosując techniki umysłowe

Wróćmy na chwilę do sceny z „Psa Baskerville'ów", którą już raz przywoływaliśmy. Po pierwszej wizycie doktora Mortimera doktor Watson opuszcza mieszkanie i udaje się do swojego klubu. Holmes przez ten czas pozostaje w fotelu, gdzie go zastaje Watson, wróciwszy do domu o dziewiątej wieczorem. Czy Holmes przez cały dzień siedział tak, jak gdyby zapuścił korzenie? – dopytuje Watson. „Wręcz przeciwnie, Watsonie – odpowiada Holmes. – Byłem w Devonshire". „Chyba duchem?" – nie ustępuje Watson. „Dokładnie" – przyznaje detektyw.

Co właściwie robi Holmes, siedząc w fotelu, kiedy jego umysł szybuje daleko od ciała? Co się wówczas dzieje w jego mózgu? Cóż to za efektywne narzędzie wyobraźni, ważny element procesu myślowego, że prawie nigdy z niego nie rezygnuje? Uprawiane przez Holmesa umysłowe podróże znane są pod różnymi nazwami, ale najpowszechniej określa się je jako medytacje. U większości ludzi słowo „medytacja" wywołuje skojarzenia z joginami lub mnichami czy innymi równie duchowo brzmiącymi pojęciami. Ale to tylko niewielka część znaczeń, które to słowo obejmuje. Holmes ani nie jest mnichem, ani nie praktykuje jogi, a jednak rozumie, czym w swojej istocie jest medytacja: to proste ćwiczenie oczyszczające umysł. Medytacja to nic więcej niż spokojny dystans, niezbędny w naszym zintegrowanym, czerpiącym z wyobraźni i obserwacji uważnym myśleniu. To zdolność tworzenia w umyśle dystansu – zarówno przestrzennego, jak i czasowego – pomiędzy sobą a wszystkimi problemami, z którymi się zmagamy przez cały dzień. Nie musi to nawet być, jak często sądzą ludzie, sposób na niedoświadczanie niczego. Ukierunkowana medytacja może nas prowadzić do określonych celów czy miejsc (np. Devonshire), jak długo umysł nie jest zanieczyszczony żadnymi innymi zakłóceniami. Albo – ujmując rzecz precyzyjniej – jak długo umysł sam się oczyszcza z wszelkich zakłóceń i nie przestaje tego robić wraz z pojawianiem się kolejnych zakłóceń (a będą się pojawiać nieuchronnie).

W 2011 roku naukowcy z uniwersytetu w Wisconsin przeprowadzili eksperyment z grupą osób, które nie miały nawyku medytowania, instruując je tak: zrelaksujcie się, zamknijcie oczy, skupiając je na koniuszku nosa, i skoncentrujcie się na oddechu. Kiedy pojawi się jakaś myśl, zauważcie ją i delikatnie odsuńcie, ponownie kierując swą uwagę na przepływ oddechu. Uczestnicy starali się wykonywać te polecenia przez piętnaście minut. Następnie podzielono ich na dwie grupy: jedna mogła otrzymać dziewięć trzydziestominutowych lekcji medytacji w ramach pięciotygodniowego kursu, druga mogła uczestniczyć w takim szkoleniu dopiero po zakończeniu eksperymentu, nie wcześniej. Po ukończeniu pięciotygodniowego szkolenia każdy z uczestników miał po raz drugi wykonać to samo zadanie z koncentrowaniem się na koniuszku nosa. Podczas każdej sesji badacze robili pomiar aktywności elektroencefalograficznej (EEG) całego mózgu.

Wyniki tych badań wyglądają nadzwyczaj obiecująco. Nawet tak krótki trening – uczestnicy ćwiczyli średnio od pięciu do szesnastu minut dziennie – spowodował zmiany na poziomie neuronalnym. Badaczy szczególnie zainteresowała asymetria czołowa EEG wskazująca na wykształcanie się modelu powiązanego z pozytywnymi emocjami (było to widoczne po siedemdziesięciu i więcej godzinach szkolenia z technik refleksyjnej medytacji). O ile przed szkoleniami między dwiema grupami nie było różnic w odczytach, o tyle pod koniec badania w grupie, która otrzymała dodatkowe szkolenia, odkryto lewostronną asymetrię. W naukowej terminologii oznacza to zmianę w kierunku wzorca powiązanego ze stanami emocjonalnymi pozytywnymi i zorientowanymi na cel. Nam wystarczy natomiast wiedzieć, że takie stany łączą się ze zwiększeniem możliwości wyobraźni i kreatywności.

Co to wszystko oznacza? W przeciwieństwie do wcześniejszych badań, które pochłaniały bardzo dużo czasu i energii, ten skromny eksperyment przynosi niesamowite wyniki na poziomie neuronalnym. Co istotne, trening medytacyjny potraktowany był tu bardzo elastycznie – uczestnicy mogli wybrać, kiedy odbędą szkolenie i kiedy zechcą ćwiczyć. Jeszcze ważniejsze jest to, co przyznawali uczestniczący w eksperymencie ludzie: nie podejmując świadomie ćwiczeń medytacyjnych, nagle zauważali, że robiąc zupełnie coś innego, myślą o tym, czego uczyli się podczas szkoleń.

Owszem, to tylko jedno badanie, ale istnieje więcej dokonań w tej dziedzinie nauki o mózgu. Z wcześniejszych opracowań wynika, że praktyka medytacyjna oddziałuje na sieć aktywności bazowej – tę sieć rozproszonej uwagi, o której wiele mówiliśmy, ułatwiającej wglądy wyobraźni i pozwalającej mózgowi na korzystanie z odległych połączeń, gdy jesteśmy zajęci czymś innym. Osoby regularnie medytujące mają więcej połączeń funkcjonalnych w stanie spoczynkowym mózgu od osób niemedytujących. Co więcej, w jednym z badań nad efektem medytacji, trwającym osiem tygodni, naukowcy odkryli zmiany w gęstości substancji szarej u grupy uczestników, którzy przed rozpoczęciem eksperymentu nie medytowali, w porównaniu z grupą kontrolną. Zaobserwowano wzmocnienie koncentracji w lewym hipokampie, w tylnym zakręcie obręczy, w styku skroniowo-ciemieniowym i w móżdżku, czyli w obszarach odpowiedzialnych za uczenie się i pamięć, regulowanie emocji, procesy autoreferencji i obierania perspektywy. Hipokamp, styk skroniowo-ciemieniowy i tylny zakręt obręczy tworzą wspólnie sieć neuronalną wspierającą autoprojekcję (łącznie z myśleniem o hipotetycznej przyszłości) i obieranie perspektywy oraz przyjmowanie innego punktu widzenia. Innymi słowy, odpowiadają za ten typ dystansowania się, który tu omawialiśmy.

Medytacja to rodzaj myślenia. Nawyk dystansowania się skutkujący nadzwyczaj dobroczynnym mechanizmem samowzmacniania. To narzędzie, które wyposaża nasz umysł w zdolność do osiągania dystansu niezbędnego podczas myślenia z wyobraźnią. Medytacja jest o wiele łatwiejsza do przyswojenia i ma o wiele szersze zastosowanie, niż mogłyby na to wskazywać skojarzenia, jakie powszechnie sama jej nazwa wywołuje.

> *Medytacja to narzędzie, które wyposaża nasz umysł w zdolność do osiągania dystansu niezbędnego podczas myślenia z wyobraźnią*

Przyjrzyjmy się przypadkowi Raya Dalio. Prawie codziennie rano Dalio medytuje. Czasami robi to przed pracą, a czasem już w swoim biurze, przy biurku. Odchyla się do tyłu, zamyka oczy, w prosty sposób składa ręce. Nie trzeba nic więcej. „To po prostu ćwiczenie psychiczne prowadzące do oczyszczenia umysłu" – powiedział kiedyś w wywiadzie dla „New Yorkera". Dalio nie należy do osób, które mogłyby się kojarzyć z praktykowaniem medytacji. Nie jest mnichem ani fanatykiem jogi czy hippisem wyznającym wartości New Age'u. Nie robi tego też w ramach jakiegoś eksperymentu psychologicznego. Jest założycielem największego na świecie funduszu hedgingowego, Bridgewater Associates, kimś, kto ma bardzo wiele zajęć i kogo nie stać w związku z tym na marnowanie czasu. A mimo to świadomie decyduje się na codzienne poświęcanie jakiejś części tego czasu na medytację w jej najszerszym, najbardziej klasycznym znaczeniu. Medytując, Dalio rozjaśnia umysł. Przygotowuje go do długiego dnia, trzymając za pomocą relaksacji z dala od wszystkich myśli, które będą mu towarzyszyć przez wiele następnych godzin. Mogłoby się wydawać, że tylko traci czas, nie robiąc nic produktywnego. Ale właśnie te minuty spędzone w przestrzeni własnego umysłu sprawią, że Dalio będzie bardziej wydajny, elastyczny, łatwiej mu będzie się posługiwać wyobraźnią i wglądem. Krótko mówiąc, pomoże mu to w lepszym podejmowaniu decyzji.

Czy medytacja nadaje się dla wszystkich? Bo przecież przestrzeń psychiczna przez nią wytwarzana nie jest „niczym". Medytacja wymaga prawdziwej energii i koncentracji (stąd łatwiejszy jest dystans przez fizyczne oddalenie). O ile tacy ludzie jak Holmes czy Dalio mogą się zanurzyć w tę pustą przestrzeń bez problemu i z dobrym skutkiem, założę się, że Watson musiałby w tym celu stoczyć ciężką walkę. Nie potrafiąc zająć umysłu czymś innym, miałby wielkie trudności ze skupieniem się wyłącznie na oddechu dla kontrolowania napływających myśli. O wiele łatwiejsze od konieczności polegania jedynie na umyśle jest dystansowanie się fizyczne.

Na szczęście, jak już wspominałam, medytacja nie musi być wypełniona pustką. Możemy rzeczywiście się skupić na czymś tak trudnym do uchwycenia, jak oddech lub jakieś uczucie czy cielesne wrażenie, a wszystko pozostałe wyłączyć poza obręb naszej uwagi. Możemy jednak równie dobrze posłużyć się tak zwaną wizualizacją, polegającą na stworzeniu sobie w głowie określonego obrazu, który wypełni pustkę czymś bardziej namacalnym i dostępnym.

Wróćmy teraz na chwilę do „Psa Baskerville'ów", gdzie pozostawiliśmy Holmesa szybującego myślą nad Devonshire. To też jest rodzaj medytacji mającej cel, niewypełnionej pustką i niepozbawionej wyobrażeń. Wymaga ona, jak każda inna, koncentracji, ale jest łatwiejsza do osiągnięcia. Mamy konkretny plan, który wymaga skupienia i odsunięcia niepotrzebnych myśli, kierujemy na niego energię, która jest bardziej wielowymiarowa i dynamiczna niż unoszenie i opadanie oddechu. Co więcej, możemy się skupić na osiąganiu dystansu nazywanego przez Trope'a hipotetycznym, aby móc rozważyć wszystkie interesujące nas „gdyby".

Wypróbuj następujące ćwiczenie. Zamknij oczy (najlepiej kiedy już skończysz czytać tę instrukcję) i pomyśl o jakiejś sytuacji, która wywołała w tobie gniew lub wrogość, na przykład o ostatniej kłótni z bliskim przyjacielem – albo o innym równie ważnym zdarzeniu. Czy masz to w pamięci? Odtwórz sobie jak najdokładniej wszystko, co się wtedy działo, przeżywając to na nowo od początku do końca. Kiedy przez to przejdziesz, powiedz, jak się czujesz. I spróbuj najlepiej jak potrafisz opowiedzieć, co poszło nie tak. Czyja to była wina? Dlaczego? Czy myślisz, że da się to naprawić? Raz jeszcze zamknij oczy. Przywołaj tę samą sytuację. Tym razem jednak chciałabym, abyś wyobraził sobie, że dotyczy ona dwóch innych osób, a nie ciebie. Jesteś tylko małą muchą na ścianie przyglądającą się tej scenie i czyniącą spostrzeżenia. Możesz polatać dookoła, by obejrzeć pod różnymi kątami, co się dzieje, nikt cię nie zobaczy. Raz jeszcze, kiedy skończysz, powiedz, jak się czujesz, i odpowiedz na pytania postawione powyżej.

Właśnie wykonałeś klasyczne ćwiczenie psychicznego dystansowania się poprzez wizualizację. To proces odtwarzania przed oczami żywego obrazu jakichś doświadczeń i patrzenia nań z zupełnie innej perspektywy niż ta, którą mamy w pamięci. Przechodząc od scenariusza jeden do scenariusza dwa, przebyłeś drogę od konkretnego do abstrakcyjnego sposobu myślenia. Przypuszczalnie stałeś się spokojniejszy, ujrzałeś szczegóły, które wcześniej umknęły twojej uwadze, a nawet jest możliwe, że zweryfikowałeś nieco pamięć o tym, co się wydarzyło. Mogłeś nawet nabrać większej wprawy w rozwiązywaniu problemów w ogóle, niekoniecznie związanych z rozpatrywanym wcześniej scenariuszem. (W ten sposób również będziesz uprawiać pewien rodzaj medytacji. Prawda, że sprytne?).

Psycholog Ethan Kross wykazał, że takie psychiczne dystansowanie się (powyższe ćwiczenie pochodzi właśnie z jednego z jego eksperymentów) nie tylko sprzyja regulowaniu emocji. Może również wzmocnić naszą mądrość zarówno pod względem możliwości dialektycznych (świadomość zmian i sprzeczności rządzących światem), jak i pokory intelektualnej (świadomość własnych ograniczeń) oraz udoskonalić naszą umiejętność rozwiązywania problemów i podejmowania wyborów. Kiedy się dystansujemy, zaczynamy widzieć sprawy w szerszym kontekście, dostrzegać związki, które nie były widoczne z bliskiej odległości. Innymi słowy, być mądrzejszym znaczy tyle, co mieć większą wyobraźnię. Nie musi to zaowocować wielkim momentem „eureki", ale może nas doprowadzić do głębszego wglądu. Czujemy się tak, jakbyśmy rzeczywiście zmienili miejsce pobytu, podczas gdy nawet nie opuściliśmy przez ten czas naszego fotela.

Być mądrzejszym znaczy tyle,
co mieć większą wyobraźnię

Inżynier elektryczności Jacob Rabinow był jednym z najbardziej utalentowanych i płodnych wynalazców XX wieku. Pośród jego 230 amerykańskich patentów jest m.in. do dziś wykorzystywana na pocztach automatyczna maszyna do sortowania listów, jest też magnetyczne urządzenie pamięciowe, które odegrało prekursorską rolę wobec napędu twardego dysku, i jest gramofon. Co pozwoliło Rabinowowi na utrzymanie tak wyjątkowej kreatywności i produktywności? Wizualizacja. Psychologowi Mihályemu Csíkszentmihályiemu opowiadał, jak postępuje wówczas, ilekroć zadanie jest trudne, zajmuje dużo czasu lub nie zawiera oczywistej odpowiedzi: „Udaję, że siedzę w więzieniu. Jeżeli jestem w więzieniu, to czas nie ma żadnego znaczenia. Inaczej mówiąc, jeśli mi to zabierze tydzień pracy, to niech będzie tydzień. Co mam jeszcze do roboty? W końcu będę tu siedział przez dwadzieścia lat, tak? To taka psychiczna sztuczka. Bo inaczej mówisz: »Boże, to nie działa« i zaczynasz popełniać błędy. Ja wolę sobie powiedzieć, że czas nie ma żadnego znaczenia". Wizualizacja pomagała Rabinowowi nastawiać swój umysł w taki sposób, by mógł się uporać ze sprawami, które inaczej by go przerosły, zapewniając mu niezbędną przy rozwiązywaniu problemów przestrzeń dla wyobraźni.

Technika wizualizacji jest szeroko rozpowszechniona. Sportowcy wizualizują sobie pewne elementy gry bądź ruchy przed ich wykonaniem, „przeglądają" je sobie w głowie: tenisista wyobraża sobie, zanim piłka opuści jego dłoń, mający za chwilę nastąpić serw; golfista wyobraża sobie trasę przelotu piłki, nim jeszcze wykona zamach kijem. Terapeuci poznawczo-behawioralni posługują się tą techniką, aby pomóc pacjentom cierpiącym na fobie i inne zaburzenia w zrelaksowaniu się i doświadczeniu sytuacji, których w rzeczywistości nie doświadczają. Psycholog Martin Seligman twierdzi, że mogłoby to być najważniejsze narzędzie zachęcające do bardziej intuicyjnego, czerpiącego z wyobraźni myślenia. Sugeruje nawet, że za pomocą wielokrotnie powtarzanych symulowanych wizualizacji „intuicja może być nauczana wirtualnie i na masową skalę". Chyba wystarczy dla zachęty.

Tworzenie umysłowego dystansu przez wyobrażanie sobie świata tak, jakby się go widziało i doświadczało naprawdę, to tylko kwestia wyćwiczenia. Filozof Ludwig Wittgenstein ujął to kiedyś tak: „Powtarzam raz jeszcze: nie myśl, tylko patrz!". To kwintesencja wizualizacji – nauczyć się wewnętrznego patrzenia, tworzenia w umyśle scenariuszy i alternatywnych wersji, odgrywania wyobrażeń, jakby istniały w rzeczywistości. Odegranie scenariusza, który mamy przed sobą lub który chcielibyśmy zobaczyć, pomaga w wyjściu poza oczywistość, uniknięciu błędów popełnianych przez Lestrade'a i Gregsona. Wymusza to działanie wyobraźni, ponieważ wymaga jej użycia. To łatwiejsze, niż myślisz. W zasadzie wszystko tu polega na tym samym procesie, który zachodzi, kiedy się starasz coś sobie przypomnieć. Pracują przy tym nawet te same sieci neuronalne – kora środkowa przedczołowa, kora skroniowa boczna, przyśrodkowe i boczne płaty ciemieniowe oraz przyśrodkowy płat skroniowy (tam, gdzie znajduje się hipokamp). Tyle że zamiast dokładnie przywoływać jakieś wspomnienie, przetasowujesz elementy określonego doświadczenia, aby stworzyć obraz czegoś, co nigdy nie zaszło – czy to będzie niespełniona jeszcze przyszłość, czy alternatywna przeszłość. Wypróbowujesz te sytuacje w głowie, zamiast doświadczać ich w rzeczywistości. Postępując w ten sposób, osiągasz podobny cel do tego, który przyświeca fizycznemu dystansowaniu się: oddzielasz się od sytuacji, którą próbujesz przeanalizować.

Odegranie scenariusza, który mamy przed sobą lub który chcielibyśmy zobaczyć, pomaga w wyjściu poza oczywistość, uniknięciu błędów

To wszystko jest medytacja, pod taką czy inną postacią. Przyglądaliśmy się Holmesowi, gdy w „Dolinie strachu" zdecydował się fizycznie zmienić miejsce, chcąc zapewnić umysłowi uzyskanie podpowiedzi z konkretnego otoczenia. Ale podobny efekt możemy osiągnąć, nie ruszając się z miejsca – zza biurka, jeśli jesteśmy kimś w rodzaju Dalio, albo z fotela, jeśli jesteśmy kimś w rodzaju Holmesa. Albo z każdego innego miejsca, w którym właśnie się znajdujemy. Jedyne, co trzeba zrobić, to wygospodarować w umyśle trochę wolnej przestrzeni. Niech to będą białe płótna. A wówczas cały świat wyobraźni stanie się naszą paletą.

Wspieranie wyobraźni, ciekawość i zabawa też mają znaczenie

Dawno, dawno temu Sherlock Holmes przekonywał nas, byśmy utrzymywali na poddaszu porządek i czystość – wyrzucali niepotrzebne graty i starannie układali wolne od wszelkiego chłamu pudełka. Ale to nie takie proste. Bo do czego, na litość boską, Holmesowi w „Lwiej grzywie" potrzebna była wiedza na temat wyjątkowo paskudnego gatunku meduzy z odległego zakątka oceanu!? Trudno to wytłumaczyć stosowaniem kryterium surowego porządku, na które sam powoływał się nieco wcześniej. Możemy spokojnie założyć, że Holmes, jak w innych tego typu przypadkach, specjalnie przesadza dla osiągnięcia większego efektu. Poddasze niezagracone, owszem, ale bez surowego porządku. Poddasze, które by zawierało wyłącznie podstawowe dla naszej specjalności treści, byłoby poddaszem bardzo smutnym. Nie miałoby żadnego zaplecza danych, na którym można by było pracować, i byłoby praktycznie niezdolne do wielkich wglądów i funkcjonowania wyobraźni.

W jaki więc sposób w nieskazitelnym pałacu Holmesa znalazła się meduza? To proste. Holmesem powoduje ciekawość. Dokładnie tak samo był ciekaw motetów. Jego ciekawość sztuki okazała się też wystarczająca, by mógł przekonać Scotland Yard, że po jego nemesis, profesorze Moriartym, nie można się spodziewać niczego dobrego. Kiedy inspektor MacDonald w „Dolinie strachu" z oburzeniem odrzuca propozycję Holmesa, by zapoznał się z historią dworu Manor, ten tłumaczy policjantowi: „Szerokie horyzonty, mój drogi panie Mac, to podstawa w naszym zawodzie. Wzajemne powiązania różnych idei i niebezpośrednie zastosowanie wiedzy często okazują się bardzo korzystne".

Holmes nieustannie okazuje ciekawość, za sprawą której musi zdobywać więcej wiedzy. To „więcej" jest potem wsuwane na poddasze do jakiegoś pudełka stojącego nie na widoku (ale oznakowanego!). I właśnie to ma nam Holmes do przekazania. Magazynowanie na naszym poddaszu odbywa się na różnych poziomach. Jest różnica między wiedzą aktywną a pasywną, między tymi pudłami, do których chcemy mieć dostęp regularnie i od ręki, a tymi, które mogą się przydać pewnego dnia, choć na co dzień niekoniecznie musimy do nich zaglądać. Holmes nie wymaga od nas bynajmniej, byśmy stracili ciekawość, byśmy zrezygnowali ze zdobywania meduz. Zaleca, byśmy aktywną wiedzę utrzymywali w czystości i porządku, a pasywną magazynowali w odpowiednio oznakowanych pudełkach i skrzyniach, w odpowiednich katalogach i szufladach.

Nie oznacza to wcale, że powinniśmy teraz znienacka, wbrew jego wcześniejszym przestrogom, zarzucić naszą cenną umysłową nieruchomość jakimiś klamotami. Wcale nie. Tyle tylko, że nie zawsze wiemy, kiedy coś, co na pierwszy rzut oka wydaje się śmieciem, może się stać ważnym uzupełnieniem naszych umysłowych zbiorów. Dlatego musimy te znaleziska ukryć w bezpiecznym miejscu, na wypadek gdyby miały się przydać w przyszłości. Nie ma nawet potrzeby magazynowania nowego nabytku w całości. Wystarczy jeden jego element, który w odpowiednim czasie zaprowadzi nas do poszukiwanej rzeczy. Holmes na przykład, aby sprawdzić właściwości szczególnego gatunku meduz, nie musi przywoływać z pamięci wszystkich szczegółów, tylko zagląda do przechowywanej gdzieś w domu starej książki. Musi tylko pamiętać o możliwości odwołania się do tej książki. Uporządkowane poddasze nie jest poddaszem statycznym. Dzięki wyobraźni możemy w większym stopniu skorzystać z naszej przestrzeni umysłowej. Nigdy dokładnie nie wiemy, który z elementów będzie najbardziej użyteczny i kiedy przyda nam się bardziej, niż mogliśmy się tego spodziewać. Holmes robi więc takie oto ważne zastrzeżenie: z najbardziej zaskakujących rzeczy możemy kiedyś skorzystać w najbardziej zaskakujący sposób. Trzeba mieć oczy otwarte na wszystko, co do nas dociera, choćby się wydawało, że nie będzie z tego żadnego pożytku.

> *Trzeba mieć oczy otwarte na wszystko,*
> *co do nas dociera, choćby się wydawało,*
> *że nie będzie z tego żadnego pożytku*

Do takiego właśnie nastawienia umysłu powinniśmy zmierzać. Czy jesteśmy otwarci na przyjęcie różnych spraw, bez względu na to, jak dziwaczne i niepotrzebne się wydają. Czy przeciwnie: mamy skłonność do odrzucania wszystkiego, co potencjalnie zakłóca przyjęty porządek? Czy ta otwartość stała się naszą postawą nawykową, wyuczonym sposobem myślenia i patrzenia na świat? Wraz z praktyką będziemy nabierać lepszego wyczucia co do tego, co może się okazać użyteczne, co należy zmagazynować, by móc się do tego w przyszłości odwołać, a co można odrzucić. To, co początkowo może się wydać zwykłą intuicją, tak naprawdę jest czymś więcej. Jest wiedzą opartą na niezliczonych godzinach praktyki, na ćwiczeniu się w otwartości, w umysłowym integrowaniu doświadczeń, dopóki dobrze nie poznamy wzorców i kierunków, jakie te doświadczenia wytyczają.

Czy pamiętasz eksperyment na oddalone skojarzenia, w którym trzeba było znaleźć słowo pasujące do każdego z trzech znajdujących się w podanym zestawie słów? W pewien sposób całe nasze życie przypomina ten eksperyment: ciągi odległych skojarzeń, których nie dostrzeżemy, dopóki się nie zatrzymamy, nie sięgniemy do wyobraźni, nie rozważymy. Jeśli w naszym nastawieniu umysłowym czai się strach przed kreatywnością, pójściem w poprzek przeważających poglądów i obyczajów, to ten strach będzie nas blokował. Jeśli nawet nieświadomie obawiamy się kreatywności, będzie nam trudniej być kreatywnym. Nigdy nie upodobnimy się do Holmesa, choćbyśmy nie wiem jak się starali. Nie zapominajmy bowiem, że Holmes był buntownikiem, któremu było bardzo daleko do „liczącej maszyny". Stąd cała potęga jego sposobu myślenia. Holmes trafia w sedno, kiedy w „Dolinie strachu" przestrzega Watsona: „Nie może mieć miejsca kombinacja zdarzeń, której ludzki umysł nie jest w stanie wytłumaczyć. Potraktujmy to po prostu jako ćwiczenie intelektualne, zupełnie abstrahując od tego, czy jest to prawdą, czy nie. Przyznaję, że to tylko moje wyobrażenia, lecz z drugiej strony jakże często wyobraźnia jest matką prawdy".

***

PRZECZYTAJ O SHERLOCKU HOLMESIE

„Przedsiębiorca budowlany z Norwood" (w: „Księga przypadków Sherlocka Holmesa"), tłum. Zofia Wawrzyniak

„Przygoda w willi Wisteria" (w: „Ostatni ukłon"), tłum. Anna Krochmal, Robert Kędzierski

„Plany łodzi Bruce-Partington" (w: „Ostatni ukłon"), tłum. Anna Krochmal, Robert Kędzierski

„Liga rudzielców" (w: „Przygody Sherlocka Holmesa"), tłum. Marta Domagalska

„Pies Baskerville'ów", tłum. Anna Krochmal, Robert Kędzierski

„Dolina strachu", tłum. Anna Krochmal, Robert Kędzierski

CZĘŚĆ TRZECIA

SZTUKA DEDUKCJI

Rozdział piąty

NA SZLAKU PODDASZA, CZYLI DEDUKCJA NA PODSTAWIE FAKTÓW

Wyobraź sobie, że jesteś Holmesem, a ja, Maria, twoją potencjalną klientką. Te sto stron z okładem, które już przeczytałeś, dostarczyło ci pewnych informacji o mnie, jak gdybym siedziała od jakiegoś czasu w twoim pokoju, a ty byś mnie obserwował. Zastanów się przez chwilę, czego mogłeś się o mnie dowiedzieć. Co mógłbyś wywnioskować na podstawie tego, co do tej pory napisałam? Nie będę wymieniać całej listy możliwych odpowiedzi, zatrzymajmy się na jednej: po raz pierwszy usłyszałam o Sherlocku Holmesie po rosyjsku. Co z tymi opowiadaniami, które tata czytał nam przy kominku? To były rosyjskie tłumaczenia angielskich oryginałów. Przyjechaliśmy do Stanów niewiele wcześniej i używaliśmy języka rosyjskiego, którym zresztą posługujemy się w rodzinie do dziś. Aleksander Dumas, sir H. Rider Haggard, Jerome K. Jerome, sir Arthur Conan Doyle – tekstów wszystkich tych panów po raz pierwszy wysłuchałam po rosyjsku. Ale co ma piernik do wiatraka? Holmes by to wiedział, nawet gdybym mu nie powiedziała wprost. Dokonałby prostej dedukcji opartej na dostępnych faktach w powiązaniu z odrobiną wyobraźni, o której mówiliśmy w poprzednim rozdziale. Wywnioskowałby więc, że najprawdopodobniej moje pierwsze zetknięcie się z jego metodami musiało się odbyć w języku rosyjskim. Nie wierzysz? Masz do dyspozycji wszystkie niezbędne elementy, uwierz. I pod koniec tego rozdziału powinieneś już umieć, jak Holmes, powiązać je w jedyne możliwe wynikające z dostępnych faktów wyjaśnienie. Jak bowiem detektyw zwykł powtarzać, po odrzuceniu wszystkich niemożliwych rozwiązań to, które pozostanie, jakkolwiek byłoby nieprawdopodobne, musi być prawdziwe.

Dochodzimy w ten sposób do kolejnego, najbardziej spektakularnego etapu – dedukcji. Wielki finał. Fajerwerki pod koniec ciężkiego dnia pracy. Chwila, w której możemy wreszcie zakończyć cały proces myślowy i przejść do konkluzji, podjąć decyzję, zrobić to, po co cały proces wszczynaliśmy. Wszystkie informacje zostały zgromadzone i przeanalizowane. Pozostaje nam teraz tylko się przyjrzeć, co z tego wynika i jakie to ma dla nas konsekwencje, wyciągnąć ze wszystkich danych logiczne wnioski. To na tym etapie Sherlock Holmes używa w „Garbusie" sławetnego określenia „elementarne". „Mam tę przewagę, Watsonie, że znam twoje nawyki – odparł. – Kiedy masz mało pacjentów, chodzisz pieszo, a gdy masz dużo, bierzesz dorożkę. Jak widzę, na twoich butach nie ma śladów błota, jestem więc przekonany, że w tej chwili czujesz się usprawiedliwiony, używając dorożki. – Niesamowite! – zawołałem. – Elementarne – odparł. – To jeden z takich przypadków, gdy logicznie rozumujący człowiek dochodzi do wniosku, jaki komuś innemu może się wydać ważny, ponieważ ten ostatni przeoczył jeden drobny szczegół będący absolutną podstawą sztuki dedukcji".

Czym właściwie jest dedukcja? Dedukcja jest ostatnim zakrętem na trasie pokonywanej przez nasze poddasze. To etap, na którym łączymy wszystkie pojedyncze elementy w jedną spójną, tworzącą pełny obraz całość. To skutek porządkowania, poddawania obróbce materiału zbieranego metodycznie na poddaszu.

To, co nazywa dedukcją Holmes, nie jest dedukcją z punktu widzenia formalnej logiki. W sensie czysto logicznym dedukcja jest wyprowadzaniem konkretnego wniosku z zasady bardziej ogólnej. Oto bodaj najbardziej znany jej przykład: Wszyscy ludzie są śmiertelni. Sokrates jest człowiekiem. Sokrates jest śmiertelny.

Dedukcja to etap, na którym łączymy wszystkie pojedyncze elementy w jedną spójną, tworzącą pełny obraz całość

Ale dla Holmesa to tylko jedna z dróg docierania do konkluzji. Jego dedukcja obejmuje wiele sposobów rozumowania, o ile tylko wychodzą od faktów i dochodzą do twierdzenia, które po wykluczeniu pozostałych możliwości musi być bez wątpienia prawdziwe.

Niezależnie od tego, czy rozwiązujemy zagadkę kryminalną, podejmujemy decyzję, czy dokonujemy wyborów w życiu osobistym, zasada procesu jest ta sama: bierzemy wszystkie nasze obserwacje – czyli zawartość poddasza, która została przez nas zmagazynowana i zintegrowana z jego strukturą, a następnie przemyślana i na nowo poukładana przez wyobraźnię – porządkujemy je, zaczynając od samego początku i niczego nie pomijając. I wyciągamy możliwy wniosek, który zarówno zgadza się ze wszystkimi tymi obserwacjami, jak i jest odpowiedzią na nasze początkowe pytanie. Albo przykładając do tego kategorie Holmesa, idziemy za ciągiem naszego rozumowania i sprawdzamy wszystkie możliwości, odrzucając to, co niemożliwe, aż to, co pozostanie, okaże się prawdą: „Procesowi temu przyświeca zasada, że kiedy wyeliminujesz wszystko, co niemożliwe, to, co zostaje, musi być prawdą, jakkolwiek wydaje się nieprawdopodobna" – mówi nam Holmes. „Może pozostać kilka wyjaśnień, wówczas wszystkie po kolei sprawdzamy, dopóki nie okaże się, że za jednym z nich stoją najbardziej przekonujące argumenty". To jest w istocie dedukcja lub, jak nazywa to Holmes, „usystematyzowany zdrowy rozsądek".

Ale zdrowy rozsądek nie musi być tak zwyczajny i prostolinijny, jak mogłoby się wydawać. Ilekroć Watson stara się naśladować Holmesa, musi w końcu się przyznać do popełnienia błędu. To naturalne. Nawet jeśli do tego momentu postępowaliśmy zgodnie ze wszystkimi regułami, teraz musimy zachować szczególną ostrożność, aby system Watsona nie sprowadził nas na manowce. Dlaczego dedukcja jest o wiele trudniejsza, niż nam się wydaje? Dlaczego Watson tak często błądzi, starając się podążać śladami swojego przyjaciela? Co staje na przeszkodzie temu końcowemu aktowi rozumowania? Dlaczego tak trudno jest myśleć klarownie, nawet gdy mamy wszystko, co jest do tego niezbędne? Jak możemy ominąć te przeszkody, by z uporem Watsona nie powtarzać tych samych błędów i umieć wykorzystać system Holmesa do wydostania się z tarapatów i prawidłowego dedukowania?

Dlaczego tak trudno prawidłowo dedukować, czyli władza wewnętrznego narratora

Trzech znanych rabusiów bierze na cel Abbey Grange, rezydencję sir Eustace'a Brackenstalla, jednego z najbogatszych ludzi Kentu. Pewnej nocy, kiedy wszystko wskazuje na to, że mieszkańcy domu już śpią, mężczyźni dostają się do środka przez okno jadalni, by obrabować majętnych właścicieli tak, jak to zrobili nie dalej niż dwa tygodnie wcześniej z posesją leżącą nieopodal. Ich plany zostają jednak pokrzyżowane – do pokoju wchodzi lady Brackenstall. Natychmiast uderzeniem w głowę pozbawiają ją przytomności i przywiązują do jednego z foteli w jadalni. Wszystko byłoby dobrze, gdyby nie nadejście zaniepokojonego dziwnymi odgłosami sir Brackenstalla. Gospodarz domu nie ma tyle szczęścia co żona. Powalony ciosem pogrzebacza w głowę osuwa się martwy na podłogę. Złodzieje w pośpiechu wygarniają z kredensu srebra, przestraszeni morderstwem rezygnują z dalszych połowów i biorą nogi za pas. Ale wcześniej otwierają butelkę wina, by uspokoić skołatane nerwy.

Tak to miało wyglądać zgodnie z zeznaniami jedynego żyjącego świadka, czyli lady Brackenstall. Historia brzmi dość wiarygodnie. Wyjaśnienia pani potwierdza jej pokojówka Theresa i wszystkie ślady wskazują na to, że wydarzenia rozegrały się zgodnie z tym, co zostało opowiedziane.

A jednak Sherlock Holmes czuje, że coś jest nie tak. „Wszystkie moje instynkty przemawiają przeciw temu" – mówi do Watsona. „To nie tak, wszystko nie tak, przysięgam". Zaczyna wyliczać pęknięcia, które dostrzegł w tej historii, i w miarę jak to robi, szczegóły, które wydawały się wcześniej wiarygodne, zebrane teraz obok siebie zaczynają rzucać cień na prawdopodobieństwo przedstawionej przez kobietę wersji wydarzeń. Ale to jeszcze nie wystarcza. Dopiero sprawa kieliszków upewnia go, że instynkt go nie zawiódł. „A do tego jeszcze kieliszki" – mówi do swojego przyjaciela. „Czy potrafisz je sobie wyobrazić? – Widzę je wyraźnie. – Powiedziano nam, że piło z nich trzech mężczyzn. Czy wydaje ci się to prawdopodobne? – Dlaczego nie? W każdym znajdowało się wino. – Owszem, ale męty były tylko w jednym. Musiałeś to zauważyć. Co to twoim zdaniem oznacza? – Najbardziej prawdopodobne jest, że męty znalazły się w kieliszku, który był napełniany jako ostatni. – Bynajmniej. Butelka była ich pełna i nie jest możliwe, by w ogóle nie dostały się do pierwszych dwóch kieliszków, za to było ich pełno w trzecim. Istnieją dwa i tylko dwa wyjaśnienia takiego stanu rzeczy. To, które stwierdza, że po nalaniu drugiego kieliszka butelką gwałtownie potrząśnięto i dlatego w trzecim kieliszku znalazł się osad, nie wydaje się prawdopodobne. Nie, jestem pewien, że mam rację. – Jakie wyjaśnienie proponujesz? – Takie, że pito jedynie z dwóch kieliszków, a osad zlano do trzeciego, by stworzyć fałszywe wrażenie, że były tam trzy osoby".

Co Watson wie o naturze wina? Powiedziałabym, że niewiele, gdybym musiała zgadywać, ale kiedy Holmes pyta go o męty, doktor od razu ma gotową odpowiedź: znalazły się w kieliszku, który był napełniany jako ostatni. Takie wyjaśnienie wydaje się sensowne, nie wiadomo jednak, skąd się wzięło. Idę o zakład, że Watson wcale się nad tym nie zastanawiał, dopóki Holmes go nie nagabnął. Ale skoro już go zapytano, całkowicie mu wystarcza stworzenie na chybcika jakiejś pozornie sensownej odpowiedzi. Watson nawet nie zdaje sobie z tego mechanizmu sprawy i gdyby nie Holmes ze swoimi argumentami, prawdopodobnie wziąłby własne uzasadnienie za dobrą monetę, a sprawę kieliszków za dowód wiarygodności całej historii, nie zaś pękającego szwu w sfabrykowanej opowieści. Gdyby nie Holmes, narracja Watsona wydawałaby się naturalna, instynktowna. Gdyby nie naleganie Holmesa, byłoby nadzwyczaj trudno oprzeć się pragnieniu tworzenia narracji, wymyślania historii, choćby były nie do końca prawdziwe albo wręcz nie były prawdziwe wcale.

Lubimy upraszczać. Lubimy znajdować proste przyczyny, powody. Lubimy sprawy, które intuicyjnie mają sens – nawet jeśli ten sens łatwo podważyć. Skutek uboczny tego jest taki, że nie lubimy niczego, co stoi na drodze prostocie i konkretnej przyczynowości. Niepewność, traf, przypadkowość, nielinearność to elementy, które zagrażają naszej zdolności szybkiego i (pozornie) logicznego wyjaśniania. Dlatego robimy, co w naszej mocy, by przy każdej okazji je eliminować. Tak samo jak decydujemy, że kieliszek, w którym jest najwięcej osadu, najprawdopodobniej był napełniony jako ostatni, możemy, dajmy na to, pomyśleć o graczu w koszykówkę, który wrzucił kilka koszy z rzędu, że ma „gorącą rękę" (błąd gorącej ręki[13]). W obu przypadkach posługujemy się zbyt małą liczbą obserwacji, by móc wyciągać wnioski. W przypadku kieliszków bierzemy pod uwagę tę jedną butelkę, a nie zachowanie wielu butelek w różnych warunkach.

---

[13] Błąd gorącej ręki (*hot-hand fallacy*) – błędne przekonanie, że osoba, która odniosła sukces w jakiejś aktywności, gdzie decydujące znaczenie ma przypadek, w przyszłości ma większą niż inne szansę na kolejny sukces w tej dziedzinie. Inaczej mówiąc, to złudzenie, że seria nadzwyczajnych zdarzeń będzie kontynuowana. Na tej zasadzie koszykarz, który wrzucił po kolei kilka koszy jeden za drugim, wierzy, że wrzuci i następne, bo ma „gorącą rękę" (przyp. red).

W przypadku koszykówki polegamy na małej próbie rzutów (prawo małych liczb), a nie na zmienności wpisanej w każdą grę, która zakłada dużą próbę rzutów. Albo odwołajmy się do innego przykładu: myślimy na ogół, że jeśli przy rzucie monetą kilka razy z rzędu wypadła reszka, to przy następnym rzucie bardziej prawdopodobny będzie orzeł (złudzenie gracza), zapominając, że krótkie ciągi niekoniecznie muszą wykazywać prawdopodobieństwo jeden do dwóch, które występuje w dłuższej skali czasu.

Niezależnie od tego, czy tłumaczymy, dlaczego coś się wydarzyło, czy wnioskujemy o przyczynach jakiegoś zdarzenia, nasza intuicja często nas zawodzi. Bo wolimy, by świat był w większym stopniu kontrolowalny, przewidywalny, przyczynowo-skutkowy, niż jest w rzeczywistości. Właśnie z tych preferencji wynikają nasze błędy w myśleniu, które popełniamy bez chwili zastanowienia. Dedukujemy na ogół nie tak, jak powinniśmy, dowodząc czegoś, jak ująłby to Holmes, pochopnie i często wbrew faktom. Kiedy wydaje się, że sprawy „mają sens", bardzo trudno zobaczyć je w innym świetle.

Kiedy wydaje się, że sprawy „mają sens",
bardzo trudno zobaczyć je w innym świetle

W.J. był weteranem II wojny światowej, a przy tym towarzyskim, czarującym i dowcipnym człowiekiem. Ponieważ cierpiał na epilepsję w wyjątkowo ciężkiej postaci, w 1960 roku zdecydował się na bardzo inwazyjną operację mózgu. Miał mieć przecięte spoidło wielkie, część mózgu łączącą jego lewą i prawą półkulę. W przeszłości tego typu zabiegi z dobrym skutkiem stosowano w przypadkach napadów padaczkowych. Pacjenci niezdolni do normalnego funkcjonowania prowadzili po nich wolne od epilepsji życie.

Ale czy tak radykalna zmiana w obszarze naturalnej komunikacji między półkulami mózgu mogła się obyć bez żadnych kosztów? W tamtych czasach nikt nie znał odpowiedzi na to pytanie.

Jednak Roger Sperry, neuropsycholog i neurobiolog z Kalifornijskiego Instytutu Technologicznego (Caltech), który miał po latach dostać Nobla z medycyny za badania nad łącznością między półkulami, podejrzewał, że bez kosztów się nie obejdzie. Z eksperymentów na zwierzętach wynikało bowiem, że w mózgu z przeciętym spoidłem wielkim półkule traciły zdolność porozumiewania się. To, co działo się w jednej półkuli, stawało się teraz tajemnicą dla drugiej.

Czy taka izolacja może nastąpić również u człowieka? Dominujący pogląd stanowczo odrzucał podobną możliwość. Nasze ludzkie mózgi to nie to samo co mózgi zwierząt. Są o wiele bardziej skomplikowane, o wiele bystrzejsze, bardziej rozwinięte. Najlepszy dowód stanowią ci wszyscy świetnie funkcjonujący pacjenci, którzy taką operację przeszli. Mieli niezmienione IQ i nienaruszone zdolności rozumowania. Ich pamięć nie ucierpiała, zdolności językowe również były w normie. Dominujący pogląd wydawał się intuicyjnie trafny. Tyle że, oczywiście, był błędny. Nikt nie wymyślił sposobu, by sprawdzić intuicję naukowo – była to watsonopodobna opowieść, która na oko miała sens i charakteryzowała się tym samym co u Watsona brakiem zweryfikowanych, opartych na faktach podstaw.

Aż wreszcie na scenę wkroczył naukowy odpowiednik Holmesa: Michael Gazzaniga, młody psycholog z laboratorium Sperry'ego. Znalazł on sposób na przetestowanie teorii Sperry'ego, w myśl której przecięcie spoidła wielkiego może spowodować brak komunikacji między półkulami. Zrobił to za pomocą tachistoskopu, urządzenia, które umożliwiało prezentację materiałów wizualnych w ściśle określonym czasie i, co najważniejsze, oddzielnie lewemu i prawemu oku. (Taka prezentacja boczna zapewniała, że informacja dostanie się tylko do jednej półkuli). Kiedy Gazzaniga przeprowadził badanie W.J. po operacji, wyniki były uderzające. Ten sam człowiek, który przeszedł wspomniany test bez żadnych problemów kilka tygodni wcześniej, nie potrafił opisać żadnego z przedmiotów pokazywanych w polu widzenia jego lewego oka. Gdy Gazzaniga wyświetlał zdjęcie łyżki od strony oka prawego, W.J. nazywał ją z łatwością, ale kiedy to samo zdjęcie widział tylko lewym okiem, można było sądzić, że pacjent oślepł. Jego oczy były w pełni sprawne, ale nie potrafił ani zwerbalizować tego, co widział, ani przypomnieć sobie, że cokolwiek widział.

Co się działo? W.J. był pierwszym z wielu pacjentów badanych przez Gazzanigę, których wyniki potwierdzały jedno: półkule naszego mózgu nie są takie same. Jedna połówka jest odpowiedzialna za przetwarzanie bodźców wzrokowych (to ta z małym oknem na świat, jeśli sobie przypominacie rysunek Shela Silversteina), a druga odpowiada za werbalizowanie tego, co wie (to ta ze schodami prowadzącymi do reszty domu). Kiedy dwie połówki są rozdzielone, pomost, który je łączył, przestaje istnieć. Żadnej z informacji dostępnych dla jednej z nich dla drugiej na dobrą sprawę nie ma. W efekcie mamy dwa odseparowane od siebie poddasza, każde z własnym magazynem, własną zawartością i do pewnego stopnia własną strukturą.

I w tym miejscu sprawy przybierają naprawdę zaskakujący obrót. Jeśli pokażemy obrazek, powiedzmy, pazur kurczaka, tylko z lewej strony pola widzenia (co znaczy, że będzie przetwarzany tylko przez prawą półkulę mózgu, tę „wizualną" z oknem), a z drugiej – zdjęcie zaśnieżonej szosy (przetwarzane przez lewą półkulę, „komunikacyjną" ze schodami) i poprosimy badaną osobę o wskazanie palcem zdjęcia najbardziej pasującego do tego, co przed chwilą zobaczyła, to dwie ręce będą wskazywać różne rzeczy. Prawa ręka (powiązana z lewym bodźcem wzrokowym) wskaże szuflę do śniegu, a lewa ręka (powiązana z prawym bodźcem) wskaże kurczaka. Gdy zapytamy badanego, dlaczego wskazał dwa zdjęcia, ten wcale nie zmieszany natychmiast wynajdzie w pełni wiarygodne wytłumaczenie: szufla jest potrzebna do wyczyszczenia kojca dla kur. Jego umysł tworzy narrację, wymyśla historię, która uzasadnia niezgodne działania rąk, podczas gdy w rzeczywistości wszystko sprowadza się do tych kilku niemych zdjęć.

Gazzaniga nazywa lewą półkulę „naszym lewomózgim tłumaczem" stworzonym po to, by w naturalny, instynktowny sposób szukać przyczyn i wyjaśnień - nawet gdy ich nie ma albo gdy są dla naszego umysłu niedostępne. O ile jednak to, co robi tłumacz, wydaje się sensowne, o tyle niestety niesłychanie często jest pozbawione racji, jak to było z Watsonem i kieliszkami. Pacjenci, których półkule są rozdzielone, dostarczają dowodów na naszą biegłość w narracyjnym samooszukiwaniu się, w dostarczaniu wyjaśnień mających, wydawałoby się, sens, ale w rzeczywistości dalekich od prawdy. I wcale nie musimy mieć uszkodzonego spoidła wielkiego, żeby funkcjonować w podobny sposób. Robimy to przez cały czas, niemal automatycznie. Czy pamiętacie eksperyment z wahadłem? Niektórzy z badanych potrafili rozwiązać zadanie, gdy prowadzący celowo wprawiał w ruch jeden ze sznurków. Osoby te zapytane później, jak wpadły na pomysł rozwiązania, wskazywały różne przyczyny: „zostały już tylko obcęgi"; „zdałem sobie po prostu sprawę, że sznurek będzie się bujać, jeśli przywiążę do niego ciężki przedmiot"; „pomyślałem o człowieku przeskakującym na sznurze przez rzekę"; „wyobraziłem sobie małpy huśtające się na lianach między drzewami". Wszystkie wyjaśnienia były wiarygodne, ale żadne z nich nie było prawdziwe. Nikt nie powołał się na sztuczkę badacza. I nawet kiedy później im o tym celowym posunięciu mówiono, dwie trzecie się upierało, że niczego nie zauważyło i nie miało to żadnego wpływu na ich dochodzenie do rozwiązania, mimo że wpadali na rozwiązanie średnio po czterdziestu pięciu sekundach od podpowiedzi. Co więcej, nawet ta jedna trzecia, która uznała możliwość istnienia takiego wpływu, wolała jednak przychylać się do fałszywego wyjaśnienia. Kiedy zaprezentowano na przynętę dodatkowy trop (kręcący się na sznurku ciężarek), który nie miał żadnego wpływu na pomysł rozwiązania, mówili, że to ten właśnie trop był im pomocny, a nie ten prawdziwy, który wywołał ich prawidłową reakcję.

Nasze umysły wytwarzają spójne narracje z zupełnie niepowiązanych ze sobą elementów. Nie czujemy się komfortowo, kiedy sprawy pozostają bez przyczyny, dlatego mózg w taki czy inny sposób musi ją „dosztukować", nie pytając nas wcale o pozwolenie. Będąc w stanie zwątpienia, mózg wybiera najłatwiejszą drogę. I robi to na każdym etapie procesu myślenia, od wnioskowania po uogólnianie. W.J. jest tylko bardziej skrajnym przykładem tego, co Watson prezentuje w sytuacji z kieliszkami. I tam, i tu następuje spontaniczne wymyślanie historii, które pociąga za sobą twarde przekonanie o jej prawdziwości, mimo iż jest ona tylko pozornie spójna.

Będąc w stanie zwątpienia, mózg wybiera najłatwiejszą drogę. I robi to na każdym etapie procesu myślenia

Mamy tu do czynienia z problemem dedukcyjnym numer jeden. Chociaż mamy wszystkie informacje na wyciągnięcie ręki, zachodzi realna możliwość świadomego bądź nie zignorowania niektórych z nich. Pamięć jest w wysokim stopniu niedoskonała i niezwykle podatna na zmiany i wpływy. Nawet nasze obserwacje, które na początku mogą być wystarczająco dokładne, przekształcają się i bardziej, niż myślimy, oddziałują na naszą pamięć, a więc również na rozumowanie dedukcyjne. Powinniśmy pilnować, by naszej uwagi nie przyciągały rzeczy pozornie istotne, czy to dlatego, że odbiegają od normy (wyrazistość), czy dlatego, że niedawno się wydarzyły (świeżość), czy dlatego, że myśleliśmy o innej sprawie (torowanie lub ramy interpretacyjne) – bo mogą one zaciążyć na naszym rozumowaniu i zatrzeć pamięć o szczegółach kluczowych dla prawidłowej dedukcji. Powinniśmy też się upewniać, że szukamy odpowiedzi na to pytanie, które sobie postawiliśmy na samym początku, które jest związane z prawdziwym celem i motywacjami. A nie na to, które wydaje się pod koniec poszukiwania bardziej adekwatne, intuicyjne i łatwiejsze.

Dlaczego Lestrade oraz reszta detektywów tak często zatrzymują niewinnych ludzi i upierają się, że postąpili słusznie, mimo że wszystkie dowody temu przeczą? Dlaczego obstają przy wysnutych przez siebie historiach, nie chcąc zauważyć, że rozłażą się one w szwach? To naprawdę proste. Nie lubimy przyznawać, że nasze początkowe intuicje były fałszywe. Wolimy odrzucać dowody na naszą omylność, niż podejmować z nimi polemikę. Prawdopodobnie dlatego aresztowania niewłaściwych osób powtarzają się z tak dużą częstotliwością nawet poza światem stworzonym przez Conan Doyle'a. Dokładne wyszczególnianie popełnianych przez nas błędów i terminów, którymi je określamy, nie jest tak ważne, jak ważna jest ogólna zasada: nie dedukujemy w sposób refleksyjny, a pokusa prześlizgnięcia się nad problemem i szybkiego znalezienia się na finiszu staje się tym silniejsza, im bliżej jesteśmy końca. Nasze własne historie są dla nas tak niesamowicie przekonujące, że trudno nam je ignorować lub wywracać na nice. Wchodzą więc w paradę holmesowskiej metodzie usystematyzowanego zdrowego rozsądku, konieczności rozpatrzenia wszystkich możliwych wersji, rozróżniania między tym, co zasadnicze, a tym, co przypadkowe, tym, co mało prawdopodobne, a tym, co niemożliwe, dopóki nie uzyskamy właściwej odpowiedzi.

> *Nasze własne historie są dla nas tak niesamowicie przekonujące, że trudno nam je ignorować lub wywracać na nice*

Aby zilustrować powyżej opisany mechanizm, proponuję przyjrzenie się kilku następującym pytaniom. Chciałabym, byś zapisał pierwszą, jaka przyjdzie ci do głowy, odpowiedź na każde z nich. Gotów? Kij i piłka do bejsbola kosztują razem 1 dolara i 10 centów. Kij jest droższy od piłki o dolara. Ile kosztuje piłka? Jeśli 5 maszyn w ciągu 5 minut produkuje 5 urządzeń, ile czasu zajmie 100 maszynom wyprodukowanie 100 urządzeń? Na stawie rośnie kępa lilii wodnych. Codziennie kępa rozrasta się dwukrotnie. Jeśli pokrycie powierzchni całego stawu zajmie liliom 48 dni, to ile dni potrzeba, żeby zarosły one połowę stawu?

Właśnie poddałam cię testowi świadomego myślenia (Cognitive Reflection Test, CRT) autorstwa Shane'a Fredericka. Jeśli należysz do większości, najprawdopodobniej zapisałeś przynajmniej jedną z następujących odpowiedzi: 10 centów – na pytanie pierwsze, 100 minut – na pytanie drugie i 24 dni – na pytanie trzecie. Wszystkie te odpowiedzi są błędne. Ale znalazłeś się w dobrym towarzystwie. Kiedy na te same pytania odpowiadali studenci Harvardu, uzyskali średnio wynik 1,43 poprawnych odpowiedzi (57 procent uzyskało zero punktów lub miało jedną poprawną odpowiedź). Na Princeton było podobnie: 1,63 odpowiedzi poprawnych i 43 procent studentów, którzy uzyskali zero lub jeden. Nawet studenci MIT (Massachusetts Institute of Technology) osiągnęli wynik daleki od zadowalającego: średnio 2,18 poprawnych odpowiedzi, z 23 procentami studentów, czyli blisko jedną czwartą, którzy uzyskali zero lub jeden. Te „łatwe" zadania nie są tak proste, jak by się mogło wydawać na pierwszy rzut oka. Prawidłowe odpowiedzi to kolejno: 5 centów, 5 minut i 47 dni. Jeśli się przez moment zastanowimy, przypuszczalnie zawołamy do siebie w duchu: *Oczywiście, jak mogłem na to nie wpaść!?* Proste.

Stary dobry system Watsona raz jeszcze nas pokonał. Nasze pierwsze odpowiedzi są intuicyjnie pociągające i jeśli nie damy sobie chwili namysłu, pojawią się w głowie szybko i naturalnie. Pozwoliliśmy, by wyrazistość niektórych elementów (zostały w ten sposób ustawione celowo) odciągnęła naszą uwagę od konieczności uważnego przypatrzenia się wszystkim danym. Używamy bezrefleksyjnych strategii dosłowności, kopiując sposób odpowiadania na poprzednie pytanie.

Tymczasem powinniśmy się zastanowić nad najlepszą strategią rozwiązania bieżącego zadania. Zapominamy o strategiach refleksyjności, czyli o zastępowaniu intuicyjnego rozumienia pytania jego trudniejszą, wymagającą więcej czasu alternatywą. Robimy tak, bo dezorientuje nas pozorne podobieństwo dwóch następujących po sobie pytań. Ta druga wersja odpowiedzi wymaga od nas systemu Watsona, który tak lubi pochopnie wyrywać się do odpowiedzi. Winniśmy dopuścić do głosu system Holmesa, aby się przyjrzał, namyślił, pohamował naszą pierwszą intuicję, a następnie odpowiednio ją skorygował. Na ogół robimy to jednak niechętnie, zwłaszcza jeśli już jesteśmy zmęczeni wcześniejszym myśleniem. Trudno jest od początku do końca całego procesu zachować motywację i uważność na tym samym poziomie. O wiele łatwiej chronić nasze rezerwy poznawcze, dopuszczając Watsona do przejęcia steru.

Chociaż test CRT wydaje się nie mieć wiele wspólnego z prawdziwymi wyzwaniami, które napotykamy w życiu, tak naprawdę bardzo wiele mówi o mechanizmach naszego postępowania w licznych sytuacjach, gdy wchodzi w grę logika i dedukcja. W gruncie rzeczy z tego eksperymentu wynika o wiele więcej niż z pomiarów naszych zdolności poznawczych, skłonności myślenia i funkcji wykonawczych. Umiejętność udzielenia prawidłowych odpowiedzi na te trzy pytania świadczy o naszej odporności na popełnianie powszechnych błędów logicznych. To z kolei uważane jest za wyznacznik przestrzegania podstawowych reguł racjonalnego myślenia.

Z testu CRT można nawet wywnioskować, jaka jest nasza zdolność dociekania formalnego problemu dedukcyjnego (tego z Sokratesem): jeśli słabo poradziłeś sobie z testem, prawdopodobnie z tego, że wszystkie żywe stworzenia potrzebują wody i róże potrzebują wody, wywnioskujesz, że róże są żywymi stworzeniami. Przeskakiwanie od razu do wniosków, trzymanie się – choć dowody leżą przed nosem – historii fragmentarycznej, a nie logicznej, jest praktyką powszechną, choć jak za chwilę się przekonamy, możliwą do uniknięcia. Do rzadkości należy postawa, przy której rozważamy wszystko do samego końca, nie dopuszczamy do tego, by przyziemne szczegóły zaczynały nas nudzić i nie pozwalamy sobie na znużenie, póki nie doprowadzimy procesu myślowego do końca.

Naucz się czerpać przyjemność z najdrobniejszych przejawów aktywności twego umysłu. Zadbaj o to, by dedukcja nie wydawała się nudna albo zbyt prosta po całym tym wysiłku, który ją poprzedzał. To trudne zadanie. W początkowych zdaniach „Buczyny" Holmes upomina nas: „Człowiek, który kocha sztukę dla niej samej, często czerpie przyjemność z jej najbardziej błahych przejawów. (...) Jeśli domagam się uznania dla swych działań, czynię to dlatego, że są one przejawem sztuki, bezosobowej i uniwersalnej. Zbrodnia jest powszechna, logika rzadka". Dlaczego tak jest? Bo logika jest nudna i myślimy, że już ją opanowaliśmy. Pozbycie się tego uprzedzenia powinno być dla nas prawdziwym wyzwaniem.

> *Naucz się czerpać przyjemność z najdrobniejszych przejawów aktywności twego umysłu*

Ucz się odróżniać to, co kluczowe, od tego, co przypadkowe

Jak więc zabrać się do rzeczy, by mieć pewność, że nasza dedukcja pójdzie we właściwym kierunku? I że nie zboczy z kursu w obszary fikcji, nim jeszcze zdąży na dobre wystartować?

W „Garbusie" Sherlock Holmes opisuje Watsonowi sprawę śmierci pułkownika Jamesa Barclaya. Już na pierwszy rzut oka rzecz wygląda dziwnie. Słyszano, jak Barclay kłócił się z żoną Nancy w salonie. Para uchodziła za zgodną, więc już sama sprzeczka była w tym domu wydarzeniem niecodziennym. Ale zaniepokojono się o wiele bardziej, kiedy pokojówka, która chciała wejść do salonu, stwierdziła, że drzwi są zamknięte i nikt nie odpowiada na jej pukanie. Co więcej, podczas kłótni kilkakrotnie padło imię Dawid, zupełnie niezwiązane z mieszkańcami domu, a co najbardziej niezwykłe – kiedy woźnicy udało się przedostać do pokoju od strony ogrodu, okazało się, że pani leży nieprzytomna na kanapie, a pan martwy na podłodze, z długą raną szarpaną z tyłu głowy i grymasem przerażenia na twarzy. Przy żadnym z nich nie znaleziono kluczy.

Jak złożyć wszystkie te elementy w sensowną całość? „Gdy zebrałem te fakty, Watsonie – mówi Holmes do doktora – zacząłem się nad nimi zastanawiać i wypaliłem przy tym kilka fajek. Próbowałem odróżnić te, które mają kluczowe znaczenie dla sprawy, od tych pozostałych, które są czysto przypadkowe". Tak w jednym zdaniu można opisać pierwszy krok do osiągnięcia sukcesu w dedukcji: oddzielenie tych faktów, które są kluczowe dla ukształtowania naszego sądu, od tych, które są przypadkowe; upewnienie się, że tylko naprawdę istotne elementy staną się podstawą do podjęcia decyzji.

Przyjrzyjmy się następującym opisom dwojga ludzi, Billa i Lindy. Do każdego opisu dołączono listę ich możliwych zawodów i hobby. Twoim zadaniem jest uszeregować zdania z listy pod kątem zgodności z typowym przedstawicielem danego zawodu czy zajęcia.

1. Bill

Bill ma trzydzieści cztery lata. Jest inteligentny, ale pozbawiony wyobraźni, podatny na nałogi i bez wyrazu. W szkole był mocny z matematyki i słaby z przedmiotów humanistycznych oraz społecznych.

Bill jest lekarzem, którego hobby to poker.
Bill jest architektem.
Bill jest księgowym.
Hobby Billa to granie jazzu.
Bill jest reporterem.
Bill jest księgowym, którego hobby to jazz.
Hobby Billa jest chodzenie po górach.

2. Linda

Linda ma trzydzieści jeden lat, jest niezamężna, wygadana i bardzo inteligentna. Skończyła filozofię. Na studiach była bardzo zaangażowana w walkę z dyskryminacją i sprawy związane ze sprawiedliwością społeczną, a także brała udział w demonstracjach przeciw energii jądrowej.

Linda jest nauczycielką w szkole podstawowej.
Linda pracuje w księgarni i ćwiczy jogę.
Linda jest działaczką ruchu feministycznego.
Linda pracuje w opiece społecznej, pomagając ludziom chorym psychicznie.
Linda jest członkinią Wyborczej Ligi Kobiet.
Linda jest kasjerką bankową.
Linda jest agentką ubezpieczeniową.
Linda jest kasjerką bankową i działa w ruchu feministycznym.

Po uszeregowaniu zdań przyjrzyj się zwłaszcza dwóm parom stwierdzeń: „Hobby Billa jest granie jazzu" i „Bill jest księgowym, którego hobby to jazz" oraz „Linda jest kasjerką" i „Linda jest kasjerką i działa w ruchu feministycznym". Które z tych dwóch zdań z każdego zestawu wybrałeś jako bardziej prawdopodobne? Idę o zakład, że w obu przypadkach było to zdanie drugie. Jeśli tak, należysz do większości i tak jak większość popełniasz duży błąd. Zadanie to pochodzi w dosłownym brzmieniu z badań Amosa Tversky'ego i Daniela Kahnemana z 1983 roku i dobrze ilustruje omawiany przez nas temat: nie najlepiej jest u nas z rozróżnianiem między szczegółami kluczowymi i przypadkowymi. Osoby biorące udział w eksperymencie miały ten sam pogląd, o który przed chwilą podejrzewałam ciebie: jest bardziej możliwe, że Bill jest księgowym, który gra jazz, niż że tylko gra jazz w ramach hobby, i bardziej możliwe jest, że Linda jest kasjerką i działaczką feministyczną, niż że jest po prostu kasjerką.

Pod względem logicznym żaden z tych poglądów nie ma racji bytu. Dlaczego? Bo koniunkcja nie może być bardziej prawdopodobna od jej części składowych. Jeśli uważaliśmy za niemożliwe, by Bill grał jazz, czy to, że Linda była kasjerką w banku, to nie powinniśmy zmieniać zdania ze względu na to, co uważaliśmy za bardziej możliwe – czyli że Bill jest księgowym albo że Linda jest feministką. Jeśli połączymy element niemożliwy z elementem możliwym, nie stanie się on przez to połączenie w jakiś magiczny sposób bardziej możliwy. Mimo to 87 i 85 procent uczestników (odpowiednio dla zadania z Billem i zadania z Lindą) uznało za słuszny taki właśnie sąd, popełniając tym samym osławiony błąd koniunkcji. Popełniano go nawet w przypadku, gdy wybór był ograniczony do dwóch możliwości (Linda jest kasjerką w banku lub Linda jest kasjerką i działaczką feministyczną). 85 procent uczestników nadal zaszeregowywało koniunkcję jako bardziej możliwą od jednego z jej elementów. Nawet jeśli uczestnikom mówiono, że za zadaniem kryje się logika, w 65 procentach przypadków woleli się trzymać nieprawidłowej logiki podobieństwa (*Linda wydaje się feministką, więc jest raczej bardziej możliwe, by była kasjerką i działaczką feministyczną*), niż prawidłowej logiki formalnej (kasjerki feministki są tylko szczególnym podzbiorem zbioru kasjerek, więc wyższe jest prawdopodobieństwo, że Linda jest kasjerką, niż że jest szczególnego rodzaju kasjerką feministką).

Choćbyśmy wszyscy mieli zestaw takich samych faktów i właściwości, to wnioski, jakie z nich wyciągniemy, będą bardzo różne. Nasze mózgi nie zostały stworzone do dokonywania tego typu ocen i dlatego nieradzenie sobie z takimi zadaniami jest wysoce uzasadnione. Kiedy w grę zaczynają wchodzić szansa i prawdopodobieństwo, na ogół pozostajemy naiwnymi rezonerami (a ponieważ szansa i prawdopodobieństwo odgrywają wielką rolę w procesie dedukcji, to nic dziwnego, że tak często dedukując, podążamy błędną drogą).

Choćbyśmy wszyscy mieli zestaw takich samych faktów i właściwości, to wnioski, jakie z nich wyciągniemy, będą bardzo różne

Zjawisko to nosi nazwę niekoherencji probabilistycznej i podobnie jak pragmatyczne narracje, które tworzymy z taką łatwością i naturalnością, ma głębsze, neuronalne podłoże. Zetknęliśmy się już z nim w przypadku W.J. i rozszczepionego mózgu. Mówiąc w skrócie, o ile myślenie probabilistyczne zlokalizowane jest w lewej półkuli, o tyle dedukcja przejawia się w aktywacji półkuli prawej. Innymi słowy, źródła neuronalne naszej oceny założeń logicznych i sprawdzania ich empirycznego prawdopodobieństwa znajdują się w różnych półkulach. Taka architektura poznawcza nie sprzyja synchronizowaniu twierdzeń logicznych z oceną szansy i prawdopodobieństwa.

Dlatego nie najlepiej nam wychodzi łączenie wymogów różnego typu. I dlatego rzadko robimy to prawidłowo, choć jesteśmy przekonani, że poszło nam nad podziw dobrze. Zaklasyfikowanie Lindy jako feministki (i Billa jako księgowego) tak bardzo nam się zgadza, że nie możemy nie uznać tego dopasowania za nic innego, jak twardy fakt. Kluczowe jest tu zrozumienie, z jaką częstotliwością coś w życiu się zdarza, oraz wzięcie pod uwagę podstawowego logicznego twierdzenia, że całość po prostu nie może być bardziej prawdopodobna od sumy części, które wchodzą w jej skład. A jednak pozwalamy, by to czynniki przypadkowe kierowały naszymi myślami z taką siłą, że tracimy z widoku możliwości kluczowe.

Co powinniśmy robić? Coś bardzo prozaicznego. Powinniśmy oszacować, na ile możliwe jest wystąpienie danego zdarzenia. W rozdziale trzecim zaprezentowałam pojęcie podstawowej częstotliwości, czyli jak często dana rzecz występuje w skali ogółu, i obiecałam, że do niego wrócę przy omawianiu dedukcji. Bo to właśnie podstawowa częstotliwość, czy raczej nasza jej nieznajomość, leży u podstaw błędów dedukcyjnych, takich jak błąd koniunkcji. Te błędy utrudniają obserwację, ale przede wszystkim są zgubne dla dedukowania, przechodzenia od obserwacji do wynikających z nich wniosków. Wybiórczość, wybiórcza ignorancja, zwiedzie nas tu na manowce.

Aby dokładnie rozważyć możliwość przynależności Billa i Lindy do któregoś z zawodów, musielibyśmy znać proporcjonalny stosunek księgowych, kasjerek, amatorskich muzyków jazzowych, aktywistek feministycznych i innych do ogółu ludzi pracujących. Nie możemy oceniać naszych bohaterów, nie biorąc pod uwagę kontekstu. Nie możemy dopuścić, by jedna pasująca nam możliwość wyeliminowała wszystkie inne informacje, którymi moglibyśmy się posłużyć.

Nie możemy dopuścić, by jedna pasująca nam możliwość wyeliminowała wszystkie inne informacje, którymi moglibyśmy się posłużyć

Jak wobec tego ominąć tę pułapkę? Jak nauczyć się dokładnego przesiewania informacji, by w naszym rozumowaniu liczyły się rzeczy istotne.

Szczyt swoich możliwości dedukcyjnych Holmes osiąga w sprawie mniej typowej niż jego londyńskie dochodzenia. Na kilka dni przed wielkim wyścigiem o Puchar Wessex, na którym zbijane są fortuny, przepada wielokrotny zwycięzca wielu wyścigów, koń

Srebrna Gwiazda. Tego samego ranka jego trener zostaje znaleziony martwy nieopodal stajni. Na głowie nieszczęśnika widnieją ślady uderzenia dużym, tępym narzędziem. Chłopiec stajenny, który pilnował konia, został oszołomiony jakimś narkotykiem i prawie nic z tego, co się wydarzyło, nie pamięta. Sprawa nabiera wielkiego rozgłosu: Srebrna Gwiazda to jeden z najsłynniejszych koni Anglii. Dlatego też dochodzenie prowadzi inspektor Scotland Yardu Gregson. Ten jednakowoż jest w rozterce. Zatrzymuje osobę wyglądającą na najbardziej podejrzaną – dżentelmena, który kręcił się owego wieczoru w pobliżu stajni – lecz przyznaje, że opiera się wyłącznie na poszlakach i sytuacja może w każdej chwili przybrać zupełnie inny obrót.

W takich okolicznościach trzy dni później, gdy po koniu nadal nie ma śladu, do Dartmoor zjeżdżają Sherlock Holmes i doktor Watson. Czy koń pobiegnie w wyścigach? Czy morderca trenera trafi w ręce sprawiedliwości? Mijają cztery dni, nadchodzi dzień wyścigów. Srebrna Gwiazda, zapewnia Holmes jej właściciela, pułkownika Rossa, pobiegnie. Bez obaw. I rzeczywiście, biegnie. Nie tylko biegnie: wygrywa! A morderca trenera wkrótce potem zostaje ujęty.

Będziemy jeszcze wielokrotnie powracali do tej historii ze względu na wnikliwość, z jaką przedstawia naukę dedukcji. Najpierw jednak przysłuchajmy się, jak Holmes wprowadza w tę sprawę Watsona: „To jedna z takich spraw, gdzie sztukę logicznego myślenia powinno się raczej wykorzystać do właściwego przesiania znanych już szczegółów, zamiast do skupiania się na szukaniu nowych dowodów. Ta tragedia była tak niezwykła, tak znacząca i dotknęła osobiście tak wiele osób, że spowodowała powstanie ogromnej ilości domysłów, przypuszczeń i hipotez".

Inaczej mówiąc, trzeba zacząć od zbyt wielu informacji, zbyt wielu szczegółów, które trzeba połączyć w spójną całość, oddzielając kluczowe wśród nich od tych przypadkowych. Kiedy mamy przed sobą tak wiele zgromadzonych faktów, trudność zadania rośnie. Mamy całą masę własnych informacji i danych, ale jeszcze więcej informacji potencjalnie nieprawdziwych od osób, które nie potrafią obserwować z podobną jak my uważnością. Holmes ujmuje to w ten sposób: „Trudność polega na tym, by oddzielić fakty, absolutnie niezaprzeczalne fakty, od wszelkich ozdobników dodanych przez teoretyków i reporterów. Później, kiedy już ustalimy te podstawowe zdarzenia, naszym obowiązkiem będzie sprawdzenie, co możemy z nich wywnioskować. Musimy też poznać różne aspekty będące otoczką tej tajemnicy".

Innymi słowy, przedzierając się przez gąszcz wszystkich informacji związanych z Billem i Lindą, powinniśmy byli z całą jasnością zdać sobie sprawę, jakie były rzeczywiste fakty, a co wśród nich było tylko ozdobnikiem i wymysłem. Oddzielając od siebie rzeczy przypadkowe i kluczowe, musimy wykazywać taką samą dbałość o szczegół, jak przy obserwacji, kiedy upewnialiśmy się, czy dokładnie odnotowaliśmy wszystkie wrażenia. Jeśli nie postępujemy ostrożnie, nawet na takich obserwacjach, które uznaliśmy za najważniejsze, może zaważyć zmiana nastawienia, uprzedzenie lub inne odczucia.

W jednym z klasycznych już eksperymentów badającym zeznania naocznych świadków Elizabeth Loftus pokazywała uczestnikom film z wypadkiem samochodowym. Następnie prosiła każdego o oszacowanie, z jaką w przybliżeniu prędkością jechały auta – klasyczna dedukcja na podstawie dostępnych faktów. Ale był tam jeden kruczek: za każdym razem, kiedy zadawała pytanie, nieznacznie zmieniała w nim określenia. Jej opisy wypadku w pytaniach różniły się określeniami czasownikowymi: samochody „rozbiły się", „miały kolizję", „wpadły na siebie", „miały stłuczkę", „uderzyły się".

Loftus odkryła, że zmiana określeń radykalnie wpływała na pamięć pytanej osoby. Ci, którzy widzieli „rozbite" samochody, nie tylko oszacowali ich prędkość najwyżej, ale nawet potrafili przypomnieć sobie tydzień później, że dostrzegli na filmie stłuczone szyby, chociaż nie było to zgodne z prawdą.

Zjawisko to znane jest jako efekt dezinformacji. Kiedy jesteśmy narażeni na informację wprowadzającą nas w błąd, przypuszczalnie będziemy ją pamiętać jako prawdziwą i brać pod uwagę podczas dedukcji. (W eksperymencie Loftus uczestnikom nie podano nawet całkiem fałszywych informacji, tylko informacje mylące). Określony dobór słów działa jak rama interpretacyjna, która wpływa na nasz kierunek myślenia, a nawet na naszą pamięć.

Efekt dezinformacji: kiedy jesteśmy narażeni na informację wprowadzającą nas w błąd, przypuszczalnie będziemy ją pamiętać jako prawdziwą i brać pod uwagę podczas dedukcji

Stąd się bierze trudność i absolutna konieczność tego, co Holmes nazywa sztuką przesiewania rzeczy nieistotnych (i wszystkich medialnych domysłów) od prawdziwych, obiektywnych, twardych faktów[14]. Takiego przesiewania należy dokonywać w sposób przemyślany i systematyczny. Inaczej znajdziemy się w sytuacji osoby, która widzi stłuczone szkło na miejscu nienaruszonej przedniej szyby. W gruncie rzeczy powinniśmy bardziej uważać, kiedy mamy dużo informacji, niż kiedy jest ich mało. Nasze przekonanie, że dedukujemy prawidłowo, rośnie bowiem

14 Moje rozumienie niespójności między obiektywną rzeczywistością a subiektywnym doświadczeniem zostało ukształtowane przez prace Richarda Nisbetta i Tymothy'ego Wilsona, autorów przełomowej publikacji z 1977 roku „Telling More Than We Can Know". Świetne podsumowanie ich badań można znaleźć w książce Wilsona „Strangers to Ourselves", a nowe spojrzenie na to zagadnienie proponuje David Eagleman w „Incognito: The Secret Lives of the Brain" (wyd. pol.: „Mózg incognito. Wojna domowa w twojej głowie", Dom Wydawniczy PWN, Warszawa 2012).
Badania nad pacjentami z rozszczepionymi mózgami pierwsi podjęli Roger Sperry i Michael Gazzaniga. Tym, którzy chcą się dowiedzieć więcej o implikacjach tego problemu, polecam „Who's in Charge?: Free Will and the Science of the Brain" Gazzanigi.
Tych, których ciekawi, jak błędy poznawcze wpływają na dedukcję, odsyłam raz jeszcze do „Pułapek myślenia" Daniela Kahnemana. Książka „Witness for the Defense" Elizabeth Loftus i Katherine Ketcham może być świetnym punktem wyjścia do dalszych studiów nad problemami obiektywnej percepcji.

tym bardziej, im więcej mamy szczegółów, na których dedukcję opieramy. Zwłaszcza jeśli jeden ze szczegółów wydaje się mieć sens. Dłuższa lista sprawia wrażenie wiarygodniejszej, nawet gdybyśmy jej poszczególne elementy uznali za mało wiarygodne. Kiedy widzimy, że jeden element koniunkcji wydaje się pasować, jesteśmy skłonni zaakceptować całą koniunkcję, nawet jeśli to nie ma żadnego sensu.

Linda – kasjerka feministka. Bill – księgowy grający jazz. Jest w tym jakaś perwersja. Im uważniej obserwowaliśmy, im więcej zgromadziliśmy danych, tym bardziej jest prawdopodobne, że sprowadzi nas na manowce jeden rozpanoszony szczegół. Podobnie, im więcej widzimy przed sobą elementów przypadkowych, tym mniej prawdopodobne jest, byśmy trafili na ten kluczowy. Bo elementom przypadkowym nadamy nadmierną wagę. Kiedy słyszymy jakąś historię, uznamy ją za bardziej przekonującą i prawdziwą, jeśli będzie obfitować w szczegóły, choćby zupełnie nieistotne dla wydźwięku całości.

Psycholożka Ruma Falk zauważyła, że kiedy narrator opatrzy historię o zbiegu okoliczności jakimiś specyficznymi, zbędnymi szczegółami (na przykład, że dwoje ludzi wygrało na loterii w jednym małym miasteczku), więcej słuchaczy uzna zbieg okoliczności za zaskakujący i przekonujący. Nasze umysły mają skłonność do wychwytywania każdej informacji, która wydaje się związana z tematem, odnajdywania zarówno tropów ważnych, jak i takich, które mogą nie mieć znaczenia. Robimy to z różnych powodów: poczucia obeznania z tematem, wrażenia, że coś się wcześniej widziało albo znało, nawet jeśli nie możemy odnaleźć źródła tego wrażenia; rozprzestrzeniania się aktywacji, czyli mechanizmu powodującego, że uruchomienie jednego małego węzła pamięciowego uruchamia inne i z czasem uruchomiony ciąg wspomnień ucieka daleko od tego pierwszego. Możemy to też robić z powodu zwykłego przypadku bądź zbiegu okoliczności, kiedy zdarza się nam myśleć o jednym, podczas gdy w rzeczywistości myślimy o czymś innym.

Gdyby, dajmy na to, jakimś czarodziejskim sposobem z książki wyłonił się Holmes i poprosił nie Watsona, tylko ciebie o wyszczególnienie od ręki najważniejszych punktów sprawy Srebrnej Gwiazdy, zacząłbyś gorączkowo przeszukiwać pamięć (*Co ja przed chwilą czytałem? Czy to może była inna sprawa?*), wyławiać pewne zmagazynowane fakty (*No dobrze: zniknął koń, trener nie żyje, chłopiec stajenny otumaniony, przypuszczalny podejrzany aresztowany. Czy coś jeszcze mi umknęło?*), ale też sięgać po inne, kompletnie niezwiązane z tematem (*Chyba wtedy zapomniałem o obiedzie, tak mnie to opowiadanie wciągnęło; zupełnie jak podczas czytania po raz pierwszy „Psa Baskerville'ów", kiedy nic nie zjadłem, potem bolała mnie głowa, poszedłem do łóżka i...*).

Kiedy ta tendencja rozszerzania aktywacji i uwzględniania wszystkiego nie jest kontrolowana, aktywacja rozprzestrzeni się o wiele za daleko, niż to jest potrzebne do osiągnięcia naszego celu. Może wtedy zakłócić właściwą perspektywę, która pozwala na tym celu się skupić. Przy sprawie Srebrnej Gwiazdy pułkownik Ross nieustannie popędza Holmesa, by więcej robił, więcej szukał, więcej brał pod uwagę, zaglądał, jak mówi, „pod każdy kamień". Energia i aktywność, więcej znaczy więcej – to jego naczelne zasady. Jest skrajnie sfrustrowany odmową Holmesa, który chce się skupić na elementach kluczowych już przez niego zidentyfikowanych. Holmes zdaje sobie sprawę, że chcąc pozbyć się tego, co przypadkowe, może robić wszystko oprócz uwzględniania coraz większej liczby teorii i potencjalnie znaczących (lub nie) faktów.

Powinniśmy w zasadzie trzymać się nauk wynikających z testu CRT: namysł, zatrzymanie się i korekta. Włączyć system Holmesa, powstrzymać skłonność do bezmyślnego gromadzenia szczegółów i w sposób przemyślany skoncentrować się na tym, co już mamy. A co ze wszystkimi obserwacjami? Musimy nauczyć się segregowania ich w głowie, aby zmaksymalizować produktywne rozumowanie. Nauczyć się, kiedy o nich nie myśleć, a kiedy je przywoływać. Nauczyć się koncentrować – namysł, powstrzymanie i korekta – aby nie znaleźć się w ślepej uliczce jednej z tych niezliczonych myśli przepływających nam przez głowę. U podstaw osiągania sukcesu w dedukcji leżą refleksyjność i motywacja.

Ale opanowanie podstaw nie musi być proste ani wystarczające. Nawet Holmes, tak w przypadku Srebrnej Gwiazdy skoncentrowany i zmotywowany, ma trudności z przebadaniem wszystkich możliwych kierunków myślenia. Oto, co mówi Watsonowi, kiedy Srebrna Gwiazda się odnajduje: „Muszę wyznać, że wszystkie teorie, które stworzyłem na podstawie artykułów z gazet, całkowicie mijały się z prawdą. A jednak kryły się w nich istotne wskazówki, których wcześniej nie dostrzegłem, ponieważ przysłaniały je inne szczegóły".

Dedukcja bazuje na rozdzielaniu spraw kluczowych od przypadkowych, umiejętności sprawiającej trudność nawet najlepiej wytrenowanym umysłom. Dlatego Holmes nie spieszy się z ugruntowywaniem swoich początkowych teorii. Najpierw robi dokładnie to, co zaleca nam: rozstawia w uporządkowanym szeregu wszystkie fakty i przechodzi do kolejnych czynności. Nawet w robieniu błędów jest rozważny, „holmesopodobny", niedopuszczający do działania systemu Watsona mimo gorliwości tego ostatniego. Jak on to robi? Porusza się we własnym rytmie, ignorując każdego, kto nalega na pośpiech. Nie pozwala, by ktokolwiek na niego wpływał. Robi to, co musi zrobić.

Prócz tego używa jeszcze pewnego triku. Opowiada o wszystkim Watsonowi, co zachodzi z wielką regularnością na przestrzeni całego cyklu jego przygód (a wy myśleliście, że to tylko chwyt ekspozycyjny!). Jak mówi doktorowi przed zagłębieniem się w swoje obserwacje, „chyba nie ma lepszego sposobu, aby uzmysłowić sobie całą sprawę, niż opowiedzieć ją komuś innemu".

Chyba nie ma lepszego sposobu, aby uzmysłowić sobie całą sprawę, niż opowiedzieć ją komuś innemu

To dokładnie ta sama zasada, którą widzieliśmy wcześniej w działaniu: wypowiadanie na głos wymuszające przerwę i refleksję. Zasada wprowadzająca refleksyjność. Dzięki niej musimy rozważyć każdą przesłankę pod kątem jej wartości logicznej, dzięki niej możemy zwolnić myślenie, by uniknąć wpadki z Lindą feministką. Dzięki niej możemy się upewnić, czy coś istotnego nam nie umknęło tylko dlatego, że nie przyciągnęło naszej uwagi w wystarczający sposób albo nie pasowało do historii stworzonej już (bez wątpienia nieświadomie) w naszej głowie. Dzięki niej nasz wewnętrzny Holmes może słuchać, a nasz Watson musi sobie zrobić przerwę. Dzięki niej wreszcie możemy się utwierdzić w przekonaniu, że zrozumieliśmy naprawdę, a nie tylko myśleliśmy, że rozumiemy, bo wydawało nam się, że wszystko się zgadza.

I rzeczywiście, dokładnie wtedy, gdy Holmes przedstawia Watsonowi, jak się sprawy mają, uzmysławia sobie coś, co mu pomoże rozwiązać tę zagadkę. „To właśnie wtedy, gdy siedziałem w powozie, po tym jak dojechaliśmy do domu trenera, dostrzegłem ogromne znaczenie tego, że stajennemu podano baraninę z curry". Wybór dania na obiad może być omyłkowo wzięty za informację błahą, dopóki nie zostanie ona wypowiedziana wraz z pozostałymi detalami. To nam uświadomi, że potrawa była wybrana przemyślnie dla ukrycia smaku sproszkowanego opium, narkotyku podanego chłopakowi stajennemu. Ktoś, kto nie wiedziałby, że na obiad będzie baranina z curry, nie użyłby trucizny, którą można wyczuć w smaku. Tak więc winnym przestępstwa musiał być ktoś, kto wiedział, co będzie na obiad. I ta myśl doprowadziła Holmesa do słynnej konkluzji: „Zanim jednak odpowiedziałem na to pytanie, zrozumiałem, jak ważne było to, że pies nie szczekał. A jeden właściwy wniosek zawsze prowadzi do kolejnego".

Kiedy znajdziesz się na właściwej ścieżce, jest duża szansa, że już na niej pozostaniesz. Kiedy już na niej jesteś, musisz być pewien, że przywołujesz wszystkie obserwacje, wszystkie ich możliwe kombinacje wykoncypowane w przestrzeni twojej wyobraźni i unikasz tych elementów, które nie należą do całości obrazu. Nie możesz się skupiać na szczegółach, które najłatwiej przychodzą do głowy albo wyglądają na najbardziej reprezentatywne lub najbardziej wyraziste, albo które mają sens intuicyjny. Powinieneś sięgać głębiej.

Raczej nigdy nie posądziłbyś Lindy o to, że jest kasjerką bankową na podstawie jej opisu, choć zapewne uznałbyś, że może być feministką. Nie pozwól, by ten ostatni osąd wpłynął na kolejne, rozumuj dalej z tą samą logiką, która towarzyszyła ci na początku, i oceniaj każdy z elementów osobno i obiektywnie jako części spójnej całości. Możliwe, że jest kasjerką? Wykluczone. Więc może kasjerką feministką? Jeszcze mniej prawdopodobne. Musisz pamiętać, tak jak Holmes przy sprawie Srebrnej Gwiazdy, o wszystkich szczegółach odartych z medialnych domysłów i niechcący wytworzonych skutkiem tego przez nasz umysł teorii. Holmes nigdy nie określiłby Lindy jako kasjerki feministki, gdyby wcześniej nie zyskał pewności, że jest ona kasjerką.

To, co nieprawdopodobne, nie jest niemożliwe

W „Znaku czterech" w małym pokoju zamkniętym od środka, na najwyższym piętrze okazałego domu, dochodzi do rabunku i morderstwa. W jaki sposób przestępca mógł się dostać do środka, by popełnić ten czyn? W rozmowie z Watsonem Holmes wymienia wszystkie możliwości: „Drzwi nie były otwierane od ubiegłej nocy. Okno jest zatrzaśnięte od wewnątrz. Konstrukcja wygląda na solidną. Z boku nie ma zawiasów. Otwórzmy je. W pobliżu nie ma rynny. Do dachu nie sięgniesz".

Jak więc można się tam było dostać? Watson próbuje zgadnąć: „Drzwi były zamknięte na klucz, a okno niedostępne. Przeszedł przez komin?". Nie, odpowiada Holmes. „Krata paleniska jest o wiele za mała. Już rozważałem tę możliwość. – W takim razie jak? – pyta znów zirytowany Watson. – Nie chcesz, widzę, stosować moich zasad. – Holmes potrząsa głową. – Ile razy ci powtarzałem, że kiedy wyeliminujesz wszystko, co niemożliwe, wówczas to, co ci zostanie, jakkolwiek byłoby nieprawdopodobne, musi być prawdą? Wiemy już, że nie wszedł drzwiami, oknem ani kominem. Wiemy też, że nie mógł się ukryć w pokoju, ponieważ tutaj ukryć się nie da. Którędy w takim razie wszedł?". I teraz wreszcie Watson znajduje odpowiedź: „Wszedł przez tę dziurę w suficie!". Z odpowiedzi Holmesa – „Oczywiście, że tak. Musiał tędy wejść" – wynika, że było to wejście najbardziej logiczne z możliwych.

Ale tak, oczywiście, nie jest. Takie rozwiązanie jest wysoce nieprawdopodobne i większość ludzi nie wzięłaby go pod rozwagę, podobnie jak Watson, który, choć obeznany z metodą Holmesa, nie wpadłby na to bez podpowiedzi. Tak jak mamy trudności z oddzieleniem tego, co przypadkowe, od tego, co naprawdę kluczowe, tak nie dajemy sobie rady z tym, co nieprawdopodobne. Nasze umysły uznają takie zdarzenia za niemożliwe, zanim w ogóle weźmiemy je w rachubę. I dopiero system Holmesa może nas wyrwać z tej łatwej narracji i zmusić do wzięcia pod uwagę, że coś tak nieprawdopodobnego, jak wejście przez dziurę w dachu, może być tym brakującym ogniwem, dzięki któremu rozwiążemy naszą sprawę.

> *Tak jak mamy trudności z oddzieleniem tego, co przypadkowe, od tego, co naprawdę kluczowe, tak nie dajemy sobie rady z tym, co nieprawdopodobne*

Lukrecjusz nazwał głupcem osobę, która wierzy, że najwyższa widziana przez nią góra i najwyższa góra świata to jedno i to samo. Prawdopodobnie też uznalibyśmy za głupiego kogoś, kto by tak myślał. A przecież codziennie robimy to samo. Pisarz i matematyk Nassim Taleb nadał nawet temu błędowi nazwę: niedoszacowanie Lukrecjusza. (A propos Lukrecjusza, czy myślenie w jego czasach, że świat jest ograniczony do tego, co o nim wiemy, powinno dziwić? W pewnym sensie mniej sensowne są błędy, które popełniamy dzisiaj, mając tak ułatwiony dostęp do całej wiedzy). Mówiąc w skrócie, pozwalamy, by nasze osobiste doświadczenia z przeszłości decydowały o tym, co uważamy za możliwe. Nasza autopsja służy nam za kotwicę. Stanowi punkt wyjścia dla naszego rozumowania, miejsce, z którego wyruszamy w dalsze myślowe wędrówki. I nawet jeśli próbujemy skorygować naszą egocentryczną perspektywę, na ogół nie robimy tego w stopniu wystarczającym, by miało to jakieś znaczenie dla sprawy, uparcie zachowując skrzywiony, nakierowany na siebie punkt widzenia. To trochę inne wydanie podobnej skłonności do wymyślania własnych historii: wyobrażamy sobie wersje wydarzeń na podstawie tych, których sami doświadczyliśmy, a nie tych, które nam się nie przydarzyły.

Wyciąganie nauki z historycznych wydarzeń również niewiele znaczy, ponieważ z opisów nie uczymy się w taki sam sposób jak z własnego doświadczenia. Zjawisko to jest znane pod nazwą luki między opisem a doświadczeniem. Być może Watson nawet coś czytał o przedarciu się do pokoju przez dach, ale ponieważ nigdy nie zetknął się z tym w doświadczeniu bezpośrednim, to jego umysł będzie przetwarzał tę informację inaczej i nie użyje jej we właściwy sposób przy rozwiązywaniu problemu. Głupiec Lukrecjusza? Czytając o wysokich szczytach, może mimo wszystko nie uwierzyć w ich istnienie. *Chcę je zobaczyć na własne oczy* – powie. – *Nie jestem głupi, no nie?* Wobec braku bezpośredniego doznania to, co nieprawdopodobne, staje się prawie niemożliwe. I mądrości Holmesa nic tu nie poradzą.

A jednak rozróżnienie tych dwóch zjawisk powinno należeć do naszych podstawowych umiejętności. Bo nawet jeśli z powodzeniem oddzieliliśmy zdarzenia kluczowe od przypadkowych, nawet jeśli zgromadziliśmy wszystkie fakty (i to, co z nich wynika) i skupiliśmy się na tych, które są znaczące – to poniesiemy porażkę, nie dopuszczając myśli o tym, że otwór w dachu mógł pozwolić na przedostanie się do pokoju, jakkolwiek by się to wydawało niemożliwe. Jeśli, jak Watson, odrzucimy taką wersję lub nawet o niej nie pomyślimy, nie będziemy zdolni wydedukować z naszego rozumowania możliwych rozwiązań.

Myśląc o przyszłości, używamy najlepszego kryterium – przeszłości. Takie postępowanie jest naturalne, ale niekoniecznie trafne. Przeszłość nieczęsto dopuszcza istnienie tego, co niemożliwe. Ogranicza naszą dedukcję do tego, co znane, możliwe, prawdopodobne. A któż może wiedzieć, czy dowody, skrupulatnie zebrane i rozważone, nie prowadzą do alternatywnego wobec tych obszarów rozwiązania?

> *Przeszłość nieczęsto dopuszcza istnienie tego, co niemożliwe. Ogranicza naszą dedukcję do tego, co znane, możliwe, prawdopodobne*

Wróćmy teraz na chwilę do „Srebrnej Gwiazdy". Sherlock Holmes wychodzi z tej sprawy zwycięsko, to prawda: koń został odnaleziony, morderca trenera również. Ale dzieje się to nie bez pewnej zwłoki, tak nietypowej dla wielkiego detektywa. Holmes przybywa na miejsce przestępstwa z trzydniowym opóźnieniem, tracąc tym samym cenny czas. Dlaczego? Postępuje jak Watson, któremu za to zazwyczaj udziela nagany, i zapomina o zastosowaniu nakazu, by nie mylić tego, co nieprawdopodobne, z tym, co niemożliwe, i rozważać wariant nieprawdopodobny jako jedno z prawomocnych rozwiązań. Kiedy Holmes i Watson jadą do Dartmoor, aby pomóc w śledztwie, detektyw wspomina, że we wtorek wieczorem od właściciela konia i od inspektora Gregsona dostał telegramy proszące go o pomoc. Zbity z tropu Watson wykrzykuje: „We wtorek wieczorem! Ale przecież dziś mamy czwartek rano! Czemu nie pojechałeś tam wczoraj?". Na co Holmes odpowiada: „Ponieważ popełniłem błąd, mój drogi Watsonie, co zresztą, jak się obawiam, zdarza się znacznie częściej, niż mógłby pomyśleć ktoś, kto zna mnie tylko z twoich dzienników. Pozostaje faktem, że nie byłem w stanie uwierzyć, iż to możliwe, by najlepszy koń w Anglii mógł tak długo pozostawać w ukryciu, zwłaszcza w tak słabo zaludnionym miejscu jak północ Dartmoor".

Holmes dopuścił się niemal odrzucenia jako niemożliwe tego, co prawie nieprawdopodobne. Przez to przestał działać zgodnie z nakazami czasu. W ten sposób zamienił się z Watsonem tradycyjnie przez nich odgrywanymi rolami i pozwolił, by tym razem to przyjaciel go upomniał, mając ku temu wszelkie podstawy. Nawet najlepszy, najbardziej wyostrzony umysł musi się podporządkowywać szczególnym doświadczeniom swojego właściciela i jego percepcji świata. O ile umysł taki jak umysł Holmesa na ogół jest w stanie rozważać najodleglejsze możliwości, o tyle czasami zachodzą takie okoliczności, kiedy i on podlega ograniczeniom z góry powziętych przekonań, czynników, które w każdej chwili mają do niego dostęp.

Jednym słowem, nawet Holmesa ogranicza architektura jego mózgowego poddasza. Holmes wyobraża sobie zaginionego gdzieś na wsi konia o wyjątkowym wyglądzie. Doświadczenie podpowiada mu, że koń nie może pozostać zaginiony zbyt długo. Logika jego myślenia jest następująca: jeśli to najbardziej niezwykły koń w całej Anglii, to jak mógłby całkiem zniknąć z widoku na terenie, gdzie niewiele jest miejsc nadających się na kryjówki? Z pewnością ktoś musiał zauważyć zwierzę, żywe czy martwe, i złożyć doniesienie. I byłaby to doskonała dedukcja na podstawie faktów, gdyby tylko była prawdziwa. Ale oto mamy czwartek, konia od wtorku jak nie było, tak nie ma, i żadne doniesienia się nie pojawiły. Czego w takim razie Holmes nie wziął pod uwagę? Koń nie mógł być ukryty, gdyby mógł być rozpoznany jako ten właśnie koń. Wielkiemu detektywowi nie przychodzi do głowy pomysł, że konia można było zakamuflować. Inaczej nie mógłby oczywiście uznać za nieprawdopodobne, że zwierzę tak długo mogło być ukrywane. Holmes widzi to, czego nie ma, widzi to, co zgodne z jego wiedzą.

Gdybyśmy byli świadkami czegoś niezgodnego z naszymi schematami z przeszłości, co nie ma żadnego odpowiednika w naszej pamięci, nie wiedzielibyśmy zapewne, jak ten fakt zinterpretować. Ba, moglibyśmy nawet w ogóle go pominąć, dostrzegając za to coś innego, co spodziewaliśmy się na tym miejscu zobaczyć. Możemy o tym procesie pomyśleć jak o bardziej złożonej wersji znanego gestaltowskiego eksperymentu dotyczącego percepcji wzrokowej, który demonstruje naszą zdolność widzenia jednej rzeczy na kilka różnych sposobów, w zależności od kontekstu prezentacji.

Spójrzmy na przykład na tę ilustrację:

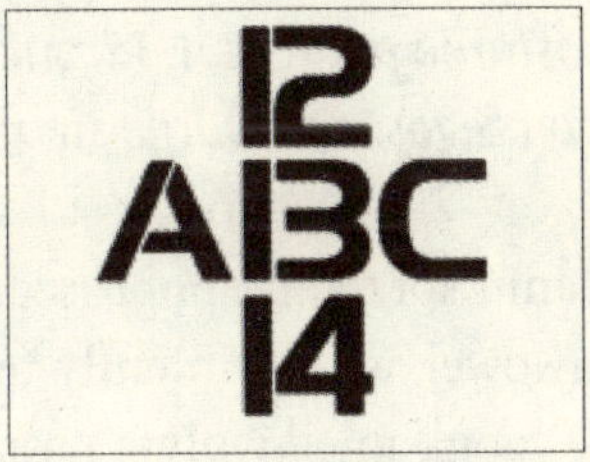

Czy widzicie środkowy znak jako B, czy jako 13? Bodziec pozostaje ten sam, ale to, co w nim widzimy, zależy od naszych oczekiwań i od kontekstu. Zamaskowane zwierzę? W zasobach Holmesa, jakkolwiek były rozległe, takowe nie istniało, więc nawet nie rozpatruje on takiej możliwości. Dostępność – poprzez doświadczenie, ramy kontekstu, gotowe schematy – wpływa na dedukcję. Gdybyśmy usunęli A i C, nie wydedukowalibyśmy, że mamy przed sobą B, tak jak nie dostrzeglibyśmy 13, gdybyśmy się pozbyli 12 i 14. Nawet by nam przez myśl nie przeszła taka wersja, choć przecież byłaby możliwa, choć w danym kontekście niemal nieprawdopodobna. A gdyby kontekst nieznacznie się przesunął? Albo gdyby brakujący ciąg był obecny, tyle że ukryty przed naszym wzrokiem? Zmieniłoby to obraz, aczkolwiek niekoniecznie zmieniłoby nasze wybory.

Pojawia się tu jeszcze inny ciekawy wątek: o tym, co uznamy za możliwe, decydują nie tylko nasze doświadczenia, ale również nasze oczekiwania. Holmes spodziewał się, że Srebrna Gwiazda zostanie odnaleziona, skutkiem czego postrzegał dowody w innym świetle i zaniechał rozpatrzenia innych możliwości. Raz jeszcze wyskakują zza węgła fakty na żądanie, tym razem pod postacią błędu konfirmacji, jednego z błędów najczęściej popełnianych zarówno przez żółtodziobów, jak i najbardziej doświadczone umysły. Od wczesnego dzieciństwa jesteśmy podatni na robienie błędów konfirmacji, na podejmowanie decyzji na długo przed tym, nim zostanie podjęta, i na odrzucanie od ręki jako niemożliwego czegoś, co wydaje się nieprawdopodobne.

Błąd konfirmacji to podejmowanie decyzji na długo przed tym, nim zostanie podjęta, i odrzucanie od ręki jako niemożliwego czegoś, co wydaje się nieprawdopodobne

W pewnym badaniu sprzed lat poproszono dzieci z trzeciej klasy szkoły podstawowej, aby wymieniły te właściwości sportowych piłek, które mogą mieć wpływ na jakość serwowania. Kiedy już zdecydowały się na odpowiedź (na przykład, że ważny jest rozmiar, a nie kolor), to albo nie chciały przyjąć do wiadomości dowodów przeczących powziętej przez nie opinii (że kolor jednak jest ważny, a rozmiar nie), albo rozważały je w bardzo wybiórczy i zniekształcony sposób, chcąc usprawiedliwić niezgodność ze swym początkowym przekonaniem. Co więcej, bez podpowiedzi z zewnątrz nie przychodziło im do głowy, by stworzyć teorie alternatywne. A później, kiedy miały przypomnieć własną teorię i dowody, przedstawiały mylnie cały proces, tak że dowody zaczynały być bardziej spójne z ich teorią, niż to miało miejsce w rzeczywistości. Innymi słowy, dzieci poddawały przeszłość obróbce, by lepiej pasowała do ich oglądu świata.

Z wiekiem robi się z nami w tej materii coraz gorzej lub w najlepszym wypadku – ani trochę się nie polepsza. Dorośli są bardziej skłonni do uznawania jednostronnych argumentów za doskonalsze od takich, które prezentują obie strony medalu, i właśnie te jednostronne kojarzą im się z prawidłowym myśleniem. O wiele łatwiej jest nam poszukiwać argumentów potwierdzających, pozytywnych dowodów na hipotezy i ustalone przekonania, nawet jeśli osobiście tych hipotez nie reprezentujemy.

W szeroko komentowanym badaniu wykazano, że uczestnicy, sprawdzając jakąś koncepcję, przeglądali tylko te przykłady, które potwierdzały jej prawidłowość. Jednocześnie rezygnowali z poszukiwania takich, które by ją podważały. Ujawniamy więc wyraźną asymetrię w ocenie dowodów na hipotezy – jesteśmy skłonni przeceniać dowody pozytywne, potwierdzające i nie doceniać negatywnych, podważających dowodów. Widzimy to, czego szukaliśmy. Mimo że zbliżamy się do końca procesu dedukcji, system Watsona wciąż nie daje nam spokoju. Nawet jeśli mamy wszystkie dowody (a powinniśmy je mieć na tym etapie procesu), nadal jesteśmy narażeni na abstrahowanie od tych dowodów, gdy pozwalamy, by doświadczenie i wyobrażenia o tym, co jest, a co nie jest możliwe, odcisnęły piętno na naszej interpretacji. Zupełnie jak Holmes, który w „Srebrnej Gwieździe" ignoruje wskazówki mogące go poprowadzić we właściwym kierunku, bo uznał za niemożliwe, by koń tak długo pozostawał w ukryciu. I tak jak Watson, który pomija w swoich rozważaniach dach, bo uznał za niemożliwe, by ktokolwiek w ten sposób dostał się do pokoju. Możemy mieć do dyspozycji wszystkie dowody, ale to jeszcze nie znaczy, że rozumując, uznamy je za obiektywne i pełne. Albo że w ogóle zauważymy ich istnienie.

Ale Holmesowi, jak wiemy, udaje się w porę wychwycić błąd i go naprawić, czy też błąd ujawnia się sam, kiedy się okazuje, że koń nie został jednak odnaleziony. I z chwilą gdy detektyw pozwala na to, by ta nieprawdopodobna możliwość stała się możliwa, cała jego ocena sprawy i dowodów ulega zmianie, a wszystko wskakuje na właściwe miejsca. W ten oto sposób wspólnie z Watsonem jadą szukać konia i ratować śledztwo. Podobnie Watson

– kiedy dostaje podpowiedź, jest zdolny skorygować swoje błędne myślenie. Gdy Holmes mu przypomina, że jakkolwiek coś mu się wyda nieprawdopodobne, musi to mimo wszystko rozważyć, od razu przedstawia wariant, który pasuje do dowodów, wariant, który jeszcze przed chwilą całkowicie pominął.

To, co nieprawdopodobne, wcale nie musi być niemożliwe. Podczas dedukowania mamy tendencję do rozwiązań zgodnych z regułą dostateczności i przerywamy, kiedy uznamy, że poszło nam wystarczająco dobrze. A jednak dopóki nie wyczerpaliśmy wszystkich możliwości i nie upewniliśmy się co do tego, że tak się stało, nie możemy z czystym sumieniem zamknąć sprawy. Powinniśmy się nauczyć poszerzać nasze doświadczenie, wychodzić poza początkowy odruch. Powinniśmy patrzeć na dowody w sposób zarówno potwierdzający, jak i podważający. A co najważniejsze, powinniśmy spróbować obserwować świat, wychodząc poza perspektywę, którą obieramy w sposób najbardziej naturalny. Czyli własną.

Powinniśmy spróbować obserwować świat, wychodząc poza perspektywę, którą obieramy w sposób najbardziej naturalny. Czyli własną

Powinniśmy, krótko mówiąc, wrócić do testu świadomego myślenia i wyznaczonych przez niego kroków. Zastanówmy się, co nasz umysł chce zrobić, powstrzymajmy to, co nie ma sensu (w tym przypadku pytając, czy coś rzeczywiście jest niemożliwe i nieprawdopodobne), i skorygujmy odpowiednio nasz punkt widzenia. Nie zawsze będziemy mieli obok siebie Holmesa, który nam będzie podpowiadał, ale przecież sami dzięki systematycznie kultywowanej refleksyjności też możemy sobie podpowiedzieć. Będzie nas zapewne kusiło, by najpierw działać, a dopiero potem myśleć, by pomijać pewne możliwości, nim je rozważymy. Ale możemy przynajmniej trzymać się generalnej zasady:

najpierw myśleć, potem robić i starać się z całej mocy do każdej decyzji podchodzić ze świeżym umysłem.

Mamy na podorędziu wszystkie niezbędne elementy (o ile wykonaliśmy pracę obserwacyjną i tę opartą na wyobraźni). Cała sztuka polega na tym, co z nimi teraz zrobimy. Czy wykorzystamy wszystkie dostępne dowody, a nie tylko to, co akurat zapamiętaliśmy, pomyśleliśmy lub na co się natknęliśmy? Czy będziemy do wszystkiego przykładać tę samą miarę, byśmy mogli naprawdę odsiać to, co przypadkowe, od tego, co kluczowe, i by nas nie zwiodły inne, nic nieznaczące czynniki? Czy ułożymy wszystkie elementy w logiczną sekwencję, gdzie każdy krok warunkuje następny i z każdego czynnika wyprowadzony jest wniosek, tak byśmy nie padli ofiarą błędnego przekonania o przemyśleniu całej sprawy, podczas gdy tego nie zrobiliśmy? Czy rozważymy wszystkie logiczne warianty, łącznie z tymi, które wydają nam się niemożliwe? I wreszcie, czy będziemy skoncentrowani i zmotywowani? Czy będziemy pamiętać, jaki problem chcieliśmy na początku rozwiązać, i czy nie zboczymy z drogi w całkiem inne rejony, nie wiedząc nawet, jak to się stało i w którym momencie?

Po raz pierwszy czytałam Sherlocka Holmesa po rosyjsku, w języku mojego dzieciństwa i książek mojego dzieciństwa. Pomyśl o wskazówkach, które ci zostawiłam. Napisałam, że moja rodzina pochodzi z Rosji i że obie z siostrą urodziłyśmy się w Związku Radzieckim. Napisałam również, że opowiadania czytał nam tata. I napisałam, że książka, którą czytał, była stara. Tak stara, że nawet się zastanawiałam, czy kiedyś tej książki nie czytał mu jego tata. W jakim języku mogła być napisana, jeśli zgromadzimy przed sobą wszystkie te fakty? Ale czy brałeś taką ewentualność pod uwagę, patrząc na każdą z tych informacji z osobna? Czy też w ogóle nie przyszła ci do głowy, ze względu na jej... nieprawdopodobieństwo? Bo Holmes jest, no cóż, Anglikiem? Przecież nie ma znaczenia to, że Conan Doyle pisał po angielsku i że sam Holmes jest tak głęboko zakorzeniony w świadomości języka angielskiego. I nie ma też znaczenia, że dzisiaj czytam i piszę po angielsku tak samo dobrze jak po rosyjsku. Nie ma znaczenia, że nigdy nie natknąłeś się na Holmesa po rosyjsku i nawet nie brałeś pod uwagę możliwości istnienia czegoś podobnego. Ważne są tylko przesłanki i to, dokąd nas prowadzą – o ile pozwolimy, by zmierzały w kierunku logicznych wniosków. Niezależnie od tego, czy jest to ten sam kierunek, który obrał sobie nasz umysł.

Ważne są tylko przesłanki i to, dokąd nas prowadzą – o ile pozwolimy, by zmierzały w kierunku logicznych wniosków

***

PRZECZYTAJ O SHERLOCKU HOLMESIE

„Garbus" (w: „Dzienniki Sherlocka Holmesa"), tłum. Anna Krochmal, Robert Kędzierski

„Abbey Grange" (w: „Powrót Sherlocka Holmesa"), tłum. Marta Domagalska

„Znak czterech", tłum. Anna Krochmal, Robert Kędzierski

Rozdział szósty

Zadbaj o swoje poddasze, czyli nauka nigdy się nie kończy

Zachowanie lokatora wyraźnie odbiega od normy. Jego gospodyni, pani Warren, nie widziała go ani razu przez całe dziesięć dni. Z wyjątkiem pierwszego wieczoru, kiedy wyszedł, by wrócić późno w nocy, cały czas spędza w swoim pokoju, gdzie chodzi godzinami tam i z powrotem. Na dodatek, kiedy czegoś potrzebuje, zostawia przed drzwiami pokoju na skrawkach papieru wypisane drukowanymi literami pojedyncze słowa: MYDŁO, ZAPAŁKA, DAILY GAZETTE. Pani Warren jest wysoce zaniepokojona. Udaje się więc po poradę do Sherlocka Holmesa.

Początkowo sprawa ta nie wzbudza w Holmesie wielkiego zainteresowania. Tajemniczy lokator nie wydaje się wart śledztwa. Ale stopniowo przybywa coraz więcej intrygujących szczegółów. Po pierwsze, o co chodzi z tymi drukowanymi literami? Dlaczego słowa nie zostały napisane normalnym pismem? Na co komu taki dziwaczny, nienaturalny sposób porozumiewania się? Następnie – papieros, który pani Warren zmyślnie zachowała do okazania Holmesowi. Detektyw utrzymuje, że niedopałek ten mogła palić tylko gładko wygolona osoba, gdy tymczasem gospodyni zapewnia, że lokator nosi wąsy i brodę. Nadal jednak nie jest tego zbyt wiele, detektyw prosi więc panią Warren, by go zawiadomiła, „jeśli wydarzy się coś nowego".

I rzeczywiście się wydarza. Następnego ranka pani Warren wraca na Baker Street, oświadczając: „To sprawa dla policji, panie Holmes. Dłużej już tego nie zniosę!". Pan Warren, mąż gospodyni, został napadnięty przez dwóch mężczyzn, którzy zarzucili mu na głowę płaszcz, wepchnęli do dorożki i uwolnili godzinę później. Według pani Warren winny wszystkiemu jest lokator i dlatego gospodyni chce się z nim pożegnać jeszcze tego samego dnia. Bez pośpiechu, uspokaja ją Holmes: „Proszę niczego nie robić pochopnie. Zaczynam sądzić, że ta sprawa może być o wiele ważniejsza, niż wydawała się na pierwszy rzut oka. Jest oczywiste, że pani lokatorowi zagraża jakieś niebezpieczeństwo. Równie jasne jest, że jego wrogowie, którzy zaczaili się na niego niedaleko pani domu, pomylili z nim pani męża w mglistym porannym świetle. Kiedy odkryli swój błąd, wypuścili go".

Tego samego popołudnia Holmes i Watson wyruszają na Great Orme Street, aby dyskretnie sprawdzić tożsamość gościa, który spowodował tyle zamieszania. Wkrótce też mają okazję ją zobaczyć, bo w rzeczywistości jest to ona. Domysły Holmesa były trafne – nastąpiła zamiana lokatorów. „Pewna para chroni się w Londynie przed jakimś grożącym jej straszliwym niebezpieczeństwem. Bezwzględną koniecznością jest przestrzeganie wszelkich środków ostrożności" – tłumaczy Holmes Watsonowi. „Mężczyzna, który musi coś zrobić, pragnie, by kobieta w tym czasie była absolutnie bezpieczna. Nie jest łatwo to uczynić, on jednak rozwiązuje problem tak skutecznie, że o obecności kobiety nie wie nawet gospodyni, która przynosi jej jedzenie. Wiadomości pisane drukowanymi literami są oczywistym sposobem na to, by nie rozpoznano jej płci na podstawie pisma. Mężczyzna nie może się zbliżyć do kobiety, bo wtedy naprowadzi wrogów na jej trop. Ponieważ nie może się z nią bezpośrednio kontaktować, ucieka się do zamieszczania ogłoszeń w rubryce towarzyskiej. Jak do tej pory wszystko jest jasne".

Ale co się za tym kryje? – chce wiedzieć Watson. Skąd ta tajemniczość i niebezpieczeństwo? Holmes przypuszcza, że jest to sprawa życia i śmierci. Atak na pana Warrena, przerażenie w oczach lokatorki, kiedy zaczyna podejrzewać, że jest śledzona – wszystko to wskazuje na złowrogi charakter wydarzeń. Po co w takim razie, pyta Watson, Holmes chce kontynuować śledztwo? Sprawa pani Warren została rozwiązana i gospodyni nie pragnie już niczego innego, jak pozbycia się lokatorki ze swojego pensjonatu. Po co to dalej drążyć, zwłaszcza że sprawa rzeczywiście wygląda na ryzykowną? Najprościej byłoby zostawić sprawy własnemu biegowi. „Co możesz na tym zyskać?" – pyta detektywa przyjaciel. Holmes ma gotową odpowiedź: „No właśnie, Watsonie. To sztuka dla sztuki. Jak przypuszczam, gdy wykonywałeś zawód lekarza, studiowałeś różne przypadki, nie myśląc przy tym o wynagrodzeniu. – Robiłem to dla mojego wykształcenia, Holmesie. – Nauka nigdy nie dobiega końca, Watsonie. Jedna lekcja następuje po drugiej, a ostatnia z nich będzie najważniejsza. To pouczająca sprawa. Nie wiążą się z nią ani pieniądze, ani jakieś wielkie zasługi, a jednak mam ochotę ją rozwiązać. Kiedy zapadnie zmierzch, posuniemy się w naszym śledztwie o krok naprzód".

> *Nauka nigdy nie dobiega końca. Jedna lekcja następuje po drugiej, a ostatnia z nich będzie najważniejsza*

Dla Holmesa nie ma znaczenia, że pierwotny cel został osiągnięty. Nie ma też znaczenia, że dalsze zajmowanie się tą historią może się wiązać ze skrajnym niebezpieczeństwem. Nie porzuca się sprawy, osiągnąwszy własny cel, kiedy właśnie się okazuje, że jest ona bardziej skomplikowana, niż to się mogło wydawać na początku. To pouczająca sprawa. Można się przynajmniej czegoś nauczyć. Kiedy Holmes mówi, że nauka nigdy nie dobiega końca, to jego przekaz dla nas nie jest tak jednowymiarowy, na jaki wygląda. Oczywiście, że dobrze jest dalej się uczyć – utrzymuje to umysł w formie, wyzwala jego czujność i przeciwdziała popadnięciu w rutynę. Ale dla Holmesa nauka znaczy coś więcej. Nauka według Holmesa to sposób na stawianie sobie wyzwań i podważanie nawyków, na niedopuszczanie systemu Watsona do przejęcia steru, nawet jeśli po drodze sporo się nauczył od systemu Holmesa. To sposób na nieustanne potrząsanie swoimi nawykowymi zachowaniami i upominanie siebie, choćbyśmy się uważali za nie wiem jak wielkich ekspertów w jakiejś dziedzinie, by zawsze we wszystkim, co robimy, towarzyszyła nam refleksyjność i motywacja.

W książce tej kładzie się nacisk na konieczność ćwiczenia. Holmes nie stałby się tym, kim jest, gdyby nie praktykował nieustannie nawyków uważnego myślenia, które stanowią rdzeń jego postawy wobec świata. Jednak w miarę ćwiczenia trenowana umiejętność przychodzi nam z coraz większą łatwością, aż staje się naszą drugą naturą – i przechodzi pod skrzydła systemu Watsona. I nawet jeśli nabyliśmy nawyki o charakterze holmesowskim, to są to tak czy inaczej nawyki, rzeczy, które robimy automatycznie, a przez to, o ile nie zachowamy ostrożności, bezrefleksyjnie. Wtedy bierzemy nasze myślenie za dobrą monetę i przestajemy zwracać uwagę na to, co się dzieje na poddaszu. A to zawsze jesteśmy skłonni zagracać, choćbyśmy uporządkowali je jak nigdy dotąd.

Holmes musi stosować wyzwania, aby zapobiegać temu procesowi. Bo nawet tak wyostrzone nawyki myślowe jak te, które on ma, mogłyby go zwieść na manowce, gdyby nie miał ich w stałym użyciu. Jeśli nie poddajemy wyzwaniom naszych nawyków myślowych, pojawia się ryzyko obsunięcia się pielęgnowanej przez nas refleksyjności w przedholmesowski stan bezrefleksyjności. Zadanie nie należy do najłatwiejszych i naszemu mózgowi, jak to zwykle bywa, może się przydać pomoc. Kiedy czujemy, że odwaliliśmy kawał dobrej roboty – czy to było uprzątnięcie antresoli, czy coś bardziej angażującego, jak wyjaśnienie jakiejś tajemnicy – część mózgu należąca do Watsona domaga się już tylko wypoczynku, nagrody za dobrą robotę. Po co się dalej trudzić, skoro wykonałem, co zamierzałem?

Uczenie się jest u nas w dużej mierze napędzane przez błąd przewidywania nagrody (*reward prediction error*, RPE)[15]. Kiedy nagroda jest wyższa, niż tego oczekiwaliśmy (*O rany, skręciłam w lewo! I nie zbiłam pachołka!* – w przypadku nauki jazdy), RPE prowadzi do przypływu dopaminy do mózgu. Dochodzi do tego często, kiedy zaczynamy się uczyć czegoś nowego. Z każdym kolejnym krokiem zauważamy wynagradzające nasz wysiłek efekty: zaczynamy lepiej rozumieć to, co robimy, robimy to coraz lepiej, popełniamy coraz mniej błędów. I każde kolejne dokonanie rzeczywiście wiąże się z jakąś wygraną. Nie tylko bowiem my radzimy sobie lepiej (co przypuszczalnie przynosi zadowolenie), ale również nasz mózg jest wynagradzany za naukę i doskonalenie się.

Aż wreszcie, ni z tego, ni z owego, cała ta przyjemność się kończy. Już mnie nie dziwi, że potrafię płynnie prowadzić samochód. Już mnie nie dziwi, że potrafię bezbłędnie pisać na komputerze. Już mnie nie dziwi, że potrafię zgadnąć, iż Watson przyjechał z Afganistanu. Wiem, że będę umiała to zrobić, jeszcze zanim to zrobię. Nie ma więc błędu przewidywania nagrody. Nie ma RPE, a więc i nie ma dopaminy. Nie ma przyjemności. I nie ma potrzeby dalszego uczenia się. Osiągnęliśmy stan zadowalający i uznaliśmy – tak na poziomie neuronalnym, jak i świadomościowym – że dowiedzieliśmy się wszystkiego, czego mieliśmy się dowiedzieć.

---

15 Czytelników, którzy chcieliby poszerzyć wiedzę na temat uczenia się mózgu, odsyłam jeszcze raz do prac Daniela Schactera, zwłaszcza jego książki „Searching for Memory". Charles Duhigg w „The Power of Habit" (wyd. pol.: „Siła nawyku", Dom Wydawniczy PWN, Warszawa 2013) szczegółowo opisuje kształtowanie się nawyków i ich zmiany oraz tłumaczy, dlaczego tak trudno jest wyjść ze starych kolein. Więcej na temat powstawania nadmiernej pewności siebie można przeczytać w „Why We Make Mistakes" Josepha Hallinana i „Mistakes Were Made (But Not by Me): Why We Justify Foolish Beliefs, Bad Decisions, and Hurtful Acts" (wyd. pol.: „Błądzą wszyscy [ale nie ja]", wyd. Smak Słowa, Sopot 2008) Carol Tavris i Elliota Aronsona. Większość badań dotyczących skłonności do nadmiernej pewności siebie i złudzenia kontroli zapoczątkowała Ellen Langer (patrz: „Prolog").

Teraz sztuka polega na tym, by wyćwiczyć mózg w wymijaniu punktu natychmiastowej nagrody i odnajdywaniu wynagrodzenia w niepewnej przyszłości. Nie jest to łatwe, bo jak już wcześniej mówiłam, niezbyt przepadamy za niepewnością. O ile przyjemniej odnosić natychmiastowe korzyści! Siła inercji jest wielka. Jesteśmy dziećmi nawyku, i to nie tylko tego łatwego do zaobserwowania, jak włączanie telewizora zawsze po wejściu do domu z pracy czy otwieranie lodówki tylko po to, by sprawdzić, co w niej jest. Jesteśmy także dziećmi nawyku myślowego, przewidywalnych pętli myślenia, które przybierają zawsze te same kształty, gdy tylko się je uruchomi.

A nawyki myślowe są bardzo trudne do przełamania. Jednym z najsilniejszych czynników wpływających na nasze wybory jest efekt aktywności bazowej, czyli omawiana już przez nas tendencja do wybierania po linii najmniejszego oporu, kierowania się tym, co mamy przed sobą tak długo, jak to możliwe. Przykłady tego widać wszędzie wokół. Pracownicy w firmach wpłacają na fundusz emerytalny, kiedy się tego od nich wymaga, i przestają płacić (nawet w przypadku hojnych dopłat ze strony pracodawcy), kiedy to zależy od ich wyboru. Kraje, w których ustawowo obowiązuje dawstwo organów (każdy obywatel jest dawcą organów, dopóki świadomie nie zaznaczy, że nie chce nim być), mają znacząco wyższy odsetek dawców niż kraje, w których dawcy zgłaszają się sami.

Jednym słowem, kiedy mamy wybór między zrobieniem czegoś i nierobieniem niczego, wybierzemy to drugie, zapominając, że to drugie też jest robieniem czegoś. Tyle że jest to model robienia pasywny i pełen samozadowolenia, biegunowe przeciwieństwo aktywnego zaangażowania, za którym optuje Holmes. I tu rzecz dziwna: im lepsi jesteśmy, im lepsi się stajemy, im więcej się nauczyliśmy, tym silniejsze w nas pragnienie, żeby wreszcie odpocząć. Czujemy przecież, że na to zasłużyliśmy, nie zdając sobie sprawy, że to będzie największa krzywda, jaką moglibyśmy sobie wyrządzić.

Im lepsi jesteśmy, im lepsi się stajemy, im więcej się nauczyliśmy, tym silniejsze w nas pragnienie, żeby wreszcie odpocząć

Możemy zaobserwować funkcjonowanie tego mechanizmu nie tylko na poziomie indywidualnym, ale również na skalę organizacji i korporacji. Pomyślcie, ile firm mających na swoim koncie przełomowe innowacje zostało zmiecionych przez konkurencję i pozostawionych daleko w tyle. (Choćby na przykład Kodak czy Atari. Albo RIM, twórca BlackBerry). Tendencja ta nie ogranicza się do świata biznesu. Ten sam schemat spektakularnej stagnacji następującej po spektakularnej innowacji dotyczy bardziej uniwersalnego trendu występującego we wszystkich dziedzinach, od życia akademickiego po wojskowość. I ma on swoje źródła w specyficznym ustawieniu systemu nagród w mózgu. Dlaczego ten schemat jest tak powszechny? Wyjaśnienie znajdziemy w efekcie aktywności bazowej, tej inercji na głębszym poziomie, czyli w ugruntowaniu nawyku. Im bardziej nasz nawyk jest wynagradzany, tym trudniej go potem przełamać. Jeśli dyplom za dyktando potrafi wzbudzić zastrzyk dopaminy w mózgu dziecka, to wyobraźmy sobie, co może zrobić osiągnięcie sukcesu na skalę miliarda dolarów, rosnące udziały w rynku, wydanie bestsellera czy potwierdzona nagrodami i dożywotnim etatem sława akademicka.

Mówiliśmy już wcześniej o różnicy między pamięcią krótko- i długotrwałą, tymi rzeczami, które zapamiętujemy tylko na chwilę, i tymi, które przechowujemy na poddaszu na stałe. Ta ostatnia pamięć dzieli się przypuszczalnie (badania nad jej dokładnym mechanizmem wciąż trwają) na: deklaratywną, czyli pamięć jawną, i proceduralną, czyli pamięć utajoną. Pamięć deklaratywna to rodzaj encyklopedii wiedzy o wydarzeniach (pamięć epizodyczna), faktach (pamięć semantyczna) lub innych rzeczach, które możemy sobie jawnie odtworzyć. Ilekroć dowiadujemy się czegoś nowego, zapisujemy to sobie pod osobnym hasłem. Potem, kiedy to właśnie hasło jest nam potrzebne, otwieramy encyklopedię na określonej stronie i odtwarzamy je (o ile wszystko poszło dobrze i pojęcie zostało zapisane prawidłowo, a atrament nie zblakł).

A co się dzieje, kiedy nie sposób czegoś zapisać? Kiedy mamy do czynienia z czymś, co czujemy lub o czym wiemy, jak się to robi? To będzie oznaczało, że znaleźliśmy się na terenie pamięci proceduralnej, czyli utajonej. Doświadczenie. Z nim już nie będzie tak łatwo jak z encyklopedycznym hasłem.

Oba te systemy nie są całkowicie od siebie odizolowane i zachodzi między nimi pewna interakcja. Ale dla naszych celów możemy je sobie wyobrazić jako dwa typy zmagazynowanych na naszym poddaszu informacji. Choć jeden i drugi istnieją tam równorzędnie, to nie w tym samym stopniu są uświadomione i dostępne. I możemy przemieszczać się z jednego systemu do drugiego, nawet sobie tego nie uzmysławiając.

Wyobraź sobie, że uczysz się prowadzić samochód. Początkowo pamiętasz jawnie, świadomie, o wszystkim, co chcesz zrobić: sprawdzić lusterka, zapalić silnik, włączyć się do ruchu itd. Musisz zdawać sobie sprawę z każdego kolejnego kroku. Ale wkrótce przestajesz pamiętać o każdym ruchu. Kolejne czynności stają się twoją drugą naturą. I gdybym w pewnej chwili zapytała, przy jakim ruchu jesteś, nie umiałbyś mi odpowiedzieć. Przełączyłeś się z pamięci jawnej na utajoną, z aktywnej wiedzy na nawyk. A na terenie pamięci utajonej o wiele trudniej świadomie usprawniać umiejętności, być uważnym i obecnym. Musisz teraz włożyć o wiele więcej trudu w utrzymanie czujności na tym samym poziomie, niż to miało miejsce podczas uczenia się. (Dlatego tak często uczący się osiągają, według określenia K. Andersa Ericssona, fazę plateau, poza którą wydaje się, że nie można już się więcej nauczyć. Jak się wkrótce przekonamy, to nieprawda, ale rzeczywiście faza plateau jest trudna do przezwyciężenia).

Kiedy zaczynamy się uczyć, znajdujemy się na terenie pamięci deklaratywnej, czyli jawnej. To pamięć kodowana w hipokampie, a następnie konsolidowana i magazynowana (jeśli wszystko nam dobrze idzie), by mogła być użytkowana w przyszłości. Korzystamy z niej, zapamiętując daty historyczne albo opanowując punkty nowej procedury w pracy. Używałam tej pamięci, próbując zapamiętać liczbę stopni na schodach wszystkich możliwych domów (ponosząc przy tym sromotną klęskę), kiedy mylnie odczytałam intencje Holmesa. Posługujemy się tą pamięcią, kiedy krok po kroku poznajemy proces myślowy Holmesa, aby móc mu dorównać w zdolności osiągania wglądów.

Tyle że kiedy Holmes robi to samo, co my, używa już innej pamięci, cały proces myślowy ma bowiem doskonale opanowany. Stał się on jego drugą naturą. Holmes nie musi myśleć o tym, jak prawidłowo myśleć, bo robi to automatycznie, tak jak my automatycznie przestawiamy się na wewnętrznego Watsona, bo się tego nauczyliśmy i tego właśnie usiłujemy się oduczyć. Dopóki jednak się nie oduczymy, to, co dla Holmesa nie wymaga żadnego wysiłku, nasze watsonowskie ego może kosztować wiele pracy. Musimy na każdym etapie powstrzymywać Watsona i pytać o zdanie Holmesa.

Jednak w miarę tego, jak coraz więcej trenujemy i zmuszamy się do obserwowania, wyobrażania sobie, dedukowania znowu i znowu, bez ustanku – nawet w przypadkach tak wydawałoby się głupich, jak planowanie, co będzie na obiad – powoli zaczyna w nas zachodzić zmiana. Okazuje się nagle, że wszystko zaczyna nam iść bardziej gładko. I że funkcjonujemy szybciej, w sposób jakby bardziej naturalny, bez większego wysiłku. Zasadniczo sprawa sprowadza się do tego, że przełączamy tryby pamięci. Przechodzimy z systemu jawnego na utajony, nawykowy, proceduralny.

Nasze myślenie upodabnia się teraz do takich umiejętności jak jazda samochodem czy na rowerze, jak wykonywanie zadania, które robiliśmy wcześniej tysiące razy. Przestawiamy się z nakierowania na cel (w przypadku myślenia to świadome podążanie śladami Holmesa i upewnianie się, że każdy krok jest wykonywany prawidłowo) na działanie automatyczne (już nie musimy myśleć o poszczególnych krokach; nasz umysł przebiega je automatycznie). Przestawiamy się z czegoś, co w dużej mierze opiera się na pełnym wysiłku zapamiętywaniu, na coś, co uruchamia system dopaminowej nagrody bez koniecznego udziału naszej świadomości (skrajnym przykładem może tu być zachowanie nałogowca).

I tu pozwolę sobie na powtórzenie, bo jest to sprawa wymagająca powtarzania: im bardziej umiejętność jest nagradzana, tym szybciej staje się ona nawykiem i tym trudniej będzie ją przełamać.

Przekształcanie nawyków bezrefleksyjnych w refleksyjne

Akcja opowiadania „Ofiara miłości" rozgrywa się w okresie, kiedy Holmes i Watson nie mieszkają już razem. Pewnego wrześniowego wieczoru Watson otrzymuje wiadomość od swego byłego współlokatora: „Jeśli możesz, przyjdź natychmiast. Jeśli nie możesz, i tak przyjdź". Jasne jest, że Holmes chce zobaczyć doktora, i to tak szybko, jak to tylko możliwe. Ale dlaczego? Do czego Watson jest tak pilnie potrzebny Holmesowi, by nie można było tego odłożyć, ewentualnie przekazać informacji na piśmie lub przez posłańca? Jeśli wrócimy pamięcią do czasów, które spędzili razem, nie wydaje się takie oczywiste, że rola Watsona sprowadzała się wyłącznie do bycia wiernym pomocnikiem i kronikarzem mistrza. Oczywiście, że nigdy nie rozwiązywał zagadki zbrodni, nie odnajdywał klucza do zrozumienia sprawy ani w znaczący sposób nie wpływał na bieg wydarzeń. Ale równie pewne jest to, że Sherlock Holmes wysyła teraz do niego pilne wezwanie, aby pomógł mu w rozwiązaniu sprawy.

Jak się okazuje, Watson jest (i zawsze był) kimś o wiele, wiele więcej niż kronikarzem i przyjacielem, wiernym towarzyszem i moralnym wsparciem. Watson jest w gruncie rzeczy jedną z przyczyn, dla których Sherlock Holmes tak długo mógł zachować wyostrzony i uważny umysł. Watson odegrał kluczową rolę w rozwiązywaniu spraw i nigdy jej odgrywać nie przestanie. Wkrótce przekonamy się, dlaczego tak jest.

Nawyk jest pożyteczny. Poszłabym nawet o krok dalej i powiedziała, że nawyk jest podstawą. Uwalnia nas bowiem poznawczo od martwienia się o konkrety, byśmy mogli myśleć o głębszych, bardziej strategicznych zagadnieniach. Pozwala nam na myślenie na wyższych poziomach i w innym wymiarze, niż byłoby nas na to stać. Specjalizacja daje wielką wolność i możliwości.

Z drugiej strony nawyk niebezpiecznie zbliża nas do bezrefleksyjności. Łatwo zarzucić myślenie, kiedy wykonuje się coś prawie automatycznie. Nasza pracowita podróż do osiągnięcia holmesowskich nawyków myślowych jest nakierowana na cel. Jesteśmy nastawieni na zdobycie przyszłej gratyfikacji, która nadejdzie wraz z nauką uważnego myślenia, wraz z dokonywaniem lepszych, bardziej uzasadnionych i przemyślanych wyborów, wraz z możliwościami kontrolowania własnych myśli, aby to nie one kontrolowały nas. Nawyki są tego przeciwieństwem. Kiedy umiejętność staje się nawykiem, oznacza to, że nie należy już do uważnego, zmotywowanego systemu Holmesa, tylko znalazła się w obrębie bezrefleksyjnego, nieuważnego systemu Watsona. A ten jest obciążony wszystkimi błędami i heurystykami, ukrytymi siłami, które bez naszej wiedzy wpływają na nasze zachowanie. Przestajemy być jej świadomi i dlatego nie jesteśmy w stanie poświęcać jej uwagi.

Nawyk uwalnia nas poznawczo od martwienia się o konkrety, byśmy mogli myśleć o głębszych zagadnieniach. Ale też niebezpiecznie zbliża nas do bezrefleksyjności

Co w takim razie z Sherlockiem Holmesem? Jak mu się udaje nadal być refleksyjnym? Czy to oznacza, że nawyki niekoniecznie muszą stać w sprzeczności z refleksyjnością?

Wróćmy jednak do wiadomości, którą wysłał Holmes do Watsona, chcąc pilnie go do siebie wezwać – niezależnie od tego, czy przyjaciel może przybyć, czy nie. Watson doskonale zdaje sobie sprawę, dlaczego jest wzywany, choć nie do końca sobie uświadamia, jak kluczową odgrywa rolę. Sam pisze o tym tak: „Życiem mojego przyjaciela rządziły przyzwyczajenia, a ja stałem się jednym z nich. Postrzegał mnie jak swoje skrzypce, tytoń, sczerniałą starą fajkę, archiwa". Czyli jaką dokładnie rolę odgrywał Watson? „Byłem dla niego tym, czym osełka jest dla noży. Stymulowałem go. Często w mojej obecności głośno wyrażał swe myśli. Nie można powiedzieć, żeby się dzielił ze mną swymi spostrzeżeniami (odbiorcą wielu z nich równie dobrze mogło być łóżko), niemniej zwyczaj mówienia na głos się przyjął, a wtrącane przeze mnie uwagi okazywały się często pomocne". Ale to jeszcze nie wszystko: „Niekiedy moje niezbyt szybkie procesy myślowe irytowały go, ale jednocześnie z tego powodu jego wyostrzona intuicja budziła się w nim z jeszcze większą mocą. Taka właśnie była moja skromna rola w naszym układzie".

Watson jest z pewnością tylko jednym ze składników szerokiego spektrum sposobów, z jakich korzysta Holmes w swojej pracy. Ale jest nie do zastąpienia w wielowymiarowym asortymencie narzędzi detektywa i jego rola polega na stwarzaniu mistrzowi możliwości nieustannego upewniania się, czy nawyki myślowe Holmesa nie popadają w bezrefleksyjną rutynę, czy pozostają uważne, obecne i wyostrzone.

Mówiliśmy wcześniej o nauce jazdy i niebezpieczeństwie, jakie się pojawia wraz z nabraniem biegłości w prowadzeniu, kiedy przestajemy myśleć o naszych działaniach, nasza uwaga staje się rozproszona, a umysł osuwa się w bezrefleksyjność. Jeśli wszystko pójdzie jak zwykle, nic się nam nie stanie. Ale gdyby coś się zdarzyło? Nasz czas reakcji nie będzie już tak krótki jak kiedyś, kiedy się uczyliśmy i byliśmy skoncentrowani na drodze. A gdybyśmy tak byli zmuszeni raz jeszcze się zastanowić nad prowadzeniem? Ktoś przecież nauczył nas prowadzić i podobnie my sami moglibyśmy teraz znaleźć się w roli instruktora.

Byłoby mądrze z naszej strony przyjąć takie wyzwanie. Kiedy tłumaczymy coś innej osobie i rozkładamy to na czynniki pierwsze, by lepiej zrozumiała, nie tylko raz jeszcze zmuszamy się do przeanalizowania swojej wiedzy praktycznej. Otóż może się nawet okazać, że zauważymy u siebie poprawę własnych umiejętności. Możemy dostrzec, że zaczynamy w inny sposób myśleć o poszczególnych ruchach i zwracać większą uwagę na to, co robimy, choćby tylko po to, by służyć uczniowi jak najlepszym przykładem. Spostrzeżemy, że inaczej patrzymy na drogę, chcąc móc przekazać początkującemu kierowcy, co powinien wiedzieć i widzieć, na co przede wszystkim zwracać uwagę i jak reagować. Staniemy się świadomi pewnych mechanizmów, których wcześniej nie braliśmy w rachubę lub które do nas po prostu nie docierały, gdy byliśmy zbyt zajęci opanowywaniem wielu połączonych ze sobą działań. Zauważając to wszystko, uwolnimy nasze zasoby poznawcze, a ponadto dzięki zwiększonemu poczuciu obecności będziemy mogli z tej wolności w pełni korzystać.

Podobnie jest z Holmesem. Potrzebuje obecności Watsona nie tylko w „Ofierze miłości". Zauważmy, że przy każdej sprawie tłumaczy swojemu towarzyszowi, w jaki sposób dochodził do swoich wniosków i jaki był tok jego rozumowania. Aby to zrobić, musi wrócić śladami własnego procesu myślowego. Musi się skupić na tym, co stało się u niego nawykiem. Musi poddać uważnej refleksji nawet te wnioski, które wyciąga bez namysłu – jak choćby spostrzeżenie, że Watson wrócił zapewne z Afganistanu. (Chociaż brak namysłu u Holmesa, jak już mówiliśmy, nie jest tym samym, co brak namysłu u Watsona).

Watson jest środkiem zapobiegawczym stosowanym przez Holmesa, by jego umysł nie zapominał o tych wszystkich elementach rozumowania, które działają właściwie bez jego udziału. Co więcej, Watson służy jako nieustanne przypomnienie o błędach, które można popełnić. Jak to ujmuje Holmes: „Gdy mówiłem, że pobudziłeś mnie do myślenia, miałem tak naprawdę na uwadze twoje pomyłki. Przypadkiem naprowadziły mnie na właściwy trop". A to niemała rzecz. Nawet zadając najprostsze pytanie, takie, które Holmesowi może się wydawać najzupełniej oczywiste, Watson mimo wszystko wymusza na detektywie przyjrzenie się raz jeszcze tej oczywistości i albo jej zakwestionowanie, albo uzasadnienie, dlaczego jest tak oczywista. Jednym słowem Watson jest nieodzowny. I Holmes dobrze o tym wie. Przypatrzmy się liście jego zewnętrznych nawyków: skrzypce, tytoń i fajka, archiwum. Każdy z nich został skrupulatnie dobrany. Każdy ułatwia myślenie. Ciekawe, co Holmes robił w okresie przedwatsonowskim... Cokolwiek to było, na pewno szybko doszedł do wniosku, że świat po spotkaniu Watsona o wiele lepiej mu służy. „Być może nie świecisz jak słońce – zwraca się nie całkiem grzecznie do Watsona przy jakiejś okazji – ale potrafisz wyprowadzić z mroku. Niektórzy ludzie, sami pozbawieni geniuszu, posiadają niezwykłą moc budzenia go w innych. Chcę powiedzieć, drogi przyjacielu, że jestem ci bardzo zobowiązany".

I tak rzeczywiście jest. Wielcy ludzie nie wpadają w samozadowolenie. I w tym właśnie kryje się sekret Holmesa. Chociaż nikt nie musiał go wprowadzać w tajniki naukowej metody umysłu (bardzo możliwe, że on sam ją wynalazł), to ciągle mobilizuje się do dalszej nauki, do lepszej pracy, do poprawiania wyników, do stawiania czoła kolejnym sprawom i nowym sposobom ich rozwiązywania, z jakimi wcześniej się nie spotkał. Częściowo zawdzięcza to stałemu werbowaniu do współpracy Watsona, który go mobilizuje, stymuluje, nie dopuszcza do tego, by osiadł na laurach. Częściowo zaś bierze się to z samego doboru spraw. Pamiętajmy bowiem, że Holmes nie bierze każdej sprawy jak leci. Bierze tylko takie, które go zainteresują, stosując dość szczególne kryteria przy wyborze. Nie chodzi mu bynajmniej o zmniejszenie przestępczości, tylko o nowe wyzwanie dla umysłu. Pospolite przestępstwa nie mają u niego szans.

Wielcy ludzie nie wpadają w samozadowolenie. I w tym właśnie kryje się sekret Holmesa

Tak czy inaczej, niezależnie od sposobu – czy to dzięki towarzystwu Watsona, czy preferowaniu trudniejszych, bardziej wyjątkowych spraw – skutek odnosi ten sam: podtrzymuje w sobie potrzebę uczenia się i samodoskonalenia. Pod koniec „Czerwonego kręgu" Holmes staje twarzą w twarz z inspektorem Gregsonem, który, jak się okazuje, prowadzi śledztwo w tej samej sprawie, którą Holmes postanowił kontynuować po zamknięciu początkowego zlecenia. Gregson jest nader skonsternowany. „Nijak jednak nie potrafię zrozumieć, jakim cudem pan się wplątał w tę sprawę, panie Holmes" – mówi. Odpowiedź Holmesa jest prosta: „Dążenie do wiedzy, dążenie do wiedzy... Wciąż jeszcze pragnę się uczyć na starym uniwersytecie". Skomplikowany i wyjątkowy charakter drugiej zbrodni nie odstraszają go. Wprost przeciwnie, angażują jeszcze bardziej i dają szansę, by się jeszcze więcej nauczyć. Właściwie to też jest pewnego rodzaju nawyk, aby nigdy nie mówić „nie" zdobywaniu wiedzy, choćby była najbardziej skomplikowana i odstraszająca.

Powyższa sprawa jest przykładem „tragicznych i groteskowych wydarzeń", jak to określa Holmes, zwracając się do Watsona. I jako taka warta była jego zabiegów. I my również musimy się opierać pragnieniu omijania skomplikowanych spraw czy poddawania się złudnej satysfakcji po zakończeniu śledztwa, wykonaniu trudnego zadania. Powinniśmy wychodzić naprzeciw wyzwaniom, nawet gdyby łatwiej było tego nie robić. Tylko takie postępowanie może nam zapewnić, że przez całe życie, jak Holmes, będziemy czerpali korzyści ze swojego myślenia.

Nie bądź zbyt pewny siebie

W jaki sposób możemy się upewnić, że nie padliśmy ofiarą zadufania w sobie, myślenia, które zapomina o stałej mobilizacji? Nie ma tu niezawodnych metod. W gruncie rzeczy to o niezawodną metodę najłatwiej się potknąć. Ponieważ nawyki myślowe stały się dla nas niewidoczne, ponieważ już się nie musimy uczyć i prawidłowe myślenie już nie wydaje nam się tak trudne jak kiedyś, zaczynamy zapominać, jak skomplikowany był cały ten proces. Nie doceniamy wartości tego, co osiągnęliśmy. Uważamy, że mamy wszystko pod kontrolą, że nasze nawyki oparte są na uważnym myśleniu, że mózgi są aktywne, a umysły nieprzerwanie się uczą i mobilizują. Zwłaszcza że tak ciężko pracowaliśmy, aby to opanować.

Tymczasem w rzeczywistości zastąpiliśmy jeden zestaw nawyków innym, tyle że o wiele lepszym. W ten oto sposób możemy paść łatwym łupem dwóch wielkich pogromców sukcesu: samozadowolenia i pewności siebie. To naprawdę potężni przeciwnicy. Nawet dla kogoś takiego jak Sherlock Holmes.

Wróćmy na chwilę do „Żółtej twarzy" opisującej jedną z tych rzadkich spraw, kiedy teorie Holmesa biorą w łeb. W opowiadaniu tym u Holmesa zjawia się pewien mężczyzna o nazwisku Grant Munro, prosząc o wykrycie przyczyn niezrozumiałego zachowania jego żony. Do domku w pobliżu posiadłości pana Munro wprowadzili się ostatnio nowi, bardzo dziwni lokatorzy. Pan Munro dojrzał w oknie twarz jednego z nich i jej rysy opisuje w ten sposób: „było w nich coś nienaturalnego, coś nieludzkiego". Na sam widok tej twarzy przebiegł go zimny dreszcz.

Ale bardziej zaskakujące od tajemniczych najemców jest spowodowane ich przyjazdem zachowanie żony pana Munro. Wychodzi w środku nocy, kłamie pytana o powód wyjścia, następnego dnia odwiedza domek sąsiadów, wymuszając na mężu obietnicę, że nie wejdzie za nią do środka. Kiedy kobieta idzie tam po raz trzeci, Munro postanawia ją śledzić, ale domek jest opustoszały. W pokoju, w którym wcześniej widział budzącą grozę twarz, stoi fotografia jego żony.

O co tu chodzi? „O ile się nie mylę, mamy do czynienia z szantażem" – wygłasza swą opinię Holmes. A kto jest szantażystą? „No cóż, musi nim być ta osoba mieszkająca w wygodnie urządzonym pokoju i trzymająca fotografię pani Munro nad kominkiem. Daję ci słowo, Watsonie, coś mnie bardzo pociąga w tej sinożółtej twarzy przy oknie i za żadne skarby świata nie chciałbym przegapić tej sprawy".

Watson jest zaintrygowany. „Masz już jakąś teorię? – pyta. – Tak. Prowizoryczną – odpowiada szybko Holmes. – Będę jednak bardzo zaskoczony, jeśli nie okaże się prawdziwa. W tym domku mieszka pierwszy mąż tej kobiety".

A jednak teoria ta, jak się okazuje, jest błędna. W domku mieszka nie pierwszy mąż pani Munro, lecz jej córka, o której istnieniu nie mieli pojęcia ani pan Munro, ani Holmes. To, co wyglądało na szantaż, było po prostu koniecznością wydania pieniędzy na przyjazd córki z nianią z Ameryki do Europy. Natomiast oblicze, które wydawało się tak nienaturalne i nieludzkie, rzeczywiście dokładnie takie było. Była to bowiem maska zakładana po to, by ukryć twarz czarnoskórej dziewczynki.

Krótko mówiąc, przypuszczenia Holmesa były dalekie od prawdy. Jak wielki detektyw do tego stopnia mógł się mylić? Pewność siebie, ufność w swoje umiejętności pozwala wykraczać poza własne ograniczenia i osiągać więcej, porywać się na sprawy skrajnie skomplikowane, które zmusiłyby do wycofania się osoby mniej w siebie wierzące. Lekka nadwyżka pewności siebie nikomu nie zaszkodzi; trochę ponadprzeciętnej ufności w swoje siły może wiele zrobić dla naszego psychicznego dobrostanu, a nawet podnieść skuteczność w rozwiązywaniu problemów. Osoby bardziej pewne siebie podejmują się trudniejszych spraw. Potrafią wykraczać poza nakreśloną dla siebie strefę bezpieczeństwa.

Ale można też być do tego stopnia zadufanym w sobie, że pewność siebie tłamsi wartości, na których się opiera. Zaczynamy nazbyt wierzyć w swoje możliwości, ignorując sygnały płynące z otoczenia, lekceważąc uwarunkowania. Złudzenie własnej racji staje się coraz silniejsze, pokusa robienia czegoś po swojemu rośnie, w miarę jak to robimy. Naddatek takiej wiary w siebie może być opłakany w skutkach. Okazuje się nagle, że chociaż zazwyczaj mamy rację, teraz niewiarygodnie się mylimy, sądząc, że córka to mąż, a kochająca matka to żona szantażystka.

Zdarza się to najlepszym z nas. Prawdę mówiąc, jak już wcześniej wspomniałam, najlepszym z nas zdarza się to częściej. Badania dowiodły, że wraz ze wzrostem doświadczenia nadmierna pewność siebie rośnie, zamiast się zmniejszać. Im więcej wiemy i im naprawdę jesteśmy lepsi, z tym większym prawdopodobieństwem będziemy przeceniać własne możliwości i nie doceniać wpływu okoliczności, które są poza naszą kontrolą.

Im więcej wiemy i im naprawdę jesteśmy lepsi, z tym większym prawdopodobieństwem będziemy przeceniać własne możliwości

Badania wykazały, że prezesi firm stają się nadmiernie pewni siebie w miarę pozyskiwania doświadczenia w fuzjach i przejęciach. Ich ocena kolejnych interesów zaczyna być wtedy nadmiernie optymistyczna (czego nie wykazywali przy poprzednich przedsięwzięciach). W innym badaniu, dotyczącym planów emerytalnych, okazało się, że nadmierna pewność siebie łączy się z wiekiem i poziomem wykształcenia, tak że najbardziej pewnymi siebie uczestnikami programu emerytalnego byli najlepiej wykształceni mężczyźni zbliżający się do emerytury. Z kolei uniwersytet w Wiedniu przeprowadził badanie, w którym dowiedziono, że traderzy nie byli nadmiernie pewni siebie w spekulowaniu aktywami wysokiego ryzyka na rynku eksperymentalnym, dopóki nie zyskali doświadczenia w obrębie tego rynku. Wraz ze wzrostem doświadczenia poziom nadmiernej pewności siebie szybko się podnosił. Co więcej, analitycy, którzy z dużą dokładnością potrafili przewidywać zyski w poprzednich czterech kwartałach, w następnych swoich prognozach stawali się mniej skuteczni w przewidywaniu, przy czym profesjonaliści wykazywali większy poziom nadmiernej pewności siebie niż studenci.

W gruncie rzeczy najlepszym prognostykiem nadmiernej pewności siebie jest władza, a ta przychodzi z czasem i doświadczeniem. Nic tak nie służy nadmiernej pewności siebie jak sukces. Jeżeli prawie zawsze mamy rację, to przecież równie dobrze można powiedzieć, że rację mamy zawsze, prawda?

Holmes ma wszelkie podstawy, by czuć się pewny siebie. Niemal nigdy się nie myli, niemal we wszystkim jest lepszy od innych – czy to w myśleniu, czy w rozwiązywaniu spraw kryminalnych, czy w grze na skrzypcach, czy w zapasach. Miałby więc prawo często popadać w samozadowolenie. Ma on jednak ten atut (w każdym razie zazwyczaj go ma), który wskazaliśmy w poprzedniej części rozdziału. Ten atut polega na uświadamianiu sobie pułapek właściwych dla reprezentowanego przez Holmesa statusu umysłowego oraz umiejętności ich unikania poprzez ścisłe przestrzeganie reguł myślenia i nieustanne zaspokajanie potrzeby uczenia się. Nadmierna pewność siebie może sprawiać duże kłopoty tym z nas, którzy się w czymś wyróżniają. Jeśli na chwilę stracimy czujność, jak to się przytrafiło Holmesowi, z całą pewnością ona nas dopadnie.

Zadufanie w sobie powoduje ślepotę, a ślepota pociąga za sobą błędy. Zapatrzenie we własną biegłość sprawia, że zaczynamy dyskredytować informacje, które – jak podpowiadałoby nam doświadczenie – nie powinny być dyskredytowane (nawet tak rażące, jak określenie przez Watsona naszych teorii mianem „czystych domysłów"), po czym kontynuujemy jak gdyby nigdy nic. W chwili zaślepienia nie widzimy tego wszystkiego, co wiemy na temat lekceważącego faktu teoretyzowania, pochopnego myślenia na temat konieczności głębszego drążenia i uważniejszego obserwowania. Dajemy się wtedy ponieść łatwej intuicji. Nadmierna pewność siebie zastępuje dynamiczne, aktywne dochodzenie do prawdy pasywnym przekonaniem, że wystarczy się oprzeć na naszych możliwościach albo że wystarczy podążać za pozornym podobieństwem sprawy do tych spraw, z którymi zetknęliśmy się w przeszłości. Powoduje ona, że nasza ocena sytuacji z warunkowej staje się bezwarunkowa. *Jestem tak biegły, że wszystko na swojej drodze pokonam, jak dotychczas. Wszystko będzie możliwe dzięki moim zdolnościom. A nie dzięki temu, że okoliczności układają się tak, bym mógł się swoimi zdolnościami wykazać. Nie mam więc po co zmieniać swego postępowania.*

Holmes nie bierze pod uwagę możliwości występowania w dramacie dodatkowych postaci ani nieznanych elementów w biografii pani Munro. Nie uwzględnia też możliwości zamaskowania (coś w rodzaju martwego punktu dla detektywa; jeśli pamiętacie, z podobną pewnością pominął to w „Srebrnej Gwieździe", nie poradził sobie też z kamuflażem w „Krzywoustym"). Gdyby Holmes mógł tak jak my przeczytać sobie raz jeszcze o swoich dokonaniach, może stałoby się dla niego jasne, że ma tendencję do popełniania tego typu błędu.

Badacze demonstrowali działanie tego procesu w wielu eksperymentach. W jednym z klasycznych już badań poproszono psychologów klinicznych o określenie czyjegoś profilu osobowościowego. Dostali podzielony na cztery części opis przypadku na podstawie prawdziwego przypadku klinicznego. Po każdej części mieli odpowiedzieć na wiele pytań dotyczących osobowości pacjenta, jego modeli zachowań, zainteresowań i typowych reakcji na zdarzenia. Mieli również zaznaczyć przy swoich odpowiedziach stopień pewności, z jaką wydali dany sąd. W każdej kolejnej części opisu informacje o przypadku coraz bardziej się rozrastały.

Im więcej psycholodzy się dowiadywali, tym bardziej ich pewność w wydawaniu sądów rosła, choć trafność pozostawała na tym samym poziomie. Prawdę mówiąc, wszyscy z wyjątkiem dwóch klinicystów osiągnęli w tym badaniu nadmierną pewność siebie (innymi słowy, pewność własnych sądów przeważała nad ich trafnością). O ile poziom pewności wzrósł z 33 procent na pierwszym etapie do 53 procent na ostatnim, o tyle trafność nie dochodziła do 28 procent.

Nadmierna pewność siebie często wiąże się z osiąganiem gorszych niż spodziewane wyników i poważnymi błędami przy wydawaniu sądów. Osoby nadmiernie pewne siebie za bardzo ufają swoim zdolnościom, lekceważą zewnętrzne wpływy, które są poza ich kontrolą, i nie doceniają innych. Wszystko to sprawia, że radzą sobie o wiele gorzej, niż powinny – czy to podążając za mylnymi tropami w śledztwie, czy stawiając błędne diagnozy.

Nadmierna pewność siebie często wiąże się z osiąganiem gorszych niż spodziewane wyników i poważnymi błędami przy wydawaniu sądów

Mechanizm ten można zaobserwować niejednokrotnie tam, gdzie wchodzą w grę pieniądze, kariera zawodowa i ważne sprawy osobiste. Zbyt pewni siebie traderzy radzą sobie o wiele gorzej niż mniej zadufani koledzy. Stawiają większe sumy i uzyskują niższe zyski. Nadmiernie pewni siebie prezesi przeszacowują swoje firmy i opóźniają wprowadzanie akcji spółki na giełdę, co daje negatywne skutki. Mają też skłonność do przeprowadzania fuzji, w szczególności fuzji nieopłacalnych. Nadmiernie pewni siebie menedżerowie narażają firmy na zmniejszenie zysków. Nazbyt zaś pewni siebie detektywi, działając z naddatkiem samozadowolenia, psują bilans swoich dokonań.

Sukces ma to do siebie, że zazwyczaj, o ile nie nauczymy się systematycznie stawiać mu oporu, przeciwdziała kluczowemu procesowi nieustającego, nigdy niekończącego się samokształcenia. Nie pozwólmy, by powstrzymał nas od zadawania sobie pytań i mobilizowania się.

Jak dostrzec, że jesteś zbyt pewny siebie

Najlepszym bodaj sposobem na nadmierną pewność siebie jest dostrzeżenie momentu, w którym z największym prawdopodobieństwem może ona w nas uderzyć. Holmes, dajmy na to, dobrze wie, w jakim stopniu minione sukcesy i doświadczenia są odpowiedzialne za błędy w myśleniu.

Właśnie ta wiedza pozwala mu ujawnić przestępcy swoją kryjówkę w punkcie kulminacyjnym tragicznych wydarzeń z „Psa Baskerville'ów". Kiedy podejrzany dowiaduje się o pojawieniu się Holmesa, Watson się martwi, że teraz złoczyńcę trudniej będzie pojmać. „Szkoda, że cię zobaczył" – mówi do przyjaciela. Ale Holmes wcale nie jest pewien, czy źle się stało. „Mnie też to początkowo zmartwiło" – odpowiada. Teraz jednak sobie uświadomił, że fakt, iż przestępca już wie, „może skłoni go do natychmiastowego podjęcia jakichś rozpaczliwych kroków. Podobnie jak większość błyskotliwych przestępców może za bardzo ufać swojej inteligencji i wyobrażać sobie, że udało mu się całkowicie nas zwieść".

Holmes wie, że przestępca, który odnosi sukcesy, najprawdopodobniej padnie tych sukcesów ofiarą. Zna ten sygnał ostrzegawczy, jakim jest inteligencja zbyt pewna własnej inteligencji, a przez to przeceniająca własną siłę i niedoceniająca siły przeciwników. Wiedza ta pomaga mu w ujmowaniu przestępców wielokrotnie, nie tylko w rezydencji Baskerville'ów.

Dostrzeganie nadmiernej pewności siebie bądź czynników ją powodujących to jedna sprawa. Czymś zupełnie innym i o wiele trudniejszym jest zidentyfikowanie jej u samego siebie. Stąd się bierze błąd „Norbury" u Holmesa. Szczęśliwie dla nas psycholodzy zrobili wielkie postępy w rozpoznaniu, gdzie na ogół czai się niebezpieczeństwo nadmiernej pewności siebie.

Najczęściej warunkują ją cztery czynniki. Po pierwsze, jest powszechna w przypadku pojawienia się trudności – na przykład kiedy musimy wydać opinię w sprawie, w której brakuje wiedzy o wszystkich faktach. Zjawisko to nazywa się efektem trudnego-łatwego. Najczęściej jesteśmy za mało pewni siebie przy łatwych problemach i nadmiernie pewni siebie przy problemach trudnych. To oznacza, że nie doceniamy własnych możliwości, kiedy mamy wszelkie dane, by osiągnąć sukces, a przeceniamy je, gdy dane są dla nas mniej łaskawe. Bo nie potrafimy dopasować oceny swoich możliwości do zmieniających się warunków zewnętrznych.

Efekt trudnego-łatwego: najczęściej jesteśmy za mało pewni siebie przy łatwych problemach i nadmiernie pewni siebie przy problemach trudnych

W eksperymencie znanym jako zadanie wyboru-50 (C50, *choice-50*) uczestnicy muszą dokonać wyboru między dwiema możliwymi odpowiedziami, a następnie ustalić poziom swojej pewności przy kolejnych wyborach (w skali od 0,5 do 1). Badacze na podstawie wielokrotnie powtarzanych prób wykazali, że w miarę jak trudność wyboru rosła, zwiększała się również radykalnie niezgodność między pewnością a trafnością (czyli nadmierna pewność siebie).

Dziedziną, w której efekt trudnego-łatwego ma się najlepiej, jest przewidywanie przyszłości. Nie można sobie wyobrazić trudniejszego zadania (prawdę mówiąc, jest ono niemożliwe do wykonania). Jednak ta niemożność wcale nie powstrzymuje ludzi przed podejmowaniem się tego typu zadań, a zarazem przed zbytnią pewnością siebie w prognozowaniu opartym na własnej percepcji i doświadczeniu. Weźmy przykład giełdy papierów wartościowych. Przewidzenie ruchów na określonej giełdzie jest właściwie niemożliwe. Oczywiście, można mieć doświadczenie, a nawet być ekspertem. Tak czy inaczej przepowiada się jednak przyszłość. Czyż wobec tego powinno nas zaskakiwać, że ci sami ludzie, którzy osiągali na tym polu niebywałe sukcesy, ponoszą również niebywałe porażki? Im większe mamy sukcesy, tym częściej będziemy je przypisywać własnym zdolnościom, a nie szczęśliwemu dla nas trafowi losu, który we wszystkich przewidywaniach przyszłości odgrywa kluczową rolę. (Ta prawda dotyczy też oczywiście gier hazardowych i zakładów, ale giełda daje ludziom większe złudzenie własnej przewagi empirycznej).

Po drugie, nadmierna pewność siebie rośnie wraz ze wzrostem znajomości tematu. Kiedy robię coś po raz pierwszy, będę działać raczej ostrożnie. Jeśli jednak robię to po raz któryś z rzędu, zapewne wzrośnie moje zaufanie do własnych umiejętności i popadnę w samozadowolenie, nie bacząc na zmianę uwarunkowań zewnętrznych (przykładem niech będą nadmiernie pewni siebie kierowcy). Kiedy więc mamy do czynienia ze znanymi zadaniami, czujemy się na swój sposób bezpieczniej, sądząc, że teraz nie ma już potrzeby zachowywania ostrożności. W badaniu, które już przeszło do klasyki, Ellen Langer dowiodła, że ludzie w większym stopniu ulegają złudzeniu kontrolowania otoczenia (pewien aspekt nadmiernej pewności siebie, kiedy bardziej nam się wydaje, że mamy sprawy pod kontrolą, niż jest tak w rzeczywistości), jeśli grają w znany sobie rodzaj loterii, niż gdy jest to loteria wcześniej im nieznana.

Następuje tu mechanizm podobny do kształtowania się nawyku. Za każdym razem, kiedy powtarzamy jakąś czynność, stajemy się coraz bardziej z nią obeznani i działamy coraz bardziej automatycznie. Dlatego najpewniej w to, co robimy, będziemy angażować mniej myśli i uwagi. Holmesowi raczej nie przytrafiłaby się wpadka w stylu znanym z „Żółtej twarzy" na wcześniejszym etapie jego kariery. Dowodzi to, że historia ta ma miejsce wiele lat później i przypomina mu sprawy związane z szantażem, z którymi stykał się wielokrotnie w swoim detektywistycznym doświadczeniu. Holmes dobrze wie, co znaczy niebezpieczeństwo tego, co znane, przynajmniej wówczas, gdy dotyczy ono innych. W „Lokatorce w woalce" opowiada o przypadku pary, która zbyt długo zajmowała się karmieniem lwa. „W trakcie śledztwa okazało się, że już przed występem lew zachowywał się agresywnie, jednak jak to zwykle bywa, gdy człowiek jest zbyt pewny swego, przestaje doceniać niepokojące oznaki, dlatego też nie zwrócono uwagi na dziwne zachowanie zwierzęcia". Jedyne, co Holmesowi pozostaje, to zastosować tę logikę wobec siebie samego.

Po trzecie, nadmierna pewność siebie rośnie, gdy przybywa informacji. Jeśli zyskuję o czymś więcej informacji, prawdopodobnie pomyślę, że dam sobie z tym radę, nawet jeśli dodatkowe informacje niezbyt poszerzyły moją wiedzę. Właśnie ten efekt obserwowaliśmy trochę wcześniej u psychologów klinicznych wydających opinię na temat przypadku pewnego pacjenta: im więcej dostawali informacji dotyczących tego przypadku, tym stawali się pewniejsi co do trafności swojej diagnozy, choć ich pewność była coraz mniej uprawniona.

> *Jeśli zyskuję o czymś więcej informacji, prawdopodobnie pomyślę, że dam sobie z tym radę, nawet jeśli dodatkowe informacje niezbyt poszerzyły moją wiedzę*

Jeśli chodzi o Holmesa, to kiedy jedzie do Norbury, ma do dyspozycji bardzo wiele szczegółów sprawy. Tyle że szczegóły te przedstawiał ze swojego punktu widzenia pan Munro, który nie jest świadomy najważniejszych faktów. Jednak wszystko wydaje się niebywale przekonujące. Teoria Holmesa, rzecz jasna, uwzględnia wszystkie fakty, ale tylko te, które są znane. Detektyw jednak nie dopuszcza możliwości, że informacje są, mimo ich ogromu, wybiórcze. Pozwala, by ilość przesłoniła mu coś ważnego, co powinno było zapalić w jego umyśle lampkę ostrzegawczą: nadal przecież nie dowiedział się niczego od głównej uczestniczki wydarzeń, pani Munro, która mogła mu dostarczyć najistotniejszych informacji. Jak zwykle jakość to nie to samo co ilość.

Po czwarte wreszcie, nadmierna pewność siebie rośnie w miarę naszego działania. Kiedy aktywnie się w coś angażujemy, zaczynamy być bardziej pewni tego, co robimy. W innym klasycznym już badaniu Langer wykazała, że osoby, które same podrzucają monetę, w przeciwieństwie do tych, które patrzą, jak robi to ktoś inny, były bardziej pewne przewidzianego przez siebie wyniku (orzeł czy reszka), chociaż przecież obiektywnie prawdopodobieństwo się nie zmieniało. Podobnie osoby, które same wybierały kupon loteryjny, bardziej ufały w szczęśliwy dla siebie wynik losowania niż wówczas, gdy kupon wybierał za nie ktoś inny.

Odwołajmy się raz jeszcze do traderów: im więcej sprzedają, tym bardziej stają się pewni swoich zdolności w przeprowadzaniu dobrych transakcji. W wyniku tego często przeszarżowują, podważając tym samym swoje wcześniejsze osiągnięcia.

Ale przezorny zawsze ubezpieczony. Świadomość tych wszystkich mechanizmów pomaga nam im przeciwdziałać. Wszystko sprowadza się do przesłania z początku tego rozdziału: musimy ciągle się uczyć. Najlepsze, co możemy zrobić, to uświadomić sobie, że my również kiedyś nieuchronnie się potkniemy – czy to z powodu stagnacji, czy przesadnej pewności siebie, tych dwóch bardzo do siebie zbliżonych niemal przeciwieństw (piszę „niemal", bo nadmierna pewność siebie, w przeciwieństwie do nawykowej stagnacji, stwarza złudzenie dynamiki, ale ta dynamika niekoniecznie dokądś nas prowadzi). No i nie możemy przestać się uczyć.

Kiedy akcja „Żółtej twarzy" zmierza już ku końcowi, Holmes zwraca się do swego towarzysza z apelem: „Watsonie, gdybyś kiedykolwiek odniósł wrażenie, że zanadto ufam swoim zdolnościom lub poświęcam danej sprawie mniej uwagi i wysiłku, niż faktycznie na to zasługuje, proszę, szepnij mi tylko do ucha »Norbury«, a będę ci bezgranicznie wdzięczny".

W jednym Holmes niewątpliwie miał rację – za żadne skarby świata nie powinien był zawalić sprawy. Nawet najlepszym z nas (zwłaszcza najlepszym z nas!) potrzebne jest przypominanie, że jesteśmy omylni i że nasze zdolności mogą nas zwieść na manowce. Tam, gdzie przyczaił się na nas bardzo pewny siebie błąd.

Na naukę nigdy nie jest za późno (nawet jeśli wcześniej ją zarzuciłeś)

Otworzyliśmy ten rozdział hołdem dla nigdy niekończącej się nauki składanym przez Holmesa w „Czerwonym Kręgu". W którym to roku się działo? W 1902[16]. A w którym roku wydarzyła się sprawa „Żółtej twarzy", kiedy to u wielkiego detektywa pewność siebie zatriumfowała nad potrzebą uczenia się? W 1888. Przywołuję tę chronologię, by podkreślić wagę jakże oczywistej i podstawowej prawdy o ludzkim umyśle: nigdy nie przestajemy się uczyć. Holmes, który przyjął zlecenie w sprawie tajemniczego lokatora, po czym wplątał się w awanturę z potajemnymi stowarzyszeniami i międzynarodowymi kręgami kryminalnymi (stąd tytułowy Czerwony Krąg: nazwa włoskiego syndykatu mającego na koncie wiele zbrodni), nie jest tym samym Holmesem, który popełniał, tak wydawałoby się nieostrożne, błędy w „Żółtej twarzy".

Holmes może i ma na koncie swoje błędy z Norbury, ale potrafi się na nich uczyć, stając się przy tym lepszym myślicielem, stale doskonalącym swój umysł, który i tak wydaje się najostrzejszy ze wszystkich. My również nie przestajemy się uczyć – czy o tym wiemy, czy nie. W czasach „Czerwonego Kręgu" Holmes miał czterdzieści osiem lat. Według tradycyjnych standardów moglibyśmy sądzić, że w tym wieku nie jest się już zdolnym do żadnych znaczących zmian, w każdym razie na najgłębszym poziomie mózgu. Jeszcze do niedawna uważano, że wszelkie podstawowe neuralne zmiany mogą zachodzić do drugiej dekady życia, kiedy to cały system „okablowania" w naszej głowie jest zasadniczo na ukończeniu. Jednak nowe odkrycia pokazują zupełnie inny obraz rzeczywistości. Jak się okazuje, nie tylko możemy się uczyć do późnej starości, ale również struktura naszych mózgów może się zmieniać i rozwijać na różne złożone sposoby.

---

16 Wszystkie daty z życia Holmesa przytaczam za „The New Annotated Sherlock Holmes" Leslie Klinger, NY, W.W. Norton 2004 (przyp. aut.).

Podczas pewnego eksperymentu dorośli w ciągu trzech miesięcy uczyli się żonglowania trzema piłeczkami. Ich mózgi, tak jak mózgi grupy nietrenowanej w żonglowaniu, były skanowane trzykrotnie: przed rozpoczęciem treningu, w momencie osiągnięcia wprawy w żonglowaniu (utrzymanie trzech piłeczek w powietrzu przez co najmniej 60 sekund) oraz trzy miesiące po zdobyciu wprawy i zaprzestaniu żonglowania. Pierwsze skany nie wykazały żadnych różnic między żonglującymi i nieżonglującymi. Jednak w momencie uzyskania przez żonglujących wprawy zaobserwowane zmiany były znaczące: ich substancja szara powiększyła się obustronnie (w obu półkulach) w obszarach przyśrodkowoskroniowych i w lewej tylnej bruździe ciemieniowej, gdzie zachodzi przetwarzanie i zachowanie kompleksowych informacji wzrokowo-motorycznych. Uczyli się więc nie tylko adepci żonglowania, ale również ich mózgi. I uczyły się na poziomie o wiele głębszym, niż przypuszczano.

Co więcej, zmiany neuronalne mogą zachodzić o wiele szybciej, niż do niedawna sądzono. Badacze nauczyli w ciągu dwóch godzin grupę dorosłych odróżniania nowo zdefiniowanych i nazwanych odcieni dwóch kolorów, zielonego i niebieskiego (wybrano cztery barwy rozróżnialne wzrokowo, ale nie leksykalnie, i nadano im dowolne nazwy). Stwierdzono zwiększenie objętości substancji szarej w regionie kory wzrokowej odpowiedzialnym za widzenie kolorów. W ciągu zaledwie dwóch godzin mózg uległ wpływowi nowych bodźców i treningu na głębokim, strukturalnym poziomie.

Nawet coś, co dotąd było uważane za domenę młodości – zdolność uczenia się języków obcych – jest w stanie przekształcić wewnętrzny pejzaż mózgu do późnych lat życia. Kiedy grupę dorosłych zaproszono na intensywny dziewięciomiesięczny kurs współczesnego języka chińskiego, substancja biała ich mózgów (mierzona co miesiąc) sukcesywnie zmieniała swoją strukturę w obszarach językowych lewej półkuli i ich odpowiednika w półkuli prawej oraz w kolanie ciała modzelowatego (to ta sieć włókien neuronalnych łączących obie półkule, z którą spotkaliśmy się przy omawianiu przypadków pacjentów z rozszczepionymi mózgami).

Wyobraźmy sobie tylko, jakie przeorganizowanie sieci zachodzi w przypadkach ekstremalnych, kiedy człowiek traci wzrok, funkcjonalność którejś z kończyn albo doświadcza jakiejś innej drastycznej fizycznej zmiany. Całym obszarom mózgu przydzielane są nowe funkcje, w innowacyjny, skomplikowany sposób zastępujące utracone umiejętności. To, czego potrafią się nauczyć nasze mózgi, to istny cud.

Ale to nie wszystko. Dziś stało się jasne, że odpowiednie używanie mózgu i jego trening mogą się przyczynić do odwrócenia zaniku procesów poznawczych, który już nastąpił. To niesamowite dowiedzieć się, że nawet jeśli leniliśmy się przez całe życie, możemy wprowadzić istotne zmiany w naszej głowie i odwrócić szkody, które już poczyniliśmy. Trzeba tylko pamiętać, by się przykładać i wcielać w życie nieprzemijające nauki Holmesa.

Oczywiście, są i negatywne aspekty tej sytuacji. Skoro bowiem nasze mózgi są w stanie uczyć się przez całe życie – a co za tym idzie, również się zmieniać – to analogicznie mogą przez cały czas trwać w nieuczeniu się. Wróćmy do eksperymentu z żonglowaniem. Do momentu zrobienia trzeciego skanu objętość substancji szarej, której przyrost trzy miesiące wcześniej był tak wyraźny, zmniejsza się w sposób znaczący. Dlatego że zaprzestaliśmy ćwiczeń? Proces ten zaczął zachodzić zarówno na poziomie wykonawczym, jak i neuronalnym. Co to znaczy? Po pierwsze, nasze mózgi uczą się, czy jesteśmy tego świadomi, czy nie. Po drugie, jeśli przestaniemy wzmacniać połączenia synaptyczne, zaczniemy je tracić.

Możesz przestać się uczyć, jeśli tak zadecydujesz. Ale twój mózg nigdy nie przestanie. Mózg ciągle wypracowuje reakcje w odpowiedzi na sposób, w jaki jest używany. Różnica nie polega na tym, czy się uczymy, czy nie, tylko na tym, czego i jak się uczymy. Możemy się nauczyć bycia pasywnym, zaprzestawania działań i w efekcie nieuczenia się niczego, tak jak możemy się nauczyć bycia ciekawymi świata, poszukiwania, poznawania rzeczy, o których nawet nie wiedzieliśmy, że możemy je poznać. Jeśli będziemy podążać za wskazówkami Holmesa, nauczymy nasze mózgi, by były aktywne. Jeśli nie chcemy tego robić, jesteśmy zadowoleni z tego, co mamy, doszliśmy do pewnego etapu, który wydaje nam się wystarczający – nauczymy je czegoś przeciwnego.

Możesz przestać się uczyć, jeśli tak zadecydujesz.
Ale twój mózg nigdy nie przestanie

PRZECZYTAJ O SHERLOCKU HOLMESIE

„Czerwony Krąg", (w: „Ostatni ukłon"), tłum. Anna Krochmal, Robert Kędzierski

„Garbus" (w: „Dzienniki Sherlocka Holmesa"), tłum. Anna Krochmal, Robert Kędzierski

„Ofiara miłości" (w: „Księga przypadków Sherlocka Holmesa"), tłum. Zofia Wawrzyniak

„Żółta twarz" (w: „Dzienniki Sherlocka Holmesa"), tłum. Anna Krochmal, Robert Kędzierski

„Pies Baskerville'ów", tłum. Anna Krochmal, Robert Kędzierski

CZĘŚĆ CZWARTA

WIEDZA I SZTUKA SAMOPOZNANIA

Rozdział siódmy

DYNAMIKA PODDASZA, CZYLI SKŁADANIE WSZYSTKIEGO W CAŁOŚĆ

Na pierwszej stronie „Psa Baskerville'ów" Watson wkracza do jadalni na Baker Street 221B i bierze do ręki laskę, którą poprzedniego wieczoru zostawił tam niejaki James Mortimer. Kiedy zabiera się do zastosowania w praktyce metod Holmesa, próbując wydedukować na podstawie wyglądu laski, kim może być jej właściciel, w jego myśli wdziera się nagle głos przyjaciela.

„I cóż, Watsonie, o tym myślisz?" – pyta go Holmes.

Watson jest w szoku. Holmes siedzi przy stole i je śniadanie odwrócony do niego tyłem. Skąd mógł wiedzieć, co w tej chwili robi czy myśli doktor? Zapewne musiał mieć oczy z tyłu głowy.

Niezupełnie, mówi na to Holmes, „ale stoi przede mną dobrze wypolerowany, posrebrzany dzbanek do kawy. Powiedz mi, Watsonie, co myślisz o naszym gościu na podstawie tego przedmiotu? – nalega. – Ciekaw jestem, co możesz mi powiedzieć o tym człowieku".

Watson dzielnie przyjmuje wyzwanie, próbując najlepiej jak potrafi naśladować to, co zwykle prezentuje jego towarzysz. „Sądzę, że doktor Mortimer jest świetnie prosperującym starszym lekarzem, szanowanym przez ludzi, którzy podarowali mu tę laskę w dowód uznania – zaczyna swój wywód. – Sądzę również, że to bardzo prawdopodobne, iż jest wiejskim lekarzem, który często udaje się do swych pacjentów pieszo".

Pierwsza część wypowiedzi brzmi całkiem rozsądnie. Ale na jakiej podstawie Watson wyprowadził ten drugi wniosek? „Cóż, choć kiedyś musiała być bardzo ładna, ta laska jest tak poobijana, że trudno mi sobie wyobrazić, by mógł ją nosić lekarz z miasta" – tłumaczy. Holmes jest usatysfakcjonowany. „To, co mówisz, brzmi bardzo rozsądnie!" – wykrzykuje. „I co jeszcze?". „No i jest jeszcze ten napis: »Od przyjaciół z C.C.H.«" – Watson odczytuje inskrypcję na lasce. „Przypuszczam, że może tu chodzić o jakieś lokalne koło łowieckie... Doktor Mortimer zapewne kiedyś udzielał jego członkom pomocy medycznej, oni zaś w podzięce podarowali mu ten drobny prezent".

„Doprawdy, Watsonie, przechodzisz samego siebie" – odpowiada Holmes. I tu następuje pochwała Watsona, który potrafi „wyprowadzić z mroku" i pobudzić geniusz, zakończona słowami: „Chcę powiedzieć, drogi przyjacielu, że jestem ci bardzo zobowiązany".

Czy rzeczywiście Watson nauczył się sztuczek Holmesa? Czy opanował jego proces rozumowania? Cóż, przynajmniej przez chwilę może się pławić w komplementach. Dopóki Holmes sam nie bierze do rąk laski i nie stwierdza, że rzeczywiście kryje się w niej „niejedna wskazówka", która może doprowadzić do ciekawych wniosków.

„Czyżby coś mi umknęło?" – pyta Watson z poczuciem własnej ważności. „Nie wydaje mi się, bym przeoczył jakiś istotny detal".

A jednak. „Obawiam się, mój drogi Watsonie, że większość twoich wniosków była błędna – mówi Holmes. – Gdy mówiłem, że pobudziłeś mnie do myślenia, miałem tak naprawdę na uwadze twoje pomyłki. Przypadkiem naprowadziły mnie na właściwy trop. Nie w tym rzecz, że zupełnie byłeś w błędzie. Ten człowiek jest z całą pewnością wiejskim lekarzem. I często chodzi pieszo".

Dla Watsona słowa te są potwierdzeniem, że miał rację. Cóż, o tyle tylko, że zauważył trafnie parę szczegółów. Jednak nie miał racji, nie widząc całego obrazu rzeczywistości.

W każdym razie nie według wizji Holmesa. Detektyw uważa na przykład, że za skrótem „C.C.H." kryje się raczej Charing Cross Hospital, niż sugerowane przez Watsona lokalne koło łowieckie, a stąd wypływa wiele kolejnych wniosków. Watson jest ciekaw, jakie mogą to być wnioski...

„Żaden ci nie przychodzi do głowy? – pyta Holmes. – Znasz przecież moje metody działania. Zastosuj je!".

I po tym wyzwaniu Holmes przystępuje do własnego wywodu będącego majstersztykiem logiki, który kończy się wraz z nadejściem samego doktora Mortimera w towarzystwie spaniela (jego istnienia detektyw przed chwilą się domyślił na drodze dedukcji).

Ta krótka wymiana zdań skupia w sobie jak w soczewce wszystkie elementy naukowego podejścia do myślenia, którego badaniu poświęcona została ta książka, i służy jako niemal idealny punkt wyjścia do podjęcia kolejnego wątku. W jaki sposób złożyć w całość wszystkie elementy procesu myślowego i jak to się dzieje, że czasem nam to składanie nie wychodzi? Historia z laską ilustruje zarówno przypadek prawidłowego myślenia, jak i drugi przypadek – kiedy nam ono nie wychodzi. Pokazuje, jak trudno przekroczyć granicę między teorią a praktyką, między wiedzą o tym, jak należy myśleć, a praktyką samego myślenia.

Watson obserwował Holmesa w działaniu wiele razy, a mimo to, kiedy ma okazję sam zastosować jego metodę w życiu, ponosi porażkę. Dlaczego? Co robić, aby poradzić sobie z tym lepiej?

1. Poznaj siebie i swoje otoczenie

Zacznijmy jak zwykle od podstaw. Z jakim bagażem sami wkraczamy na scenę wydarzeń? Jak oceniamy sytuację jeszcze przed rozpoczęciem obserwacji?

Dla Watsona cała sprawa zaczyna się od laski: „Wykonana była z dobrego, mocnego drewna i zakończona okrągłą gałką" – z czego wynikało, że: „Dokładnie takie same laski nosili lekarze domowi starej daty – pełne godności, solidne i budzące zaufanie". Pierwsze zdanie jest w porządku, to opis zewnętrznych właściwości laski. Ale przyjrzyjmy się drugiej części tego fragmentu. Czy jest to prawdziwa obserwacja, czy raczej wniosek?

Ledwo Watson zabrał się do opisu laski, a już jego postrzeganie zaczynają zakłócać osobiste skojarzenia, własne doświadczenie, historia i poglądy nadające ramy interpretacyjne jego myślom – choć on sam zupełnie sobie tego nie uświadamia. Laska nie jest już tylko laską. Stała się laską domowego lekarza starej daty, ze wszystkimi wypływającymi z tego skojarzenia cechami. Choć Watson nie będzie sobie z tego zdawał sprawy, portret lekarza domowego, który nagle się przed nim wyłonił, od tej chwili będzie zabarwiał wszystkie jego sądy. Do tego stopnia, że nawet nie weźmie pod uwagę możliwości przypisania skrótu „C.C.H." znanemu szpitalowi – co jemu, jako lekarzowi, powinno przecież przede wszystkim przyjść do głowy (gdyby nie ten obraz wiejskiego doktora).

Oto rama interpretacyjna – albo torowanie podświadomości w całej glorii i chwale. Kto wie, jakie jeszcze uprzedzenia, stereotypy i temu podobne rzeczy wynurzą się z kątów poddasza Watsona? Oczywiście, on sam tego nie wie. Ale możemy być pewni jednego: każdy błąd oparty na doświadczeniu (czyli heurystyka), który wpłynie na jego ostateczny sąd, będzie najpewniej sięgał korzeniami tej jego pierwszej bezmyślnej oceny.

Holmes zaś zdaje sobie sprawę, że istnieje jeszcze jeden etap, zanim nasz umysł zacznie pracować pełną parą. W przeciwieństwie do Watsona nigdy nie zaczyna obserwować bez pełnej tego świadomości. Stara się czuwać nad procesem od samego początku i zaczynać nie od laski, ale tego, co było o krok przed nią. Najpierw bierze pod uwagę całą sytuację, lekarza, laskę i całą resztę na długo przed przystąpieniem do szczegółowej obserwacji interesującego go przedmiotu. Aby się do tego przygotować, robi coś znacznie bardziej prozaicznego, niż Watson mógłby oczekiwać: zerka w wypolerowany posrebrzany dzbanek. Nie musi używać swoich dedukcyjnych zdolności, skoro może skorzystać z odbijającej powierzchni. Bo po co miałby je niepotrzebnie marnować?

My również, zanim bez wahania skoczymy na głęboką wodę, powinniśmy się najpierw rozejrzeć, aby sprawdzić, czy gdzieś obok nie czeka na nas lustro, w którym możemy dokładnie się przyjrzeć całemu obrazowi sytuacji, a nie lecieć na łeb na szyję, chwytając po drodze Bóg wie co z naszego poddasza, bez udziału świadomości i kontroli.

Dokonanie oceny otoczenia może znaczyć różne rzeczy, w zależności od naszych wyborów. Dla Holmesa była to obserwacja pokoju, poczynań Watsona i łatwo dostępnego dzbanka. Cokolwiek to będzie, z całą pewnością potrzebna jest chwila namysłu przed daniem nura w sprawę. Kiedy zamierzasz zacząć myśleć jak Holmes, nie możesz zapominać o otoczeniu. Pierwszym etapem tego procesu powinna więc być chwila namysłu i refleksji. To punkt zerowy dla twoich obserwacji. Zanim zaczniesz gromadzić szczegóły, musisz wiedzieć, jakie szczegóły w ogóle wchodzą w grę.

> *Zanim zaczniesz gromadzić szczegóły,*
> *musisz wiedzieć, jakie szczegóły w ogóle wchodzą w grę*

Pamiętaj: liczy się sprecyzowana, uważna motywacja. Bardzo się liczy. Wcześniej musisz przed sobą zakreślić cele. Dobrać do nich sposób postępowania. Przeznaczyć na nie odpowiednie środki z twoich cennych zasobów poznawczych. Musisz je przemyśleć i zapisać, aby być pewnym, że zostały określone w sposób jak najbardziej klarowny. Holmes nie musi robić notatek, by zyskać pewność, ale większość z nas powinna to robić, przynajmniej w kwestii naprawdę ważnych wyborów. Pomoże nam to w rozpoznaniu ważnych etapów naszej myślowej podróży jeszcze przed wystartowaniem: Co bym chciała osiągnąć? I co to oznacza dla mojego przyszłego procesu myślowego?

Jeśli nie szukasz, to na pewno nie znajdziesz. A żeby znaleźć, trzeba wpierw wiedzieć, gdzie szukać.

2. Obserwuj – uważnie i z namysłem

Kiedy Watson ogląda laskę, zauważa jej rozmiar i wagę. Zwraca też uwagę na jej zniszczoną końcówkę, która musi być oznaką częstego używania na terenie trudniejszym do chodzenia niż szpital. Wreszcie dostrzega napis „C.C.H." – i na tym kończy swoje obserwacje, przekonany, że nic nie umknęło jego uwadze.

W przeciwieństwie do niego Holmes nie ma takiej pewności. Przede wszystkim nie ogranicza swoich obserwacji do laski jako przedmiotu materialnego. W końcu jego celem jest dowiedzieć się jak najwięcej o jej właścicielu. „Jedynie roztargnieni zostawiają swoją laskę zamiast wizytówki, po tym jak przez godzinę czekali w twoim salonie" – mówi do Watsona. To przecież oczywiste, że ktoś zapomniał zabrać laski. Watson o tym naturalnie wie, a jednak nie udaje mu się tego uwzględnić.

Co więcej, laska niesie ze sobą własny kontekst, własną wersję opowieści o jej właścicielu dzięki zamieszczonemu na niej napisowi. O ile Watson odczytuje napis „C.C.H." w świetle własnych nieuświadomionych wstępnych wyobrażeń o wiejskim lekarzu domowym, o tyle Holmes zdaje sobie sprawę, że napis powinien być brany pod uwagę sam w sobie, bez żadnych wcześniejszych założeń. Bo tylko w ten sposób dopuścimy do głosu jego opowieść. Dlaczego doktor dostał tę laskę w prezencie? Albo, jak to ujmuje Holmes: „Z jakiej okazji wręcza się komuś taki prezent? Kiedy jego przyjaciele mogli wspólnie postanowić, że w taki sposób okażą mu swoją sympatię?".

Taki jest punkt wyjścia do rozważań uzyskany dzięki pozbawionej uprzedzeń obserwacji napisu. To punkt wyjścia wskazujący na istnienie historii, którą możemy poznać na drodze dedukcji. Kontekst jest integralną częścią sytuacji, a nie tylko atrybutem, który można wykorzystać bądź nie.

> *Kontekst jest integralną częścią sytuacji, a nie tylko atrybutem, który można wykorzystać bądź nie*

Jeśli zaś chodzi o samą laskę, to tu obserwacje szlachetnego doktora też pozostawiają wiele do życzenia. Przede wszystkim, ledwo na nią zerka, podczas gdy Holmes „przez kilka minut uważnie jej się przyglądał. Następnie odłożył papierosa i z wyrazem ożywienia na twarzy podszedł z nią do okna, gdzie ponownie zaczął się jej przypatrywać, tym razem używając do tego celu lupy". Szczegółowe badanie pod wieloma kątami i za pomocą wielu technik. Metoda nie tak szybka jak Watsona, ale o wiele bardziej gruntowna. Choć nie zawsze zostaniemy za taką dokładność wynagrodzeni nowymi informacjami, których się spodziewamy, to przecież nigdy tego wcześniej nie wiemy i nie powinniśmy z niej rezygnować, jeśli zależy nam na prawdziwej obserwacji. (Choć, rzecz jasna, nasze własne okno czy lupa mogą mieć charakter metaforyczny, to zakładają one konieczność bliższego przyjrzenia się, skrupulatności i poświęcenia czasu na kontemplację problemu).

Watson zauważa rozmiar laski i jej zniszczoną końcówkę, to prawda. Ale nie udaje mu się dostrzec śladów zębów widocznych w jej środkowej części. Odciski zębów na lasce? Trudno być posądzonym o ryzykanctwo, jeśli wysnuje się z tej obserwacji wniosek o istnieniu psa, który często nosi tę laskę w zębach za swoim panem (a do takiego właśnie wniosku dochodzi Holmes). To też jest częścią obserwacji i częścią historii doktora Mortimera. Ponadto, co również Holmes zaznacza w swoich rozważaniach, rozstaw zębów psa świadczy o jego wielkości, z czego można się domyślić, jakiej mógłby być rasy. Byłoby to już oczywiście przejście do procesu dedukcji, ale nie moglibyśmy tego zrobić bez rozpoznania niezbędnych elementów. I wzięcia pod uwagę ich potencjalnego znaczenia dla końcowego celu naszych dociekań.

3. Korzystaj z wyobraźni – zyskasz przestrzeń, której potrzebujesz

Po etapie obserwacji przychodzi czas twórczej przestrzeni, czas namysłu i poszukiwań wśród zasobów naszego poddasza. To etap wyobraźni. To ta niezbędna przerwa na trzy fajki, grę na skrzypcach, wyjście do opery lub na koncert, wycieczkę do muzeum, spacer, prysznic i tym podobne czynności – wszystko, co pomoże nam stanąć z boku przed wyobrażonym obrazem sytuacji, nim znowu ruszymy do przodu.

Musimy tu oddać Watsonowi sprawiedliwość. Nie ma on przecież ani chwili czasu na zrobienie sobie przerwy, bo Holmes przypiera go do muru, prowokując do zastosowania jego własnych metod w wyciąganiu wniosków z napisu „C.C.H.", który jest skrótem nazwy Charing Cross Hospital, a nie jakiegoś koła łowieckiego. W takich warunkach trudno było oczekiwać od Watsona, że zrobi sobie przerwę na papieroska czy kieliszek brandy.

Mimo to mógł zrobić coś mniej radykalnego, ale bardziej odpowiedniego do rozmiaru problemu, nie tak przecież ważkiego jak rozwiązanie zagadki zbrodni. W końcu nie zawsze mamy do czynienia z problemem na trzy fajki. Mogłoby wystarczyć stanięcie z boku tylko w przenośni. Zapewnienie sobie dystansu umysłowego, zatrzymanie się przez krótki czas na namysł i reorganizację.

Ale Watson ani myśli to robić. Nie daje sobie nawet chwili, żeby pomyśleć, gdy Holmes zachęca go, by to zrobił. I mówi o wyciąganiu „oczywistych wniosków", nie widząc poza nimi nic więcej.

Porównajmy dwa podejścia do zagadnienia: Watsona i Holmesa. Watson bez zastanowienia zabiera się do rzeczy – od obserwacji wagi i kształtu laski przechodzi od razu do obrazu lekarza domowego starej daty, od skrótu „C.C.H." do kółka łowieckiego, od zniszczonego okucia na końcu laski do wiejskiego lekarza – i nic poza tym.

Tymczasem przejście od obserwacji do wniosków zabiera Holmesowi trochę więcej czasu. Najpierw słucha, co Watson ma do powiedzenia; następnie bada laskę; potem raz jeszcze rozmawia z Watsonem; aż wreszcie, kiedy przechodzi do własnych wniosków, bynajmniej nie wymienia ich wszystkich od razu. Raczej zadaje sobie pytania, które mogą sugerować kilka odpowiedzi, i dopiero potem wybiera tę jedyną słuszną. Bierze pod uwagę różne kombinacje – czy doktor Mortimer może mieć dobrze prosperującą praktykę w Londynie?, czy może być domowym chirurgiem?, domowym lekarzem?, praktykującym studentem? – a następnie rozważa, która z możliwości wydaje się bardziej prawdopodobna w świetle poczynionych obserwacji. Na razie nie dedukuje. Raczej się zastanawia i sprawdza różne opcje. Pyta i rozważa. Dopiero później przystąpi do formułowania wniosków.

4. Dedukuj – lecz tylko z wcześniejszych obserwacji

Laska wskazuje na „świetnie prosperującego starszego lekarza, szanowanego przez ludzi" oraz „wiejskiego lekarza, który często udaje się do swych pacjentów pieszo" i który „udzielał pomocy medycznej" członkom lokalnego koła łowieckiego (za co otrzymał w prezencie laskę). Tak to wygląda według Watsona.

Ta sama laska wskazuje na domowego lekarza wcześniej zatrudnionego w Charing Cross Hospital, „młodego człowieka, przed trzydziestką – sympatycznego, niezbyt ambitnego i roztargnionego", który „ma też ulubionego psa" (co więcej, spaniela) i który otrzymał w prezencie laskę, gdy odchodził ze szpitala, by otworzyć praktykę na wsi. Tak to wygląda według Holmesa.

Ten sam punkt wyjścia, a jakże różne drogi dedukcji (z jednym wspólnym elementem wiejskiego lekarza, który dużo chodzi pieszo). Jak to się dzieje, że dwie osoby mogą dojść do tak różnych wniosków w zetknięciu z tym samym problemem?

Watson wyciągnął dwa prawidłowe wnioski: że laska należy do wiejskiego lekarza i że lekarz ten chodzi na piechotę do swoich pacjentów. Ale dlaczego starszy i świetnie prosperujący? Skąd się wzięło to wyobrażenie solidnego i szanowanego lekarza domowego? Na pewno nie z prawdziwych obserwacji. Niewątpliwie zostało wyprodukowane przez umysł Watsona po natychmiastowym skojarzeniu z laskami, które „nosili lekarze domowi starej daty – pełne godności, solidne i budzące zaufanie".

Z wyjątkiem solidności, nie są to właściwości, którymi może być obdarzona laska. To tylko przedmiot noszący pewne znamiona. Ale dla Watsona od razu wiąże się ona z historią. Wywołuje jakieś wspomnienia, doprawdy niewiele mające wspólnego ze sprawą. Są to wspomnienia składające się ze zbłąkanych części umeblowania na poddaszu, które zostały poruszone przez procesy skojarzeniowe, kompletnie przez Watsona nieuświadamiane. Jak choćby koło łowieckie. Watson tak się skoncentrował na wyobrażonym przez siebie solidnym i pełnym godności lekarzu wiejskim, że najbardziej logiczna wydaje mu się wersja z laską podarowaną przez koło łowieckie, którego członkom doktor Mortimer, naturalnie, udzielał pomocy medycznej. Watson nie ma w rzeczywistości żadnych solidnych, logicznych przesłanek do przeprowadzenia takiej dedukcji. Jego wnioski wywodzą się z wybiórczego nastawienia i portretu doktora wysnutego z wyobraźni. Jako godny zaufania starszy pan doktor Mortimer byłby zapewne członkiem koła łowieckiego zawsze gotowym do udzielenia pomocy medycznej. Chirurgicznej?[17] Ależ oczywiście! Ktoś o takiej pozycji i doskonałym zawodowstwie musiał być chirurgiem.

---

17 W polskim tłumaczeniu „Psa Baskerville'ów" rozróżnienie na chirurga i lekarza internistę nie znalazło odzwierciedlenia (przyp. tłum.).

Watson zupełnie nie zwraca uwagi na skrót „M.R.C.S.", dodany do nazwiska Mortimera (coś, co sam lekarz podkreśla w rozmowie z Holmesem, kiedy ten zwraca się do niego per „doktorze": „Panie Mortimer, sir. Jestem tylko zwykłym, skromnym lekarzem M.R.C.S."). A ten skrót zadaje kłam teorii o wysokiej pozycji właściciela laski przypisywanej mu przez nadaktywny umysł Watsona. Podobnie zresztą nie bierze pod uwagę (wcześniej już to odnotowaliśmy) prostego faktu pozostawienia w ich salonie laski, jakby to była wizytówka. Jego pamięć w tym przypadku jest tak samo wybiórcza jak uwaga, bo przecież musiał odczytać napis „M.R.C.S.", kiedy po raz pierwszy oglądał laskę. Po prostu zostało to całkowicie przesłonięte przez skojarzenia dostarczone samowolnie przez jego umysł w konfrontacji z samą laską. Przecież wiedział też od początku, że właściciel laski zostawił ją u nich poprzedniego wieczoru. Tyle że ten fakt również umknął jego uwadze.

Wersja Holmesa jest tymczasem pochodną zupełnie innego procesu myślowego, świadomego siebie i pozyskiwanych przez siebie informacji. Procesu, który poszukuje zintegrowanych ze sobą dowodów, a nie wybranych fragmentów, i traktuje te dowody jak całość, nie skupiając się bardziej na niektórych, koloryzując jedne, a inne pozostawiając w cieniu.

Po pierwsze, wiek mężczyzny. „A teraz zauważ" – mówi do Watsona, kiedy już przekonał przyjaciela, że najprawdopodobniej „C.C.H." oznacza Charing Cross Hospital, a nie coś z „Hunt"[18] – „że nie mógł on być stałym pracownikiem szpitala. Na takie posady przyjmowani są jedynie uznani lekarze, a tacy przecież nie przenoszą się z Londynu, aby prowadzić praktykę na wsi". (Wiemy już oczywiście, że tę przeprowadzkę na wieś, sygnalizowaną przez stan laski, gorliwie odnotował Watson). Zgoda. Ktoś, kto ma

[18] W języku angielskim słowa „hunt" (polowanie, łowiecki) i „hospital" (szpital) zaczynają się od tej samej litery, figurującej w wygrawerowanym na lasce skrócie. Stąd błędna interpretacja Watsona (przyp. tłum.).

porządny etat, raczej nie postanowi tak nagle wstać i odejść, o ile, rzecz jasna, nie nastąpiły jakieś nieprzewidziane okoliczności. Ale nie ma takich okoliczności, które można by odczytać z poszlak widocznych na lasce. Więc takie wyjaśnienie nie wchodziłoby w grę (rozważanie takiej możliwości pociągnęłoby za sobą taki sam błąd, jaki popełnił Watson, tworząc własną wersję osoby lekarza; historię opowiedzianą przez umysł, a nie opartą na obiektywnych informacjach).

Kim w takim razie był ten człowiek? Holmes kontynuuje swój wywód: „Skoro doktor Mortimer pracował w szpitalu, nie mając zagwarantowanej posady, mógł być co najwyżej asystentem, kimś niewiele ważniejszym niż praktykujący studenci ze starszych roczników. Ze szpitala odszedł zaś pięć lat temu – to mówi nam data wygrawerowana na lasce".

Tak więc z jednej strony „młody człowiek przed trzydziestką", z drugiej – watsonowski starszy lekarz domowy. Zauważmy przy tym, że o ile Holmes jest pewny wieku analizowanego przez nich nieznajomego – w końcu rozpatrzył wszystkie możliwości, dopóki nie pozostała mu jedyna sensowna opcja (pamiętamy: „Może pozostać kilka wyjaśnień, wówczas wszystkie po kolei sprawdzamy, dopóki nie okaże się, że za jednym z nich stoją najbardziej przekonujące argumenty") – o tyle nie ma takiej potrzeby jak Watson, by uściślać specjalizację lekarza. Ten człowiek może być po prostu lekarzem. Nie ma żadnych poszlak wskazujących na jego specjalizację, a Holmes nie dokonuje dedukcji, nie mając ku temu podstaw. Byłoby to tak samo błędne jak niededukowanie w ogóle.

A co z osobowością interesującej nas osoby? „Jeśli natomiast chodzi o przymiotniki – mówi Holmes – które wymieniłem – o ile dobrze pamiętam: sympatyczny, mało ambitny i roztargniony". (Dobrze pamięta).

Jakim cudem doszedł do wniosku, że te właśnie cechy charakteryzują mężczyznę? Jak się okazuje, bynajmniej nie na drodze bezmyślnych skojarzeń, które doprowadziły Watsona do sformułowania własnej charakterystyki gościa. „Moje doświadczenie – kontynuuje Holmes – podpowiada mi, że na tym świecie tylko ludzie sympatyczni dostają upominki, tylko mało ambitni porzucają karierę w Londynie, by prowadzić praktykę na wsi, a jedynie roztargnieni zostawiają swoją laskę zamiast wizytówki, po tym jak przez godzinę czekali w twoim salonie". Każda z tych cech wynika z konkretnej poczynionej wcześniej przez Holmesa obserwacji (przesączonej, choćby tylko przez kilka chwil, przez czas i przestrzeń wyobraźni).

Obiektywnie istniejące fakty są tu rozważane w kontekście kilku możliwości, które następnie zawęża się do jednej najbardziej prawdopodobnej. Bez niepowiązanych z sytuacją elementów, bez dziur wypełnianych przez nadgorliwą wyobraźnię. Naukowa dedukcja w czystej postaci.

I na koniec: dlaczego Holmes wyposaża pana Mortimera w psa, na dodatek określonej rasy? Mówiliśmy już o śladach zębów, które przeoczył Watson. Ale ślady te (ich rozstaw) są ściśle określone: „szczęka tego psa jest moim zdaniem zbyt szeroka jak na teriera, a zbyt wąska jak na mastiffa". Holmes prawdopodobnie wpadłby na spaniela sam, podążając tym logicznym tropem, ale nie ma po temu okazji, bo właśnie w tym momencie na Baker Street pojawia się inkryminowany pies wraz ze swoim właścicielem. I w ten sposób ścieżka dedukcji zostaje doprowadzona do końca. Czyż nie była od samego początku jasna i klarowna? Czy śledząc jej przebieg, nie miałeś ochoty zakrzyknąć: *No jasne! Jak mogłem sam tego nie dostrzec!?* Takie właśnie działanie ma dedukcja w swoim najlepszym wydaniu.

5. Ucz się – i z sukcesów, i z porażek

Obserwując w tym konkretnym przypadku błędy Watsona, Holmes uczy się wiele o pułapkach myślenia, o tych momentach, które sprowadzają nas na manowce. I dowiaduje się, w jakim kierunku prowadzi nas zazwyczaj błędna trasa. Z tej przygody wyciągnie naukę o tym, jak potęga aktywowanego stereotypu i obezwładniający wpływ nieprawidłowej początkowej ramy interpretacyjnej mogą zakłócić następujące po nich wnioskowanie – nie wspominając o błędach, które popełniamy, kiedy zamiast rozważać każdą po kolei obserwację, skupiamy się tylko na wyrazistych, najświeższych i najbardziej dostępnych. Nie żeby do tej pory Holmes o tym nie wiedział, ale każdy przypadek służy mu jako przypomnienie, wzmocnienie posiadanej wiedzy, która objawia się w nowym kontekście. I upewnia go, że nie zalatuje od niej stęchlizną.

Gdyby Watson zechciał się wykazać uwagą, również mógłby skorzystać z podobnych nauk, dowiadując się od Holmesa, który poprawia jego rozumowanie, co robił nie tak i jak zapobiec temu w przyszłości. Niestety, Watson woli się skupić na jednym tylko stwierdzeniu Holmesa: „Nie w tym rzecz, że zupełnie byłeś w błędzie. Ten człowiek jest z całą pewnością wiejskim lekarzem. I często chodzi pieszo". Zamiast spróbować wyjaśnić, dlaczego tak się stało, że akurat te dwa elementy jego rozumowania były prawidłowe, a wszystkie pozostałe wzięły w łeb, Watson obwieszcza: „Miałem zatem rację". I zaprzepaszcza szansę, by się czegoś nauczyć, a następnym razem nie skupiać się wybiórczo na dostępnych obserwacjach.

Aby nauka nie poszła w las, musi być ciągle na nowo przenoszona z teorii do praktyki. Inaczej pokryje się kurzem i będzie zalatywać stęchlizną, zapaszkiem poddasza, na którym od lat nie otwierano drzwi.

Aby nauka nie poszła w las, musi być ciągle na nowo przenoszona z teorii do praktyki. Inaczej pokryje się kurzem i będzie zalatywać stęchlizną

Za każdym razem, kiedy odczujesz pragnienie, by się nie przemęczać, przywołaj z pamięci obraz pokrywającego się rdzą ostrza z „Doliny strachu": „Po długich, jałowych i nudnych tygodniach znalazł właśnie odpowiednie zajęcie dla swoich zdolności, które tak jak wszystkie inne szczególne talenty stają się nieznośne dla swego właściciela, kiedy nie może z nich korzystać. Ostry niczym brzytwa umysł Holmesa tępił się i rdzewiał od bezczynności".

Wyobraź sobie to zardzewiałe, stępione ostrze pokryte ohydnymi, łuszczącymi się pomarańczowymi plamkami i brudem tak kłującymi w oczy, że nie chce się po nie sięgnąć. I pamiętaj, że nawet kiedy wszystko idzie wspaniale, kiedy nie mamy przed sobą wielkich decyzji czy problemów do przemyślenia, to brzytwy trzeba używać. Ćwiczenie twojego umysłu nawet na rzeczach mało istotnych pomoże mu zachować ostrość dla przyszłych, ważniejszych spraw.

Prowadzenie dziennika

Zróbmy sobie teraz małą przerwę od pana Mortimera. Moja dobra koleżanka – nazwijmy ją Amy – od dawna cierpi na migrenę. Może się wydawać, że wszystko jest w porządku, kiedy nagle i nie wiadomo skąd uderza ból. Raz myślała, że umiera, innym razem, że złapała strasznego szalejącego wówczas wirusa. Minęło kilka lat, zanim nauczyła się rozpoznawać pierwsze objawy i szybko kłaść się w najbliższym ciemnym pokoju na kanapie z odpowiednią dawką imitreksu, zanim włączy się cały syndrom paniki związanej z umieraniem czy potworną grypą żołądkową. Wreszcie jednak zaczęła sobie z tym mniej więcej radzić. Aż do chwili, gdy migrena przystąpiła do atakowania kilka razy w tygodniu, zalewając ją w pracy, przy pisaniu i różnych innych okazjach jednostajnym strumieniem bólu. Zdarzało się to też w tak niefortunnych miejscach, że nie miała w pobliżu ani ciemnego pokoju, ani leków, na których mogła polegać. Jednak Amy się nie poddawała.

Jakiś rok temu zmieniła lekarza pierwszego kontaktu. Podczas pierwszej zapoznawczej pogawędki poskarżyła się, jak zwykle, na migrenę. I oto lekarz, zamiast jak to robili wszyscy pozostali, pokiwać ze współczuciem głową i wypisać kolejną receptę na imitrex, zadał jej jedno pytanie: Czy kiedykolwiek próbowała prowadzić dziennik?

Nie wiedziała, o co chodzi. Czy o to, by pisać z perspektywy człowieka z migreną? Czy starać się, zwalczając ból, opisywać jej symptomy dla przyszłych pokoleń?

Nie. Sprawa była prostsza. Lekarz wręczył jej stertę formularzy z zaznaczonymi polami zatytułowanymi: „Czas rozpoczęcia/zakończenia", „Sygnały ostrzegawcze", „Godziny snu", „Co na śniadanie" – i temu podobne. Za każdym razem, kiedy nachodziła ją migrena, musiała wypełnić formularz, odtwarzając sobie jak najwięcej szczegółów. I miała tę praktykę kontynuować, dopóki nie uzbiera mniej więcej tuzina takich zapisów.

Zadzwoniła po tej wizycie, by mi powiedzieć, co myśli na temat pomysłów lekarza: absurdalne. Wyznała mi w zaufaniu, że wie, jakie były przyczyny jej migreny. To stres i zmiany pogody.

Ale mimo tych zastrzeżeń obiecała, że postara się wykonać to zadanie, choćby tylko dla zabawy. Pośmiałam się razem z nią.

Nie opowiadałabym tej historii, gdyby rezultat całego ćwiczenia nie wprawił nas obu w zdumienie. Czy kofeina powodowała migrenę? – pytał lekarz podczas jej pierwszej wizyty. Alkohol? – Amy zaprzeczała z wielkim przekonaniem. Według niej nie było żadnego związku. Tyle że dziennik migreny świadczył o czymś innym. Mocna czarna herbata, zwłaszcza w drugiej połowie dnia, prawie zawsze była na liście produktów spożywanych przez Amy przed atakiem. Więcej niż jeden kieliszek wina wpisywał się również na listę winowajców. Godziny snu? Według niej nie odgrywały żadnej roli. A jednak. Liczba godzin przespanych przed dniem, w którym ledwo ruszała się z bólu, była na ogół o wiele mniejsza od jej normy. Ser („Ser? Naprawdę?") też pojawiał się na liście. No i, owszem, miała rację: stres i zmiana pogody również były czynnikami powodującymi bóle głowy.

Tyle że Amy nie we wszystkim miała rację. Podobnie jak Watson była pewna, że się nie myli, gdy tymczasem nie myliła się tylko do pewnego stopnia. Tak wyraźne były dla niej te dwa czynniki wywołujące migrenę, że na wszystkie pozostałe nigdy nie zwracała uwagi. I, rzecz jasna, nie wyśledziła tych powiązań, które później z perspektywy dziennika okazały się tak oczywiste.

Sama wiedza nie wystarcza, by zwyciężyć w walce. Amy nadal ma migreny, częściej niż by sobie tego życzyła. Ale teraz przynajmniej w o wiele większym stopniu może kontrolować niektóre z powodujących chorobę czynników. Zauważa też z odpowiednim wyprzedzeniem pierwsze objawy, zwłaszcza jeśli świadomie zrobi coś zakazanego, na przykład pozwoli sobie na wino z serem... czasem w deszczowy dzień. Może wówczas poratować się lekarstwem, zanim jeszcze ból rozgości się na dobre, i przynajmniej na jakiś czas uporać się z chorobą.

Nie wszyscy cierpimy na migrenę. Ale wszyscy na co dzień podejmujemy wybory i decyzje, mamy do przemyślenia różne problemy i dylematy. Dlatego bardzo polecam prowadzenie dziennika decyzji. Przyspieszy on naszą naukę i pomoże w opanowaniu wszystkich etapów procesu myślenia, który Holmes był uprzejmy nam zaprezentować. Nie mam bynajmniej na myśli dziennika w znaczeniu metaforycznym. Mam na myśli prawdziwe zapisywanie tego, co się z nami dzieje, tak jak to robiła Amy, obserwując migrenę i jej przyczyny.

Kiedy masz przed sobą ważny wybór, problem do rozwiązania lub decyzję do podjęcia, możesz w jednym miejscu zarejestrować cały składający się na to proces. Możesz tam zamieszczać wszystkie swoje obserwacje, aby być pewnym, że żadna ci nie umknie, kiedy przyjdzie taka potrzeba. Możesz odnotowywać myśli i wnioski, możliwe sposoby dochodzenia do celu; rzeczy, które cię po drodze zaintrygowały. Możesz nawet się posunąć dalej i opisywać to, co zostało już przez ciebie zakończone. Czy miałeś jakieś wątpliwości, zastrzeżenia, czy brałeś pod uwagę inne opcje (w każdym przypadku powinieneś trzymać się konkretów i wyszczególniać określone elementy). Później do każdej ze spraw możesz wracać, uzupełniając ją komentarzami. *Czy byłem zadowolony z efektów? Czy chciałem coś zrobić inaczej? Czy z perspektywy czasu widzę coś jaśniej, niż widziałem wtedy?*

Jeśli chodzi o te wybory, których nie udało ci się odnotować, możesz się postarać zrekonstruować, co do nich doprowadziło. *Co brałem wtedy pod uwagę? Na czym była oparta moja decyzja? Co czułem, podejmując ją? Jaki był tego kontekst (czy byłem zestresowany?, rozemocjonowany?, leniwy?, czy to był zwykły dzień, czy wyjątkowy?, czy było coś, co wyróżniało tę decyzję wśród innych?)? Czy ktoś prócz mnie był w to zaangażowany? Jaka była stawka? Jaki był mój cel, pierwotna motywacja? Czy zrealizowałem to, co sobie założyłem? Czy coś mi stało na przeszkodzie?*

Inaczej mówiąc, powinieneś uchwycić możliwie najwięcej elementów procesu myślowego i jego rezultaty.

Kiedy dojdziesz w ten sposób do tuzina (albo i więcej) zapisanych doświadczeń, zaczynasz je sobie odczytywać. W pierwszym podejściu możesz przejrzeć wszystkie. Wszystkie procesy dochodzenia do różnych niepowiązanych ze sobą celów, od początku do końca. Masz sporą szansę, że objawi się przed nami to samo, co przed Amy, kiedy odczytała swój dziennik migren: popełniasz ciągle te same nawykowe błędy, myślisz w ten sam nawykowy sposób, padasz ofiarą tych samych bodźców płynących z otoczenia. Dowiesz się również, że nigdy wcześniej nie widziałeś u siebie tych schematów myślenia, podobnie jak Holmes nie zdawał sobie sprawy, z jaką łatwością pomija istotne szczegóły, kiedy ma do czynienia z kamuflażem.

W istocie zapisywanie rzeczy pozornie nam znanych, śledzenie na piśmie etapów procesu, które uważamy za niewarte śledzenia, może być nadzwyczaj pożytecznym zwyczajem nawet dla ekspertów nad ekspertami. W 2006 roku grupa lekarzy doprowadziła do przełomu w medycynie: na oddziale intensywnej terapii w Michigan w ciągu trzech miesięcy obniżyli oni wskaźnik infekcji krwiobiegu powodowanych przez wenflony (kosztowne i bardzo niebezpieczne zjawisko, szacowane na około 80 000 przypadków rocznie, w tym do 28 000 śmiertelnych) ze średniej wartości 2,7 infekcji na 1000 pacjentów do 0 infekcji. Jak to możliwe? Czy lekarze odkryli jakąś cudowną nową technologię?

Prawdę mówiąc, zrobili coś tak prostego, że wywołało to bunt wielu lekarzy, którzy potraktowali całą rzecz jak zniewagę ich autorytetu: wprowadzili obowiązek wypełniania listy kontrolnej. Zawierała tylko pięć haseł, w tym tak proste czynności, jak mycie rąk lub upewnianie się, czy skóra pacjenta została oczyszczona przed założeniem wenflonu. Rzecz jasna, nikt nie potrzebował przypominania o tak elementarnych sprawach. A jednak obowiązek przypominania spowodował gwałtowny spadek infekcji niemal do zera. (Stąd naturalny wniosek: przed wprowadzeniem kontrolnej listy niektóre z tych oczywistych czynności były pomijane lub wykonywane nieregularnie).

Choćbyś się stał największym ekspertem w jakiejś dziedzinie, możesz zapomnieć o najprostszych krokach, jeśli wykonujesz rutynowe działania automatycznie, bez namysłu. Dzieje się tak niezależnie od tego, jak bardzo jesteśmy zmotywowani do osiągnięcia sukcesu. Wszystko, co w nas wywoła potrzebę uważnej refleksji – czy to kontrolna lista, czy coś całkiem innego – może mieć głęboki wpływ na naszą zdolność utrzymania wysokiego poziomu profesjonalizmu i pozwoli nam długo cieszyć się sukcesem, który nas do tego poziomu doprowadził.

Choćbyś się stał największym ekspertem w jakiejś dziedzinie, możesz zapomnieć o najprostszych krokach, jeśli wykonujesz rutynowe działania automatycznie, bez namysłu

Ludzie mają wyjątkowe zdolności adaptacyjne. Jak już nieraz podkreślałam, nasze mózgi potrafią tworzyć coraz to nowe sieci, odnawiając ten proces do późnych lat starości. O neuronach mówi się, że ich „wspólne iskrzenie powoduje wspólne łączenie". A kiedy zaczynają iskrzyć w nowych kombinacjach i systematycznie to powtarzają, sieci również ulegają zmianie.

Dlaczego tak uporczywie podkreślam potrzebę treningu? Ponieważ wyłącznie trening pozwoli nam zastosować metodę Holmesa w prawdziwym życiu, w sytuacjach kiedy jesteśmy bardziej obciążeni emocjonalnie niż w warunkach eksperymentów myślowych. Powinniśmy wyćwiczyć umysł, by był gotowy do podjęcia wyzwań w tych emocjonalnych chwilach, kiedy wszystko sprzysięga się przeciwko nam. Łatwo zapominamy, jak niewiele trzeba, by umysł przestawił się na znane sobie ścieżki. Wystarczy, że nie ma on czasu na namysł lub jest pod inną presją. Ale to od nas zależy, jakimi ścieżkami będzie podążał.

Najtrudniej jest wcielać w życie holmesowską logikę w sytuacjach, które mają dla nas największe znaczenie. Jedynym sposobem jest ćwiczyć i ćwiczyć – dopóki nie powstaną takie nawyki, że nawet najsilniejsze czynniki stresujące będą uruchamiały właściwe modele myślowe. Modele, których wypracowanie kosztowało nas tyle pracy.

***

PRZECZYTAJ O SHERLOCKU HOLMESIE

„Pies Baskerville'ów", tłum. Anna Krochmal, Robert Kędzierski

„Dolina strachu", tłum. Anna Krochmal, Robert Kędzierski

Rozdział ósmy

Jesteśmy tylko ludźmi

Pewnego majowego poranka roku 1920 pan Edward Gardner otrzymał list od przyjaciela. Po otwarciu znalazł w nim dwie małe fotografie. Na jednej mała dziewczynka wpatruje się w grupkę postaci przypominających wróżki tańczące na brzegu strumienia. Na drugiej skrzydlaty stworek (jakiś skrzat, pomyślał pan Gardner) siedzi obok wysuniętej w jego stronę ręki innej dziewczynki.

Gardner był teozofem uważającym, że boską wiedzę można posiąść na drodze duchowej ekstazy, bezpośredniej intuicji lub specjalnej indywidualnej relacji z siłą wyższą (popularna wówczas fuzja wywodzących się z filozofii Wschodu przekonań na temat reinkarnacji i wiary w wędrówkę dusz). Wróżki i skrzat w niczym co prawda nie przypominali rzeczywistości, z którą by się mógł zetknąć (wyłączywszy świat literackiej fikcji), ale zamiast się zaśmiać i odłożyć zdjęcia razem z listem na bok, zapragnął tę sprawę zgłębić. Napisał więc do przyjaciela, czy nie mógłby zdobyć dla niego negatywów tych fotografii.

Kiedy negatywy dotarły, Gardner w trybie przyspieszonym dostarczył je panu Haroldowi Snellingowi, fotograficznemu ekspertowi najwyższej klasy. Żadne oszustwo, jak mówiono, nie uszłoby uwadze Snellinga. Lato upływało, a Gardner czekał na werdykt eksperta. Czyżby było możliwe, że zdjęcia są czymś więcej niż sprytnym fotomontażem?

Pod koniec lipca otrzymał odpowiedź: „Obydwa negatywy – pisał Snelling – są autentyczne, niesfałszowane, zostały naświetlone jednorazowo, w plenerze, pokazują ruch postaci wróżek. Nie ma tu oznak pracy w atelier z wykorzystaniem kartonowych czy papierowych modeli, ciemnego tła, namalowanych figur itp. W mojej opinii oba zdjęcia są oryginalne, nieretuszowane".

Gardner był w euforii. Ale nie wszyscy byli przekonani tak jak on. Wyglądało to wszystko dość nieprawdopodobnie. Znalazł się jednak człowiek, który znał sprawę na tyle, by móc się podjąć jej dalszego prowadzenia: sir Arthur Conan Doyle.

Conan Doyle był człowiekiem nadzwyczaj skrupulatnym. Przynajmniej pod tym względem wziął sobie do serca metodologię stworzonej przez siebie postaci. Zamówił wobec tego kolejną ekspertyzę w firmie o niekwestionowanym tym razem autorytecie, u Kodaka (zresztą zdjęcia były robione aparatem tej właśnie firmy).

Kodak odmówił wydania oficjalnego potwierdzenia autentyczności zdjęć. Rzeczywiście zastosowano tu pojedynczą ekspozycję, uznali eksperci, niewidoczne są oznaki fałszerstwa, ale co do autentyczności, to gwarancji dać nie mogą. Zdjęcia mogły być sfałszowane, choć trudno było znaleźć na to dowody, nie mówiąc już o tym, że wróżki nie istnieją. Ergo: zdjęcia nie mogą być prawdziwe.

Conan Doyle odrzucił ten ostatni argument jako pozbawiony logiki. Inne stwierdzenia jednak można było przyjąć. Nie ma oznak fałszerstwa. Pojedyncza ekspozycja. Wydawało się to naprawdę przekonujące, zwłaszcza w zestawieniu z potwierdzeniem autentyczności przez Snellinga. Jedyny negatywny argument Kodaka można było zaliczyć do czystych domysłów, a któż lepiej od twórcy Holmesa mógł wiedzieć, że takowych nie bierze się pod uwagę?

Pozostawała jeszcze jedna, ostatnia rzecz do zweryfikowania, a mianowicie dziewczynki widoczne na zdjęciach. Jakich dowodów – czy to podtrzymujących, czy obalających teorię autentyczności zdjęć – mogły dostarczyć? Niestety, ponieważ sir Arthur wybierał się w podróż do Australii, której nie mógł przełożyć, poprosił Gardnera, by udał się w jego imieniu na miejsce, gdzie były robione zdjęcia, czyli do małej miejscowości Cottingley w zachodniej części Yorkshire.

W sierpniu 1920 roku Edward Gardner spotkał się po raz pierwszy z Elsie Wright i jej młodszą o sześć lat kuzynką Frances Griffiths. Zrobiły te zdjęcia, jak mu powiedziały, trzy lata wcześniej, kiedy Elsie miała szesnaście, a Frances dziesięć lat. Ich rodzice nie uwierzyli w opowieści o wróżkach mieszkających w pobliżu strumyka, więc postanowiły dostarczyć im dowód. I tak powstały zdjęcia.

Gardner odniósł wrażenie, że dziewczynki są skromne i szczere. Były dobrze wychowanymi panienkami z prowincji i trudno je było posądzić o pogoń za zyskiem, skoro odmówiły przyjęcia zapłaty za zdjęcia. Poprosiły nawet o nieujawnianie ich nazwisk, gdyby zdjęcia zostały upublicznione. Mimo że pan Wright (ojciec Elsie) pozostawał sceptyczny wobec tych odbitek, nazywając je dziecięcą psotą, pan Gardner zyskał pewność, że zdjęcia są autentyczne, a wróżki prawdziwe. Te dziewczęta nie mogły kłamać. Przed powrotem do Londynu wysłał przekonujący raport do Conan Doyle'a. Jak dotąd wszystko wydawało się mieć ręce i nogi.

Conan Doyle zadecydował jednak, że potrzebne są dodatkowe dowody. W końcu eksperymenty naukowe należy powtarzać, jeśli ich wyniki mają być uznane za prawdziwe. Gardner więc raz jeszcze udał się na wieś, tym razem z dwoma aparatami i dwoma tuzinami negatywowych płytek specjalnie oznakowanych, by nie można ich było niezauważalnie dla nikogo podmienić. Zostawił sprzęt dziewczynkom z poleceniem ponownego sfotografowania wróżek, najlepiej w słoneczny dzień, kiedy światło jest najbardziej sprzyjające.

Nie rozczarował się. Wczesną jesienią otrzymał trzy kolejne odbitki. Widniały na nich wróżki. Zdjęcia zostały wykonane na dostarczonych przez niego płytkach. Nie wykryto żadnych śladów mistyfikacji.

Arthur Conan Doyle został przekonany. Eksperci byli zgodni (choć żaden z nich nie chciał oficjalnie potwierdzać autentyczności). Powtórka eksperymentu poszła gładko. Dziewczęta wydawały się autentyczne i prawdomówne.

W grudniu słynny twórca Sherlocka Holmesa opublikował zdjęcia z komentarzem odnoszącym się do procesu ich weryfikacji w piśmie „The Strand Magazine", czyli tam, gdzie po raz pierwszy pojawił się w druku sam Holmes. Tytuł: „Epokowe wydarzenie: wróżki uwiecznione na zdjęciach". Dwa lata później Conan Doyle wydał książkę „The Coming of the Fairies" („Nadejście wróżek"), która rozwijała wątek jego śledztwa i zawierała dodatkowe potwierdzenie istnienia wróżek przez jasnowidza, pana Geoffreya Hodsona. Conan Doyle powziął przekonanie, którego nie miał zamiaru zmieniać.

Jak to się stało, że Conan Doyle oblał egzamin z myślenia po holmesowsku? Co sprawiło, że tak inteligentna osoba przekonała się o istnieniu wróżek tylko dlatego, że ekspert uznał autentyczność zdjęć z Cottingley?

Sir Arthur spędził tak dużo czasu nad uzasadnianiem wiarygodności tych zdjęć, że ani razu nie zadał sobie oczywistego pytania: dlaczego podczas całego śledztwa w sprawie odbitek nikt się nie zastanowił, czy same wróżki nie mogły być wytworzone ręcznie? Możemy z łatwością przystać na to, że dziewczynki w wieku dziesięciu i szesnastu lat nie mogły najprawdopodobniej sfabrykować zdjęć, które by wyprowadziły w pole ekspertów, ale co z możliwością sfabrykowania wróżek? Przyjrzyjmy się zdjęciom z poprzedniej strony. Z perspektywy czasu wydaje nam się oczywiste, że te figurki nie są prawdziwe. Czy te wróżki wyglądają jak żywe? Czy raczej przypominają papierowe wycinanki, tyle że wykonane z dużą wprawą? Dlaczego tak różnią się kontrastem? Dlaczego ich skrzydełka się nie poruszają? Dlaczego nikt nie został z dziewczynkami, by naocznie się przekonać o istnieniu wróżek?

Conan Doyle powinien był trochę więcej poszperać, jeśli chodzi o nasze młode panny. Gdyby to zrobił, zapewne od razu by odkrył, że Elsie była utalentowana plastycznie, ponadto pracowała wcześniej w atelier fotograficznym. Mógłby również trafić na wydaną w roku 1915 książkę, której ilustracje wykazywały zadziwiające podobieństwo do postaci wróżek sfotografowanych przez dziewczynki.

Holmes z całą pewnością nie dałby się tak łatwo zwieść zdjęciom z Cottingley. Czy wróżki mogły mieć swoich ludzkich przedstawicieli, którzy pomogli im znaleźć się przed obiektywem i dostąpić, by tak rzec, wymiaru istnienia? Byłoby to jego pierwsze pytanie. To, co nieprawdopodobne, nie musi być niemożliwe – lecz na swoje potwierdzenie wymaga dowodów odpowiedniego kalibru. I tego właśnie, bez wątpienia, nie dostarczył sir Arthur Conan Doyle. Dlaczego? Jak się wkrótce przekonamy, jeśli naprawdę w coś chcemy wierzyć, zaczynamy być o wiele mniej sceptyczni i dociekliwi, sprawdzając jakość dowodów ze znacznie większą wyrozumiałością, niż moglibyśmy sobie na to pozwolić wobec sprawy, w którą nie wierzymy. Innymi słowy, nie żądamy w takich przypadkach solidnego i starannie zebranego ciężaru dowodowego. Dla Conan Doyle'a istnienie wróżek było właśnie takim przypadkiem.

To, co nieprawdopodobne, nie musi być niemożliwe – lecz na swoje potwierdzenie wymaga dowodów odpowiedniego kalibru

Kiedy podejmujemy decyzję, robimy to w kontekście wiedzy dostępnej nam w danej chwili, nie zaś z perspektywy wiedzy późniejszej. A w takim kontekście naprawdę trudno zrównoważyć niezbędną otwartość umysłu tym, co jest uznawane za racjonalne w czasach, w których żyjemy.

Nas też mogą ogłupić wierzenia zakładające istnienie wróżek – lub jakiś ich odpowiednik. Pomyślmy o tym, nim zechcemy osądzać szaleństwo Conan Doyle'a.

Więźniowie własnej wiedzy i motywacji

Zamknij oczy i wyobraź sobie tygrysa. Leży na zielonej trawie i wygrzewa się w słońcu. Wylizuje sobie pazury. Z leniwym ziewnięciem odwraca łeb do tyłu. Słyszy dochodzący z boku szmer. To mógł być tylko wiatr, ale tygrys się spina. W jednej chwili zaczyna się skradać z wygiętym w łuk grzbietem i łbem wtulonym między barki.

Czy widzisz go, widzisz? Jak wygląda? Jaki kolor ma jego futro? Czy jest pręgowany? Jakiego koloru są pręgi? A oczy? Pysk (czy ma wąsy)? Faktura sierści? Czy widziałeś kły, kiedy otwierał pysk?

Jeśli należysz do większości, twój tygrys był koloru mniej więcej pomarańczowego, z czarnymi pręgami na pysku i po bokach. Może pamiętałeś o umiejscowieniu charakterystycznych białych plamek na jego pysku, brzuchu, czubkach pazurów i u nasady szyi. Jeżeli nie pamiętałeś, to twój tygrys wyszedł bardziej monochromatycznie niż u innych. Może oczy twojego tygrysa były czarne. A może niebieskie. Oba kolory są możliwe. Może widziałeś jego obnażone zęby. A może nie.

Ale jeden element będzie wspólny u każdego z was: z całą pewnością tygrys musiał mieć kolor pomarańczowordzawy, odcień sytuujący się gdzieś pomiędzy ogniem a melasą. Przypuszczalnie nie był to rzadki tygrys biały, stworzenie w rodzaju albinosa, którego biała sierść jest wynikiem działania podwójnego genu recesywnego, który, jak oszacowali specjaliści, zdarza się niezmiernie rzadko, mniej więcej jeden przypadek na dziesięć tysięcy urodzonych na wolności tygrysów.

Nie mógł to też raczej być tygrys czarny, znany również pod nazwą tygrysa melanistycznego. Takie szczególne ubarwienie futra – bez pręg, bez odcieni, po prostu całkowicie czarne futro – jest efektem polimorfizmu wynikającego z mutacji bez genu agouti (w procesie ubarwiania każdego włosa ów gen jest odpowiedzialny za pręgowany rysunek sierści).

Te dwa rodzaje tygrysa nie są często spotykane. Nie wyglądają też na typowego tygrysa, jakiego to słowo przywodzi nam na myśl. Choć wraz z pierwszym tu opisanym należą do tego samego gatunku, *panthera tigris*.

A teraz zamknij oczy i wyobraź sobie ośmiornicę naśladującą (*thaumoctopus mimicus*). Przyczaiła się na dnie oceanu, nieopodal rafy. Woda ma kolor zamglonego błękitu. W pobliżu przepływa ławica ryb…

Zbiłam cię z tropu? Śpieszę z pomocą. Ośmiornica ta ma około 60 centymetrów długości, ma brązowo-białe paski lub jest plamiasta, chyba że akurat wygląda inaczej. Otóż ośmiornica naśladująca potrafi się upodobnić do ponad piętnastu różnych morskich stworzeń. Może więc wyglądać jak meduza z „Lwiej grzywy", która zebrała obfite żniwo ofiar pod nosem skonsternowanego Holmesa. Może też przybrać kształt pasiastego węża morskiego, przypominającej liść soli lub czegoś w rodzaju owłosionego indyka na ludzkich nogach. Może zmieniać kolor, rozmiar i geometrię ciała dosłownie w jednej chwili. Innymi słowy, prawie nie sposób jej sobie wyobrazić pod jedną postacią. Jest wieloma zwierzętami naraz, żadnym, które można by uchwycić pojedynczo.

A teraz mam ci jeszcze coś do powiedzenia. Jedno ze zwierząt, które opisałam w ostatnich akapitach, w rzeczywistości nie istnieje. Być może pewnego dnia się okaże, że je odkryto, ale na razie należy do legend. Jak myślisz, które z nich? Pomarańczowy tygrys? Biały? Czarny? Ośmiornica naśladująca?

To czarny tygrys. Mimo że z punktu widzenia genetyki jego opis brzmi całkiem wiarygodnie – i wszystko, co wiemy o tygrysich modelach dziedziczenia i o genomie gatunku, potwierdza możliwość jego występowania – to melanistycznego tygrysa nikt nigdy nie widział. Owszem, były pewne insynuacje. Widziano pseudomelanistyczne sztuki o pręgach tak szerokich i położonych tak blisko siebie, że można było je uznać za oznakę melanizmu. Spotykano też brązowe tygrysy o czarnych pręgach. I spotykano czarne tygrysy, które koniec końców okazywały się czarnymi lampartami – to najczęstsze źródło nieporozumień. Nigdy jednak nie odnaleziono czarnego tygrysa. Nikt nie potwierdził zweryfikowanego przypadku jego istnienia. Nigdy.

A jednak prawdopodobnie nie mieliście wielkich kłopotów z uwierzeniem w jego istnienie. Ludzie zresztą od wieków chcieliby, żeby istniał. Ta czarna bestia występuje w wietnamskiej legendzie; wielokrotnie składano ją w darze; prezent tego rodzaju dostał nawet Napoleon od króla Jawy (niestety, był to właśnie lampart). Czarne tygrysy wydają się mieć sens. Pasują do ogólnego wyobrażenia zwierząt, które powinny według nas być prawdziwe.

Zresztą, dlaczego nie?

Natomiast ośmiornica naśladująca rzeczywiście jeszcze do niedawna występowała wyłącznie w legendach. Została odkryta dopiero w 1998 roku przez grupę rybaków u wybrzeży Indonezji. Doniesienia były tak dziwne i tak niewiarygodne, że trzeba było wielogodzinnego materiału filmowego, by przekonać sceptycznych naukowców o istnieniu tego stworzenia. Bo przecież chociaż mimikra w świecie zwierząt nie należy do rzadkości, to nigdy jeszcze żaden gatunek nie przybierał postaci tak wielu innych. I nigdy żadna ośmiornica nie upodabniała się do innego zwierzęcia.

Chodzi mi o to, jak niezwykle łatwo można dać się ogłupić pozornie naukowym kontekstem i uwierzyć w realność czegoś, co nie istnieje. Im więcej podaje się nam danych, im więcej widzimy szczegółów, im więcej czytamy naukowo brzmiących terminów, jak „melanizm" zastępujący określenie „cały czarny", „agouti" zastępujące „pasiasty", „mutacja", „polimorfizm", „genetyka" i tego typu słów spiętrzonych jedno na drugim – tym bardziej będziemy skłonni uwierzyć, że opisane zjawisko jest prawdziwe. I odwrotnie, kiedy coś brzmi niewiarygodnie, jak nie z tego świata, niezgodnie z naszą dotychczasową wiedzą, jeśli nigdy wcześniej tego nie widzieliśmy ani nie przewidywaliśmy, że możemy zobaczyć, to z nadzwyczajną łatwością uznamy rzecz za nieprawdziwą.

Wyobraź sobie przez chwilę, że na zdjęciach z Cottingley widniałyby dziewczynki z nigdy do tej pory niewidzianymi owadami. Albo gdyby na przykład trzymały w ręku stworzenie ze zdjęcia poniżej.

1

Miniaturowy smok, ni mniej, ni więcej.
(Tak naprawdę to *draco sumatranus*, latająca jaszczurka zamieszkująca Indonezję – czy ktokolwiek w czasach Conan Doyle'a mógł to wiedzieć?). Albo coś takiego (poniżej fot. 2).

2

Wytwór ponurej wyobraźni, może wymysł autora opowieści niesamowitych...(fot. 2) Ale prawdziwe zwierzę? (W rzeczywistości jest to kret gwiazdonos, *condylura cristata*, odkryty we wschodniej

Kanadzie. Powszechnie niezbyt znany nawet w czasach przedinternetowych, co dopiero mówić o erze wiktoriańskiej).

To może dotyczyć wielu gatunków zwierząt, które wyglądały na bardzo osobliwe jeszcze kilka dekad temu, albo takich, które nawet dzisiaj wydają nam się nie z tego świata. Czy wymagałyby podobnego ciężaru dowodowego? Czy brak ewidentnego fotomontażu na zdjęciach wystarczyłby do uznania ich realności?

To, w co wierzymy – lub z drugiej strony – ciężar dowodowy wymagany do uznania, że coś jest faktem – podlega nieustannej fluktuacji. Nasze wierzenia niekoniecznie należą do informacji zgromadzonych na poddaszu, nie są też czystymi obserwacjami, a jednak zabarwiają każdy krok w podejmowanych przez nas procesach rozwiązywania problemów. To, co uważamy za możliwe czy wiarygodne, leży u podstaw założeń, z jakimi podchodzimy do formułowania pytań i dociekania odpowiedzi.

Jak się wkrótce przekonamy, Conan Doyle miał skłonność do wiary w możliwość istnienia wróżek. Chciał, aby były prawdziwe. Ze skłonności tej z kolei zrodziła się intuicja w sprawie zdjęć z Cottingley, a ta miała podstawowe znaczenie dla jego nieumiejętności poradzenia sobie z nimi, jakkolwiek wydawało mu się, że postępuje w sposób nader rygorystyczny w ustalaniu ich wiarygodności. Intuicja wpływa na naszą interpretację danych. Niektóre sprawy „wydają się" bardziej wiarygodne od innych, a z drugiej strony są takie, które „nie mają żadnego sensu", niezależnie od tego, jak wiele jest dowodów na potwierdzenie ich sensowności. Mamy tu do czynienia z efektem konfirmacji (i wieloma innymi błędami, jak: złudzenie trafności i zrozumienia, prawo małych liczb, reprezentatywność, zjawisko zakotwiczenia – wszystko to w jednym).

Intuicja wpływa na naszą interpretację danych

Psycholog Jonathan Haidt podsumowuje ten dylemat w swojej książce „Prawy umysł" w taki oto sposób: „Jesteśmy beznadziejni, jeśli chodzi o poszukiwanie dowodów podważających to, w co wierzymy, ale za to inni świetnie nas w tym wyręczają. W analogiczny sposób dobrze sobie radzimy z odnajdywaniem błędów w wierzeniach innych ludzi". Dla większości z nas nie przedstawia żadnej trudności dostrzeżenie licznych mankamentów wiary we wróżki, bo nie jesteśmy związani emocjonalnie z ich potencjalnym istnieniem. Ale czy będzie to równie proste, gdy w grę będzie wchodziła sprawa dotykająca nas osobiście, angażująca naszą reputację?

Łatwo jest nam przekonywać nasze umysły, że coś jest prawdziwe, i równie łatwo przekonywać je, że nie jest. Wszystko zależy od motywacji. Mimo wszystko jednak możemy sobie pomyśleć, że wróżki to nie to samo co naśladująca ośmiornica, choćby nie wiem jak trudno było sobie takie stworzenie wyobrazić. Przecież wiemy, że ośmiornice istnieją. Wiemy też, że codziennie odkrywane są nowe gatunki zwierząt, i wiemy, że niektóre z nich wyglądają dziwacznie. W przeciwieństwie do nich wróżki są wyzwaniem dla każdego racjonalnego poglądu na funkcjonowanie świata. I tu właśnie wkracza siła kontekstu.

Lekkomyślność umysłu?

Conan Doyle nie wykazał się całkowitą lekkomyślnością w poświadczaniu wiarygodności zdjęć z Cottingley. Owszem, nie zgromadził wystarczająco wielu dowodów, czego bez wątpienia zażądałby od swojego detektywa. (Warto pamiętać, że nie był niezgułą w tego typu sprawach. Jego skuteczne działania przyczyniły się do oczyszczenia z winy oskarżonych o morderstwo George'a Edaljiego i Oscara Slatera). Poprosił o dokonanie ekspertyzy najlepszych specjalistów, jakich znał. Starał się również ponowić próbę (w pewnym sensie). Czy tak trudno było uwierzyć, że dziewczynki w wieku dziesięciu i szesnastu lat nie byłyby w stanie zastosować technicznych środków niezbędnych do sporządzenia fotomontażu?

Jeśli spróbujemy spojrzeć na te fotografie z tej samej perspektywy, z jakiej widział je on i jemu współcześni, pomoże to nam w zrozumieniu motywacji Conan Doyle'a. Pamiętajmy, że działo się to na długo przed epoką aparatów cyfrowych, fotoshopa i możliwości montowania w nieskończoność, kiedy każdy może stworzyć wszystko, co tylko sobie wyobrazi, i to w sposób o wiele bardziej przekonujący, niż wykonano wróżki z Cottingley. Fotografia była w tamtych czasach stosunkowo młodą dziedziną sztuki. Pochłaniała wiele pracy i czasu oraz stanowiła wielkie wyzwanie techniczne. Kiedy oglądamy te zdjęcia dzisiaj, widzimy je zupełnie innymi oczami niż ludzie w roku 1920. Mamy inne standardy. Wychowywaliśmy się na zupełnie innym rozumieniu fotografii. W tamtych czasach zdjęcie uważane było za dowód najwyższej miary, bo bardzo trudno było je wykonać, a tym bardziej potem przerobić. Jest niemal niemożliwością zajrzeć w przeszłość i uświadomić sobie, jak bardzo świat od tego czasu się zmienił, jak inaczej dziś wygląda.

Mimo wszystko wróżki z Cottingley mają jedną wielką słabość, która kładzie się cieniem na reputacji Conan Doyle'a. Nie mogą istnieć i nie istnieją. Jest tak, jak napisał pracownik Kodaka w ekspertyzie dla sir Arthura: dowody nie mają znaczenia, jakiekolwiek by były. Wróżki są wytworami wyobraźni i nie należą do rzeczywistego świata. Koniec, kropka.

Nasz własny pogląd na to, co jest rzeczywiste, wpływa na to, jak odbieramy ten sam dowód w miarę upływu czasu. Bo pogląd ten zmienia się z czasem. Dlatego dowód, który kiedyś wydawał się nie mieć znaczenia, może w pewnym momencie nabrać wielkiej wagi. Pomyślcie, jak wiele idei po raz pierwszy objawionych światu ludzie uważali za tak cudaczne, że trudno było uwierzyć w ich prawdziwość: że Ziemia jest okrągła, że kręci się wokół Słońca, że wszechświat zbudowany jest z czegoś, czego nie widać, ciemnej materii i energii. Nie zapominajmy też, że cała ta magia działa się nadal w okresie, kiedy Conan Doyle dorastał: wynaleziono promienie Roentgena, odkryto drobnoustroje, mikroby, promieniowanie, wszystko to, co wcześniej było niewidzialne, a więc uznawane za nieistniejące, nagle się pojawiło, stało się widoczne. Rzeczy niewidzialne, których istnienia nikt nie podejrzewał, jak najbardziej istniały.

Biorąc więc pod uwagę taki kontekst, czy powinniśmy się dziwić, że Arthur Conan Doyle został spirytualistą? Kiedy oficjalnie dołączył do ruchu spirytualistycznego w 1918 r., nie był odosobniony w swojej wierze czy, jakby sam to określił, wiedzy. Spirytualizm, choć nigdy nie należał do głównego nurtu myślowego, miał prominentnych zwolenników po obu stronach oceanu[19]. Na przykład William James uważał za istotne dla rozwoju psychologii przetestowanie możliwości tkwiących w badaniach parapsychologicznych. Pisał: „Jak do tej pory w celach naukowych została zaledwie zadraśnięta powierzchnia zjawisk zwanych parapsychologią. Jestem przekonany, że największe naukowe podboje nadchodzących pokoleń będą możliwe dzięki podążaniu za tymi zjawiskami". Parapsychologia będzie przyszłością nauki, sądził. Wytyczała drogę nie tylko przed psychologią, ale i przed wszystkimi naukowymi osiągnięciami.

Tyle człowiek, który jest uważany za ojca współczesnej psychologii. Nie wspominając już o innych nazwiskach zasilających wówczas szeregi społeczności spirytualistycznej. William B. Carpenter, fizjolog i przedstawiciel anatomii komparatystycznej, autor wpływowych prac z dziedziny neurologii komparatystycznej; znany astronom i matematyk Simon Newcomb; naturalista Alfred Russel Wallace,

[19] Tym, którzy interesują się historią spirytualizmu, polecam „Prawo do wiary" Williama Jamesa. W „The Righteous Mind: Why Good People Are Divided by Politics and Religion" (wyd. pol.: „Prawy umysł. Dlaczego dobrych ludzi dzieli religia i polityka", wyd. Smak Słowa, Sopot 2012) Jonathan Haidt opisuje, jaką trudność sprawiają nam wyzwania podważające nasze przekonania.

który równolegle z Darwinem zaprezentował teorię ewolucji; chemik i fizyk William Crookes, odkrywca nowych pierwiastków i nowych metod ich badania; fizyk Oliver Lodge, który był bliski wynalezienia telegrafu bezprzewodowego; psycholog Gustav Theodor Fechner, twórca psychofizyki, jednej z najbardziej ścisłych dziedzin psychologii; fizjolog Charles Richet, który otrzymał Nagrodę Nobla za opracowanie anafilaksji. A to nie koniec listy.

Czy dzisiaj wiele się zmieniło? W Stanach Zjednoczonych, według obliczeń z 2004 roku, 78 procent ludzi wierzy w anioły. Jeśli zaś chodzi o rejony bliskie samemu spirytualizmowi, to przyjrzyjmy się następującym danym. W 2011 roku Daryl Bem, jeden z najwybitniejszych luminarzy nowoczesnej psychologii, który zdobył rozgłos teorią o tym, że postrzegamy własne i innych stany mentalne i emocjonalne na podstawie oznak fizycznych, opublikował pracę w „Journal of Personality and Social Psychology", jednym z najbardziej prestiżowych i wpływowych pism branżowych. Tematem był dowód na istnienie percepcji pozazmysłowej (ESP, *extrasensory perception*). Ludzie, jak utrzymuje Bem, potrafią widzieć przyszłość.

W jednym z eksperymentów studentom Cornell University pokazano dwa zasłonięte ekrany. Mieli odgadnąć, za którą z zasłon ukryty jest obraz. Po dokonaniu przez nich wyboru, badacz odsłaniał zasłonę z obrazem.

Moglibyśmy (całkiem słusznie) zainteresować się, po co pokazywać obraz już po podjęciu przez uczestników decyzji? Bem wyjaśnia, że jeśli jesteśmy zdolni zobaczyć choćby kawałeczek przyszłości, to będziemy mogli, działając wstecz, wykorzystać tę informację do ponadprzeciętnych przewidywań w czasie teraźniejszym.

Ale to jeszcze nie wszystko. W eksperymencie użyto dwóch rodzajów zdjęć – neutralnych i erotycznych. Wedle oceny Bema powinniśmy być lepsi w odgadywaniu przyszłości, jeśli – że tak to ujmę – warta jest zobaczenia... Jeśli więc miał rację, w przypadku pikantnych zdjęć powinno być ponad pięćdziesiąt procent odgadnięć.

I oto proszę: wskaźnik odgadniętych zdjęć erotycznych wahał się w granicach 53 procent! Pozazmysłowa percepcja istnieje! Radujmy się wszyscy! Albo gdyby posłużyć się bardziej wyważonymi słowami psychologa Jonathana Schoolera (jeden z recenzentów artykułu Bema): „Mam głębokie przekonanie, że tego typu odkrycie szanowanego, rzetelnego badacza zasługuje na publiczne nagłośnienie". Pozostawienie za sobą w tyle krainy wróżek i spirytualizmu może być trudniejsze, niż myśleliśmy. Jest to szczególnie trudne, kiedy mamy do czynienia z czymś, w co chcemy wierzyć.

Po opublikowaniu pracy Bema podniósł się taki sam lament nad „kryzysem w psychologii" jak ponad sto lat temu, kiedy William James został spirytualistą. W istocie praca Bema została tak określona ze względu na okoliczność, która towarzyszy opisywanemu w niej badaniu – to rzadki przykład artykułu pojawiającego się równocześnie z aktem jego obalenia. Czy „Journal of Personality" mógł przewidzieć przyszłość i powstrzymać się z kontrowersyjną decyzją opublikowania tego tekstu?

Niewiele się więc zmieniło. Tyle że dzisiaj nie nazywamy tego spirytualizmem, tylko raczej parapsychologią i ESP. (Z drugiej strony bardzo wiele osób nie chce uwierzyć w wyniki słynnego eksperymentu posłuszeństwa wobec władzy Stanleya Milgrama, wykazującego, że przytłaczająca większość ludzi godzi się, mając takie polecenie, na rażenie innych śmiertelną dawką prądu z pełną świadomością tego, co robi). Trudno zapanować nad naszymi instynktami niezależnie od kierunku, w jakim podążają. Bo wymaga to od nas refleksyjnego wysiłku woli.

Trudno zapanować nad naszymi instynktami niezależnie od kierunku, w jakim podążają. Bo wymaga to od nas refleksyjnego wysiłku woli

Nasze intuicje są kształtowane przez kontekst, a kontekst pochodzi ze świata, w którym żyjemy. Bywa tak, że zakłada nam on klapki na oczy, jest naszym martwym punktem, jak to się stało w przypadku Conan Doyle'a i jego wróżek. Jednak za pomocą refleksyjności możemy dążyć do odnalezienia równowagi między kontrolowaniem intuicji przez fakty a stale obecną otwartością umysłu. Wówczas możemy dokonywać najwłaściwszych sądów na podstawie informacji, jakie mamy. Ale i ze zrozumieniem, że czas może odmienić kształt i barwę tych informacji.

Czy możemy więc winić Arthura Conan Doyle'a za jego przywiązanie do opowieści o wróżkach? Na tle wiktoriańskiej Anglii, gdzie wróżki zamieszkiwały karty wszystkich niemal książek dla dzieci (z „Piotrusiem Panem", który został napisany przez dobrego znajomego sir Arthura, J.M. Barriego, włącznie), gdzie fizycy i psycholodzy, chemicy i astronomowie przyznawali gorliwie, że coś w tym musi być – czy tak daleko od nich odstawał? Był w końcu tylko człowiekiem, jak my.

Nigdy nie dowiemy się wszystkiego. Jedyne, co możemy zrobić, to pamiętać o zasadach Holmesa i regularnie je stosować. Pamiętać też, że jedną z nich jest otwartość umysłu – stąd nasza maksyma (bądź aksjomat, jak to nazywa Holmes w tym określonym przypadku w „Planach łodzi Bruce-Partington"): „Gdy wszystkie inne możliwości zawiodą, to ta z nich, która pozostaje, musi być prawdziwa, jakkolwiek byłaby nieprawdopodobna".

Ale jak to wygląda w praktyce? Jak wykorzystać teoretyczne rozumienie potrzeby wcielania w życie równowagi i otwartości umysłu. Jak się znaleźć w sytuacji, kiedy nie ma czasu na rozważanie sądów, luksusu, który mamy podczas czytania? Trzeba się cofnąć do początków, do kultywowanego przez nas nawykowego nastawienia umysłu. Do struktury, którą bez względu na wszystko staramy się utrzymać na naszym poddaszu mózgu.

Gdy wszystkie inne możliwości zawiodą, to ta z nich, która pozostaje, musi być prawdziwa, jakkolwiek byłaby nieprawdopodobna

Myśleć jak myśliwy

Sherlock Holmes najczęściej portretowany jest jako myśliwy, zawsze gotowy do skoku na kolejną ofiarę drapieżnik, choćby mogło się wydawać, że wypoczywa spokojnie rozłożony w cieniu. Jest jak czujny strzelec wyborowy baczny na najmniejszy nawet ruch, choćby siedział rozparty ze strzelbą na kolanach podczas popołudniowej sjesty.

Oto, jak Watson opisuje swojego przyjaciela w opowiadaniu „Czarcia stopa":

„(...) w Holmesie nastąpiła gwałtowna zmiana: flegmatyczna powierzchowność przeobraziła się w rozgrzaną do białości energię. W jednej chwili stał się spięty i czujny, w oczach pojawił się błysk, twarz stężała, a mięśnie rąk się naprężyły w oczekiwaniu na fizyczny wysiłek. (...) przeszedł do sypialni niczym wyżeł w pogoni za zwierzyną".

Doprawdy, świetny portret. Niemarnowana bez potrzeby energia, nieprzerwanie, nawykowo czujny stan, który pozwala w każdej chwili zmobilizować się do działania – czy to jest myśliwy, który dostrzegł lwa, czy lew, który dostrzegł gazelę, czy wyżeł, który zwęszył w pobliżu lisa, szykując swoje ciało do pogoni. Właściwości myślenia, które uosabia Sherlock Holmes, łączą się w metaforze myśliwego, przybierając spójny elegancki kształt. Hołdując takiemu nastawieniu umysłu, wraz ze wszystkimi jego zasadami, zbliżamy się o krok do umiejętności przekuwania teorii w praktykę. W umyśle myśliwego streszcza się cała zawartość holmesowskiego myślenia, które bez regularnego praktykowania takiego nastawienia będzie nam się wymykać spod kontroli.

Uwaga, która czuwa wiecznie

To, że jest się myśliwym, nie znaczy, że cały czas się poluje. To znaczy, że zawsze kiedy pozwalają na to okoliczności, pozostaje się na baczności i nie trwoni przy tym niepotrzebnie energii. Że jest się nastrojonym na odbieranie godnych uwagi sygnałów, ze świadomością pojawiania się takich, które należy zignorować. Jak wie każdy dobry myśliwy, musimy oszczędzać wszystkie rezerwy na nadejście tych najważniejszych momentów.

Stan letargu u Holmesa – ta „flegmatyczna powierzchowność", którą inni mogą odebrać jako przejaw melancholii, depresji czy też czystego lenistwa – jest wykalkulowany. Nie ma w nim nic z prawdziwego letargu. W tych sprawiających mylne wrażenie okresach braku działania jego energia kumuluje się na mózgowym poddaszu, krąży, rozgląda się po kątach, nabiera siły, aby stanąć na baczność w momencie otrzymania wezwania. Czasami detektyw nawet odmawia jedzenia, żeby krew nie odpływała mu z głowy. „Z pustym brzuchem moje umiejętności się doskonalą" – mówi Holmes do Watsona w „Klejnocie z kolekcji kardynała Mazariniego". „Cóż, drogi Watsonie, jako lekarz na pewno przyznasz mi rację, że krew, wykorzystywana przez organizm w procesie trawienia, nie dociera już do mózgu. A przecież ja jestem mózgiem, Watsonie. Reszta mnie jest tylko dodatkiem. Muszę się skoncentrować na myśleniu".

Nigdy nie zapominajmy, że nasza uwaga – a szerzej, nasze zdolności poznawcze – pochodzi ze źródełka, które może wyschnąć, jeśli nie będzie odpowiednio pielęgnowane i zasilane. Dlatego powinniśmy wykorzystywać zasoby naszej uwagi w bardzo rozważny i wybiórczy sposób. Bądźmy gotowi do skoku, kiedy na horyzoncie pojawia się tygrys, naprężajmy mięśnie, kiedy powiew wiatru przyniesie zapach lisa – ten sam powiew, który nozdrzom mniej uważnym kojarzyć się będzie tylko z wiosną i zapachem kwiatów. Trzeba wiedzieć, kiedy się zaangażować i kiedy wycofać z działania oraz kiedy coś jest zupełnie niewarte zachodu.

Bądźmy gotowi do skoku, kiedy na horyzoncie pojawia się tygrys, naprężajmy mięśnie, kiedy powiew wiatru przyniesie zapach lisa

Tak jak każe otoczenie

Myśliwy wie, na co poluje, dlatego zmienia podejście stosownie do swego celu. Nie upolujesz lisa, stosując metody polowania na tygrysa, nie ustrzelisz kuropatwy, tropiąc ją jak jelenia. O ile nie zadowalasz się przez cały czas polowaniem na jeden rodzaj zwierzyny, musisz się nauczyć dostosowywać swoje zachowania do okoliczności: odpowiednio zmieniać broń, sposób postępowania i postawę w zależności od tego, co ci dyktuje określona sytuacja.

Jak dla myśliwego końcem rozgrywki jest zabicie ofiary, tak celem Holmesa jest zdobycie informacji, które doprowadzą go do podejrzanego. Zwróćmy uwagę, jak Holmes zmienia swoje podejście w zależności od osoby, z którą ma do czynienia, szczególnego rodzaju „ofiary", którą właśnie dopada. Najpierw ustala, co to za człowiek, a potem stosownie wobec niego postępuje.

W „Błękitnym rubinie" Watson nie może się nadziwić, jak Holmes mógł zdobyć informację, która jeszcze minutę wcześniej wydawała się nie do zdobycia. Holmes tłumaczy mu, jak to było możliwe: „Kiedy widzisz mężczyznę z tak przyciętymi bokobrodami i tanią gazetą sportową wystającą z kieszeni, możesz być pewny, że zwabisz go zakładem – wyjaśnił. – Śmiem twierdzić, że nawet gdybym położył przed nim sto funtów, nie podałby mi tak dokładnych informacji jak te, które udało mi się z niego wyciągnąć wtedy, kiedy cieszył się z niechybnej wygranej".

Porównajmy tę taktykę z inną, którą zastosował w „Znaku czterech", kiedy potrzebował poznać szczegóły związane z parostatkiem „Aurora". „Główną rzeczą, kiedy masz do czynienia z tego rodzaju ludźmi – mówi do Watsona – jest to, by nigdy nie pozwolić im myśleć, że informacje, jakich ci udzielają, mogą mieć dla ciebie choćby najmniejsze znaczenie. Gdy tylko to wyczują, natychmiast zamykają się w sobie niczym ostryga. Jeśli jednak po prostu ich słuchasz, tak jakby od niechcenia, wówczas najprawdopodobniej dostaniesz to, czego potrzebujesz".

Nie przekupisz kogoś, kto jest ponad to. Ale możesz go podejść zakładem, o ile widać po nim skłonności do hazardu. Nie warto wyciągać słowo po słowie z człowieka, który nie lubi z nikim dzielić się informacjami. Ale można dać mu sobie pogadać i jeżeli się odkryje, że lubi ploteczki, udać, że chętnie się ich wysłuchuje. Każdy człowiek jest inny, każda sytuacja wymaga specyficznego podejścia. Tylko lekkomyślny myśliwy idzie polować na tygrysy z bronią, z której zazwyczaj strzela do bażantów. Nie ma czegoś takiego jak jeden rozmiar pasujący do wszystkich. Skoro już mamy narzędzia, skoro się ich dorobiliśmy, powinniśmy umiejętnie sprawować nad nimi władzę i nie używać młotka, kiedy potrzebne jest tylko lekkie stuknięcie. Czasami przydatne są metody prostolinijne, a czasami musimy zastosować mniej ortodoksyjne sposoby. Myśliwy wie, jak je rozróżniać i jak stosować.

Sztuka adaptacji

Myśliwy zaadaptuje się do nowych uwarunkowań, nawet kiedy przybiorą niespodziewany obrót. Gdybyśmy na przykład wybrali się na kaczki, a zauważylibyśmy po drodze jelenia w pobliskiej gęstwinie? Niektórzy powiedzą: „Nie, dziękuję", ale inni przyjmą wyzwanie, wykorzystując szansę upolowania bardziej wartościowego, by tak rzec, łupu.

Przypomnijmy sobie „Abbey Grange", kiedy Holmes w ostatniej chwili postanawia nie przekazywać podejrzanego w ręce Scotland Yardu. „Nie, nie mogłem tego zrobić, Watsonie" – mówi do doktora. „Gdyby wydano nakaz, nie byłoby dla niego ratunku. Mam wrażenie, że kilka razy w trakcie mojej kariery poczyniłem większą szkodę, wykrywając sprawcę, niż on, popełniając przestępstwo. Jestem teraz ostrożny, wolę się zmagać z angielskim prawem, a nie z własnym sumieniem. Zanim zaczniemy działać, musimy się dowiedzieć nieco więcej".

Nie musimy bezmyślnie podążać zaplanowanym szlakiem działań tylko dlatego, że tak sobie wcześniej postanowiliśmy. Trzeba zmieniać swoje podejście wraz ze zmianą okoliczności. Trzeba najpierw pomyśleć, zanim się przystąpi do działania czy osądzania innych. Wszyscy popełniamy błędy, ale niektóre z nich niekoniecznie muszą być błędami, biorąc pod uwagę kontekst czasu i sytuacji. (W końcu nie dokonywalibyśmy wyboru, gdybyśmy wówczas nie uważali go za słuszny).

Skoro więc, mimo zachodzących zmian, decydujemy się trzymać wytyczonej wcześniej ścieżki, to przynajmniej tę tak zwaną nieoptymalną trasę wybierzemy świadomie i z pełną wiedzą, dlaczego postępujemy tak, a nie inaczej. I musimy się nauczyć, by zawsze, zanim zaczniemy działać, dowiedzieć się nieco więcej. Jak to ujmuje William James: „Każdy z nas, czy to naukowiec, czy nienaukowiec, stoi na własnej pochyłości dawania czemuś wiary. U jednego pochyłość przechyla się w jednym kierunku, u drugiego w innym. Niech pierwszy rzuci kamieniem, u którego nie przechyla się w żadną stronę!".

Każdy z nas, czy to naukowiec, czy nienaukowiec, stoi na własnej pochyłości dawania czemuś wiary

Twoje miękkie podbrzusze

Myśliwy zna swoje słabe punkty. Jeśli ma piętę achillesową, prosi kogoś o osłanianie tego miejsca lub upewnia się, że go nie eksponuje, o ile pomoc nie jest w danym momencie dostępna. Jeżeli niecelnie strzela, to również zdaje sobie z tego sprawę. Jakakolwiek jest to słabość, musi ją uwzględniać, jeśli chce, by polowanie zakończyło się sukcesem.

W „Zniknięciu lady Frances Carfax" Holmes uświadamia sobie, co się stało z tytułową lady dopiero wówczas, gdy jest już niemal za późno, by ją uratować. „Czy będziesz chciał dodać tę sprawę do swoich kronik, mój drogi Watsonie? – pyta detektyw, kiedy już wrócili do domu po stoczonej z czasem walce, którą wygrał zaledwie o krótkie sekundy. – Może ona ci posłużyć za przykład chwilowego zaćmienia, które przytrafia się nawet najsprawniej funkcjonującemu umysłowi. Takie pomyłki zdarzają się wszystkim śmiertelnikom i chwała tym, którzy potrafią je zauważyć i naprawić. Być może mógłbym się do nich zaliczyć".

Myśliwy musi najpierw popełnić błąd, aby uświadomić sobie przyczynę swojej słabości. Różnica między myśliwym odnoszącym sukcesy a takim, który ich nie ma, nie polega na braku błędów u tego pierwszego. Różnica polega na rozpoznaniu przez niego błędu i umiejętności wystrzegania się go w przyszłości dzięki wyciągnięciu odpowiednich wniosków. Powinniśmy rozpoznawać własne ograniczenia, aby nauczyć się je przezwyciężać, powinniśmy wiedzieć, że jesteśmy omylni i omylność, którą bez trudu zauważamy u innych, rozpoznawać również we własnym myśleniu i działaniu. Jeśli tego nie opanujemy, będziemy skazani na wieczną wiarę we wróżki – albo na wieczną niewiarę.

Pielęgnuj swój spokój

Myśliwy wie, kiedy uspokoić umysł. Jeśli pozwoli sobie na odbieranie wszystkich bodźców, które go atakują, obciąży zbytnio zmysły, a te utracą przez to swoją ostrość. Utracą zdolność koncentrowania się na istotnych sygnałach i odsiewania tych mniej ważnych. Dla zachowania tego typu czujności chwile samotności są kluczowe.

Watson przedstawia to w zwięzłej formie w „Psie Baskerville'ów", kiedy zostaje poproszony przez Holmesa, by go zostawił samego. Nie skarży się. „Wiedziałem, że odosobnienie i samotność są absolutnie niezbędne mojemu przyjacielowi w tym czasie intensywnej koncentracji, gdy dokładnie ważył wszystkie dowody, tworzył alternatywne teorie, porównywał je ze sobą i decydował, które elementy są najistotniejsze, a które wcale" – pisze.

Świat to miejsce rozpraszające uwagę. Nigdy się nie uspokoi na nasze żądanie ani z własnej woli nie zostawi nas samych. Myśliwy musi na własną rękę szukać odosobnienia i samotności, wyciszenia umysłu, swojej przestrzeni, w obrębie której będzie mógł przemyśleć taktykę, podejście, przeanalizować przeszłe działania i przyszłe plany. Niewielkie są nadzieje na sukces w polowaniu bez zapewnienia sobie takiej tymczasowej ciszy.

Świat to miejsce rozpraszające uwagę.
Nigdy się nie uspokoi na nasze żądanie
ani z własnej woli nie zostawi nas samych

Bądź czujny. Nieustannie

Przede wszystkim jednak myśliwy nigdy nie opuszcza gardy. Nawet wówczas, gdy jest przekonany, że w to skwarne popołudniowe słońce żaden tygrys przy zdrowych zmysłach nie wysunie nosa na świat. Kto wie, może właśnie nadszedł dzień, kiedy zjawi się po raz pierwszy czarny tygrys, którego nawyki łowieckie będą się różnić od tych, do których przyzwyczaił się myśliwy (inaczej się będzie kamuflował?, zupełnie inaczej zachowywał?).

Holmes nie przestaje nas ostrzegać, że najtrudniej rozwikłać zbrodnię, która się najmniej wyróżnia. Nic tak nie podtrzymuje naszego samozadowolenia jak rutyna i pozory normalności. Nic tak nie usypia czujności jak banał. Nic tak nie obezwładnia skutecznego myśliwego, jak samozadowolenie wykarmione sukcesami tejże skuteczności – biegunowe przeciwieństwo tego, dzięki czemu sukces został osiągnięty.

Nie bądź myśliwym, któremu ofiara umknęła, ponieważ był tak pewny swego, że poddał się bezrefleksyjnej rutynie działania. Zawsze stosuj zasady w sposób refleksyjny. Nigdy nie zaprzestawaj myślenia. Jak wtedy, gdy w „Dolinie strachu" Watson odzywa się słowami: „Myślę, że...", a Holmes przerywa mu w swoim stylu: „Pozwól, że to ja będę myślał".

Nic tak nie usypia czujności jak banał

Czy można sobie wyobrazić bardziej stosowną ilustrację świadomego siebie umysłu niż szczyty, które osiąga w swoim podejściu do myślenia Holmes? Przede wszystkim mózg, mózg o świadomości myśliwego. Myśliwego, który nie tyle jest skłonny do myślenia, ile po prostu zawsze myśli. Bo ta refleksyjność nie zaczyna się wraz z rozpoczęciem polowania, wraz z rozpoczęciem każdego przedsięwzięcia czy procesu myślowego. To stan stały, dobrze wyćwiczona obecność umysłu, nawet kiedy myśliwy zatrzymuje się na nocny popas i wyciąga nogi przy ognisku.

Opanowanie myślenia w stylu myśliwego doprowadzi nas do etapu, na którym zyskamy pewność, że nie będziemy ślepi na jawne niekonsekwencje krainy wróżek, gdy przyjdzie nam się z nią skonfrontować. Nie trzeba jej z góry wykluczać, ale należy podchodzić do niej z ostrożnością. Jeśli naprawdę chcesz być pierwszym odkrywcą dowodu na istnienie wróżek, musisz wiedzieć, że taki dowód może się znajdować gdzieś w przyszłości – albo że nie ma go wcale. W każdym wypadku poszlaki należy traktować z równą surowością. I stosować dokładnie takie same kryteria wobec innych ludzi i ich przekonań.

Wielkie znaczenie ma to, jak widzimy samych siebie. Jeśli postrzegasz siebie jako myśliwego, możesz wkrótce zauważyć, że łowy wychodzą ci coraz lepiej. Czy zdecydujesz się wziąć pod rozwagę możliwość istnienia wróżek, czy też nie, zrób to, jako myśliwy, w sposób przemyślany. Nie bądź nieprzygotowany.

W 1983 roku bajka o wróżkach z Cottingley zbliżyła się, na ile to było możliwe, niemal do końca. Ponad 60 lat po tym, gdy zdjęcia ujrzały światło dzienne, 76-letnia Frances Griffiths wyznała: fotografie były podrobione. A w każdym razie cztery z nich na pewno. Wróżki zostały wykonane przez jej starszą kuzynkę i poprzypinane szpilkami od kapeluszy do elementów naturalnej scenerii. Okazało się więc, że pępek skrzata, który na oryginalnej odbitce dostrzegł Conan Doyle i traktował jako dowód w sprawie, był tak naprawdę szpilką od kapelusza. Jednak ostatnie zdjęcie, jak twierdziła Frances, było prawdziwe.

Dwa tygodnie później zgłosiła się sama Elsie Hill (z domu Wright). To prawda – przyznała po latach milczenia. Narysowała wróżki sepią na kartonie produkcji Windsor i Bristol, a potem, kiedy rodziców nie było w domu, pokolorowała je akwarelami. Następnie przymocowała te malowanki do ziemi za pomocą szpilek. Same figurki rzeczywiście były wzorowane na ilustracjach z książki z 1915 roku pt. „Princess Mary Gift Book". A co z ostatnim zdjęciem, którego autentyczność poświadczała France? Frances przy tym w ogóle nie było – mówiła Elsie magazynowi „The Times". „Jestem z tego zdjęcia bardzo dumna, zrobiłam je w oparciu o własny pomysł, musiałam tylko czekać na odpowiednią pogodę, by dobrze wyszło – powiedziała. – Na razie nie wyjawię jego sekretu, dopóki nie dotrę do ostatniej strony mojej książki".

Niestety, książka nigdy nie została napisana. Frances Griffiths zmarła w 1986 roku, a Elsie dwa lata później. Do dziś są tacy, którzy się upierają, że piąte zdjęcie było autentyczne. Po prostu wróżki z Cottingley nie mają zamiaru umierać.

Jest taka szansa, że myśliwy Conan Doyle mógł uniknąć całej tej wpadki. Gdyby był wobec siebie (i dziewczynek) trochę bardziej krytyczny, dochodził prawdy z trochę większą dociekliwością, może nauczyłby się czegoś na swoich błędach, jak miał to w zwyczaju stworzony przez niego bohater w chwilach, gdy musiał się mierzyć z własnymi wadami. Arthur Conan Doyle mógł sobie być spirytualistą, ale nie musiało to stawać na przeszkodzie w przejęciu przezeń od Sherlocka Holmesa jednej ważnej cechy – refleksyjności.

W.H. Auden tak pisał o Holmesie:

„Sposób, w jaki analizuje ludzi, jego techniki obserwacji i dedukcji przypominają metody chemika lub fizyka. Wybrał sobie za przedmiot badań właśnie ludzi, a nie materię nieożywioną, bo w przeciwieństwie do ludzi materia nieożywiona nie potrafi kłamać, więc badanie jej jest wprost nieheroicznie łatwe, gdy tymczasem w stosunku do ludzi obserwacja musi być dwa razy bardziej wyostrzona, a logika dwa razy bardziej rygorystyczna".

Sir Arthur Conan Doyle niewiele spraw cenił równie wysoko jak heroizm. Nie domyślił się jednak, że zwierzyna, na którą polował, miała dokładnie takie same ludzkie cechy jak postaci, które tworzył na papierze. Nie był wobec niej dwa razy bardziej wyostrzony, dwa razy bardziej logiczny, dwa razy bardziej rygorystyczny. Ale może by mu się to udało, gdyby odwołał się do nastawienia umysłu, jakim obdarzył swojego detektywa. A ten na pewno nigdy by nie zapomniał, że ludzie potrafią kłamać i kłamią. I że wszyscy, łącznie z nami, popełniają błędy i są omylni.

Conan Doyle nie mógł wiedzieć, w jakim kierunku zdąża nauka. Starał się, jak mógł, i robił wszystko zgodnie z parametrami, które sobie wytyczył i które, trzeba dodać, pozostają w mocy po dziś dzień. Bo wbrew temu, co z takim przekonaniem przewidywał William James, nasza wiedza o niewidzialnych siłach stojących za ludzkim życiem posunęła się w obszarze wyjaśniania zjawisk naturalnych o lata świetlne naprzód w porównaniu z tym, co kiedykolwiek mógł sobie wyobrazić sir Arthur. Natomiast utknęła gdzieś około roku 1900, jeśli chodzi o zjawiska paranormalne.

Ale chodzi tu o coś więcej niż Sherlock Holmes czy Arthur Conan Doyle – albo Daryl Bem czy William James. Wszyscy jesteśmy ograniczeni naszą wiedzą i kontekstem naszego funkcjonowania. I byłoby dobrze, gdybyśmy o tym pamiętali. Z tego, że czegoś nie pojmujemy, nie wynika jeszcze, że nie można tego pojąć. I to, że daliśmy plamę z braku wiedzy, nie oznacza, iż nic więcej w tej sprawie nie da się zrobić czy że nie warto więcej się uczyć. Jeśli chodzi o umysł, wszyscy możemy być myśliwymi.

***

PRZECZYTAJ O SHERLOCKU HOLMESIE

„Plany łodzi Bruce-Partington" (w: „Ostatni ukłon"), tłum. Anna Krochmal, Robert Kędzierski

„Czarcia stopa" (w: „Ostatni ukłon"), tłum. Anna Krochmal, Robert Kędzierski

„Klejnot z kolekcji kardynała Mazariniego" (w „Księga przypadków Sherlocka Holmesa"), tłum. Zofia Wawrzyniak

„Błękitny rubin" (w: „Przygody Sherlocka Holmesa"), tłum. Marta Domagalska

„Abbey Grange" (w: „Powrót Sherlocka Holmesa"), tłum. Marta Domagalska

„Pies Baskerville'ów", tłum. Anna Krochmal, Robert Kędzierski

„Zniknięcie lady Frances Carfax" (w: „Ostatni ukłon"), tłum. Anna Krochmal, Robert Kędzierski

„Dolina strachu", tłum. Anna Krochmal, Robert Kędzierski

EPILOG

Walter Mischel miał dziewięć lat, kiedy zaczął chodzić do szkoły. Rzecz nie w tym, że jego rodzice zaniedbali edukację syna. Po prostu chłopiec nie znał angielskiego. Był rok 1940 i państwo Mischel właśnie wprowadzili się do Brooklynu. Należeli do nielicznych żydowskich rodzin, którym udało się szczęśliwie uciec z Wiednia przed przejęciem Austrii przez nazistów wiosną 1938 roku. W istocie ich wyjazd miał tyleż wspólnego ze szczęściem, co z zapobiegliwością. Odkryli bowiem wcześniej, że od dawna nieżyjący dziadek ze strony matki zostawił po sobie certyfikat amerykańskiego obywatelstwa. Najwidoczniej otrzymał je w okresie, kiedy około roku 1900 pracował w Nowym Jorku, później wrócił do rodziny w Europie.

Ale gdyby zapytać doktora Mischela o najważniejsze wspomnienia z dzieciństwa, najprawdopodobniej nie zacząłby opowieści od tego dnia, kiedy szedł jednym z wiedeńskich chodników i chłopcy z Hitlerjugend podeptali mu nowe buciki. Ani nawet od tego, jak jego ojca i innych Żydów powyciągano z mieszkań i zmuszono do maszerowania w piżamach po ulicach Wiednia, by z gałęziami w rękach „paradowali" przed nazistami, parodiując żydowskie święto powitania wiosny. (Jego ojciec z powodu przebytego polio nie mógł się poruszać bez laski i na oczach swojego dziecka rzucał się w tej procesji na boki). Nie zacząłby też od ich wyjazdu z Wiednia, okresu spędzonego w Londynie w pokoju gościnnym u wujka czy podróży do Stanów Zjednoczonych w przededniu wybuchu wojny.

To, co najmocniej zapadło w pamięć małemu Walterowi, to pierwsze dni szkoły, kiedy poddano go testowi na inteligencję, choć znał ledwie kilka słów po angielsku. Wypełniał test w obcym języku w warunkach obcej kultury. Nie powinno więc być dla nikogo niespodzianką, że wypadł nie najlepiej. A jednak nauczycielka była zaskoczona. W każdym razie tak mu powiedziała. Wyraziła również swoje wielkie rozczarowanie. Czyż cudzoziemcy nie są uważani za inteligentnych? Doprawdy, oczekiwała po nim czegoś więcej.

Carol Dweck dołącza do tej historii z przeciwległego kierunku. Kiedy była w szóstej klasie (też przypadkowo w Brooklynie), przeszła wraz z innymi test na inteligencję. Nauczycielka zarządziła następnie coś, co dzisiaj wywołałoby zapewne odruch oburzenia, jednak w tamtych czasach wcale nie było działaniem niezwykłym: rozsadziła uczniów według uzyskanych wyników testu. „Inteligentni" siedzieli w pobliżu stołu nauczycielskiego, ci z gorszymi wynikami – coraz dalej i dalej. Porządek był niezmienny i tym uczniom, którzy wypadli w teście najgorzej, nie pozwalano nawet wykonywać najprostszych obowiązków, takich jak wycieranie tablicy albo trzymanie sztandaru na szkolnym apelu. Przypominano im nieustannie, że swoim IQ nie dorównują wymaganej średniej.

Po latach Walter Mischel i Carol Dweck znaleźli się w gronie profesorskim Uniwersytetu Columbia. (Kiedy piszę tę książkę, Mischel pracuje tam nadal, a Dweck przeniosła się na Stanford). Oboje stali się wybitnymi badaczami w dziedzinie psychologii społecznej i psychologii osobowości (Mischel jest o szesnaście lat starszy). I oboje uważają ten dawny test na inteligencję za impuls, który ukierunkował ich kariery zawodowe, zrodził w nich pragnienie zajęcia się naukowym zgłębianiem tak wydawałoby się ustalonych spraw, jak cechy osobowościowe i inteligencja mierzonych za pomocą prostego testu, który był w stanie zaważyć na przyszłości człowieka.

Można łatwo wyjaśnić fakt, że Dweck udało się osiągnąć szczyty akademickiej kariery. W końcu stwierdzono kiedyś, że należy do tych najinteligentniejszych. Ale co z Mischelem? Jak ktoś z IQ takim, że w klasie Carol Dweck siedziałby zapewne gdzieś na szarym końcu, mógł się stać jednym z najwybitniejszych psychologów XX wieku, tym od słynnych badań nad samokontrolą, twórcą całkowicie nowego spojrzenia na zagadnienia osobowości i jej pomiarów? Coś ewidentnie było nie tak i przyczyny błędu nie należy szukać po stronie inteligencji Mischela czy jego spektakularnej kariery naukowej.

Sherlock Holmes jest myśliwym. Wie, że nie ma rzeczy zbyt trudnych dla jego mistrzowskich umiejętności (po prawdzie, im sprawa trudniejsza, tym dla niego lepsza). I właśnie tego typu postawa w dużej mierze zagwarantowała mu sukces, a jej brak u Watsona uniemożliwiał doktorowi pójście w ślady przyjaciela. Czy pamiętacie scenę ze „Szkoły klasztornej", w której Watson traci wszelką nadzieję na to, że uda im się dowiedzieć, co się kryje za zniknięciem ucznia i nauczyciela?

„Nie wiem, co myśleć" – mówi do Holmesa. Ale Holmes bynajmniej mu nie przytakuje. „No, no, rozwiązywaliśmy już trudniejsze zagadki".

Albo zwróćmy uwagę na odpowiedź Holmesa, kiedy Watson stwierdza, że odczytanie szyfru „wykracza poza ludzkie możliwości".

Holmes odpowiada: „Być może są pewne kwestie, które umknęły twemu makiawelicznemu umysłowi". Nastawienie Watsona z pewnością mu nie pomaga. „Rozważmy ten problem z czysto zdroworozsądkowego punktu widzenia" – proponuje i naturalnie rozszyfrowuje wiadomość.

W pewnym sensie Watson w obu przypadkach pokonał sam siebie, jeszcze zanim zaczął działać. Ogłaszając, że nie wie, co myśleć, a potem określając zadanie jako wymagające nadludzkich mocy, nie daje swemu umysłowi szansy, by mu się udało.

Właśnie tego rodzaju nastawienie, jak się okazuje, ma największe znaczenie[20].

Przez wiele lat Carol Dweck prowadziła badania nad tym właśnie, co różni holmesowskie „no, no" od watsonowskiego „nie wiem, co myśleć", sukcesy Mischela – od jego rzekomego IQ. Jej badaniom przyświecały dwa główne założenia: po pierwsze, IQ nie może być jedynym sposobem pomiaru inteligencji, a po drugie – pojęcie inteligencji obejmuje znacznie więcej elementów niż te, które do tej pory w niej eksponowano.

Według Dweck istnieją dwie zasadnicze teorie inteligencji: przyrostowa i zero-jedynkowa. Zwolennik teorii przyrostowej uważa, że inteligencja jest płynna. Jeśli ciężej pracujemy, więcej się uczymy, bardziej przykładamy, zaczniemy się robić coraz inteligentniejsi. Jednym słowem, teoria ta odrzuca możliwość, by coś wykraczało poza ludzkie zdolności. W jej opinii wynik testu IQ Waltera Mischela nie tylko nie powinien być dla nikogo rozczarowujący, ale w ogóle niewiele ma wspólnego z prawdziwymi umiejętnościami Mischela i jego przyszłymi dokonaniami.

Natomiast zwolennik teorii zero-jedynkowej wierzy, że inteligencja jest raz na zawsze ustalona. Choćbyśmy się nie wiedzieć jak starali, pozostaniemy tak samo inteligentni (bądź nieinteligentni) jak wcześniej. Takie nasze przeznaczenie. I tego się trzymali nauczyciele Mischela i Dweck. To znaczy: wyżej tyłka nie podskoczysz. Nic na to nie poradzisz. Przykro nam, taki los.

Badania Dweck wielokrotnie wykazywały interesującą rzecz: to, jak sobie radzimy, a zwłaszcza jak reagujemy na porażki, zależy od tego, do której z dwóch teorii się przychylamy. Wyznawca teorii przyrostowej traktuje porażkę jak szansę nauczenia się

20 O tym, jak ważne jest nastawienie umysłu, pisze Carol Dweck w książce „Mindset: The New Psychology of Success" (wyd. pol.: „Nowa psychologia sukcesu", Wydawnictwo Muza, Warszawa 2013). Rozważania o znaczeniu motywacji znaleźć można w książce Daniela Pinka „Drive: The Surprising Truth About What Motivates Us" (wyd. pol.: „Drive. Kompletnie nowe spojrzenie na motywację", Wydawnictwo Studio EMKA, Warszawa 2011).

czegoś więcej; wyznawca teorii zero-jedynkowej – jak frustrującą osobistą stratę, której już się nie zaradzi. W rezultacie, o ile ten pierwszy z każdego doświadczenia wyciągnie korzyść na przyszłość, o tyle ten drugi od razu takie doświadczenie spisze na straty. Tak więc to, jak myślimy o świecie i o sobie samych, wpływa na naszą umiejętność uczenia się i na naszą wiedzę.

To, jak myślimy o świecie i o sobie samych, wpływa na naszą umiejętność uczenia się i na naszą wiedzę

Grupa psychologów przeprowadziła ostatnio eksperyment w celu wykrycia, czy ta różnica w reakcjach jest behawioralna, czy też sięga głębiej, do poziomu pracy mózgu. Badacze mierzyli w mózgach uczniów szkoły średniej podczas wykonywania prostego zadania potencjał związany z bodźcem (ERP, *event-related potential*) – elektryczne sygnały neuronalne, które powstają na skutek bodźca zewnętrznego bądź wewnętrznego. Uczniom pokazywano szeregi liter i proszono o jak najszybsze zidentyfikowanie litery środkowej. Ciągi liter mogły być zgodne, na przykład MMMMM, albo niezgodne, na przykład MMNMM.

Choć trafność wyników była ogólnie wysoka (około 91 procent), to określone parametry zadania były na tyle wymagające, że trudno było uniknąć pomyłek. Uczestnicy (oraz ich mózgi) różnili się reakcjami na błędy. Osoby o nastawieniu przyrostowym (tzn. wierzące, że inteligencja jest płynna) lepiej sobie radziły z kolejnymi błędnymi próbami niż te o nastawieniu zero-jedynkowym (wierzące, że inteligencja jest niezmienna). Co więcej, wraz ze wzrostem nastawienia przyrostowego sygnały ERP w odpowiedzi na błędne próby również rosły w stosunku do sygnałów następujących po próbach poprawnych. A im większa amplituda sygnałów wywołanych przez błędy, tym trafniejsze wyniki przy odpowiedziach następujących po popełnionych pomyłkach.

Co to dokładnie znaczy? Z tego badania wynika, że silniejsze przekonanie o tym, iż inteligencję można doskonalić, prowadzi do wypracowywania coraz lepszej odpowiedzi na błędy – nie tylko na poziomie bahawioralnym, ale też neuronalnym. Im bardziej wierzymy w doskonalenie się inteligencji, tym większa amplituda sygnałów mózgowych odzwierciedlająca świadome kierowanie uwagi na błędy. I im wyższy sygnał neuronalny, tym lepszy następuje po nim wynik. Zależność ta pokazuje, że osoby przychylające się do teorii przyrostowej mogą mieć lepszą samoobserwację kontrolującą i system kontrolny na podstawowym poziomie neuronalnym: ich mózgi lepiej sobie radzą z monitorowaniem własnych błędów i z wprowadzaniem do swojego działania wynikających z tego poprawek. Mamy tu do czynienia ze sprawdzonym modelem kontrolowania na bieżąco błędów – od spostrzegania, kiedy się przydarzają, po natychmiastowe ich poprawianie.

Nasze mózgi w swoim funkcjonowaniu są niesamowicie uwrażliwione na to, jak my, ich właściciele, myślimy. I nie chodzi tu tylko o uczenie się. Nawet coś tak teoretycznego, jak wiara w wolną wolę, może wpłynąć na to, jak reaguje mózg (jeśli w nią nie wierzymy, nasze mózgi stają się bardziej apatyczne w przygotowywaniu się do działania). Czy to dotyczy najogólniejszych teorii, czy określonych mechanizmów, mamy zadziwiającą zdolność wpływania na to, jak pracuje nasz mózg, jak sobie radzi i jak wchodzi w interakcje. Jeśli myślimy o sobie, że jesteśmy zdolni do nauki, na pewno będziemy się uczyć. A jeśli myślimy, że jesteśmy skazani na porażki, właśnie na nie się skazujemy, nie tylko na płaszczyźnie behawioralnej, ale tej najbardziej fundamentalnej – neuronalnej.

Jeśli myślimy o sobie, że jesteśmy zdolni do nauki, na pewno będziemy się uczyć. A jeśli myślimy, że jesteśmy skazani na porażki, właśnie na nie się skazujemy

Ale nastawienie umysłu nie jest w żaden sposób zdeterminowane – zupełnie tak samo, jak nasza inteligencja nie jest danym nam od urodzenia monolitem. Możemy się uczyć, usprawniać nasze zdolności, możemy zmieniać nasz nawykowy stosunek do świata. Weźmy przykład zagrożenia stereotypem, kiedy sposób, w jaki odbierają nas inni (bądź jak nam się wydaje, że nas odbierają), wywiera wpływ na nasze działania, czyniąc to, jak zwykle w przypadku uprzedzeń, na poziomie podświadomości. Fakt, że należy się do mniejszości w jakiejś grupie (dajmy na to, że jest się jedyną kobietą wśród mężczyzn), może podwyższyć stopień samoświadomości i negatywnie wpłynąć na funkcjonowanie. Fakt, że przed wykonaniem testu trzeba wpisać pochodzenie lub płeć, ma negatywny wpływ na wyniki testów matematycznych w wypadku kobiet i wszystkich testów w wypadku mniejszości etnicznych. (Podawanie rasy podczas egzaminów GRE [Graduate Record Examinations] wyraźnie obniża wyniki czarnych uczniów). Azjatki lepiej sobie radzą z matematycznymi testami, kiedy ujawniają swoje azjatyckie pochodzenie, gorzej, kiedy ujawniają płeć. Biali mężczyźni gorzej wykonują zadania lekkoatletyczne, kiedy są przekonani, że zadanie opiera się wyłącznie na wrodzonych zdolnościach, a czarni mężczyźni, kiedy są uprzedzani, że chodzi o inteligencję lekkoatletyczną. Zjawisko to nosi nazwę groźby stereotypu.

Ale może tu zadziałać prosta ingerencja. Kobiety, którym przedstawia się przykłady kobiecych sukcesów w obszarze nauk ścisłych i technicznych, przestają doświadczać negatywnego wpływu groźby stereotypu na rozwiązywanie testu matematycznego. Uczniowie szkół średnich, których zapoznano z teoriami Dweck na temat inteligencji – zwłaszcza z teorią przyrostową – mają lepsze stopnie i pod koniec semestru bardziej identyfikują się z procesem nauczania. W jednym z eksperymentów mniejszość studentów, która napisała o znaczeniu dla rozwoju osobistego wartości samodefiniujących (takich jak stosunki rodzinne czy muzyczne zainteresowania), trzy do pięciu razy w ciągu roku szkolnego otrzymywała średnią ocen wyższą o 0,24 punktu od tych uczniów, którzy pisali na tematy neutralne. Natomiast słabo uczący się Afroamerykanie wykazali się poprawą średniej o 0,41.

Jakiego typu nastawienie umysłu ty reprezentujesz? Jeśli sobie tego nie uświadomisz, nie będziesz w stanie zwalczyć wpływu, jaki ono na ciebie wywiera – zwłaszcza kiedy zwraca się przeciwko tobie, jak to bywa z negatywnymi stereotypami.

Z drugiej strony, kiedy nastawienie oddziałuje na nas w sposób sprzyjający (co zdarza się przy aktywacji pozytywnie kojarzonego stereotypu), nie będziemy mogli wyciągnąć z tego korzyści. W dużej mierze jesteśmy tym, w co wierzymy.

Kiedy Watson ogłasza swoją niemoc, świat jest dla niego zero-jedynkowy, czarno-biały, taki, w którym się wie albo nie wie. Jeżeli więc natrafi się na coś, co uważa się za zbyt trudne, nawet nie należy się do tego zabierać, żeby się nie najeść potem wstydu. Dla Holmesa natomiast wszystko jest przyrostowe. Nie dowiesz się, dopóki nie spróbujesz. Każde wyzwanie jest okazją do nauczenia się czegoś nowego, do poszerzenia horyzontów umysłowych, usprawnienia swoich umiejętności i dorzucenia kolejnych narzędzi do zasobów naszego poddasza, by móc je w przyszłości wykorzystać. Poddasze Watsona jest statyczne, a Holmesa dynamiczne.

Nasze mózgi przez cały czas tworzą nowe połączenia i pozbywają się tych niewykorzystywanych. Połączenia stają się coraz silniejsze w tych obszarach, których intensywnie używamy, jak w omawianym na początku tej książki przypadku mięśnia wzmacnianego treningiem (lub podlegającego atrofii z powodu nieużywania), który może osiągnąć taką siłę, jaka wydawała nam się niemożliwa do osiągnięcia.

Jak można wątpić w zdolności mózgu do transformacji w dziedzinie myślenia, skoro jest on w stanie wyprodukować najróżniejsze talenty w ludziach, którzy nigdy wcześniej w najmniejszym stopniu się nimi nie wykazywali? Weźmy przykład artysty Ofeya. Kiedy po raz pierwszy zaczął malować, był fizykiem w średnim wieku, który nigdy wcześniej nie wziął do ręki pędzla. Nie był pewien, czy kiedykolwiek nauczy się malować. A jednak się nauczył, zdobył popularność i zaczął sprzedawać swoje obrazy kolekcjonerom na całym świecie.

Ofey, rzecz jasna, nie jest typowym przypadkiem. Nie był po prostu fizykiem. Tak się stało, że zdobył Nagrodę Nobla jako Richard Feynman, człowiek niezwykłego geniuszu we wszystkim niemal, czego się tknął. Feynman stworzył sobie pseudonim Ofey dla pewności, że jego sztuka będzie oceniana obiektywnie, dla jej własnej wartości, a nie poprzez pryzmat jego naukowych laurów. Jest jednak wiele innych podobnych przypadków. O ile Feynman jest rzeczywiście wyjątkowy, jeśli chodzi o jego wkład w rozwój fizyki, o tyle nie wyróżnia się jakoś szczególnie pod względem zdolności mózgu do zmiany w późnym wieku. I to zmiany niezwykle głębokiej.

Anna Mary Robertson Moses, znana lepiej jako Grandma Moses, zaczęła malować w wieku 75 lat. Jej obrazy były porównywane do sztuki Pietera Bruegela. W 2006 roku jej dzieło „Sugaring Off" zostało sprzedane za 1,2 mln dolarów.

Vaclav Havel, dramaturg i pisarz, został przywódcą czeskiej opozycji, a w wieku 53 lat pierwszym prezydentem pokomunistycznej Czechosłowacji.

Richard Adams opublikował książkę „Wodnikowe Wzgórze" w wieku 52 lat. Nigdy nie myślał o sobie jako o pisarzu. Książka, która została sprzedana w ponad 50 mln egzemplarzy, zrodziła się z historyjek opowiadanych przez niego córkom.

Harlan David Sanders, lepiej znany jako Pułkownik Sanders, założył firmę KFC w wieku 65 lat i stał się jednym z najlepiej prosperujących biznesmenów swojego pokolenia.

Szwedzki strzelec Oscar Swahn wystąpił na swojej pierwszej olimpiadzie w 1908 roku, gdy miał 60 lat. Zdobył dwa złote medale i jeden brązowy, a kiedy skończył 62 lata, został najstarszym z olimpijczyków. Podczas olimpiady w 1920 roku, kiedy zdobył brązowy medal, został najstarszym medalistą w historii.

Lista takich ludzi jest długa, przykłady ich działalności bardzo różne i pochodzące z różnych miejsc całego świata.

Owszem, istnieją tacy Holmesowie, którzy odznaczają się darem jasnego myślenia od najwcześniejszych lat, którzy nie muszą przeprowadzać rewolucji w swoim myśleniu po latach złych nawyków. Ale też nie zapominajmy, że nawet Holmes musiał trenować, że nie urodził się z umiejętnością myślenia Sherlocka Holmesa. Nic nie powstaje z niczego. Na wszystko musimy zapracować. I dzięki właściwemu wykorzystaniu uwagi to się udaje.

Jak się okazuje, reguły Holmesa mają zastosowanie prawie na wszystkich polach naszego działania. Wszystko polega na nastawieniu umysłu, nawyku myślenia, trwałej postawie wobec świata, której się dopracowujemy. Określone zastosowania tej generalnej zasady są o wiele mniej ważne.

Gdybyś miał zapamiętać z tej książki tylko jedną rzecz, zapamiętaj, że najpotężniejszy umysł to umysł spokojny. Umysł obecny, refleksyjny, z uwagą traktujący swoje myśli i stany. Na wielozadaniowość porywa się niezbyt często, a jeśli już na to się decyduje, to w określonym celu.

> *Najpotężniejszy umysł to umysł spokojny. Umysł obecny, refleksyjny, z uwagą traktujący swoje myśli i swoje stany*

Ta prawda znajduje coraz szerszy oddźwięk. W jednym z ostatnich numerów „New York Timesa" opisano nowy zwyczaj nadawania wiadomości – esemesowania, e-mailowania, twittowania – w zaparkowanym jeszcze samochodzie, a nie podczas opuszczania miejsca parkingu i podczas jazdy. Choć zwyczaj ten może irytować ludzi poszukujących miejsca do zaparkowania samochodu, to pokazuje pogłębiającą się świadomość tego, że robienie za kierownicą czegokolwiek prócz prowadzenia samochodu nie jest chyba najlepszym pomysłem. „Czas zabić wielozadaniowość" – krzyczał tytuł na popularnym blogu „The 99%".

Możemy traktować hałaśliwość świata, w którym żyjemy, jak czynnik ograniczający, wymówkę przed stosowaniem takiej samej obecności umysłu, jaką wykazywał Sherlock Holmes – w końcu on nie był nieustannie bombardowany przez media, technologię, coraz bardziej zwariowany rytm współczesnego życia. Jemu było o wiele łatwiej.

Ale możemy też potraktować to jak wyzwanie bycia jeszcze lepszym niż Holmes. Możemy pokazać, że jeśli włożymy w to odpowiedni wysiłek, mimo wszystko potrafimy być tak refleksyjni jak on. I im większy będzie to wysiłek, tym więcej możemy osiągnąć, tym trwalsza będzie zmiana nawyków podtrzymujących bezrefleksyjność na takie, które wprowadzają refleksyjność.

Możemy nawet najnowsze technologie potraktować z wdzięcznością, jako nieoczekiwane dobrodziejstwo, z którego Holmes najpewniej bardzo by się cieszył. Z ostatnich badań już wiemy, że ze względu na istnienie komputerów, czyli możliwość dostępu w każdej chwili do wiedzy, ludzie w o wiele mniejszym stopniu są zdolni do przypominania sobie zdobytych informacji. Jednak, i to jest tu kluczowe, w o wiele większym stopniu zapamiętują gdzie (i jak) odnaleźć w razie potrzeby określone dane.

W erze zapisu cyfrowego poddasza naszych umysłów nie mają tak ograniczonej powierzchni jak poddasza Watsona czy Holmesa. Poszerzyliśmy magazynową powierzchnię o wirtualne możliwości – w czasach Conan Doyle'a coś takiego byłoby niewyobrażalne. I to uzupełnienie stwarza nam nowe intrygujące szanse. Możemy gromadzić „klamoty" na wypadek, gdyby się przydały w przyszłości, i dokładnie wiedzieć, jak się do nich w razie potrzeby dostać. Jeśli nie jesteś pewny, czy jakaś rzecz zasługuje na pierwszoplanowe miejsce na poddaszu, nie musisz jej od razu wyrzucać. Musisz jedynie pamiętać, że ją zapakowałeś, zachowując do ewentualnego przyszłego użytku.

Ale szansa pociąga za sobą wymóg ostrożności. Może się w nas odzywać pokusa, by magazynować poza naszym poddaszem informacje, które powinny się znaleźć w jego obrębie. A wówczas decydowanie o tym, co w zbiorach zatrzymać, czego się pozbyć, staje się niebywale trudne.

Holmes miał swój system katalogowania. My mamy Google'a. Mamy Wikipedię. Mamy książki i artykuły, opowieści sprzed wieków i te najnowsze, wszystko starannie przygotowane do naszej konsumpcji. Mamy własne cyfrowe katalogi.

Nie możemy jednakże oczekiwać, że będziemy sięgać po konsultacje w przypadku każdego wyboru. Nie oczekujmy też, że będziemy zapamiętywać wszystko, co się przed nami rozpościera, zresztą wcale byśmy tego nie chcieli. Musimy za to przyswoić sobie lepiej niż kiedykolwiek sztukę bycia kuratorem własnego poddasza. Jeśli nam się to uda, poszerzymy granice naszych możliwości w stopniu dotychczas nieznanym. Ale jeżeli pozwolimy sobie utknąć w grzęzawisku informacji, jeśli nagromadzimy stertę bezwartościowych rzeczy zamiast takich, które pasują do ograniczonej przestrzeni naszego poddasza i które byśmy mogli zawsze w naszych głowach nosić, to wówczas era cyfrowa może być dla nas szkodliwa w skutkach.

Nasz świat się zmienia. Mamy więcej źródeł wiedzy niż Holmes mógł sobie kiedykolwiek wyobrazić. Ramy naszego poddasza się rozsunęły. Powierzchnia się poszerzyła. Powiększył się obszar tego, co możliwe. Powinniśmy być świadomi tych zmian i czerpać z nich korzyści – inaczej mogą w nas uderzyć. Wszystko sprowadza się do bardzo podstawowego pojęcia uwagi, obecności, refleksyjności, nastawienia umysłu i motywacji, które powinny nam towarzyszyć przez całe życie.

Nigdy nie staniemy się doskonali. Ale nasze niedoskonałości możemy traktować w sposób refleksyjny, co nam pomoże w coraz lepszym myśleniu.

„Dziwne, w jaki sposób mózg kontroluje myślenie!" – wykrzykuje Holmes w „Umierającym detektywie". Zawsze będzie kontrolował. Chodzi o to, byśmy lepiej ten proces rozumieli i mieli w nim własny udział.

INDEKS